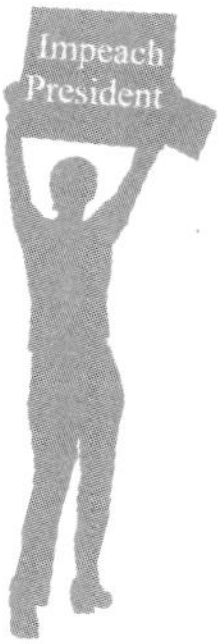
Impeach
President

Richard Nixon

笼子里的美国总统

陈伟 著

Ronald Reagan

Bill Clinton

法律出版社 LAW PRESS · CHINA

目

录

计划。第三，尼克松事先对“水门”窃听案一无所知，他本人在《迈阿密论坛报》上首次得知“水门”窃听案，当时感觉这是个玩笑。

尼克松沉默寡言，天性怕羞，喜欢沉思冥想，不擅长与人交往。可是，身为民主社会选举政治中的职业政客，他不得不耗费大量时间，周旋于其本人深恶痛绝的各种社交和竞选活动之中。虽然靠竞选出人头地，但尼克松却把竞选视为苦役和煎熬。在多年的政治生涯中，承受沉重精神压力，遭逢世态炎凉风霜，忍受媒体刻薄挖苦，以及一度连遭败绩的惨痛经历，都成为尼克松心中永远的痛。

如果没有越战引发的反战运动和严重的泄密问题，就不会有成事不足、败事有余的白宫秘密警察“管子工”；如果没有素质低劣、胆大妄为、胡作非为的“管子工”，很可能就不会有“水门”事件。回首往事，霍尔德曼认为：“我坚信，如果没有越南战争，就不会有‘水门’事件。如果没有越南战争，理查德·尼克松会成为哈里·杜鲁门以来最有成就的美国总统。”

白宫幕僚利用经常接触总统的机会，出谋献策，参政议政，争权夺宠，竭尽效忠，直接参与重大决策的制订和具体执行，严重侵犯了传统上属于行政部门的职权。他们溜须拍马，阿谀奉承，借机追求个人荣耀和影响高层决策的权势，使民选总统养成唯我独尊的帝王心态，使民主政府染上总统个人专制色彩。

在“水门案”中，“深喉”是一个至关重要的“告密者”，他提供

尼克松一向雄才大略，胆识过人，素以不按规则出牌而著称。在“星期六之夜大屠杀”中，他投机冒险，胆大妄为，企图利用中东战乱、石油危机、民心慌慌、美苏军事冲突一触即发之机，“合法”撵走特别检察官，造成既成事实，争取得到“沉默的大多数”支持和谅解，一劳永逸地解决“水门”危机。这一莽撞之举，暴露出尼克松敢于冒险的性格和孤注一掷的赌徒心理。历史证明，尼克松大大地失算了。

在“水门”事件中，美国联邦最高法院打破常规、果断出手、步调统一、一锤定音，以司法审查的形式化解了一场空前严重的宪法危机，这一判决是司法能动主义大胆而成功的经典杰作。美国学者布拉西赞扬道：“千百年之后，如果美利坚合众国还存在，当有人要求拥护司法审查的人举出实例，证明法官们的裁决时常会有利于民主时，他们最先举出的案例就将是美国诉尼克松案。”

“水门”事件之后，美国总统面临的是一个难以驾驭的政治环境，包括权力意识觉醒的国会，软弱无力的政党系统，攻击性极强而且积极挖掘坏消息的媒体，以及难以指挥的行政官僚系统。在国际舞台，受“水门”事件和尼克松下台影响，中美建交日程被迫推迟，台湾当局赢得了喘息和缓冲时间。北越也是“水门”事件的主要受益者。福特和基辛格后来都把巴黎停战协议的崩溃和越战惨败的结局归咎于“水门”事件和美国国会。

里根的特长在于任人唯贤，激励部下，提纲挈领，充分授权，发挥部属和幕僚的个人主动性和创造性。然而，凡事适可而止，过犹不及。在"无为而治"和"充分授权"等问题上，里根有些走火入魔。他是一个心不在焉的国家元首，稀里糊涂的政府首脑，漫不经心的行政领导，指挥着一个混乱不堪的政府决策和管理体制。

"伊朗门"事件是在美苏"冷战"、激烈对抗的历史场景下发生的。里根政府军售伊朗和军援尼加拉瓜反政府军的冒险政策，是美国搞垮苏联、赢得"冷战"大战略的一个重要组成部分。美国冷战学者彼得·施威泽认为："苏联的共产主义制度，并不是一种在任何国际环境中都命中注定会自我毁灭的体制。里根政府的秘密战略能够、而且确实改变了苏联的历史进程。"

当年基辛格出奇制胜，剑走偏锋，借助中苏交恶、边境武装冲突，中国陷入腹背受敌的战略态势、急于改善中美关系的机遇，一举打开了中美关系僵局。作为基辛格门下高徒，麦克法兰试图东施效颦，照猫画虎，利用伊朗深陷两伊战争、急需购买美制武器的窘迫处境，以军火交易为筹码，施展纵横捭阖之术，若能在中东战略要地打开僵局，取得历史性外交突破，必将一举成名而天下知。至于用军火换回几位人质，那是"搂草打兔子——带捎的"。

麦克法兰志大才疏，眼高手低，用人失察。戈伯尼法是个吹牛撒谎、唯利是图的超级骗子。麦克法兰一行来到德黑兰后，伊朗高层缺乏准备，措手不及，临时集体讨论时，争论不休，毫无成

第一篇　“帝王总统”翻船“水门”

——美国诉尼克松案(1974)[1]

① 《美国联邦最高法院判例报告》(第418卷),*United States v. Nixon*,418 U. S. 683 (1974)。

对美国现代史略有所闻的人都知道，“水门”事件引发的政治风暴，使尼克松丢掉了总统宝座。但是恐怕很少有人知道，尼克松下令将白宫办公室的工作谈话秘密录音，是导致他被迫辞职的直接原因。从法律角度看，如果没有白宫录音磁带的存在，尼克松很可能不会辞职下台。尼克松本人曾极为懊悔地哀叹：“我弹劾了我自个儿。”①

根据美方已解密的中美首脑会谈档案，1973 年 11 月 12 日，毛泽东主席会见基辛格（Henry Kissinger）博士时，半开玩笑地问道：“为什么你们国内，对‘水门’事件这个屁事儿那么在乎？”中方翻译唐闻生说，她不能直译“屁事儿”一词，因为此语意为“放屁”。话到此时，毛泽东以及参加会见的周恩来总理和姬鹏飞外长都笑了。中方解释说，“屁事儿”在这里只是个比喻，意为那只不过是小事一桩。②

“水门案”这个“屁事儿”为何会演变为美国法治史上前所未有、惊心动魄的大案要案？尼克松究竟是不是“水门”窃听案的主谋者和策划者？他为何要下令将白宫办公室的工作谈话录音？白宫的录音系统与尼克松下台之间究竟有何关系？美国联邦最高法院在“水门案”中扮演了何种角色？“水门”事件对美国政治体制造成了哪些影响？所有这些问题，要从 1972 年在水门大厦发生的一起窃听案谈起。

---

① ［美］斯坦利·柯特勒：《大战水门》，Stanley I. Kutler，*the Wars of Watergate*：*The Last Crisis of Richard Nixon*，New York：Alfred A. Knopf，1990，p. 619。

② 《基辛格秘档：与北京和莫斯科的绝密会谈》，William Burr ed.，*The Kissinger Transcripts*：*The Top Secret Talks with Beijing and Moscow*，New York，New Press，1999，pp. 181 – 182。

1969 年尼克松宣誓就任总统,对面是首席大法官沃伦

揭开“水门案”真相的《华盛顿邮报》记者伍德沃德（右）和伯恩斯坦（左）

尼克松宣布辞去总统职务(1974 年 8 月 9 日)

第一章 谁是窃听案的主谋

水门大厦地处美国首都华盛顿特区西北风景秀丽的波托马克河畔，由一家五星级饭店、一座高级办公楼和两座豪华公寓楼组成。大厦正门入口处，有一个小型人工瀑布从高处飞流直下，水花飘舞飞扬，使整个建筑群有了“水门”的美称。

水门大厦与市区15街的麦迪逊饭店齐名，是美国上层权势社会的象征之一。大厦距国务院和肯尼迪国家表演艺术中心只有两条街，离白宫、国会大厦和五角大楼也很近。公寓楼里的住户大多是内阁部长、国务院高官、参众两院议员和白宫高级幕僚。“水门”事件中的两位重要角色，尼克松竞选班子的主管、前联邦司法部长约翰·米切尔（John Mitchell）和尼克松的女秘书玛丽·伍兹女士（Rose Mary Woods）恰好也是水门大厦的住户。而办公楼的第六层，当时是美国民主党全国委员会的总部。

1972年6月17日凌晨，水门大厦的保安偶然发现，从地下车库通往大厦主楼的门锁两次被胶布贴住，他便立刻报警。当时正在附近巡逻的警车恰好需要加油，警方只得传呼两位便衣特警前来支援。由于特警身着便服，没有引起望风报警人的注意。结果，警方出其不意地抓获了五个潜入民主党总部安装窃听器和拍照文件的嫌犯。

令人非常惊讶的是，其中一位被捕嫌犯詹姆斯·麦克德（James McCord）曾是中央情报局高级特工，现任尼克松总统竞选班子的安全顾问。另外四个伙计，是反卡斯特罗的古巴流亡分子。后来的调查发现，负责遥控指挥这次行动的人物，居然是白宫特别助理霍华德·亨特（Howard Hunt）和尼克松竞选班子的法律顾问高登·利迪（Gordon Liddy），致使这起未遂窃听案与白宫发生了直接关系。

那么，尼克松究竟是不是“水门窃听案”的幕后主谋者和策划人呢？

二十余年后的九十年代，历史学家和“水门”事件专家已经可以比较肯定地回答：第一，尼克松不是这起窃听案的直接主谋者和策划人。第二，尼克松从未批准对民主党总部进行窃听的任何密谋或行动计划。第三，尼克松事先对“水门窃听案”一无所知，他本人在《迈阿密先驱报》上首次得知“水门窃听案”，当时感觉这是个玩笑。①

从案发现场分析，“水门窃听案”的具体策划者和指挥者，是一

---

① ［英］保罗·约翰逊：《美国人史》，Paul Johnson，*A History of the American People*，New York：Harper Collins Publishers，1997，p. 900。另见《没有枪声的政变》，Len Colodny & Robert Gettlin，*Silent Coup：The Removal of a President*，New York：St. Martin's Press，1991，pp. 162 – 168。

帮既无美国政治常识，又缺乏基本间谍技术训练的“傻帽儿”。

首先，对美国政治稍有常识的人都知道，美国政治体制中的政党，只是一种极为松散的组织。所谓民主党全国委员会总部，实际上只是一个负责对外公关的事务性部门，绝非党和国家的领导中枢。在水门大厦总部，民主党的竞选班子从未召开过与竞选战略有关的会议，民主党总统肯尼迪和约翰逊执政期间决策内幕的绝密文件，更不可能会存放在这里。试图在此地安装窃听器和拍照绝密文件，纯粹是弄错了目标。多年之后，尼克松一直都在纳闷，这帮蠢货怎么会对这个毫无情报价值的目标搞窃听？①

其次，既然要潜入警戒外松内紧、素有“豪门大厦”之称的水门大厦玩政治窃听的脏活儿，那就应当派出一位训练有素、像特工 007 那样的谍报高手。谁料想，策划者派出了由五位生手组成的浩荡队伍。他们不但撬门扭锁的手艺糟到极点，而且还犯下了用胶布贴住门锁的低级错误。当便衣特警把他们堵在屋里后，人数占优的这五位仁兄惊慌失措，乖乖地束手就擒，一点儿反抗或越墙而逃的举动都不敢有。

最后，既然窃听行动由白宫幕僚直接指挥，就该有个脱身之策，绝对不能露出白宫幕僚涉嫌的马脚。可是，麦克德的身份是总统竞选班子的安全主管，在另外两位案犯身上搜出了白宫助理亨特的私人电话号码。更令人不可思议的是，案发之时，亨特和利迪正在与大厦隔街相对的豪生度假酒店（Howard Johnson）遥控指挥，见大事不妙，他们立刻仓皇出逃，竟然遗留了文件箱和连号的百元大钞。

---

① ［美］尼克松：《尼克松回忆录》（中册），裘克安等译，商务印书馆 1979 年版，第 336—337 页。

联邦调查局特工和《华盛顿邮报》记者根据百元大钞线索，持续追踪调查，终于发现这些钱源自共和党的政治捐款和竞选经费。

总之，“水门”事件留给后人的感觉是，鬼迷心窍、胆大妄为的白宫幕僚犯下一堆令人难以置信的低级错误，最终把国家最高行政元首也拖下水，淹得半死不活。

尼克松手下的白宫助理和顾问何以胆大包天，策划和施行这起荒唐的窃听案？尼克松一向以精通谋略权术著称，为什么任用这帮“傻帽儿”充任白宫助理和顾问？既然尼克松最初对“水门”窃听案一无所知，为何又会丢掉总统宝座？还有一些人义愤填膺，在案后高声质问：“这个骗子是咋当上总统的！”

所有这一切，都要从尼克松的个人经历、他的越战政策、白宫幕僚班子以及美国政治体制的特点入手分析。

第二章 尼克松心中永远的痛

根据美方已解密的中美首脑会谈档案,1972 年 2 月 21 日,尼克松与毛泽东会谈时,曾谈及“我也出身于非常贫穷的家庭”。两位领导人之间的对话如下:

毛泽东:“(指着基辛格博士)‘只争朝夕’。我想总的来说,我这样的人说话像放大炮一样(周恩来笑),说些‘全世界联合起来,打倒帝国主义、修正主义和各国反动派,建立社会主义’之类的话。”

尼克松:“比如我这类人,还有匪帮。”

毛泽东:“你个人可能不在打倒之列。他(基辛格博士)也不会被打倒。如果你们都被打倒了,我们就没有朋友了。”

尼克松:“主席先生,你的生平经历我们大家耳熟能详。你从一个非常贫穷的家庭登上了世界上人口最多、一个伟大国家的顶峰。我的背景就不那么广为人知。我也出身于非常贫穷的家庭，登上了一个非常伟大的国家的顶峰位置。历史把我们带到了一起。问题是，我们的哲学观点不同，但是我们都脚踏实地，起自民间，我们可以实现一个历史突破，不仅有益于中美两国，也在未来的岁月中有益于全世界。这就是我们在此相聚的原因。"①

理查德·尼克松于1913年生于加利福尼亚州，家境贫寒，父亲是一个小杂货店店主，粗通文墨。他别出心裁，以欧洲历史上名声显赫的四位英国国王和一位法国国王的名字，给五个儿子分别起名为哈罗德（Harold）、理查德（Richard）、爱德华（Edward）、亚瑟（Arthur）和弗朗西斯（Francis）。望子成龙的老尼克松做梦都没想到，他的二儿子理查德后来果真成为美国的"帝王总统"。

尼克松虽有帝王之名，却无帝王福荫依承。因兄弟多病，生计困顿，排行老二的尼克松自幼饱尝艰辛。他从9岁开始在父亲的杂货店打工，稍大一点儿后，经常凌晨4点起床，驱车赴洛杉矶的菜市场采购，回来后把购得的新鲜蔬菜和水果洗净并送到店铺，然后8点钟匆匆赶去上学。下午3点钟放学后，小尼克松还要回到店铺干几个小时杂活，下工后才能读书和做功课，经常熬至深更半夜。

可是，尼克松家的杂货店生意一直不景气。全家人起早贪黑，千辛万苦，为基本生计日夜奔忙，而且还经常笼罩在疾病和死亡的阴影之下。尼克松10岁时，弟弟亚瑟身患重病，不治身亡。20岁时，哥哥哈罗德也因长年患病，卧床不起，在几乎花光家里全部积蓄后，最终撒手人寰。

---

① 《基辛格秘档：与北京和莫斯科的绝密会谈》，*The Kissinger Transcript*，pp. 64 – 65。

尽管出身贫寒，成长环境欠佳，但是尼克松天资聪颖，自强自立，勤奋攻读，出类拔萃。高中毕业时，他被哈佛和耶鲁大学录取并获得奖学金，免交学费，可是因家境窘迫，付不起交通费和食宿费，再加上哥哥哈罗德患病需要家人轮班照顾，尼克松最后只得就读家门口的三流学府惠蒂尔学院(Whittier College)。

大学毕业后，尼克松获得全额奖学金，就读杜克大学(Duke University)法学院，并以前三名的优异成绩毕业，获得法律博士学位。他踌躇满志，申请华尔街几家著名律师事务所和联邦调查局的职位时，却吃了一连串闭门羹。尼克松自信心大受挫折，只好回到西部老家，屈就于家乡小镇上的一个三流律师事务所。

要说这事儿也真是怪了，在联邦调查局谋个差事，竟然比当美国总统还难。林肯总统早年也有过类似经历，竞选那些不起眼儿的小破职位时，屡战屡败，伤心透顶，后来一不留神当上了美国总统。

信不信由你，当年联邦调查局人事档案中对尼克松的评语，竟然是“缺乏进取心”。[①] 这绝对是挑花了眼的胡言乱语。实际上，尼克松恰恰是一个心雄万夫、毅力惊人、永不言败的人物。

“二战”期间，尼克松投笔从戎，参加海军，屡获嘉奖，官拜少校。1946年，33岁的尼克松刚脱下军装，缺乏从政经验，却冒险决定竞选国会众议员。在当时美苏“冷战”和保守思潮高涨的背景下，他采取攻击民主党对手是“新政共产党人”的竞选策略，以微弱优势获胜，成为当时最年轻的共和党众议员之一。

---

① [美]安东尼·萨莫斯:《秘密生涯:联邦调查局局长胡佛传》, Anthony Summers, *Official and Confidential: the Secret Life of J. Edgar Hoover*, New York: Pocket Star Books, 1994, p. 160。

尼克松博闻强识，过目不忘，拥有百科全书般的政治知识、超乎寻常的政治智慧和敏锐深刻的洞察力，很快在美国政坛声名鹊起，脱颖而出。1950 年，尼克松决定出马竞选国会参议员。他公开指责民主党对手、百老汇歌女出身的联邦众议员海伦·道格拉斯（Helen Douglas）是"赤色分子""极端左倾派"，攻击她连"内衣都是粉红色的"，而且还给她起了一个绰号"粉色佳人"，使这次选战带有强烈的人身攻击色彩。

当年尼克松遇到一个非常头疼的问题。时任加州州长、民望极高、未来的美国联邦最高法院首席大法官厄尔·沃伦（Earl Warren）虽然是共和党人，却看不上尼克松的下作手段，更不看好他的政治前程。无论尼克松诉诸党派忠诚还是政治理念，沃伦州长都拒绝出面支持尼克松竞选。海伦·道格拉斯为了怂恿沃伦保持中立，便投桃报李，宣布不支持沃伦竞选连任州长的民主党对手詹姆斯·罗斯福，引起加州民主党阵营的分裂和内乱。

因说不动沃伦，尼克松就玩了个损招儿。每逢海伦·道格拉斯举行新闻发布会，尼克松这边就派出一个助手，乔装打扮，刻意装傻，反复问她是否支持富兰克林·罗斯福总统的公子詹姆斯·罗斯福竞选州长，继承"新政"的伟大事业。

海伦·道格拉斯终于陷入圈套。有一次谈起"新政"，她竟然稀里糊涂地说走了嘴，把罗斯福父子混为一谈。尼克松手下立刻买下媒体版面，将此"口误"大加渲染。沃伦很难绕开这个狡猾的陷阱，只好违心宣布支持尼克松竞选，使其最终以微弱优势当选联邦参议员。

在尼克松早期的政治生涯中，"反共"是一个非常突出的特点。在众议院，他大力支持针对苏联的遏制战略和马歇尔计划，积极参与国会调查共产党人渗透和颠覆美国政府的活动，在著名的希斯

(Alger Hiss)间谍案中一举成名。在参议院,他一度追随麦卡锡参议员,参与推行臭名昭著的政治迫害活动,结果成为民主党自由派的“眼中钉、肉中刺”。杜鲁门总统回忆说,他从政数十年以来,真正从个人品质角度痛恨厌恶的政界人物只有两位:麦卡锡和尼克松。

希斯是哈佛法学院高才生,毕业后经导师菲利克斯·法兰克福特教授推荐,曾任联邦最高法院大法官霍姆斯(Oliver Wendell Holmes,Jr. ,1902 – 1932 年任职)的法律助理,后任富兰克林·罗斯福总统外交顾问、杜鲁门政府助理国务卿,在制定联合国宪章的旧金山会议担任大会秘书长。1948 年,他被指控是美国共产党间谍网成员,曾向苏联提供国务院机密文件。当年希斯受审时,时任联邦最高法院大法官法兰克福特(Felix Frankfurter,1939 – 1962 年任职)曾以“品格证人”的身份出庭,证明希斯人品高尚,清白无辜。

尼克松的“反共”立场和政治敏感使其对希斯案极为重视。他凭借当律师时积累的法律经验,单枪匹马,穷追不舍,终于使调查出现了重大突破。因起诉间谍罪的时限已过,希斯后来仅因伪证罪被判了 5 年有期徒刑。苏联解体后,格鲁乌(苏军总参情报部)的解密档案证明,希斯确实曾是该部特工。

希斯案使尼克松一举成名天下知,赢得了“冷战斗士”和强硬派的名望和声誉,其“反共”立场和出众才能得到了共和党保守派的赞扬和赏识,由此走上通往白宫宝座之路。1952 年,年仅 39 岁的尼克松赢得共和党提名,出任艾森豪威尔将军的竞选搭档,以求争取西部选民的选票。1953 年,尼克松成为美国历史上第二年轻的副总统。①

---

① 美国历史上最年轻的副总统是约翰·布莱金里奇(John Breckinridge),36 岁时出任布坎南总统(James Buchanan,1857 – 1861 年任职)内阁的副总统。

与深受克林顿器重的戈尔和在小布什内阁中权倾一时的切尼这两位副总统不同，尼克松在艾森豪威尔政府中备受冷落。有一次，一位记者问艾森豪威尔：副总统尼克松参与过哪些内阁重大决策？艾帅竟然回答："给我一周时间，没准儿我能想起来一个。"①

尼克松与艾森豪威尔总统（1952 年）

艾帅是指挥数百万盟军远征欧陆的著名统帅，作为一名军人，他其实很像一位政治家，沉稳周密，精于筹划，对巴顿这类桀骜不驯的悍将颇为包容；作为一名政治家，他却很像一名军人，直来直去，口无遮拦，对尼克松这种精通权术的职业政客心存反感。

艾帅的话虽然过于尖刻，但却是大实话一句。在 8 年副总统生涯中，尼克松的角色大致相当于国务院礼宾司司长。作为总统外交

---

① ［美］威廉·曼彻斯特：《光荣与梦想》，William Manchester, *The Glory and the Dream*, London: Michael Joseph, 1975, p. 879。

特使，他迎来送往，马不停蹄，频繁出席国际典礼和葬礼，先后出访了 53 个国家，获得了极为丰富的国际事务和外交政策方面的经验。1959 年，他出访莫斯科时，与苏联领导人赫鲁晓夫进行了著名的“厨房辩论”，①自此名声大振，声名鹊起。

1960 年，尼克松出马竞选总统，经历了一次令人心碎的失败。大选前夕，他与民主党候选人约翰·肯尼迪进行了美国总统选战中第一次电视直播辩论。当时，收音机前的多数听众认为，才思敏捷、思想深邃的尼克松略占上风；但电视机前的多数观众，尤其是女性观众却一致认为，家世显赫、哈佛毕业、形象英俊、风度迷人的肯尼迪占据了绝对优势。

白宫办公厅主任哈里·霍尔德曼（Harry Haldeman）披露：“尼克松对肯尼迪家族三兄弟的举止和风度无比羡慕，甚至为之倾倒。他煞费苦心地注意自己的公众形象，服饰整洁，保守得体，在公众场合泰然自若，出席各种仪式时，总是努力做到举止潇洒，风度翩翩，谈吐幽默。可是，不论尼克松怎样苦下功夫，他总是显得平庸无奇，枯燥乏味，缺乏感染力，而约翰·肯尼迪只要一出场，举手投足就自然显露出上流社会领袖人物的超凡魅力。”②

一个月后，尼克松在大选中以微小劣势败北。在普选选票中，肯尼迪得票率为 49.7%，尼克松得票率为 49.5%，两人只相差千分之二。共和党的选举专家认为，尼克松实际上是输在新闻媒体搞的

---

① 1959 年访苏期间，在莫斯科“美国住房展览会”开幕式上，尼克松与赫鲁晓夫在“厨房展厅”进行了一场针锋相对的激烈辩论。由此，尼克松赢得了“勇敢面对”苏联领导人的声誉。

② ［美］霍尔德曼：《权力的尽头》，H. R. Haldeman, *The Ends of Power*, New York: Times Books, 1978, p. 70。

电视辩论上了。林肯总统出身贫寒,其貌不扬,若搞电视辩论,他恐怕也是输多赢少。

在《怪诞心理学》一书中,美国心理学家理查德·怀斯曼(Richard Wiseman)认为:“尼克松在不经意间曾为心理学作出过不少贡献。最早的一次总统大选电视辩论是在1960年。辩论的双方是尼克松和肯尼迪。当时收听广播的人觉得尼克松赢了,但观看电视的人则坚信肯尼迪胜出。原因在于尼克松在辩论前拒绝化妆,在整个辩论过程中,他看起来满头大汗而且焦躁不安。心理学研究人员发现,电视观众关注的焦点是他们所看到的,而不是所听到的。”就像绝大多数偶像剧一样,粉丝们热衷的主要是明星的颜值,而不是人物性格和剧情。

英国历史学家保罗·约翰逊(Paul Johnson)认为:

> 按照以往历史的所有标准,尼克松都应当是美国媒体赞颂的英雄人物。就自力更生、个人奋斗的古老传统而言,他天生就该是摘冠折桂的候选人。他从无到有,白手起家,家庭背景虽然值得尊敬,却丝毫谈不上显赫。尼克松通过一所名不见经传的三流大学奋力上进。他没有钱财,只能通过自己的勤奋和努力去争取。他没有权势显赫的朋友或关系背景。支配尼克松一生的是服务公职的强烈渴望——这种渴望有时戴上了冷酷野心的面具,还有爱国主义精神和对国家的无尽热爱。
>
> 尼克松是一个文艺复兴年代达芬奇式的自主学习者(autodidact),也是一个贪婪的阅读者,总是让自己更为出类拔萃,无论在智力上,还是在专业上。他把文化智识方面的认真努力,与扎实的竞选技巧和行政能力结合了起来,使其早年就

取得了巨大成功，而且一帆风顺，同时过着一种自我节制、道德上无懈可击的私人生活。

就一个白手起家的人来说，尼克松的成就是非凡的，其方式也是那种最好的美国民主和平等的方式——开国元勋本杰明·富兰克林的优良传统。然而，自始至终，媒体——尤其是那些“高品位”的报纸杂志——都不信任他，始终如一地贬低他，想方设法要毁掉他，在某种意义上也确实毁掉了他。在其事业生涯的每一次危急关头，除了最后一次“水门”事件之外，尼克松都不得不越过媒体，直接求助于普通的美国大众，即他所说的“沉默的大多数”。

东部媒体之所以敌视尼克松，其根源在于，他在1950年的联邦参议员竞选中击败了海伦·道格拉斯，她是一位左翼众议院议员，一贯被媒体视为政治上的圣女和殉道者，是尼克松把她钉死在“反共”的十字架上。海伦以前是百老汇的歌手，嫁给了电影明星梅尔文·道格拉斯，她的遭遇是乱哄哄的好莱坞闹剧的一个明显例证，泼在她身上的所有脏水，全都来自民主党内部。

实际上，海伦·道格拉斯之所以败下阵来，是因为那些讨厌她的人转而支持尼克松。希斯间谍案使尼克松在媒体遭受了更为严重的损害。自由派媒体不顾所有证据，试图把这个确凿无疑的苏联间谍和伪证罪犯，打扮成一位美国版的德雷福斯，①把尼克松描述为一个信奉麦卡锡主义的政治迫害狂。直

① 1894年法国陆军总参谋部犹太裔上尉军官德雷福斯被诬陷犯有叛国罪，遭到革职并判终身流放，法国社会因此爆发严重的冲突和争议。此案于1906年获得平反，德雷福斯被视为国家的英雄。

到尼克松去世后,希斯的罪行才因来自苏联的解密档案而无可争议地得以确立。

相比之下,媒体却竭尽全力、费尽心机打造并维持肯尼迪的幸运神话,这个神话贯穿了肯尼迪一生,以及他去世后的很长一段时间,直至最后在无可辩驳的证据的重压之下轰然倒塌。媒体保护肯尼迪,压制对他不利的事件和风流韵事,在必要的时候甚至为他撒谎,如此高规格的特殊待遇,甚至连富兰克林·罗斯福总统都从未享受过。①

1960 年大选刚结束,就传出了民主党阵营涉嫌投票舞弊的丑闻。在共和党的传统地盘伊利诺伊州和得克萨斯州,根据州选举法,大选前未登记的选民没有投票资格。可是,肯尼迪获得的选票,居然大大超出这两个州民主党登记选民的人数。大约 36 万张神秘假票作祟,导致尼克松最终落选。选举作弊的证据是如此明显,尼克松的支持者强烈要求重新清点选票,包括艾森豪威尔在内的共和党高层人物都鼓励尼克松向联邦最高法院提起诉讼。

约翰·肯尼迪当选总统之初,需要任命 300 余名高级官员。他每天花费大量时间面试候选人,应付他们提出的各种任职要求。有一天,在去棕榈滩打高尔夫球的途中,他怒气冲冲对弟弟罗伯特·肯尼迪说:"天啊,这个想要那个,那个想要这个,他们还有满意的时候吗?真不知道该怎么办!"

总统的老爸约瑟夫·肯尼迪坐在前排车座,扭过头来说:"杰克,如果你不想干总统这活儿,就别勉强。在伊利诺伊州库克县那

---

① [英]保罗·约翰逊:《美国人史》,Paul Johnson,*A History of the American People*,pp. 847 – 848。

边,尼克松的支持者可还在清点选票呢。”

面对选举舞弊的丑闻,尼克松比2000年大选时的戈尔副总统有风度得多。他主动放弃法律追究,不同意在两个争议州重新计票,甚至阻止媒体揭露肯尼迪阵营舞弊确凿事实的文章公开发表。在其名著《六次危机》中,尼克松写道:“如果我要求重新计票,新政府的组织以及旧政府对新政府在职权上有秩序的移交,就可能推迟数月。整个联邦政府内部局势将乱成一团。”“依我看来,将会在美国造成无法估计和持久的损害。”①

可是,新闻媒体并不赏识尼克松以大局为重的君子风度。美国新闻界历来是“自由化”的大本营,基本政治立场属于中间偏左。而尼克松是极右派,靠“反共”成名,并一度积极支持麦卡锡,与新闻界结怨极深。

同时,尼克松缺乏里根和克林顿那种擅长与媒体打交道的天赋。在媒体笔下,尼克松以擅长权术著称,被封上了“奸诈的迪克”(Trick Dick)恶名,其言谈举止经常是主流媒体和脱口秀节目讽刺挖苦的对象。两年后,尼克松竞选加州州长之职,再次一败涂地。

英国首相丘吉尔认为:“政治活动甚至比战争还要艰苦残酷。因为在政治斗争中你要死去活来好几次,而在战争中你只会死一次。”

尼克松连遭败绩,黯然神伤,不得不暂时退出政治舞台。在宣布退出政坛的记者招待会上,他愤愤不平地向媒体表示:“今后不会

---

① [美]尼克松:《六次危机》(下册),北京大学法律系《六次危机》翻译组译,商务印书馆1972年版,第628页。

有个叫尼克松的人让你们踢来踢去了。”①多数政治观察家认为，今生今世，“奸诈的迪克”将与政治无缘。

退出政坛后，尼克松重操旧业，在华尔街一家著名律师事务所当上了合伙人。但他只是暂时偃旗息鼓，暗中仍在积蓄力量，谋划东山再起。1968 年，尼克松利用约翰逊总统因越战大失民心，退出竞选的良机，决定冒险出山。他打出结束越战、从重打击刑事犯罪、恢复法律和秩序的旗帜，再次出马竞选总统。

尼克松凭着坚韧不拔的韧性和高瞻远瞩的谋略，加上民主党总统提名候选人罗伯特·肯尼迪遇刺身亡，使他避开了一位极具竞争力的强大对手，终于以微小差距赢得大选，总算登上了总统宝座。

虽然攀上了权力顶峰，但在尼克松内心深处，却总有一种与生俱来的不安全感。他清醒地意识到，赢得 1968 年大选有很大的偶然性，乱中取胜，险象环生，在很大程度上是因约翰逊总统退出，罗伯特·肯尼迪遇刺，以及越战乱局等“天时地利”因素，而非以“人和”赢得民心。在竞选期间，鉴于以前电视辩论马失前蹄的惨痛教训，尼克松对媒体敬而远之，宁肯背负“政坛胆小鬼”的骂名，也坚决拒绝与民主党总统候选人进行向全国直播的电视辩论。

就深层性格而言，尼克松沉默寡言，天性怕羞，喜欢沉思冥想，不擅长与人交往。他把自己描述为“一个身处外向型事业中的内向型的人”。可是，身为民主社会选举政治中的职业政客，他不得不耗费大量时间，周旋于其本人深恶痛绝的各种社交和竞选活动之中。

虽然靠竞选出人头地，尼克松却把竞选视为苦役和煎熬。在多

① [美]汤姆·维克：《尼克松与美国梦》，Tom Wicker，*One of US：Richard Nixon and the American Dream*，New York：Random House，1991，p. 3。

年的政治生涯中，承受沉重精神压力，遭逢世态炎凉风霜，忍受媒体刻薄挖苦，以及一度连遭败绩的惨痛经历，都已成为尼克松心中永远的痛。

另外，尼克松的口才和仪表平平，缺乏罗斯福、里根那种举重若轻、超凡出众的伟人魅力，没有克林顿那种轻松应对媒体的天赋才能，早年还有被联邦调查局和华尔街著名律师事务所连续拒之门外的尴尬经历。这些个人因素和经历，对他的深层性格和言谈举止影响颇深。

美国政治评论家马修斯（Chris Matthews）批评说：“我们看到我们的总统在传媒面前总是愁眉不展，一脸苦相，就像一个嫌疑犯因为涉嫌谋杀在法庭上接受审判一样。尤其是尼克松总统，他看起来总是像是刚刚被警察从拘留所提出来，拉到被告席上一样。”①

当年深受尼克松提携、重用的基辛格在回忆录中，多处描述了尼克松既刚愎自用、过分自尊，又优柔寡断、自负自卑的个性。曾在尼克松竞选班子中出任首席经济顾问的阿兰·格林斯潘（Alan Greenspan）也注意到，尽管尼克松是自威尔逊总统（Thomas Woodrow Wilson，1913－1921年任职，曾任普林斯顿大学校长）以来智商最高的美国总统，但这位总统大人平时的谈吐和行事却不够自信。②

有一次，格林斯潘参加尼克松主持的竞选班子会议。尼克松寥寥数语就讲完了会议的开场白，可是他在这短短三四句话中蹦出来

---

① ［美］马修斯：《硬球：政治是这样玩的》，林猛、吴群芳译，新华出版社2003年版，第250页。

② ［美］贾斯廷·马丁：《格林斯潘传》，Justin Martin, *Greenspan: The Man Behind Money*, Cambridge, MA: Perseus Publishing, 2000, p. 74。

的骂街脏话，比格林斯潘有生以来听到的全部脏话还要多。

格林斯潘当时大吃一惊，不仅是因为脏话不堪入耳，而且看到了尼克松的双重人格和焦躁不安、色厉内荏的内心世界。格林斯潘感到不可思议，尼克松在公众面前一副正经模样，在私下里却有如此粗俗的一面，这使他感觉很不舒服。格林斯潘后来成为竞选班子中唯一一位没在尼克松政府中担任职务的人。

霍尔德曼回忆说，尼克松“有一种典型的缺乏安全感的心理，即寒门子弟一旦进入有权有势的上流社会圈子，自然会处处提防”。“我认为，这就是尼克松仇视东部上层社会精英的原因。尼克松第二届任期改组政府时，他指示说：‘不要让任何一个他们的人进入内阁，你懂吗？那些哈佛大学出身的野杂种一个也不要！’尼克松希望自己周围都是来自密西西比河以西或梅森－迪克森线[①]以南、凭借个人奋斗成功的杰出人士。”[②]

对于即将来临的1972年总统选举大战，尼克松疑神疑鬼，焦躁不安。一方面，他极想连任总统，以美国历史上首位干满两届副总统和两届总统的国家元首身份，主持1976年美国独立200周年庆典；另一方面，他又缺乏战而必胜的信心，对竞选连任的前景忐忑不安。

尼克松左右的亲信知道，1960年大选以千分之二差距“险败”，对尼克松身心伤害极深；1968年大选以微小差距“险胜”，同

---

① 梅森－迪克森线（Mason-Dixon Line）是美国宾夕法尼亚州与马里兰州之间的分界线，1767年由英国测量学家梅森（Charles Mason）和英国天文学家迪克森（Jeremiah Dixon）勘测后确定。美国内战时成为南北之间的分界线。

② ［美］霍尔德曼：《权力的尽头》，Haldeman，*The Ends of Power*，pp. 68－69。

样使尼克松胆战心惊。为了确保获胜，经尼克松批准，他的竞选班子制订了搜集“政治情报”的计划，决心不惜任何代价，寻找能够击中民主党候选人要害的“重磅炮弹”，以求增加竞选胜利的保险系数。

第三章 越战、泄密和“管子工”

美国深陷越战泥潭，是影响尼克松连任的最大障碍。美国人普遍认为，越战是美国有史以来最花钱、最残酷却又是最无价值的战争。取胜毫无意义，失败无法忍受。

在国际舞台，越战极大地削弱了美国的综合国力，苏联借机在战略核武器、远洋海军等领域急起直追，在第三世界战略要地积极进攻，咄咄逼人，与美国争夺世界霸主地位。日本和西欧在经济上重新崛起，使美国的“金元帝国”地位一落千丈，1944 年布雷顿森林会议建立的以美元为中心的国际货币体系面临崩溃。中国和第三世界的崛起，彻底动摇了美国称霸全球的根基。与此同时，西欧和日本政治独立自主倾向不断发展，使美国遭遇始料未及的巨大挑战。

在美国国内，越战失败引发了空前严重的社会动乱和精神危机，极大地威胁到美国自身的安危稳定。广大民众对越战的抗议和不满日益高涨，并逐渐扩展为对美国政治制度和传统社会价值观念的否定和叛逆。

规模空前的反战示威、烧杀并举的黑人种族暴乱、急剧升高的刑事犯罪率、此起彼伏的政治暗杀、全盘否定美国政治制度的“新左派”思潮、激进失控的校园学生骚乱、狂放无羁的嬉皮摇滚反叛，加上军费浩大引发的通货膨胀和经济危机，使美国陷入了前所未有的危险困境之中。

1968 年，向尼克松移交烂摊子时，林登·约翰逊总统忧心忡忡地说：“当前国内外面临的各种问题，也许比林肯以来的历届总统面临过的问题都要严重。”①

按常理，尼克松摆脱困境、赢得民心、争取连任的最佳手段，莫过于快刀斩乱麻，迅速从越南撤军，然后把全部后果归罪于前任民主党总统。

可是，尼克松是一位兼具战略头脑和政治胆略的人，既精于深谋远虑，又敢于特立独行。他认为，建立在美国占据全面优势之上、以杜鲁门主义为标志的全球战略急需调整；美国应承认多极世界现实，抛开意识形态分歧，主动缓和中美关系，以纵横捭阖的诡谲手腕实行均势战略，以软硬两手和地缘政治外交遏制苏联全球扩张。

在此背景下，尼克松认为，越战是“卡在美国喉咙上的一块骨刺”，对内政外交和全球战略影响极大，既要收缩战线，尽早脱身，又不能轻举妄动，操之过急。一方面，美国应实行战争“越南化”计划，建立一支能够替代美军作战的南越军队。另一方面，为了维持美国

---

① ［美］尼克松：《尼克松回忆录》，Richard Nixon，*The Memoirs of Richard Nixon*，New York：Grosset & Dunlap，1978，p. 337。

在“冷战”对抗中的世界领导地位，避免在东南亚地区出现一垮皆垮的“多米诺骨牌”效应，保住西方世界在亚洲的战略利益，美国绝不能轻易认输，过分仓促地单方面停战撤军。

尼克松结束越战的方针极为明确，那就是“先打再谈、体面撤军”。在尼克松看来，战场上得不到的东西，谈判桌上同样得不到。只有施加强大的军事压力，先打再谈，以战逼和，才能迫使对手回到谈判桌上，接受对美国有利的停战撤军条件。尼克松强调：“法国曾为留在越南而战，美国却为撤出越南而战。”①与此同时，美国如果能够改善中美关系，将有助于减轻中国对越战升级的强硬反应，瓦解北越的战略后援和战争意志，使美国从越南逐渐脱身。

可是，这种“先打再谈、体面撤军”战略，必然引起美国国会、新闻媒体和广大民众的强烈反对。在美国分权制衡的政治体制中，甚至高度机密的外交政策，也是通过各权力部门之间的相互作用来体现的。除了总统、白宫幕僚和行政机构之外，其他各种力量，如国会、政党、利益集团、新闻媒体、民意、智库等同样参与或影响决策。这种民主体制的明显弱点是极易泄密、相互扯皮和决策效率低下。

法国著名政治学者托克维尔认为：“在指导国家的对外关系方面，民主政府绝对不如其他政府。”②美国最高法院大法官布兰代斯（Louis D. Brandeis，1916 – 1939 年任职）也曾指出：“1787 年制宪会议奉行分权原则不是为了提高效率，而是要杜绝专权。”③

---

① ［美］尼克松：《不再有越战》，王绍仁译，世界知识出版社 1999 年版，第 124 页。

② ［法］托克维尔：《论美国的民主》（上卷），董果良译，商务印书馆 1988 年版，第 260 页。

③ 《美国联邦最高法院判例报告》（第 272 卷），*Myers v. United States*，272 U. S. 52，293（1926）。

作为政界老手，尼克松对美国政治制度的弱点洞若观火。为了尽快摆脱越战僵局，他独断专行，铤而走险。1969 年 2 月，尼克松连招呼都不向国会打一声，秘密下令战略空军轰炸北越在柬埔寨的军事基地和军用公路“胡志明小道”，悍然将越战扩大到柬埔寨。

更为恶劣的是，政府行政部门以国家安全和保密为理由，把决定为秘密轰炸军事行动提供军费拨款的美国国会骗得晕头转向。国会从行政部门获得的所谓绝密文件，都是尼克松授意军方伪造的，国会议员和纳税人根本不知道自己出钱轰炸的真正目标。驻越美军司令部和太平洋战区司令部的高级参谋和顾问日夜忙碌，伪造绝密飞机计划，篡改轰炸目标的坐标，编造轰炸行动的事后报告，以此表明美军战略轰炸的目标是南越，而非柬埔寨。

柬埔寨国家元首西哈努克亲王，巴不得美国空军早点儿把北越军队炸走，所以对美军狂轰滥炸视而不见，一声不吱。北越自知在中立国建立军事基地理亏，挨了炸弹却不敢声张。对于美军秘密轰炸柬埔寨的内幕，中苏两国军事情报部门了如指掌，心如明镜。但是，出于种种考虑，中苏两国心照不宣，静观其变。

美国学者披露：“私下里，参谋长联席会议成员对自己参与尼克松这种口是心非的行径的做法满腹牢骚，有些人抱怨说隐藏轰炸行动的做法是‘愚蠢’的，注定会失败。但是在尼克松看来，为了避免反战抗议活动，对此保密是有必要的。其实，整个事件并没有多少秘密可言。”①

尼克松号称拥有“任何现代总统所应具有的最深切的直觉和最

---

① ［美］斯蒂文·瑞尔登：《谁掌控美国的战争：美国参谋长联席会议史（1942—1991 年）》，许秀芬等译，世界知识出版社 2015 年版，第 330 页。

敏锐的战略眼光”。在表面上,他比肯尼迪和约翰逊更愿意听取参谋长联席会议的建议。但尼克松曾私下毫不客气地批评和贬低军方高级将领的建议。他非常喜欢引用英国著名学者、《世界史纲》的作者威尔斯(H. G. Wells)的说法,认为职业军人的特点就是头脑平庸,因为聪明人绝对不会考虑终生从事军人生涯。

1969 年 4 月 30 日,尼克松授意白宫新闻发言人发布了一则弥天大谎:“无论美国还是南越,都没有攻击敌军在柬埔寨设立的避难所,因为我们不愿侵犯中立国领土。”杜鲁门总统气愤地批评说:“尼克松是一个混账透顶、肆意撒谎的卑鄙家伙。他能用上下嘴皮子同时撒谎,如果发觉自己一不留神说了真话,他就赶紧补上谎话,以免撒谎技艺生疏。”①

这场秘而不宣的“国际战争”开打三个月之后,才被《纽约时报》于 1969 年 5 月 9 日曝光。消息一传出,全球震惊,舆论大哗! 尼克松在国防和外交领域胆大妄为,欺骗国会,不宣而战,把参众两院议员们气得死去活来。

秘密轰炸曝光后,引发了国内更为激烈的反战抗议浪潮。尼克松一不做二不休,未经国会宣战,悍然下令美军于 1970 年 4 月大举入侵柬埔寨,彻底扫荡北越的后勤补给基地。更有甚者,他冒着与中国和苏联摊牌的风险,下令对北越进行大规模战略轰炸,摧毁铁路交通枢纽,布雷封锁沿海港口,彻底切断来自中国和苏联的军事

---

① [美]罗伯特·施纳肯贝格:《从华盛顿到奥巴马:美国总统的惊人之语》,Robert Schnakenberg, *Crazy Shit Presidents Said: The Most Surprising, Shocking, and Stupid Statements Ever Made by U. S. Presidents, from Geroge Washington to Obama*, Philadelphia: Running Press, 2012, p. 235。

援助。

前任总统们十几年来不敢任意胡来的事,尼克松一夜之间几乎全干了。

美军侦察卫星发现,大规模战略轰炸的效果非常显著。数十艘苏联援越货轮被迫在公海漂泊,近千辆火车车皮的中苏援越军火和物资被阻塞在中越边境的中国一侧。北越军队开始缺乏武器弹药和后勤补给,不得不回到谈判桌前,放低身段,降低要价。

这一系列战争升级行动,激起了全美各地空前绝后的反战高潮。大学校园里群情激愤、瓦斯弥漫、警棍横飞;国会两院争执不休、气急败坏、吵成一团。一些国会议员强烈要求弹劾战犯尼克松。

面对声势浩大的示威,尼克松勇于担当,毫不退缩。他坚定强硬地表示:“如果一位总统——无论哪一位总统,让街头示威者来规定他的政策,他就会辜负所有其他公民对他的信任。不论是什么问题,如果让政府的政策在大街上制定,那就会破坏民主的程序。”①

新闻媒体更是火上浇油。1969 年 4 月 1 日,白宫国家安全委员会向尼克松提出了结束越战的几套预案,其中包括一项单方面撤军的参考预案。五天之后,《纽约时报》就透露消息说,美国正在考虑单方面撤军。对南越阮文绍政权来说无疑是晴天霹雳,北越军民则士气大振。同年 5 月 1 日,《纽约时报》又泄露了美国战略核力量的国防机密,其中包括美国战略导弹系统的各种改进方案。

由于很难保密,美国政界有一个流传已久的笑话:华盛顿是世界上唯一一座音速快于光速的城市。尼克松对媒体随意泄密恨之

---

① [美]尼克松:《尼克松回忆录》(中册),裘克安等译,商务印书馆 1979 年版,第 50 页。

入骨，他告诫白宫幕僚："切记，新闻界是我们的敌人。"①

在反战示威高潮的1970年12月21日，摇滚巨星"猫王"普雷斯利突然来白宫请求拜见总统，令尼克松喜出望外，喜笑颜开。

这是一次"最风马牛不相及"的名人会面。美国"文艺界"是自由化的鼓吹手、反越战的大本营、腐化堕落的发源地，历来视保守派尼克松为不共戴天之敌。"猫王"此次主动登门请求会面，对呆板拘谨的尼克松而言，绝对是改善公共形象的天赐良机。

那天"猫王"乘坐一辆"比篮球场还要长"的超豪华轿车，留着神气活现的大鬓角，身穿深色天鹅绒紧身裤，开胸丝绸上衣，外加一件深紫色的丝绒披肩，腰间是镶钻配金的皮带扣环，据说比总统20万美元的年薪还贵重。摇滚巨星把一把银质弹匣的自动手枪作为礼物送给尼克松，请求总统让他成为一名"反毒品战争"的联邦特工。他还语出惊人，指责英国"披头士"摇滚乐队是反美情绪的一大源头，他们的音乐充满了反战、反美的主题。

"史诗性"会面临近结束时，"猫王"对尼克松说："我站在支持您的这一边"，接着出乎意料地上前，给素来拘谨冷面的尼克松来了一个热情的熊抱。如今"猫王"赠送的那把手枪仍然保存在尼克松总统图书馆；"总统与国王"(the President and the King)的合影照遐迩闻名，成为华盛顿国家档案馆最具"人气"、销售最佳的纪念品之一。

---

① ［美］威廉·萨菲尔：《垮台之前》，William Safire, *Before the Fall: An Insider's View of the Pre-Watergate White House*, New York: Doubleday & Company, 1975, p. 70。

尼克松总统与摇滚巨星“猫王”合影

摇滚巨星“猫王”是文艺界的“叛逆”，原助理国防部长约翰·麦克诺顿的特别助理丹尼尔·艾尔斯伯格（Daniel Ellsberg）却是国家安全和情报界的“叛徒”。1971年6月，出于反战目的，他将工作之便获得的一批涉及越战决策的绝密文件捅给了《纽约时报》和《华盛顿邮报》。绝密文件清楚地表明，美国政府在越战问题上误导和欺骗了美国人民。

由于这些五角大楼文件涉及决策内幕和国防机密，联邦司法部心急如焚，要求联邦法院立即下令，禁止新闻媒体发表绝密文件。司法部发言人指出，公开这些绝密文件的后果，将是增加美国军人的伤亡，破坏和瓦解盟国之间的合作，极大地增加与敌方停战谈判的困难并且延长越南战争。

基辛格警告尼克松：“如果某个白痴都能自作主张、随心所欲地发布美国的所有外交秘密，至少在苏联人看来，此事严重损害你的形象，而且能够毁灭我们执行外交政策的能力。如果其他世界强国都觉得美国控制不了内部泄密,他们绝对不会愿意与我们进行秘密谈判。”①

令人匪夷所思的是,在老谋深算的尼克松看来,五角大楼秘密文件中关于肯尼迪的部分若被公之于众,其实是一件“大好事”。尼克松认为,1972 年大选的民主党预选已到了千钧一发之际,肯尼迪总统是天主教徒,但却策划政变,杀害了信奉天主教的南越总统吴庭艳。秘密文件一公布,势必沉重打击肯尼迪总统的小弟弟、目前呼声甚高的民主党总统候选人爱德华·肯尼迪。

1971 年 6 月 17 日下午 5 点 15 分,尼克松告诉基辛格:“我要公布有关谋杀吴庭艳的文件。从你办公室找个人,把秘密文件泄露出去。”基辛格沉默片刻,回答说:“我的下属不应当泄露机密文件。”于是,尼克松把泄密的重任转交给总统特别助理查尔斯·科尔森(Charles Colson)。科尔森信誓旦旦地向尼克松保证,一定圆满完成总统交给的任务。②

由于司法部已经要求联邦法院对《纽约时报》《华盛顿邮报》等三家媒体发布禁令,科尔森便把涉及肯尼迪政府决策内幕的绝密文件捅给了《芝加哥太阳报》。该报成为第四家不顾政府警告公开刊载五角大楼文件的报社,但却是第一家“获准”刊载文件的报社。

美国情报部门认为,媒体“未经批准”擅自发表绝密文件和电报的原件,如果经克格勃破译专家的精心分析,将可能危害中央情报

① 转引自[美]霍尔德曼:《权力的尽头》,H. R. Haldeman, *The Ends of Power*, New York: Times Books, 1978, p. 112。

② [美]丹尼尔·艾尔斯伯格:《机密:五角大楼文件泄密者回忆录》, Daniel Ellsberg, *Secrets: A Memoir of Vietnam and the Pentagon Papers*, New York: Viking, 2002, pp. 424–425。

局的密码和行动。更严重的是，公开的文件泄露了中央情报局为偷录苏共中央政治局委员的汽车电话谈话安装监听装置的绝密内幕。据此，情报部门一度判断艾尔斯伯格是苏联间谍。

令尼克松和基辛格非常惊讶和愤怒的是，联邦最高法院在举世瞩目的“五角大楼文件泄密案”中以6比3票拒绝了司法部的请求。

波特·斯图沃特大法官（Potter Stewart，1966－1986年任职）在判决书中指出：“与议会制政府的总理相比，美国总统在国防和外交这两个重要权力领域中拥有巨大的宪法独立性。”“由于缺乏宪法在其他领域中的制衡机制，对国防和外交领域的政策和权力唯一有效的限制，只能来自开明的公民团体；只有具备必要信息和批评精神的公众舆论，才能保护民主政府的价值。”

斯图沃特断言：“尽管我认为政府行政部门关于秘密文件的观点在某些方面是正确的，但是我不能断言秘密文件的透露会对国家和人民造成直接、即刻和不可挽回的损失。”①

雨果·布莱克大法官（Hugo Black，1937－1971年任职）在协同意见中强调：“媒体必须受到（宪法第一修正案）保障，如此才能揭发政府隐秘，公示人民知晓。唯有一个自由、不受约束的媒体，才能有效地曝光政府蒙蔽人民的内幕。自由媒体肩负的至高责任，是防止政府行骗，用谎言将人民送到异国他乡，死于外邦瘴疠或枪林弹雨。在我看来，《纽约时报》《华盛顿邮报》以及其他报纸的勇敢报道，不仅不应当受到任何谴责，还应当被大力褒扬，因为他们确实履践了开国先贤明确无误的立国宗旨。揭发政府卷入越南战争的真相，正

---

① 《美国联邦最高法院判例报告》（第403卷），*New York Times Co. v. United States*, 403 U.S. 713，727－729（1971）。

是报界恪遵先贤期望与信赖的高贵之举。”①

首席大法官沃伦·伯格(Warren E. Burger,1969 – 1986 年任职)提出了异议。他认为,多数派大法官对此案的审议和裁决过于仓促和轻率,同时还批评《纽约时报》在刊登秘密文件之前没有与政府沟通和磋商。他指出:“我认为几乎难以置信的是,一家历来被视为美国人生活中一个伟大机构的报纸,居然在据有被盗窃的赃物或政府的秘密文件之时,没有履行一个美国公民的起码义务……这是出租车司机、法官和《纽约时报》都应当依法履行的。”②

得知判决结果后,尼克松恼羞成怒,破口大骂。1973 年 5 月 11 日,联邦法院将泄密者艾尔斯伯格无罪开释。尼克松大发感慨说:“小偷成了国家的英雄,逃脱了法律的制裁。《纽约时报》因窃取秘密文件而获得了普利策新闻奖……他们竟然指责白宫是小偷,要将我们绳之以法。以上帝的名义啊,我们怎么落到了这种地步?”

艾尔斯伯格认为:“之所以会有这样的结局,是因为美国实行的不是君主专制,而是民主共和制,是因为美国是一个法治国家,是因为美国国会、各级法院和新闻媒体一直遵循宪法的规定群策群力,防范政府滥用手中的行政权力。”③

想当年,在结束越战问题上,尼克松扮演了一个难度极大的角色,既要进行大规模的军事冒险,又要通过艰难的外交谈判促成停

---

① 《美国联邦最高法院判例报告》(第 403 卷),*New York Times Co. v. United States*, 403 U. S. 713,717 (1971)。

② 《美国联邦最高法院判例报告》(第 403 卷),*New York Times Co. v. United States*, 403 U. S. 713,748 – 752 (1971)。

③ [美]丹尼尔·艾尔斯伯格:《机密:五角大楼文件泄密者回忆录》,Daniel Ellsberg, *Secret*, p. 457。

战和撤军,同时要应付国内的暴乱示威、新闻媒体的无情抨击、政府内部的可怕泄密,还有坚决维护新闻自由的最高法院。一场由民主党总统肯尼迪、约翰逊肇始并最终弄得无法收场的战争,却使收拾烂摊子的共和党总统尼克松陷入了孤家寡人、腹背受敌、内外交困的艰难处境。

基辛格回忆说:

在南北战争以来最为破碎分歧的国内环境中,尼克松挑起了结束越战这个锥心痛苦的重担。即使时隔二十多年,每一思及举国上下对越南战争的共识突然间冰消瓦解,仍然令人痛心震撼。

面对各地暴乱示威,国会决议案渐渐地倾向于单方面撤军,再加上新闻媒体的敌视与苛刻,尼克松本应在任期内,尽早向国会陈述其战略构想,要求国会毫不含糊地支持总统的外交战略。如果得不到国会的支持,他应当要求国会以投票表决的方式清理越南战争,使国会也承担起责任。

尼克松拒绝接受这一建议,他认为这是放弃政府行政部门应有的领导职责之举,历史不会原谅他如此行事可能导致的骇人后果。

基辛格赞扬道:

尼克松的决定是一个光荣的决定,也是高度合乎政治道德与政治智慧的正确决定。他一人承担了如此沉重的责任,在美国制衡与分权的制度中,这个千斤重担本来不应由尼克松独自承担。①

尼克松为何自找苦吃,非要独自承担这个“吃力不讨好”的千斤

---

① [美]基辛格:《大外交》,Henry Kissinger, *Diplomacy*, New York: Simon & Schuster, 1994, pp. 674, 700。

重担呢？主要原因为，尼克松先后干过联邦众议员、参议员、副总统兼参议院议长等要职，高瞻远瞩，深谋远虑，深谙美国政治内幕。显而易见，在战争决策以及与之相关的全球战略问题上，如果通过民主程序，让议程公开、极易泄密、议而不决、多谋无断的国会来主导决策，很可能导致一场外交和军事战略灾难。

为了稳住阵脚，缓解危机，尼克松剑走偏锋，冒险出招，采取了两项影响深远的政治措施。一项是公开出面，向“沉默的大多数”（the Silent Majority）直接呼吁；另一项是“暗箱操作”，秘密组建打击泄密和“堵漏”的白宫反间谍班子“管子工”。

“沉默的大多数”是尼克松发明的政治术语。按照尼克松的保守观点，那些鼓噪抗议、反对越战的人，其实只是美国社会中的少数人。这些反战分子焚烧国旗、拒服兵役、诋毁上帝、放任自流、吸毒乱交。由于媒体的撑腰，他们游行示威、大喊大叫，让人误以为是美国社会中多数人的意见。但实际上，大多数美国人并不希望国家陷入一败涂地、分裂动荡的局面。可是，由于媒体的片面报道，大多数美国人处于沉默之中。

为此，1969 年 11 月 3 日，尼克松向全国发表电视讲话。他高声呼吁：“伟大的同胞们！沉默的大多数！我请求你们的支持。”“让我们团结起来争取和平。让我们也团结起来制止失败。因为我们应当懂得：北越人是不能打败或屈辱美国的，只有美国人自己才能使美国失败或遭受屈辱。”①

这次电视演说获得了空前的成功。在听过演说的美国人中，尼

---

① ［美］尼克松：《尼克松回忆录》（中册），裘克安等译，商务印书馆 1979 年版，第 57 页。译文根据英文原版略有改动。

克松的支持率高达77%。白宫破天荒地收到了8万多封表示支持的电报和信件。民众一定程度的支持，为尼克松实施“先打再谈、体面撤军”战略赢得了回旋余地。

自恃赢得了“沉默的大多数”的认同，加上后来在外交领域的重大突破和停战撤军的初步成果，尼克松有点儿得意忘形，自认为可以超越党派束缚，直接与民众对话，赢得大选胜利。在筹备1972年大选时，尼克松一反常规，抛开了传统的共和党助选机器，自己筹建竞选班子。事实证明，尼克松此举不但在党内树敌众多，而且为“水门”窃听案埋下了伏笔。

参议院“水门”事件调查委员会主席萨姆·欧文（Sam Ervin, Jr.）认为：“如果尼克松总统将竞选连任的任务委托给共和党全国委员会，那就不会有‘水门’事件。共和党的竞选班子能够分辨，像水门窃听这样的行动，已超出了政治的范围。可是，尼克松却把控制竞选的大权交给了自己的亲信。这帮人除了是他的心腹之外，在政治和政府事务方面几乎毫无经验。”①

“管子工”的称谓源自白宫特别助理戴维·扬（David Young）70岁高龄的老祖母。戴维是反间谍班子的负责人之一，此君毕业于英国牛津大学，同时还是常春藤名校康乃尔大学法律博士。他的祖母听说宝贝孙子光宗耀祖，身手非凡，目前在一个给白宫“堵漏”的特别部门当头儿。老人家感到特别有面子，逢人便忽悠和吹嘘说，她的已故老公（纽约市的一名管道工）一定感到无比自豪，因为“戴维正在重新捡起祖传的管子工老行当”。

---

① ［美］萨姆·欧文：《真相：水门案阴谋》，Sam J. Ervin, Jr., *The Whole Truth: The Watergate Conspiracy*, New York: Random House, 1980, p. vii。

尼克松疑神疑鬼，认为在全国各地暴乱示威的背后，很可能存在政治阴谋背景；泄露政府的外交和军事情报，则是通敌叛国行为，必须认真调查，严厉惩处。可是，由于新闻媒体受宪法第一修正案保护，所以“管子工”调查的重点只能集中在政府部门。

出任总统后，尼克松无视宪法对公民隐私权的保护，以保护国家安全为名，下令对涉嫌泄密者进行大规模电子窃听和信件检查。1971 年 6 月，在“五角大楼文件泄密案”中败诉后，尼克松大发雷霆，下令白宫幕僚可以在保护国家利益的名义下，采取各种必要的手段和措施，对泄密行为进行监视和打击。

“管子工”成立后，大肆调查涉嫌泄密者的各种线索，肆无忌惮，不择手段，违法乱纪，胡作非为。他们曾经夜闯艾尔斯伯格心理医生的办公室，偷窃医疗档案，企图寻找证明艾尔斯伯格是苏联间谍的罪证。更有甚者，由于尼克松因五角大楼绝密文件失窃极为震怒，“管子工”便暗中策划，打算在自由派思想库布鲁金斯学会（Brookings Institution）投掷燃烧弹，趁乱找回丢失的政府绝密文件。① 但因风险过大，这个方案没有付诸实施。

基辛格的高级助手洛德（Winston Lord）一度沦为重点怀疑和窃听对象。他是美国“面粉加工大王”富豪世家出身，耶鲁大学高才生，夫人包柏漪（Bette Bao Lord）是美籍华裔，生于上海，祖籍浙江宁波，其父包新第曾任国民政府资源委员会驻美代表，其母方婉华出身安徽名门望族，是清代文学大师、“桐城派”创始人方苞之后。

---

① ［美］利迪：《“水门硬汉”利迪自传》，G. Gordon Liddy, *Will: The Autobiography of G. Gordon Liddy*, New York: St. Martin Press, 1996, pp. 171 – 172。

包柏漪是畅销书作家，还做得一手好菜，习惯每天早晨掺杂安徽、上海方言和母亲通话，母女两人经常在电话中交流复杂的徽菜、浙菜、本帮菜的菜谱和原料。联邦调查局不得不高价聘请“方言专家”整理录音，还招来密码专家分析菜谱，研究其中是否隐藏机密含义。窃听持续了9个月，浪费了纳税人大量钱财，让“方言专家”大赚外快，捎带温习了在异国他乡久违的亲切乡音。

洛德跟随基辛格于1971年首次秘访北京。虽然美方有严格的保密规定，但洛德仍然违反“外事纪律”，以非凡高超、使窃听失效的语言技巧，隐秘巧妙地向妻子“泄露”了神秘行踪。临行前，洛德按捺不住心底的激动，指着窗外，拐弯抹角、意味深长地说：“你看，有人偷窥。”（Look，Bette！Peeping Tom）

包柏漪看了看窗外，根本没人偷窥。洛德启程后，聪颖过人的包柏漪苦思冥想，终于明白了其中隐含的谐音暗示。英语“偷窥”（peeping）与汉语中北京的旧称“北平”的发音几乎相同。天啊！老公这次要去的地方，竟然是红色中国的首都北京。中美建交后，洛德曾出任美国驻华大使（1985－1989年任职）。

另一位窃听对象是《纽约时报》专栏作家克拉夫特（Joseph Kraft）。安装窃听器后，恰好赶上克拉夫特夫妇赴欧洲度假两周，结果窃听到的是留守看家的拉美裔女仆与男友之间的西班牙语情话，打情骂俏，勾引挑逗，使窃听者晕头转向，如坠五里雾中。

联邦调查局存档的窃听记录水准低劣，令人不忍卒读。其中记载，克拉夫特曾打电话找一个名叫“约翰·莫纳”（John Monay）的外国人。稍有国际问题常识的人皆知，应当是欧洲统一运动的总设计师、法国外交家让·莫内(Jean Monnet)。另一处记载,克拉夫特联系了一位名叫"凯·格雷厄姆"(Kay Graham)的女人,旁注"身份不详"。整理者居然不知道,此人是赫赫有名的《华盛顿邮报》女老板。

电话窃听和"管子工"的秘密行动没有取得任何成果。尼克松批评说:"这帮笨蛋,全是一帮饭桶。"由于战绩平平,风险过大,"管子工"于1971年年底宣告解散,其中部分成员转到尼克松的竞选班子当差。半年之后,正是利迪和亨特这两位原"管子工"中的莽撞干将,在"水门窃听案"中惹出了弥天大祸,最终导致尼克松总统丢失了白宫宝座。

尼克松竞选班子法律顾问、"水门硬汉"利迪

利迪是律师出身，拥有法律博士学位，朝鲜战争期间任炮兵军官，干过联邦调查局特工，受过一点儿驾驶飞机、低空跳伞、擒拿格斗之类的训练。亨特是中央情报局特工出身，曾负责秘密招募和训练古巴裔雇佣军，参与1961年的“猪湾入侵”军事行动。[①]“水门案”中落网的四位古巴裔案犯有三位就是当年的雇佣兵。

但是，利迪和亨特都没受过真正的间谍训练，也缺乏这方面的经验和常识。比如，他们策划的偷窃艾尔斯伯格医疗档案的行动，采取的手法竟然是破窗而入、砸开保险箱瞎翻的“业余”手段，作案现场一片狼藉。在“水门窃听案”中，他们竟然指派在尼克松竞选班子担任安全顾问要职的麦克德直接出马作案，致使此案从一开始就闹得无法收场。

利迪和亨特虽然见识短浅、武功平庸，但却是野心勃勃、胆大妄为之徒。他们名义上担任竞选班子的法律顾问和白宫特别助理，实际上负责搜集民主党对手情报和实施特种行动。由于《华盛顿邮报》专栏作家安德森(Jack Anderson)在专栏文章中泄露了一些国防和情报机密，白宫高层颇为恼火，利迪和亨特便谋划了几套暗杀安德森的具体方案。[②]由于白宫高级幕僚担心引火烧身，这项暗杀行动没有付诸实施。

1972年1月，在联邦司法部部长办公室，利迪向司法部部长米切尔、白宫法律顾问约翰·迪安(John Dean)等人提交了搜集情报和

① 1961年4月，中央情报局装备和训练的1400余名反卡斯特罗的古巴流亡分子，乘美国运输舰在古巴南海岸的猪湾(Bay of Pigs，又译吉隆滩)地区登陆。这次军事行动在登陆短短两天后被彻底击败。

② [美]利迪：《“水门硬汉”利迪自传》，*Will：The Autobiography of G. Gordon Liddy*，pp. 207 – 210。

打击对手的计划。米切尔是尼克松的心腹亲信,出身贫寒,毫无背景,“二战”期间当过海军军官,后来凭借过人的聪明和勤奋,依靠个人奋斗,成为华尔街非常成功的债券法律师,晋升为尼克松所在律师事务所的合伙人。

因身世背景相似,尼克松与米切尔格外投缘,对他另眼相待,破格提携。但是,米切尔没有任何从政经验,一切唯尼克松马首是瞻。为了确保尼克松连任,当时米切尔已决定辞去联邦司法部部长,正式出任竞选班子主管。“水门案”东窗事发后,米切尔因“伪证罪”和“妨碍司法罪”获刑 19 个月,沦为美国历史上首位被定罪入狱的联邦司法部部长。

据利迪本人回忆,他向米切尔提交计划的要点为:窃听民主党人电话,偷拍秘密文件;雇用高级妓女勾引民主党竞选班子成员和总统候选人,用隐藏的摄像机偷拍淫秽场面,以此讹诈对手和换取情报;无情打击那些在幕后组织示威、破坏共和党全国代表大会的自由派人士,把这些危险人物暂时秘密绑架到拉丁美洲国家。

听完这个荒谬绝伦的计划,米切尔表态说:“希望你回去想想,拿出一些更现实的方案。”遭到上司否决后,迪安让利迪又制定一套新的方案。在新计划中,利迪删去了不够“现实”的部分,保留了窃听和偷拍文件的行动。

不过,利迪虽然制订了窃听和偷拍文件的计划,但他并没有锁定水门大厦。利迪在回忆录中声称:“我知道,我从未选定将水门大厦作为窃听目标。我一直认为这是个很傻的想法,因为有其他更好的选择。”①

究竟是谁下令和策划闯入水门大厦搞窃听，至今仍然莫衷一是，众说纷纭。当事人各执一词，各言其理，互告诽谤，官司迭起，这桩公案已成为一团乱麻。20 多年之后，经“水门”事件专家考证，窃听案的主要幕后策划人之一是白宫法律顾问迪安。②

可以说，如果没有越战引发的反战运动和泄密问题，就不会有成事不足、败事有余的白宫秘密警察“管子工”；如果没有素质低劣、胆大妄为、胡作非为的“管子工”，很可能就不会有“水门”事件。

回首往事，霍尔德曼认为：“我坚信，如果没有越南战争，就不会有‘水门’事件。如果没有越南战争，理查德·尼克松会成为哈里·杜鲁门以来最有成就的美国总统。”③

---

① ［美］利迪：《“水门硬汉”利迪自传》，*Will：The Autobiography of G. Gordon Liddy*，pp. 200，371。

② 《没有枪声的政变》，*Silent Coup：The Removal of a President*，pp. 105 – 106。

③ ［美］霍尔德曼：《权力的尽头》，Haldeman，*The Ends of Power*，p. 79。

第四章 白宫幕僚与“帝王总统”

尼克松为何放着联邦调查局、中央情报局这些现成的情报特工部门不用，偏要另起炉灶，组建白宫“业余”反间谍班子“管子工”呢？

主要原因是，尼克松虽然贵为总统，但却无法超越法治程序和法律法规，命令警察和特工部门从事非法秘密调查。在美国的宪政体制中，司法独立和军队国家化的特点令人瞩目，但是警察、特工和情报部门的独立性问题，却很少能引起国内研究者的足够重视。

按照美国法律，联邦调查局、中央情报局、国家安全局、国防部军事情报局等情报和特工部门皆是国家公器，虽然在原则上对总统负责、归总统直接领导，但是参众两院和联邦法院同样有权监督和限制这几个部门的权力。它们都必须按期向国会报告工作，回答国会质询，接受国会监督。根据 1947 年《国家安全法》的规定，国会严禁中央情报局进行国内情报活动和干涉国内事务。而联邦调查局的行动必须遵循联邦法律的程序和法规。

尼克松上台之初,曾下令联邦调查局采取行动,对涉嫌泄密者的办公室和私宅进行电子窃听和跟踪检查。可是,由于这种侵犯公民宪法权利的行动未经法院授权,联邦调查局局长埃德加·胡佛一方面勉强同意部署窃听,另一方面又借此要挟白宫,要求继续任命他担任局长。由于最高法院在最新判例中对电子窃听予以严格限制,联邦调查局后来干脆拒绝与白宫合作。

在此背景下,为了继续进行非法调查和秘密窃听,尼克松唯一可以信赖的部门只能是总统的幕僚班子。美国总统的幕僚,一般通称为白宫班子(White House Staff)。立宪建国之初,美国总统的幕僚只是白宫里的办事员和勤杂人员。“一战”时期的学者总统威尔逊,总共有三位行政助手,常常是他本人负责起草和回复白宫的大部分文件和信函。

直到20世纪30年代,罗斯福新政大大强化了联邦政府行政部门的权力,经1939年《行政改组法》授权,罗斯福总统正式建立了总统助理和幕僚班子。此后,历届总统都利用行政命令和立法创议等方式,不断扩大幕僚班子的规模和权限。在尼克松执政时期,白宫班子的地位和权势登峰造极。

白宫班子主要由白宫办公厅、国家安全委员会、行政管理和预算局、经济顾问委员会、政策发展办公室等部门组成,其主要成员包括白宫办公厅主任、白宫新闻发言人、国家安全事务助理、国内事务助理、总统经济顾问以及其他各种冠以总统助理、特别助理、高级顾问、特别顾问之类头衔的总统私人助手。这些机构和人员皆由总统自行任命,受总统直接领导,无需参议院同意和批准。尼克松上台后,把白宫班子的规模扩充到5395人,比罗斯福“新政”时代增加了将近20倍。白宫幕僚大有取代内阁行政部门,成为总统决策和施政的主要工具之势。

在美国的政治体制下,内阁部长的提名和任命,往往受到党派政治、利益集团、族裔比例、政治选区、国会批准等错综复杂因素的制约。所以,很多内阁部长并非总统的心腹或忠诚追随者。在美国历史上,林肯、西奥多·罗斯福(又称老罗斯福)、威尔逊、富兰克林·罗斯福(又称小罗斯福)、尼克松等"强人总统"都相当专横霸道,非常讨厌正式的内阁会议,重大决策极少经过内阁成员的民主协商。行政权力统归美国总统,大权独揽,而非政出多门,是美国政府行政部门的基本特色之一。

另一个背景原因是,内阁各部机构庞杂,官僚主义盛行,决策效率低下,使总统望而生畏。此外,内阁各部中的职业文官背景复杂,居心叵测,难以驾驭,他们对走马灯般更换的总统并不忠心耿耿。因此,总统对行政部门的忠诚程度和保密能力,一向缺乏信心。

1971年10月,基辛格访华时曾向周恩来总理提出要求:"尼克松总统希望,在中美首脑高峰会谈期间,任何有实质意义的会议都不要让国务卿罗杰斯(William Rogers)参加。但是有必要安排罗杰斯与较低级别的中国领导人进行一些诸如科技问题之类的次要会谈,让他有事可做,以保颜面。"①

1972年尼克松首次访华时,美国国务院有三位精通汉语的高级翻译随行,却没有派上用场。在最高首脑会谈之前,尼克松心存戒

---

① [美]帕特里克·泰勒:《长城:六位美国总统与中国》,Patrick Tyler, *A Great Wall: Six Presidents and China*, New York: Public Affairs, 1999, p. 114。

备，专门向周恩来总理提出请求：“首脑会谈的翻译由贵方指派。”① 尼克松担心，美方翻译即使不泄密给新闻媒体，也有可能泄密给国务院或五角大楼的高级官员。如果再出一个像艾尔斯伯格那种随意泄露绝密文件的“白痴”，尼克松和基辛格真的没有颜面再与毛泽东、周恩来折冲樽俎，讨价还价。

尼克松嗜好杯中物，基辛格背后戏称顶头上司为“那个酒鬼”。访华期间，中国领导人送了尼克松不少国酒茅台。基辛格在回忆录《白宫岁月》中调侃道：“尼克松回到华盛顿后，向女儿特里西娅表演茅台的厉害程度。他把一瓶茅台酒倒在碗里，点燃了火。岂知火势竟然不熄，尼克松惊恐万状；碗炸裂了，吐着火苗的茅台流满桌面。美国第一家庭的成员奋勇协力，慌忙救火，总算才把白宫的火势扑灭，阻止了一场美国的悲剧。否则的话，尼克松政府会自作自受，提前收场，比实际发生的‘水门’事件更早一些。”

言归正传。与国务院的职业文官相比，白宫幕僚班子知根知底，严守机密，能够较好地满足总统对保密和权势的需要。幕僚们长期追随总统，善于领会总统意图，对总统唯命是从，是总统意志最忠实的执行者。他们利用经常接触总统的机会，出谋献策，参政议政，争权夺宠，竭力效忠，直接参与重大决策的制订和具体执行，严重侵犯了传统上属于行政部门的职权。正是这些“既非民主选举产生，又未经立法部门批准任命的无名助手，对美国外交和国内政策

① [美]孟捷慕：《转向：从尼克松到克林顿期间美中关系揭秘》，James H. Mann, *About face：A history of America's curious relationship with China, from Nixon to Clinton*, New York：Random House, 1998, p. 41。

作出重要决定”。[1]这一违反法治原则现象的出现，是制宪先贤始料未及的。

与内阁各部相比，白宫幕僚班子具有反应敏捷、指挥灵活、智囊众多、富有创意的优点，在集中总统权力、协调政府各部门工作、提高行政效率等方面，起到了良好作用。

但是，总统重用白宫幕僚，并使其凌驾于内阁之上，极易造成严重弊端。首先，大量行政权力掌握在白宫幕僚手中，使国会对行政部门的监督失去意义，破坏了美国政治体制中分权与制衡的基本原则。其次，白宫幕僚只对总统一人负责，他们溜须拍马，阿谀奉承，借机追求个人荣耀和影响高层决策的权势，使民选总统养成唯我独尊的帝王心态，使民主政府染上总统个人专制色彩。最后，白宫幕僚的升降沉浮全凭总统一句话，为了得到赏识和重用，一些志大才疏、野心勃勃的无名之辈过分卖力，甚至违法乱纪，滥用权力。一旦闯出大祸，必将殃及总统。

另外，总统选择幕僚时，往往比较注重个人忠诚而非经验或能力。尼克松因缺乏领袖个人魅力，在这方面显得格外突出。他所重用的高级幕僚，除前哈佛大学教授基辛格外，绝大部分都是当年律师事务所的合伙人或竞选班子成员出身、与尼克松有多年的私人交情的人。这些高级助手兼私人密友虽然对总统忠心耿耿，但缺乏从政经历以及与国会和媒体等东部权势集团打交道的经验，对情报和特工部门也不熟悉。经他们招兵买马、筹划组建的白宫班子，难免

---

① [美]丹·拉瑟等：《宫廷侍卫》，Dan Rather and Gary P. Gates, *The Palace Guard*, New York: Harper & Row, 1974, p. 306。作者故意用此书名恶心白宫幕僚和“帝王总统”。

泥沙俱下，鱼目混珠，最后终于惹出了弥天大祸。

白宫幕僚也都是一些“正道”出身的人物，若论盗窃文件、窃听洗钱、绑架暗杀之类的武功，他们与心黑手辣的黑手党相去甚远。在整个“水门”事件过程中，白宫幕僚表现出的应对危机的能力，实在令人不敢恭维。

尼克松上台后，白宫幕僚不但成为总统的心腹智囊和决策高参，而且充当直接处理内政外交日常事务的行政工作主导者的角色，地位之高，权势之大，恩宠之隆，堪称前所未有，令人咋舌。

在尼克松授权下，国内事务助理埃利希曼（John Ehrlichman）专横跋扈，把涉及国内事务的行政部门置于自己领导之下，内阁部部长竟然要定期向他汇报工作。白宫办公厅主任霍尔德曼权倾朝野，主持行政事务的大政方略，未经他点头批准，内阁部部长和国会议员都无法面见总统。当尼克松出访或“隐居思考”时，则由霍尔德曼承担“内阁总理”兼“代理总统”的重大职责，一言九鼎，独断专权，副总统阿格纽（Spiro Agnew）以及内阁各部部长纯粹都是摆设。这种现象逐渐引起参众两院的关注和不满。

在外交政策方面，国家安全事务助理基辛格大权独揽，成为尼克松制定外交和军事战略的主要顾问，成为天马行空的“超级国务卿”，独往独来的“外交牛仔”。尼克松和基辛格推崇 19 世纪英国首相帕默斯顿爵士的名言：“大英帝国没有永恒的盟友，没有永恒的敌人，只有永恒的国家利益，我们的职责就是追求国家利益。”①他们特立独行，敢做敢当，超越意识形态，注重国家利益，迷信秘密外交，忽

---

① 帕默斯顿爵士（Lord Palmerston，Henry John Temple）1848 年 3 月 1 日在英国下议院的演讲。

视民主程序，取得了影响和震撼世界、改变战后全球战略格局的突破性外交成就。

基辛格惯用瞒天过海之术，大搞秘密外交，把国务院、五角大楼、国会外交和军事委员会以及无孔不入的新闻界全都蒙在鼓中，像个超级间谍一样，神出鬼没，诡计多端，“暗箱操作”，接连走出怪招险棋。诸如缓和中美关系、结束越南战争、签订美苏限制战略核武器条约、中东和平谈判等重大外交活动，竟然都以秘密外交的手段完成。尼克松则以突然袭击的方式，通过电视讲话向全世界宣布秘密外交的惊人突破，把毫无心理准备的新闻界、行政部门和参众两院震惊得目瞪口呆。

“帝王总统”尼克松与“外交牛仔”基辛格

尼克松和基辛格都认为,对国家利益的冷酷盘算和赤裸追求,如果事先走漏了风声,不可能得到国会和民众的支持。身为逃避纳粹专制暴政的幸存者,基辛格对人性的黑暗和弱点有深刻洞察。他悲哀地认为:“人类只有依靠谎言和欺骗才能生存下去。”

基辛格的助手温斯顿·洛德曾透露,基辛格诡计多端,擅长造假,大摆迷魂阵。他有时会让几位助手为同一次会议撰写不同版本的备忘录:一个交给档案馆存档,一个交给尼克松过目,另一个准确的版本留给自己。基辛格从政后才意识到:“写在外交文件上的东西向来就不符合事实。如果当年我对自己现在已经知晓的这种事情有所了解的话,就不会基于官方文件撰写我那篇以梅特涅均势外交为主题的哈佛博士论文。”①由此,学者们不应书呆子气十足,轻易相信官方公布的文献档案,必须注重爬梳剔抉,钩沉考证,同时努力向决策当事人了解幕后真相。

基辛格的一位挚友评价说:“如果减去百分之十的才华智谋,增加百分之十的诚实正直,基辛格简直就是一代伟人。”②这个精准而恰当的评语,百分之百地适用于尼克松。

人们可能会有疑问,法治号称是美国的立国之本,三权分立号称是美国政治的基本特征。可是,美国总统在外交和军事领域的行为,有时简直就像罗马帝国的专制暴君尼禄或者纵横捭阖的奥地利帝国首相梅特涅。这种奇怪的现象,常常使一些崇拜美式民主的人

---

① [美]沃尔特·艾萨克森:《美国著名人物素描》, Walter Isaacson, *American Sketches: Great Leaders, Creative Thinkers, and Heroes of a Hurricane*, New York: Simon & Schuster, 2009, p. 15。

② [美]沃尔特·艾萨克森:《基辛格传》, Walter Isaacson, *Kissinger: A Biography*, New York: Simon & Schuster, 1992, p. 762。

深感疑惑和失落。

这个疑惑问题，其实与外交和军事的特点，以及美国宪法对总统外交权和战争权的含糊规定有直接关系。根据美国宪法，外交权由总统和国会分享。比如，总统有权代表国家与外国缔结条约和任命大使，但缔结的条约和任命的大使需经参议院批准，等等。

但是，在实际运作中，由于外交事务通常具有纵横捭阖、随机应变、见风使舵的特点，既需要虚与委蛇、虚情假意、虚张声势，又需要精于谋略、严守秘密、果断决策，不可能公开透明，开诚布公，事事经过民主程序，由议程公开、反应迟缓、争执不休的国会主导决策。

托克维尔精辟地指出："对外政策几乎不需要民主所固有的任何素质；恰恰相反，它所需要的倒是发挥民主几乎完全不具备的那些素质。"①

19 世纪奥地利帝国首相、外交大臣梅特涅，是基辛格在哈佛读博士以来最崇拜的欧洲古典"均势战略"大师。此公以纵横捭阖的谋略权术、隐讳巧妙的谎言诡计著称于世。他曾大言不惭地说："就我的策略而言，说真话是对自己国家的不忠。"18 世纪英国驻奥地利帝国大使亨利·沃顿爵士（Henry Walden）曾给驻外使节下过一个令人叫绝的定义："大使就是派往国外为了本国利益而撒谎和玩弄诡计的诚实人。"②

现实主义大师尼克松认为："我们可能不喜欢专制统治，但对许

---

① ［法］托克维尔：《论美国的民主》（上卷），董果良译，商务印书馆 1988 年版，第 261 页。

② 原文为："An ambassador is an honest man sent abroad to lie and intrigue for the benefit of his country."

多国家来说，在现阶段简直没有别的切合实际的选择。如果民主明天早晨就在沙特阿拉伯或埃及降临，其后果可能是灾难性的，如何对待民主，这些国家根本没有任何准备。坚持把为我们服务过的体制强加在不发达国家身上，对它们将是毫无益处。明知根本是不可能的，还要坚持实行民主的形式，这是最坏的自以为是的虚伪。美国应该学会少管闲事。”①

由于外交和军事的特殊性，美国最高法院历来以“政治问题”为由，回避作出裁决。这样，总统和行政部门在外交事务中居于支配地位。在寸土必争、弱肉强食的国际社会中，外交的实质是在综合国力的基础上以各种手段追求国家利益的最大化，使用武力是外交政策的实力基础和解决国际争端的终极手段。从某种意义上说，没有武力也就谈不上外交。因此，在美国外交政策领域，不可能像国内政治那样强调公开透明、分权制衡和民主程序。

在战争权问题上，美国宪法明文规定，只有国会拥有宣战权。但是，总统作为武装部队总司令，在实际的政治运作中掌握了战争权。历届总统都认为，兵贵神速，机不可失，当国家安全处于危急状况时，总统有权作出紧急军事决策。那种事无巨细，都要在议会中争来吵去的民主体制，根本不能适应战争决策的需要。

回溯历史，立宪建国后短短200余年中，美国总统调遣军队出国作战多达150多次，但只有5次由国会正式宣战，即1812年美英战争、1848年美墨战争、1898年美西战争和两次世界大战。“二战”后美国进行的几场大规模战争和军事行动，如朝鲜战争、封锁古巴、越

---

① ［美］尼克松：《领袖们》，Richard Nixon, *Leaders*, New York: Warner books, 1982, p. 340。

南战争，以及入侵柬埔寨、格林纳达和巴拿马等军事行动，事前都未经国会授权或批准，其中以秘密轰炸柬埔寨之战最为恶劣。

1973 年，美国著名学者小阿瑟·施莱辛格在《帝王总统》一书中高声惊呼，在战争与和平这种生死攸关的问题上，美国总统已经成为“专制帝王”（absolute monarch）。① 在对外用兵问题上，只有在美军遭受重大伤亡和举国上下一致反战的情况下，总统和军方才有可能知难而退。

值得注意的是，在尼克松执政时期，“帝王总统”的权力日趋扩张，已出现由外交和军事领域蔓延和扩展到国内政策的趋势。比如，总统未经国会授权，擅自撤销经济机会办公室；总统采取拦截国会拨款的手段胁迫国会；白宫建立秘密特工机构“管子工”，采取各种非法手段打击国内政敌；总统幕僚和助理飞扬跋扈，大权独揽，凌驾于内阁部长之上；等等。

这些与法治精神南辕北辙、背道而驰的反常现象，引起了国会和媒体的极大不安和警觉。恰恰在这个时候，出现了“水门”事件。

---

① ［美］小阿瑟·施莱辛格：《帝王总统》，Arthur M. Schlesinger, Jr. , *The Imperial Presidency*, Boston: Houghton Mifflin, 1973, p. ix。

第五章 “深喉”暗助媒体调查

“水门案”事发之初，媒体并不重视。《纽约时报》只在极不显眼的角落刊登了这则消息。当时没人想到此案会牵涉白宫。在民意测验中，尼克松的支持率已经领先民主党对手高达28%之多（64%对36%），根本没必要搞这种小动作。但是，有一家报纸却死死揪住“水门”事件不放，它就是《华盛顿邮报》。

6月17日案发之日，恰好是个风和日丽的星期六，《华盛顿邮报》的大牌记者们都已外出度假。没法子，值班编辑只得呼叫两位初出茅庐的“三流记者”鲍勃·伍德沃德（Bob Woodward）和伯恩斯坦（Carl Bernstein），让他们在周末加班加点，调查和采访此案。两位年轻记者好高骛远，听说这是一个“三流盗窃未遂案”，起初心中老大不乐意。没人会相信，他们对“水门”案的调查和报道会改变美国历史。

伍德沃德自耶鲁大学毕业，当过海军军官，头脑敏锐，胸有韬略。他曾被哈佛大学法学院录取，但却临时改变主意，一门心思要当个新闻记者。可是，他在邮报无薪试用实习两周后，因文笔平平，被扫地出门。看来，当个邮报记者比考哈佛耶鲁还难。但伍德沃德不灰心，三天两头打电话缠着主管编辑，把他弄得不胜其烦。

这位编辑的妻子建议：这种死打烂缠的主儿，似乎比较适合当个调查记者。就这样，伍德沃德侥幸在“水门案”发生前不久重回邮报。伯恩斯坦才华横溢，富有创意，文字能力很强，但是长发披肩，漫无纪律，吊儿郎当。他曾将租来的车忘在停车场，给邮报造成巨额赔款。“水门案”前，报社正在考虑解雇他。正是这两个不起眼的小记者，以政治侦探的毅力和冒险精神，发现并挖掘出美国历史上最大的政治丑闻。

案发当天下午，嫌犯在法院接受预审，主要程序是在法官面前过一下堂，安排一下保释待审事宜。伍德沃德前去旁听，无精打采，心不在焉。当法官询问嫌犯麦克德的职业时，此君小声回答：“安全顾问。”法官追问：“哪儿的安全顾问？”他答非所问：“最近刚从政府部门退休。”法官再问：“哪个政府部门？”但麦克德的回答像蚊子嗡嗡一样。

法官大怒，厉声喝问：“到底哪个政府部门？”麦克德轻声答复：“中央情报局。”听到这个答复，原本昏昏欲睡的伍德沃德，兴奋得差点从旁听席上跌落。他敏锐地感到，这回有可能歪打正着，一不留神碰上了个惊天动地的大案要案。

次日，两位记者通过警察局的内线偶然得知，在嫌犯身上搜出的通讯录中，有亨特的名字和私人电话号码，旁边注有英文缩写“W. H.”。“W. H.”的意思可能是妓院（Whore House），也可能是白宫(White House)。在美国的50个州中,卖淫业仅在西部内华达州合法。[①]难道这帮窃贼与远在西部的卖淫集团有瓜葛?两位记者坏笑后判定,在这个“同义词”中,还是白宫的可能性比较大。

于是,伍德沃德试着给白宫打了个电话,想证实一下有无亨特其人。没想到竟然查到了亨特的下落。伍德沃德在电话中出其不意地问道:为什么在“水门”案犯的身上有你的名字和电话号码?亨特毫无心理准备,措手不及,他惊叫:“天啊!”[②]接着,通过查找电话记录,两位记者发现“水门案”中的一个嫌犯,曾打过很多电话给尼克松的一个竞选办公室,在那里办公的是两个律师,其中一人名叫利迪。

于是,6月20日《华盛顿邮报》头版以醒目标题爆出新闻:“白宫顾问与水门窃贼有染。”同时还附带一幅漫画:两个警探在调查脚印,脚印一个接一个地最终引向白宫。

接着,两位记者再接再厉,经过一番艰苦卓绝、惊险百出的调查,加上尼克松政府中一位身居要职的神秘人物提供线索,面授机宜,案情又获得重大突破。他们发现,一笔私人竞选捐款先以洗钱的方式转到墨西哥一家银行,然后存入“水门案”案犯的银行账户。这说明,尼克松竞选班子与“水门”事件有千丝万缕的瓜葛。《华盛顿邮报》决心穷追不舍,查个水落石出。一篇又一篇的揭秘文章,像一颗又一颗炸弹一样在美国政坛不断爆炸。

---

① 美国是联邦制国家,50个州有各自不同的50部州宪法和刑法。内华达州经民主程序立法,规定卖淫业属于合法经营。联邦政府对此无权干预。

② [美]鲍勃·伍德沃德、卡尔·伯恩斯坦:《总统班底——两个小人物是如何改写美国历史的》,杨恒达译,中国工人出版社2001年版,第15页。

在“水门”事件中，向两位记者提供线索的那位神秘高人，一直是美国新闻史上最大的谜团。为了保护消息来源，《华盛顿邮报》总编辑本·布莱德利(Ben Bradlee)决定，借用色情电影“深喉”(Deep Throat)作为此公的代号。根据当年的君子协议，只有当“深喉”逝世之后，他的真实身份才能被公之于众。

在“水门案”中，“深喉”是一个至关重要的“告密者”，他提供的情报准确而致命，帮助两位记者由表及里，逐步揭开了“水门”事件的内幕。更重要的是，如果没有“深喉”提供情报，指点迷津，《华盛顿邮报》的总编辑和女老板恐怕不敢轻信两个“三流”小记者的“侦探故事”。

2005年5月31日，晴天霹雳，震惊华府，“深喉”的真实面目突然“浮出水面”。原联邦调查局第二号人物、副局长马克·费尔特(Mark Felt)公开宣布，他本人就是“水门”事件中大名鼎鼎的“深喉”。

原联邦调查局副局长、“深喉”马克·费尔特

费尔特在回忆录中自称，他从调查之初就发现，“水门”窃听案是一场大规模的政治间谍和阴谋破坏活动，“如果联邦调查局特工遵循常规的调查程序，那么尼克松行政部门尽管实施了大量的违法行为，却将逃脱法律的制裁。而我们将因此备受责难，也将因未能恪尽维护美国宪法的职责而遭到谴责”。

“对于我来说，遵循常规程序以履行我作为一名联邦调查局官员的职责，是否应该超越作为一名美国公民所负有的揭露案情真相的责任呢？在以往的执法职业生涯中，我一直都是遵循常规程序。可是，这一次的答案却是否定的。”①

费尔特在“良心的指引下”，利用娴熟的调查能力以及所掌握的大量绝密情报，帮助两位年轻记者成功地拨开了笼罩在“水门”窃听案之上的迷雾。

真相大白之后，很多人赞誉费尔特是“伟大的美国英雄”，不惧权贵，勇于担当，公正执法；“为了把国家从一场可怕的不公正中挽救出来而不惜承担个人风险”；秘密协助新闻媒体揭露政府高层黑幕，“匿名来源”的绝密内幕颠覆了新闻报道的基本规则。

但是，也有一些媒体批评说，当年“深喉”之所以泄露机密，系因怨恨尼克松没有依照胡佛的生前安排，任命他出任联邦调查局局长；泄密之举不但违反了执法官员的职业道德，而且触犯了联邦法律。如今“深喉”之所以撕毁协议，暴露身份，系因痛感揭露“水门”事件的荣耀和好处全让《华盛顿邮报》两名记者独占，而真正的幕后核心人物却一无所获。

---

① ［美］马克·费尔特：《“深喉”费尔特自传》，Mark Felt：*A G-man's life：the FBI，being "Deep Throat"，and the struggle for honor in Washington*，New York：Public Affairs，2007，p. 202。

"深喉"在生前主动站出来,至少可以出书发笔横财,帮助离异的独生女儿居家过日子,偿还三个外孙读医学院和法学院时欠下的一屁股债。

想当年,伍德沃德只是个"三流记者",初出茅庐,乳臭未干,缺乏经验,为何不但能够与联邦调查局副局长费尔特相识相知,而且还建立了某种"荣辱与共"特殊信任关系呢?

信不信由你,纯粹是随机偶然,命中注定。1969 年,26 岁的伍德沃德时任海军情报和通讯军官,军衔为上尉,在五角大楼的海军作战部长(相当于海军总司令)办公室当差。某日,他携一份密件前往白宫,在值班室等候签收时,与费尔特邂逅相遇。伍德沃德见此君气度不凡,便主动寒暄攀谈,两人相谈甚欢。

告别时,位高权重的副局长心血来潮,把办公室的直拨号码留给了运气绝佳的小上尉,两人逐渐成为"忘年交"。伍德沃德退役后当上了邮报调查记者,经常与"像父亲一样"指点和对待他的费尔特保持联系,秘密沟通,最终联手上演了揭秘"水门"事件的惊天大戏。

费尔特退休后,因涉嫌非法下令联邦调查局特工破门入室调查左翼激进组织,遭到联邦法院起诉并被定罪,后被里根总统特赦。费尔特吃官司时,尼克松打抱不平,曾出庭为他作证,证明当年的秘密调查是出于总统授权和国家安全的需要。这是尼克松辞职下台后,第一次也是唯一一次出庭当证人,辩护的对象竟然是他的死敌"深喉"。

费尔特被特赦后,尼克松给"深喉"寄去了一瓶香槟酒以示庆贺,并附便条一张,上书:"公正终于胜出。"[①]见过荒诞离谱的,但是

---

① [美]鲍勃·伍德沃德:《神秘人物:水门案中"深喉"的故事》,Bob Woodward, *The Secret Man: The Story of Watergate's Deep Throat*, New York, Simon & Schuster, 2005, p. 147。

没见过像尼克松送香槟祝贺“深喉”逃脱惩罚这么荒诞离谱的。

“深喉”究竟是美国价值、民主精神的捍卫者,还是争权夺位、不择手段的渎职者?究竟是新闻自由、良知正义的卫道士,还是公报私仇、动机不纯的泄密人?众说纷纭,莫衷一是。

想当年,《华盛顿邮报》对“水门”事件的揭露和报道,起初多数是大胆推理和小心求证。按常理,尼克松的竞选班子完全可以采取诽谤诉讼的手段,上告联邦法院,要求媒体要么提供真凭实据或消息来源的真实身份,要么趁早准备好巨额罚款。

尼克松本人精通诽谤诉讼。他在纽约一家律师事务所当合伙人时曾作为律师代理詹姆斯·希尔起诉《时代》周刊恶意诽谤,并且把官司成功地上诉到联邦最高法院。尼克松于 1966 年 4 月在最高法院出庭辩护。他虽然辩才无碍,表现出色,但最高法院仍然以 5 比 4 判决希尔败诉。①

由于《纽约时报》诉沙利文案和希尔案确立的严格标准,尼克松私下断定,公众人物不可能打赢诽谤官司。这样,在“水门案”早期,白宫幕僚除了口头威胁之外,自始至终没有采取提起诽谤诉讼的手段对付《华盛顿邮报》。对此,连伍德沃德本人也觉得有些意外。

《纽约时报》诉沙利文案是美国法治史的里程碑式判决。布伦南大法官(William J. Brennan, Jr.,1956 - 1990 年任职)在判决书中指出:“美国曾对一项原则作出过深远承诺,对于公众事务的辩论,应当是毫无拘束、富有活力和广泛公开的。它可以是针对政府和公职官员的一些言词激烈、语调尖刻,有时甚至令人极不愉快的尖锐

---

① 《美国联邦最高法院判例报告》(第 385 卷),*Time, Inc. v. Hill*, 385 U. S. 374 (1967)。

抨击。”“如果言论自由要拥有赖以存在的呼吸空间,就必须保护错误意见的表达。”“政府官员的名誉受损,并不意味着我们要以压制言论自由为代价进行司法救济。”①

美国大法官虽然高高在上,但是对媒体和普通百姓的宪法权利却极为敏感,能够设身处地,换位思考,充分体谅到批评政府官员时的种种难处。平民百姓无权无势,了解的内幕有限,在揭露和批评官员滥用权力时,事实不可能百分之百准确,观点不可能百分之百正确。同样,要求媒体保证每一条批评政府的新闻报道都真实无误,是一件不可能的事情。

早在 1923 年,美国中西部最有影响力的报纸《芝加哥论坛报》因报道芝加哥市政府破产的一篇新闻内容失实,被当地政府告上法庭。伊利诺伊州法院坚持新闻和言论自由原则,判决《芝加哥论坛报》无罪。判决书中说:“宁可让一个人或报纸在报道偶尔失实时不受惩罚,也不能使全体公民因担心受惩罚而不敢批评一个无能和腐败的政府。”②

针对言论自由的问题,英国哲学家和经济学家约翰·穆勒(John Stuart Mill)在《论自由》中强调:“那些被迫噤声者,言说的可能是真理。否认这一点,意味着我们假设自己永远正确。”

美国联邦上诉法院法官勒尼德·汉德(Learned Hand,1924 - 1961 年任职)认为:“什么是自由的精神? 我无法给它下定义;我只能告诉你们我本人的信念。自由的精神就是对何为正确不那么确

---

① 《美国联邦最高法院判例报告》(第 376 卷),*New York Times Co. v. Sullivan*,376 U. S. 254,333 - 555 (1964)。

② 李道揆:《美国政府和美国政治》(上册),商务印书馆 1999 年版,第 135 页。

定的精神。”①中国学者顾准精辟地指出：“所谓专制，就是坚信自己是不会错的想法。”

英国哲学家罗素感慨地说：“这个世界最大的麻烦，就在于傻瓜与狂热分子对自我总是如此确定，而智者的内心却总是充满疑惑。”“我永远不会为我的信仰而献身，因为我有可能是错的。”②

尼克松因“水门”事件下台后，专家学者居然在“白宫录音带”中意外地听到了涉及希尔案和沙利文案的内容。1973年2月28日，白宫法律顾问迪安告诉尼克松，威胁打诽谤官司，将“警告几家全国性杂志保持头脑清醒”，在刊登“水门垃圾”之前好好掂量掂量。两人之间的对话如下：

尼克松：“嗯，你当然知道，我曾在希尔案时说过——唉，公众人物再想打赢诽谤官司，简直不可能。”

迪安：“是的，总统阁下。要么证明确有恶意，要么证明罔顾真相，两者都很难啊。”

尼克松：“没错，恶意几乎是无法证明的，罔顾真相或许还有可能。”

迪安：“太难了。那真是个混账判决，总统先生，那真是个糟糕透顶的判决。”

尼克松：“地狱里碰见鬼了，那个案子叫什么来着？——我记不住案名了，反正是一个骇人听闻的判决。”

---

① [美]勒尼德·汉德：《自由的精神》，Learned Hand, *The spirit of liberty*, New York, Knopf, 1953, pp. 189–190。

② 原文为：“The whole problem with the world is that fools and fanatics are always so certain of themselves, and wiser people so full of doubts.” “I would never die for my beliefs because I might be wrong.”

迪安:“《纽约时报》诉沙利文案。”①

对于新闻媒体报道“水门案”和五角大楼文件案时采取“双重标准”,尼克松非常恼怒。他认为,对艾尔斯伯格非法泄露国防部绝密文件一案,媒体慷慨激昂,坚决支持。可是,对于闯入水门大厦民主党总部,企图窃听政党机密但并未得手这种较小的案件,媒体却义愤填膺,不依不饶。

尼克松挖苦说:“既然《纽约时报》因发表五角大楼秘密文件而获得普利策新闻奖,我们也可以照此办理,最好由谁发表一篇演说,强烈要求授予水门大厦闯入者普利策奖。”②

尼克松的脑袋可能真的迷糊了。在民主法治社会,新闻媒体的天职是代表人民监督滥用权力的政府,针砭时弊,为民请命;而不是充当政府的喉舌呵斥和打压揭露官场黑幕的平民百姓,媚上欺下,制造谎言。美国宪法之父、第四位总统麦迪逊有句名言:“如果有检查言论的权力,那么应当是人民检查政府的言论,而不是政府检查人民的言论。”③

早在1929年,胡适先生在《人权论集》序言中说过这样一句振聋发聩的话:“上帝我们尚且可以批评,何况国民党与孙中山。”④

当年《华盛顿邮报》承受白宫压力最大之时,是尼克松赢得1972年大选之后。从选举人票看,尼克松在49个州获胜,得票率高达

---

① [美]道格拉斯·布林克里:《尼克松白宫录音:1973年》,Douglas Brinkley, *The Nixon Tapes*:1973, NY:Houghton Mifflin,2015, pp. 134－135。

② [美]尼克松:《尼克松回忆录》(中册),裘克安等译,商务印书馆1979年版,第339页。

③ James Madison, *Speech in* 4 *Annals of Congress* 934 (1855), 27 November, 1794.

④ 梁实秋、胡适、罗隆基:《人权论集》,新月书店1930年版,第1页。

96.8%，这是美国总统选举史上差距最大的一次选举，缺乏自信的尼克松一不留神赢得了空前罕见的巨大胜利，足以名垂青史，千古流芳。在美国历史上，只有开国总统华盛顿在最初两次总统选举中获得了100%的选举人票。

大选前夕，民主党的支持者和反越战人士在华盛顿特区冲击了支持尼克松的竞选总部。他们撕掉标语，毁坏竞选材料，砸烂办公设备。更严重的是，共和党在亚利桑那州凤凰城、得州奥斯汀的竞选总部被纵火犯彻底烧毁；在俄亥俄州的总部被人撬门闯入，捣毁了设备和工作记录；在明尼苏达州的总部，盛有邮寄宣传品的箱子被人浇上汽油；在加州阿拉梅达县，共和党竞选总部引爆了一颗炸弹；在加州长滩的尼克松私人医生办公室被闯入，把总统的医疗档案从文件柜中翻出，扔得满地都是。对于这些“政治正确”的“正义暴行”，自由派媒体要么轻描淡写，要么置若罔闻。

尼克松连任总统后，开始部署打压《华盛顿邮报》等自由派媒体。白宫幕僚不仅封锁重大新闻，而且经常故意找茬，拒绝接受邮报记者采访，明摆着是要砸《华盛顿邮报》的饭碗。尼克松甚至亲自下令，通过联邦通讯委员会阻挠邮报所属电视台营业执照的更新。在一片肃杀气氛中，《华盛顿邮报》的股票从每股38美元急剧跌落到16美元。

在此背景下，《华盛顿邮报》女老板格雷厄姆(Katharine Graham)忧心忡忡：“水门”事件会不会是一次重大新闻失误？于是，格雷厄姆召见伍德沃德和伯恩斯坦，担心地问道：“案情真相最终会水落石出吗？”

“新闻女王”、《华盛顿邮报》老板凯瑟琳·格雷厄姆女士

据伍德沃德回忆,女掌柜当时的语气挺客气,但实际上,她问话的真实含义似乎是:“你们这两个小子要把我的报纸怎么办?”伍德沃德只好老实地答复:不能保证真相会完全水落石出。令这两个小子吃惊的是,格雷厄姆回答:“永远不会吗?不要跟我说永远不会!”①

这位永不言败的女报人,出身犹太豪门家族,其父梅耶(Eugene Meyer)是著名银行家,曾在胡佛和罗斯福总统执政年代出任联邦储备委员会主席。她的丈夫菲利普·格雷厄姆(Philip Graham)是哈佛法学院博士,曾任法兰克福特大法官的法律助理。他与格雷厄姆结婚后开始担任其家族经营的《华盛顿邮报》总编辑。1961 年,菲利普因精神狂躁病饮弹自杀。报社风雨飘摇之时,格雷厄姆毅然决定

① [美]凯瑟琳·格雷厄姆:《个人历史》,Katharine Graham, *Personal History*, New York: Alfred A. Knopf, 1997, p. 483。

出掌报社大权，成为当时全美500家大企业中唯一一位女老板。

格雷厄姆早年毕业于芝加哥大学，但婚后20余年来一直是家庭主妇。丈夫自杀时，她已年近半百，还是4个孩子的母亲。在美国新闻界激烈竞争的环境下，由一个半路出家的中年妇女领导知识精英如云、左右舆论潮流、身列全美500家大企业的大报社，其复杂和艰难程度可想而知。

出乎人们意料的是，格雷厄姆上任后，很快就表现出意志坚定、魄力惊人、判断准确、广交豪杰的良好素质。她领导报社同仁报道“水门”事件的雄才大略和杰出成就，已经成为美国新闻史上难以跨越的一座巅峰，并使其赢得“新闻女王”的崇高赞誉。

1972年9月29日，《华盛顿邮报》打算登出一篇爆炸性文章，揭露尼克松的心腹大将米切尔掌握一笔秘密基金，专门用来资助窃取民主党人情报的特别行动。为了深入查证，伯恩斯坦千方百计打探到米切尔的行踪，用电话向他预先通告了这则新闻，请求核实。前海军军官米切尔听后，大惊失色，破口大骂：“如果这些破烂登在报纸上，凯瑟琳·格雷厄姆的奶头会被大绞肉机绞住的！”①

伯恩斯坦被骂得晕头转向，狗血淋头。他震惊得难以置信，便记下了前联邦司法部长不堪入耳的怒骂，打电话向总编辑布莱德利大诉苦水。总编辑听后大喜，当即拍板决定，将此事在次日报纸上登出。为了防止格雷厄姆女士阻挠刊登，布莱德利根本就没向女掌柜请示汇报。

“水门”事件真相大白之后，一位医生从加州给格雷厄姆女士寄

---

① 《总统班底——两个小人物是如何改写美国历史的》，第113页。译文根据英文原版有所改动。

来一个做工极为精致的金质小绞肉机，一位作家朋友又送给她一个小巧玲珑的金质小乳房，跟小绞肉机恰好成为一对，天造地设，巧夺天工。格雷厄姆爱不释手，把两件宝贝用项链穿在一起，成为一副别具一格、意味深长的首饰，在华盛顿社交圈中风靡一时。

第六章 “极刑约翰”重刑威吓

在很多人心目中，“水门”事件被揭露，尼克松被迫下台，主要是《华盛顿邮报》的丰功伟绩，这个观点是非常片面的。

媒体虽然神通广大，但它的作用只是呼风唤雨，制造舆论。如果没有联邦地区法院、联邦大陪审团、①国会“水门案”调查委员会、特别检察官和联邦最高法院等权威部门八仙过海，各显神通，同时施加巨大压力，单凭《华盛顿邮报》一家唱独角戏，绝对不可能把尼克松赶下台。

在《华盛顿邮报》不断抛出爆炸性新闻的同时，1973 年 1 月 8 日，联邦地区法院正式开庭审理“水门案”。主审法官约翰·西瑞卡(John Sirica)年轻时是位职业拳击手，以正手勾拳出手极重在职业

① 大陪审团通常由 23 人组成，负责裁决对有争议的案件是否立案起诉，功能大致相当于“人民检察院”。小陪审团通常由 12 人组成，负责裁决被告是否有罪，功能大致相当于“人民法院”。

拳坛小有名气。当上联邦法官后，他对罪犯毫不留情，动辄判处最重刑罚，绰号“极刑约翰”（Maximum John）。

从党派背景看，西瑞卡法官是共和党人，1957 年艾森豪威尔总统任命他为哥伦比亚特区联邦地区法院法官。[①] 按常理，他应对涉案嫌犯和尼克松总统手下留情。但是，西瑞卡坚持司法独立原则，超越党派立场，在断案时采用了延期判刑、重刑威吓两大高招儿，使“水门案”出现了扭转乾坤般的重大突破。

联邦地区法院法官、“极刑约翰”西瑞卡

① 美国的联邦法院体系分为三级：联邦地区法院、联邦上诉法院、联邦最高法院。所有的联邦法官都是终身制，以保证司法独立。

美国著名宪法学者、“五角大楼文件泄密案”中的辩方律师亚历山大·比克尔（Alexander Bickel）精辟地指出：“当总统任命一位大法官的时候，就像是把一支利箭射向了遥远的未来，被任命者自己也无法告诉你，今后面对诸多司法问题时，他将会如何思考。”①

美国法治史上有个极为有趣的现象，在任命联邦法官问题上，共和党总统艾森豪威尔明显缺乏“知人善任”的眼光，经常犯下“开弓射出回头箭”的“低级错误”。有人曾问他：在总统任期内，你是否犯过重大错误？艾森豪威尔没好气地回答：“犯过两个错误。两个都坐在最高法院。”②

艾帅犯过的这“两个错误”，就是美国最著名的自由派大法官沃伦和布伦南。艾森豪威尔在“水门案”案发三年前去世。如果天假其年，他犯过的“重大错误” 肯定会增加一个，那第三位毫无疑问“坐在”联邦地区法院。

“水门案”发生后，白宫乱成一锅粥。尼克松深感窃听案荒谬绝伦，却不得不亲自插手过问，因为涉案人员不仅与白宫幕僚和竞选班子直接有关，而且曾参与“管子工”的非法行动，所以必须掩盖案情真相，把消极影响降到最低限度。

于是，白宫幕僚进行了一系列掩盖行动，包括销毁证据，向联邦调查局施压，要求停止调查。7 月 1 日，即案发两周后，竞选主管米切尔宣布辞职。艾利希曼向尼克松建议，让利迪坦白认罪并承担全

---

① 《司法过程与司法政策制定》，G. Alan Tarr，*Judicial Process and Judicial Policymaking*，New York：Cengage Learning，2012，p. 74。

② 《大法官与总统》，Henry J. Abraham，*Justices and Presidents：A Political History of Appointments to the Supreme Court*，New York：Oxford University Press，1974，p. 246。

部责任。这样才能限制深入调查，使白宫高级幕僚平安无事。

霍尔德曼提出，利迪坦白之后，“我们的人员可以上诉请求宽大，理由是利迪是个侦探小说看得太多而误入歧途的可怜小伙子”。[①] 与此同时，白宫新闻发言人故作轻松，把“水门案”称之为“三流盗窃案”。

实际上，如果“水门案”案犯认罪，而且一口咬定此事与白宫无关，他们不太可能因此而遭到重刑惩罚。即使牵扯到白宫幕僚，只要处置得当，绝对不可能闹到弹劾总统的地步。原因很简单：“水门案”只是一起未遂政治窃听案，一无人员伤亡，二无机密泄露，三无财产损失，四无案犯拒捕。换句话说，这只是一个涉及党派斗争的普通案件，并非严格意义上的刑事犯罪案。另外，“水门案”案犯个个身世清白，没有任何犯罪前科。按照美国司法审判的常例，他们只会受到罚款或缓期徒刑的轻微惩罚。

“水门案”事发之初，尼克松有点儿掉以轻心。在总统选举大战中，诸如政治窃听之类的损招儿，不论共和党还是民主党，以前都曾经常使用，甚至同一政党的候选人之间相互窃听也是家常便饭。联邦调查局局长胡佛曾向尼克松披露，约翰逊总统曾于 1968 年下令，在尼克松竞选期间乘坐的飞机中安装窃听器。

尼克松认为：“我从事政治多年，看惯了形形色色的事件，从肮脏诡计到选举舞弊，不一而足。对于一件政治窃听案，我委实不会义愤填膺。”“中央情报局局长埃德加·胡佛告诉我，1969 年约翰逊总统曾下令在我的竞选飞机里安装窃听器。”

---

① [美]尼克松：《尼克松回忆录》(中册)，裘克安等译，商务印书馆 1979 年版，第 345 页。

尼克松强调：“事实上，我对争取总统连任委员会的信心有所动摇，主要并非由于企图在民主党全国委员会安装窃听器一事是非法的，而是由于这种做法十分愚蠢，根本毫无意义。为什么？我想不明白。为什么要干？为什么干得那么莽撞，为什么偏偏选中民主党全国委员会？稍稍懂得一点政治活动的人谁都知道，一个全国委员会总部绝不是可以刺探到有关竞选总统内部消息的地方。”①

出乎尼克松意料的是，由于西瑞卡法官坚持原则，痛下杀手，“水门案”节外生枝，出现了最不利于白宫的重大突破。

庭审期间，代表司法部出庭的联邦检察官采取了一种转移视线、大事化小的起诉策略，他无视媒体和警方已发现的证据和线索，对“水门案”案犯的背景和金钱来源视而不见，一再强调“利迪就是主谋”。② 尼克松竞选班子的副主管马格鲁德（Jeb Magruder）也出庭作证，声称利迪虽然在他手下任职，但“水门案”完全是利迪一人天马行空、独往独来。“水门案”案犯们咬紧牙关，强装硬汉，拒不招出幕后真相。最后，陪审团于 1973 年 1 月 30 日判决被告有罪。接下来，将由法官根据法律，判定有罪案犯的刑期。

像多数有心人一样，西瑞卡法官压根儿就不相信“水门案”案犯的供词。“水门案”当时已成为万人瞩目的大案，如果就此草草收场，他作为联邦法官的声誉有可能大打折扣。在美国的司法体制

---

① [美]尼克松：《尼克松回忆录》（中册），裘克安等译，商务印书馆 1979 年版，第 336—337 页。

② [美]约翰 · 西瑞卡：《秉笔直录》，John J. Sirica, *To Set the Record Straight*, New York: Norton & Company, 1979, p. 64。

中,法官的党派色彩固然会在一定程度上影响到司法判决。但是,由于司法公开和新闻监督,没有任何一位法官愿意以“党棍”的恶声在司法界遗臭万年。

在审案之初,西瑞卡法官曾特意提醒检方,陪审团希望了解此案的内幕和真相。比如,谁雇了这帮人?他们作案的目的是什么?谁支付的作案经费?可是,他的提醒并没有起到应有的作用。

在美国的司法体制中,法官只是审判的司仪、裁判兼量刑官。如果控辩双方律师故意不使劲,法官只能干着急。但是,当陪审团作出有罪判决之后,法官有权决定案犯的刑期,有权把刑罚定在法律允许的最大或最小范围。

西瑞卡法官知道,仅靠正常的刑罚,恐怕无法逼迫“水门案”案犯吐露真相。此案若要有真正突破,必须采取一点特殊甚至极端的手段才行。

作为精通犯罪心理学的法官,西瑞卡知道,当大祸灾难临头之初,很多案犯会一时头脑发热,愣充英雄硬汉。可是过后,十有八九都会大喊后悔,此乃人之常情。很多战场上的英雄好汉,其实只是一时头脑发热,比懦夫草包多勇敢了几分钟而已。因此,如果用重刑威胁“水门案”案犯,同时把宣布刑期之日尽量延迟,使案犯们头脑冷静下来,用足够的时间闭门思考充当“替罪羊”的后果和下场,他们后悔还来得及。

可是,法官拖延判决,并以超乎寻常的重刑威胁案犯,在某种程度上已涉嫌滥用司法权。这么做是否合法呢?为此,著名民主党人、参议院“水门案”调查委员会首席法律顾问塞缪尔·戴西(Samuel Dash)根据以往的司法案例,主动向西瑞卡法官提供了法律咨询。[①] 据此，西瑞卡法官一方面设法拖延判刑日期，另一方面漫不经心地泄露出“司法机密”，即可能会给“水门案”案犯判处 20 年以上重刑。

西瑞卡法官的两大高招儿，对利迪和亨特没产生什么作用。利迪是律师出身，比较了解美国的司法制度和审判程序，不太害怕法官的威胁。案发之后，他摆出了一副好汉做事好汉当的架势，在法庭上坚贞不屈，大义凛然，一口咬定自己就是主犯。他甚至暗下决心，为了国家利益，即使被白宫方面杀人灭口，也绝不会口出怨言。亨特也是经历过一点风浪和场面的人，没把重刑威胁太当回事儿。但他趁机敲诈白宫方面，要求提供巨额金钱补偿。

被重刑威胁吓坏的是安全顾问麦克德。他虽然是中央情报局特工出身，但属于安装窃听器的技术人员，不是那种出生入死的一线间谍。另外，麦克德岁数较大，当时已经 50 岁出头。假如被判处 20 年有期徒刑，对他来说相当于无期徒刑，再多的金钱补偿也没用。而且，他在特工部门工作多年，深知其中黑幕，担心一旦身陷大狱，有可能沦为无辜牺牲品。

经过激烈的思想斗争，麦克德决定坦白交代，争取从宽处理。3 月 19 日，他给西瑞卡法官写了一封认罪信。内容大意为：“水门案”案犯都受到政治压力，要他们承认有罪，并保持缄默。此案没有中央情报局背景，但涉及一些未被识别的高层人士，他们在审案过程中作了大量的伪证，暗指尼克松竞选班子的副主管马格鲁德等白宫

---

① ［美］赛缪尔·戴西：《首席法律顾问：水门案调查委员会内幕》，Samuel Dash，*Chief Counsel：Inside the Ervin Committee-The Untold Story of Watergate*，New York：Random House，1976，p. 27。

幕僚触犯伪证罪。另外,麦克德向法官表示,他不愿向联邦调查局和联邦检察官交代案情内幕,希望直接向法官坦白,以求保证人身安全。①

1973年3月23日,西瑞卡法官开庭宣布案犯刑期。在法庭上,他首先宣读了麦克德的认罪信,引起旁听席上记者们的极大震动。

西瑞卡法官特意问利迪:你还有什么要交代的吗?

利迪极为强硬地回答:无话可说!

接下来,西瑞卡法官严厉地宣布:判处利迪20年有期徒刑。

这个刑期实在过于离谱,明显惩罚过重,目的是"敲山震虎,杀鸡儆猴"。

刑期宣布后,媒体记者大惊失色,白宫幕僚胆战心惊。退庭时,麦克德脸色苍白,跟随西瑞卡法官来到国会"水门案"调查委员会,向民主党参议员欧文坦白交代了全部内幕,正式揭开了美国国会调查"水门案"的序幕。

在因"水门"事件入狱的20余名白宫幕僚之中,利迪是判刑最重、服刑时间最长的头号案犯。卡特总统于1977年发布一道特赦令,将"替罪羊"利迪减刑释放,实际刑期4年零6个月。

在"水门案"中,联邦地区法院法官西瑞卡扮演的角色举足轻重,起到的作用至关重要,对"水门"事件的最终结局造成了非同一般的重大影响。

美国《时代》杂志每年12月评选当年对世界最具影响力的人

---

① [美]约翰·西瑞卡:《秉笔直录》,John J. Sirica, *To Set the Record Straight*, pp. 96–97。

物,即“年度全球风云人物”。1970 年当选者是在华沙犹太人死难者纪念碑前双膝下跪的西德总理威利·勃兰特;1971 年是敢做敢当的“帝王总统”尼克松;1972 年是尼克松和基辛格并列;1973 年是主审“水门”窃听案的联邦法官西瑞卡。

1973 年 4 月 17 日,傍晚时分,春意盎然,尼克松向全国发表电视讲话,首次承认白宫新闻发言人所言“水门案”是“三流盗窃案”之说不实。尼克松的政治嗅觉极为敏感,当时已经痛苦地意识到,“水门”事件一旦闹大,政界必起暴风骤雨,总统宝座风雨飘摇,自己在外交和内政领域的宏图大略,很可能全部泡汤。

讲话结束后,尼克松谈笑风生,衷心感谢记者们辛勤工作,把录像和声音传向世界各地。然后,他转身向白宫玫瑰园走来。出乎意料的是,刚一走出记者的视野,尼克松突然停住了。他靠在一根柱子上,抽泣哽咽,泪如雨下,痛哭了一分钟左右。最后,尼克松终于控制住了感情,擦干泪水,默默无言地走进了通向白宫椭圆形办公室的电梯。

这惊心动魄的一幕,恰巧被值班的白宫特勤警卫丹尼斯·麦卡锡看了个一清二楚。他当时颇有些于心不忍,很想上前安慰一下总统。但是,犹豫再三,他最终还是没敢挪动半步。①白宫警卫的职责只是保护总统的人身安全,贸然关心总统的“感情问题”,显然已经超出了职责范围。

美国总统号称是世界上最大的官儿,实际上并无奉天承运、总

---

① [美]丹尼斯·麦卡锡:《护卫总统:一个白宫特勤警卫的内幕故事》,Dennis V. McCarthy, *Protecting the President: the Inside Story of a Secret Service Agent*, New York: Morrow, 1985, pp. 18 – 19。

而统之、一言九鼎、至高无上的权力，只是政府行政部门的主管而已，一旦被国会、法院、媒体等其他权势部门抓住了把柄，照样被欺负得像小媳妇一样，委曲求全，以泪洗面，如泣如诉，惨不忍睹。

懂得此中奥秘者，就懂得了美国政治的一半！

第七章 国会介入“水门案”调查

麦克德的坦白,是“水门案”的首次重大突破。在美国的司法体制中,妨碍司法调查、隐瞒真相、销毁证据、作伪证等,皆为破坏法治程序的刑事重罪,其后果远比最初的窃听案严重得多。在麦克德坦白之前,多数民众对《华盛顿邮报》刊登的“侦探故事”半信半疑。没想到,案情内幕竟然得到初步证实。

此后,邮报早上刚一出版,便被抢购一空。《纽约时报》等媒体也开始加入揭秘行列,电视台则开始在黄金时段报道“水门”丑闻。可是,由于缺乏足够的证据,联邦法院一时无法立案起诉白宫幕僚。于是,国会“水门”委员会决定举行调查听证会,传唤涉嫌白宫幕僚作证,深入调查“水门”事件真相。

可能有人纳闷,美国国会并非法院,为何多管闲事,插手涉及总统和政府行政部门高级官员的案件,起到类似“最高特别调查法院”的重要作用呢?

值得一提的是,国会的听证调查是美国政治体制中权力制衡的重要机制,它与因宪政惯例而形成的国会调查权有直接关系。美国宪法并未明文规定国会拥有调查权,这一权力是从国会的立法权中引申出来的。

因为只有通过详尽而彻底的调查和听证,才能使国家最高立法部门深入了解某一问题的真相,帮助国会议员更好地行使立法权。国会调查权是立法机构监督行政部门的利器,对维护三权分立与制衡体制起到了至关重要、不可或缺的作用。

国会进行调查和听证,一般由已有或特设的国会专门委员会主持。在参众两院中,大约三分之一的众议员和大约一半的参议员有律师、法官或检察官背景,皆为精通法律的专家。听证期间,国会委员会可以像法院一样发出强制性传票;①对于无视传票的证人,国会可以派遣法警打上门来,以藐视国会的罪名将其关入监狱,或提交联邦法院审判处理。在听证会上撒谎的证人,将会因伪证罪而遭到刑事起诉。

依照洛克、孟德斯鸠等欧洲学者的古典理论,政府行政、立法与司法部门之间,应是一种三权分立、平起平坐的关系。然而,在美国法治历程中,欧洲思想家的宪政理论与北美大陆法治的具体实践相结合,逐渐形成了一种具有美国特色的权力制约与制衡体制。

比如,联邦最高法院拥有至高无上的司法审查权,从而使司法部门在某种意义上成为"超级立法院";联邦国会不仅拥有立法权,而且拥有人事权、调查权、监督权、起诉权和弹劾权,同时还掌握了

① 法院强制要求涉案当事人或证人出示证据的命令。如果拒不执行,将会因藐视法庭罪而入狱。

联邦政府的“钱包权”,从而使立法部门在某种意义上成为兼有“最高特别调查法院”“最高人民检察院”“超级财经委”等机构综合权威的特殊部门,其权势和威慑力在很大程度上超过了总统。若不了解这一特殊制度背景,则根本无法理解水门案中白宫法律顾问迪安的“卖主求荣”之举。

对尼克松极为不利的是,在“水门”事件中,国会调查与党派斗争相互搅和,混为一谈,大大增加它的威慑力和杀伤力。

在“二战”后的共和党总统中,尼克松是党派色彩最淡薄的一位。他虽有保守和反共的名声,但是打开了中美关系坚冰,签署法令设立环境保护总署,积极支持“平权行动”政策,建立最低工资制度,推动政府控制物价,积极筹划建立全民医疗保险制度。克林顿在回忆录中称赞夸奖说:“与20世纪80年代和90年代那帮共和党人相比,尼克松简直就是个充满激情的自由派。”①

克林顿放的全是“马后炮”。尼克松执政后,民主党在国会参众两院都处于多数派地位,处处与共和党总统对着干。1969年,尼克松向国会送交了40多件重要提案,但只有两项得到国会通过。一气之下,他便采取拦截国会拨款的手段予以报复。② 此前,尼克松下令秘密轰炸柬埔寨,已使国会深感愤怒,拦截国会拨款的做法,更是火上浇油,大大激怒了参众两院。在此背景下,1973年2月,参议院成立了民主党人占多数的“水门案”调查委员会,还尼克松以颜色。

---

① [美]比尔·克林顿:《我的生活:克林顿回忆录》,Bill Clinton, *My Life*, New York: Alfred A. Knopf, 2004, p. 594。

② 所谓拦截国会拨款,指总统利用批准国会拨款案的机会,将国会法案中自己不同意的部分予以否决,以此胁迫国会批准总统为实现行政部门意志而要求的拨款。

“水门”委员会主席欧文当时已近八旬高龄。他是老牌民主党人，第一次世界大战期间曾在美军王牌部队“大红一师”（陆军步兵第一师，因臂章有红色标志得名）服役，冲锋陷阵，两次负伤，荣立一等功、二等功各一次。战后，他以优异成绩毕业于哈佛法学院，曾任北卡罗来纳州最高法院大法官，1954 年当选联邦参议员，三次连任，是国会中的重量级人物。

位高权重的参议院“水门案”调查委员会主席欧文（居中者）

在美国的政治体制中，总统任职期限为两任 8 年，联邦最高法院大法官为“终身制”。相比之下，参众两院议员的任期法无明文，全凭每一位议员在本州赢得选票的本事，料他们也折腾不出什么花样儿。

出乎制宪先贤意料之外，立宪建国之后，一些名声显赫、财力雄厚的资深参议员神通广大，能量非凡，有本事轻而易举地连选连任，在参议院一干就是三四十年，形成了盘根错节的庞大势力，致使立法部门出现了变相的“终身制”。为了限制国会议员的特权，尼克松一直力主修宪，将参议员的任期限制为三任 18 年，避免出现“帝王般的国会”。但是,这个“改革措施”遭到国会利益集团的强烈抵制,很多资深参议员对尼克松深感不满。

欧文参议员身高体胖,一副资深大法官的派头,裤兜里一天到晚揣着一部袖珍版联邦宪法,经常随口引用莎士比亚、《圣经》和《权利法案》,让人既肃然起敬,又感觉有点儿滑稽可笑。此公属于南方保守派阵营,强烈抵制1954年布朗诉教委案判决,多年来一直是参议院民权立法的“绊脚石”,但是后来终于幡然悔悟,痛改前非。

在“水门”事件问题上,欧文敏锐地抓住了问题的关键和要害。1973年5月17日,参议院“水门”事件听证会首日,欧文上纲上线,语惊四座,把“水门”窃听案这个“屁事”拔高到宪法高度,使尼克松大为震惊和恼怒。

欧文指出:“迄今为止,如果所有的指控皆为事实,那么闯入水门大厦民主党全国委员会总部的窃贼,实际上就是闯入了每一位美国公民的家庭。如果这些违法指控被证实,那么他们想盗窃的东西不是珠宝、钱财或美国公民的其他宝贵财富,而是更有价值的东西,那就是美国人民最为珍视的东西:自由选举中的投票权。”①

“水门”委员会副主席霍华德·贝克(Howard Baker, Jr.)参议员是律师出身。他一针见血地追问:“总统对‘水门案’究竟都知道些什么?他是什么时候知道的?”②此语成为调查“水门案”的经典名言。

面对国会上纲上线的听证调查,尼克松和白宫幕僚们全慌了

---

① [美]萨姆·欧文:《真相:水门案阴谋》, Sam J. Ervin, Jr., *The Whole Truth: The Watergate Conspiracy*, p. 125。

② [美]萨姆·欧文:《真相:水门案阴谋》, Sam J. Ervin, Jr., *The Whole Truth: The Watergate Conspiracy*, p. 126。

神。尼克松下令白宫法律顾问迪安写一份“水门”事件备忘录，详细说明此案从早期构想、选定目标、具体实施、窃听失败，一直到白宫幕僚试图掩盖真相的全部经过，让总统全面了解事件真相。

可是，尼克松催了迪安四五次，他愣是一字不写。尼克松以为迪安工作太忙，难以脱身，就安排他去位于郊外的总统别墅戴维营住上一段，早点把备忘录写出来。没想到，这份“水门”事件备忘录，最终使迪安走上了“卖主求荣”的不归之路。

“水门案”案发之时，迪安年仅 34 岁，如此年轻就出任白宫要职，让很多人惊羡不已。迪安出身富有家庭，与联邦参议员、1964 年大选共和党总统候选人戈德沃特（Barry Goldwater）一家是世交好友。他毕业于乔治城大学法学院，获法律博士学位，举止沉稳干练，西装一尘不染，头发溜光水滑，开一辆德国保时捷豪华跑车，一副自命不凡的雅痞形象。

迪安的岳父海宁斯（Thomas C. Hennings, Jr.）曾任联邦参议院规则与管理委员会主席。他既有近水楼台之便，又有高超的钻营本领，再加上法律精英的背景，在 28 岁时就出任参议院司法委员会的法律顾问，后来当过联邦司法部副部长助理，深受部长米切尔的赏识。1970 年，迪安被尼克松委以白宫法律顾问要职。

但是，在白宫高级幕僚中，迪安不属于尼克松的铁杆心腹。他在白宫的主要工作，是在米切尔、霍尔德曼、埃利希曼、竞选班子和“管子工”之间协调工作，提供法律咨询。“水门”事件从早期构想、选定目标，一直到掩盖真相、教唆和指导白宫幕僚作伪证，都与迪安有直接关系。对于竞选班子和“管子工”内部违法乱纪的严重问题，迪安也一清二楚，心如明镜。可是，出于权势欲望和个人野心，迪安将法律置之度外,成为替各种非法行动出谋划策的重要人物。

然而,麦克德坦白交代后,“水门案”真相已浮出水面。霍尔德曼、埃利希曼和司法部长克兰典斯特(Richard Kleindienst)等尼克松亲信相继辞职。由于代表司法部出庭的联邦检察官在起诉利迪等“水门”案犯时出工不出活儿,在参议院压力下,1973 年 5 月,新任司法部长理查森(Elliot Richardson)任命哈佛大学法学院教授考克斯(Archibald Cox)出任特别检察官,并赋予他独立调查“水门案”的极大权力。

考克斯是著名民主党人,曾任联邦上诉法院法官勒尼德·汉德的法律助理,积极协助肯尼迪竞选总统并担任其演讲撰稿人,后出任肯尼迪政府司法部副部长兼联邦首席检察官(Solicitor General),党派色彩非常明显。

“水门案”独立检察官、哈佛法学院教授考克斯

想当年,汉德法官有一次对考克斯说:“年轻人,我应该对谁负责呢?”“没有人能够解雇我。没有人可以克扣我的薪酬。尽管联邦最高法院的九个傻瓜有时会推翻我的判决,但是他们不能强迫我做出判决,指示我如何判决。我究竟应该对谁负责呢?”长久的停顿后,汉德法官指着摆满法典和判例的书架说:“我要对记载我们法律人的典籍负责。”①

迪安知道,面对考克斯铁面无私的调查和起诉,自己身为白宫法律顾问,知法犯法,罪责难逃。如果要写一份“水门案”备忘录的话,他本人毫无疑问是贯穿全案的主要人物之一。他担心,如果以白宫法律顾问的身份写下此文,一旦事情闹大,尼克松有可能将备忘录抛出,证明总统事先一无所知,与“水门案”毫无瓜葛。而沦为“替罪羊”的倒霉蛋,头一个就是迪安。

“极刑约翰”对“水门硬汉”利迪判刑如此之重,已使白宫幕僚惊恐万状,人人自危。迪安深知自己涉案极深,难以自拔。但他极为精明狡猾,既不打算当“替罪羊”,也不想承担自己的那一部分责任。迪安毕竟只是一个出谋划策和协调行动的律师,并非拍板决策的主谋。把天大的罪责都压到迪安一个人头上,的确极不公平。

与行伍出身、临危不惧的利迪不同,迪安是研习法律的知识精英出身,少年得志,一帆风顺,没经过“大风大浪”的考验。另外,迪安也是有一定身份的人物,即便蹲上几天大狱,也是前程全毁的灭顶之灾。这样,大难临头之时,他决定“卖主求荣”,卖同僚求安,向国会“水门”委员会供出真相,用自己掌握的大量机密换取刑事豁

---

① 转引自[美]肯·戈姆利:《考克斯传:一个国家的良心》,Ken Gormley, *Archibald Cox: Conscience of a Nation*, Boston, Da Capo Press, 1997, p. 46。

免权。

1973 年 5 月,通过讨价还价,迪安得到了“水门”委员会给予的部分豁免。委员会表示,究竟豁免到何种程度,要看他坦白交代是否彻底。于是,为立功赎罪,迪安不惜将内幕全盘抛出。

6 月中旬,在未经审查、电视直播的“水门案”听证会上,迪安不仅交代了白宫幕僚掩盖真相、销毁证据、向联邦调查局施压等非法行径,而且还主动供出白宫建立秘密特工系统“管子工”,其成员夜闯心理医生办公室,密谋绑架政敌,打算在布鲁金斯学会纵火,企图利用妓女勾引对手等非法行径。

迪安还招出,尼克松秘密拟定了一份政敌“黑名单”,其中多数人是民主党国会议员、新闻记者和政治漫画作者;白宫幕僚非法利用联邦税务局的纳税资料,以偷税漏税为罪名,调查和打击政敌以及自由派阵营的非营利机构。

这一系列骇人听闻的黑幕,使国会、新闻界和美国民众极度震惊。这哪里还是什么竞选和政治博弈,简直就是黑社会!

更为致命的是,迪安供出,尼克松亲自参与了掩盖案情真相的犯罪活动。迪安提供的主要证据是,1973 年 3 月 21 日,他曾向尼克松报告,为了使亨特等“水门案”案犯继续保持沉默,今后两年之内,至少还需要 100 万美元的“封口费”,以确保“水门案”案犯“守口如瓶”。

怎样才能弄到这么一大笔钱呢?尽管当年白宫幕僚班子的年度预算高达 7000 万美元,但是,在三权分立与制衡的体制中,这笔经费的具体使用,受到国会拨款和审计部门的严格控制和监督。有人夸张地说,如果没有国会议员的审查和批准,美国总统连花一分钱的权力都没有。

预算透明和预算监督是民主法治的重要特色之一,是制约与制衡政府公权的“制度牢笼”。说句大白话,就是把钱包管牢,把账目公开。美国总统全家度一次假花费了多少公款,纳税人有权知道,媒体照实登报。这个高招与失宠怨妇监督花心老公的手段颇有异曲同工之处,无非是隔三差五,双手叉腰,满大街撒泼,大声乱嚷嚷:“你上个月把钱都花到哪儿去了? 你这个没良心的东西!”

英国作家奥斯卡·王尔德说过:“我年轻时以为金钱是世界上最重要的东西,而今年事已高,发现果真如此。”除了军队和警察之外,政府公权力中最根本、最敏感的就是“钱包权”。不受制约的征税权,不受监督的政府预算,正是权力肆无忌惮、缺乏制约,官员挥霍公款、特权腐败的主要根源和特征。把政府预算权有效地关进制度的笼子里,让权力在阳光下运行,是实现国家治理现代化的必由之路。信不信由你,管住了金钱和预算,基本上就管住了权力和官员。

想当年,面对筹集“封口费”的难题,尼克松对迪安说:“我的意思是,你可以搞到 100 万美元,你可以搞到这笔现金。我知道在哪儿能搞到。”①尼克松和迪安商量的结果,是应去纽约找原司法部长米切尔,尽快筹集这笔巨款。米切尔于 1972 年 7 月辞职后,已回纽约重操律师旧业。

仅此一事,就已构成尼克松妨碍司法的犯罪事实。如果说“水门”窃听案起初只是一个荒唐可笑、微不足道的三流政治窃听案的话,那么,由于迪安的叛变和招供,它一不留神已演变为总统和白宫

---

① [美]斯坦利·柯特勒:《滥用权力:新公开的尼克松录音带》,Stanley I. Kutler, ed. ,*Abuse of Power*:*The New Nixon Tapes*,New York:Free Press,1997,p. 254。

幕僚滥用权力、掩盖罪证、妨碍司法的重大刑事案件。

区区100万美元，难倒了堂堂美国总统，并且在相当程度上导致尼克松丢失了总统宝座。将政府行政权和“钱包权”相互分割，正是美国法治设计的一个高明之处。若要推动民主政治，杜绝权钱结合、滥用权力、挥霍公款等腐败弊端，头号要务是政府预算透明化，依法公开各级政府的征税所得、年度预算，同时通过其他权力机关以及新闻媒体和广大民众的制衡、监督和举报，严格控制和限制政府的“钱包权”。

迪安的招供虽然对尼克松伤害极大，但是远未构成弹劾总统的致命危险。迪安毕竟空口无凭，仅凭一面之词，就想弹劾堂堂美国总统？您大概是开玩笑吧。另外，“水门”委员会当时没有查出其他涉及总统的人证或物证。后来因“水门”事件辞职或入狱的数十名政府高官和白宫幕僚中，只出了迪安这一个“叛徒”，其他人都忠心耿耿，没有直接指控尼克松违法乱纪。这样，在辨明迪安供词真伪之前，国会水门委员会不敢掉以轻心，轻举妄动。

白宫法律顾问迪安“卖主求荣”

这时，精明过人的迪安又向“水门”委员会交代，1973 年 4 月 15 日晚上，当他在白宫椭圆形办公室面见总统时，尼克松那天问话的方式和言谈举止都非常古怪，使人感觉谈话过程正在被录音。①

实际上，迪安并不知道白宫录音系统的超级秘密，他只是猜测总统可能偶尔将白宫办公室的谈话录音存档。然而，由于迪安提供的这一重要线索，“水门”事件终于发生了惊心动魄的大转折。

① [美]约翰 · 迪安:《盲目的野心》，John W. Dean, *Blind Ambition*, New York: Simon & Schuster, 1976, p. 301。

第八章 白宫录音带天机泄露

1973 年 7 月 13 日是“水门”事件的转折点。是日,国会“水门”委员会传唤前白宫高级助理巴特菲尔德(Alexander Butterfield)作证,致使白宫录音系统天机泄露。

这位前白宫幕僚起初不愿来国会作证。欧文参议员毫不留情,以派遣国会法警将他逮捕法办、押送到场的铁腕相威胁,迫使其低头就范。就此而言,美国参议员的权威大大超过了美国总统。尼克松根本不可能以监狱之灾威胁恐吓,强迫部下执行总统委派的命令。

巴特菲尔德是退役空军上校,曾任白宫办公厅主任霍尔德曼的高级助理,协助主持白宫内部日常运作附带录音系统的管理。1973 年 3 月,他被调离白宫,出任联邦航空委员会主任。“水门”委员会传唤他来国会作证,主要是想了解一下白宫幕僚的日常工作简况和一些与霍尔德曼有关的问题。3 个多小时的询问临近尾声时,律师想起迪安提供的线索,就随口问道:“据你所知,迪安关于白宫办公室的谈话被录音的供词是否有根据?”①

这个问题,其实并未直接涉及白宫录音系统,完全可以含糊其词,蒙混过关。没想到,巴特菲尔德方寸大乱,误以为“水门”委员会已洞悉白宫内幕。在美国的司法体制中,向国会调查委员会作伪证是联邦重罪。他被迫如实地供出了全部细节,结果歪打正着,暴露了白宫录音系统的惊天秘密。巴特菲尔德不是“不想”撒谎,也不是“不能”撒谎,而是“不敢”撒谎。

原来,尼克松上台后,于1971年2月下令在白宫椭圆形办公室、内阁会议室、行政办公大楼办公室和戴维营等处安装了日本索尼公司出产、由语音自动启发的录音系统。这套系统每天24小时运转,一旦有人讲话或打电话,录音机就开始自动录音。到1973年7月为止,一共录制了长达5000小时的工作谈话。知道白宫存在录音系统的人,只有尼克松、霍尔德曼、巴特菲尔德和两位特勤警卫。这样,“水门案”一下子变得极为简单,只要把白宫录音带拿出来,尼克松是否有罪的问题便可真相大白。

对于巴特菲尔德泄露惊天秘密一事,尼克松评论说:“这消息令我深感震惊。即使现在看来,仍然感觉不可思议。我一直认为,白宫装有录音系统之事是永远也不会泄露的。我认为在证实白宫装有录音系统之前,任何白宫幕僚起码一定会提出总统行政特权的问题。”在尼克松看来,巴特菲尔德简直就是美国政界头号“呆瓜”,他如果不敢触犯伪证罪,最好的办法应是以此事涉及总统的公务特权

---

① [美]萨姆·欧文:《真相:水门案阴谋》,Sam J. Ervin, Jr., *The Whole Truth*: *The Watergate Conspiracy*, p. 187。

为借口，委婉地拒绝回答问题。

尼克松还披露：“苏联人十分注意‘水门’事件，但他们并不隐讳他们无法完全理解这个事件。苏联驻美大使多勃雷宁告诉基辛格，他对美国人在整个事件中的做法，感到非常震惊。他称‘水门’事件为‘一团糟’，并说世界上其他国家绝对不会允许人们如此公开地把国家搞得四分五裂。”①

颇具嘲弄意味的是，1973 年 4 月 15 日晚，因磁带告罄，尼克松与迪安之间的谈话并未被录下来。7 月 13 日前夕，巴特菲尔德正准备出国执行公务，但因临时有事未能成行。另外，他当时已不在白宫工作，没听过白宫律师对全体白宫幕僚进行的一次应当如何技巧而合法地应付律师提问的法律咨询。在“水门”事件中，这种阴差阳错的偶然事件一再发生，最终铸成了尼克松辞职下台的无情命运。

尼克松为何要在白宫安装如此先进的录音系统、进行规模如此之大的录音工程呢？他在回忆录中解释说：“从一开始我就决定，我的这届政府应成为历史上记录最全的政府。”

在尼克松之前，英国首相丘吉尔退休后，写作了卷帙浩繁、文辞典雅的《第二次世界大战回忆录》，荣获 1953 年度诺贝尔文学奖。诺贝尔奖委员会在授奖辞中赞扬说：“一项文学奖本来意在把荣誉授予作者，然而这一次却恰恰相反：是作者给予这项文学奖以莫大荣誉。”丘吉尔调侃说：“历史对我很好，因为是我自己写的。”

尼克松视野宏大，深谋远虑，是一位精通历史和深具历史感的政治家。他虽然出身贫寒，但是博览群书，精于思考，勤于笔耕，经

① ［美］尼克松：《尼克松回忆录》，Richard Nixon，*The Memoirs of Richard Nixon*，New York：Grosset & Dunlap，1978，pp. 877，900。

常自比林肯总统,对自己的历史地位和成就建树颇为自负。尼克松觉得,通过录音的形式,可以把总统的决策过程客观地记录在案,留下无比珍贵的历史文献资料。他坦率地承认:"我想以后在写书或者写回忆录的时候,可能要参考这些录音带。"①

1954 年丘吉尔访问华盛顿期间,时任副总统的尼克松曾与他比较了各自的写作习惯。尼克松认为,对录音机口述时的工作效率最高。丘吉尔的眼睛闪烁着顽皮的笑意说:"我更喜欢口述给一个漂亮的女秘书,而不是一个冷冰冰的、毫无知觉的机器。"丘吉尔接着吹嘘说,他有两个"非常美丽的"女秘书。

1972 年在莫斯科举行美苏最高级首脑会谈期间,尼克松把这件"趣闻轶事"告诉了勃列日涅夫。这位苏联领导人答复,他也同意丘吉尔喜爱女秘书甚于录音机的观点。然后他眨眨眼,坏笑着说:"除此以外,当你半夜醒来并想做点笔记时,女秘书就特别有用。"

肯尼迪总统的小弟弟、马萨诸塞州联邦参议员爱德华·肯尼迪在回忆录中写道:"自从公众获悉白宫总统办公室存在一批录音带以来,人们都想知道,最终葬送了尼克松的录音带的点子是从哪儿冒出来的?

我想我知道这个答案,尼克松是从我哥哥杰克那里偷师而来。"

肯尼迪在白宫办公室装了一套录音设备,他并非第一个,也不是最后一个,直到尼克松。富兰克林·罗斯福曾用一套庞大笨重的设备录过几个小时的新闻发布会。杜鲁门和艾森豪威尔也曾借鉴过这个创意。但真正启发尼克松的还是杰克。事实上,杰克留下的

---

① [美]尼克松:《尼克松回忆录》(中册),裘克安等译,商务印书馆 1979 年版,第 175 页。

录音比任何一位总统都简短,数量也更少,而且没有包藏任何秘密。但是这批录音带却记录了猪湾事件、古巴导弹危机和越战决策的早期内容,内容紧张激烈而且富有历史价值。

也许尼克松打算用录音记录自己执政时期的辉煌成就,但他却犯了一个致命的错误:将录音机改成了声控启动,一说话就自动录音。相比之下,杰克和其他几位总统安装的录音设备,需要有意识地摁一个按钮才会开始。①

一位白宫幕僚感叹说:“忘记安装一个按钮,结果丢失了总统大位。”

可是,当白宫录音系统天机泄露后,尼克松为什么不立刻毁掉录音带呢?

事实上,得知录音系统秘密后,欧文参议员、西瑞卡法官和考克斯特别检察官虽然喜出望外,但他们并未立刻发出强制性传票。迟至1973年7月23日,尼克松才第一次接到要他交出录音带的法院传票。所以,如果他能及时毁掉录音带,从严格的法律角度而言,他并未犯下销毁证据的罪行。

这样,由于没有确凿证据证明总统妨碍司法,即使国会启动弹劾程序,尼克松仍然有极大的生存机会。1999年克林顿总统遭国会弹劾时,克林顿和他的律师自始至终在“性关系”一词的严格法律意义上大做文章,死活就是不承认犯了伪证罪,最后终于起死回生。

实际上,当白宫录音系统真相暴露之后,为了避免事态恶化,威胁总统宝座,尼克松当时可以有上、中、下三种应对策略。

---

① [美]爱德华·肯尼迪:《真正的指南针:爱德华·肯尼迪回忆录》,Edward M. Kennedy, *True Compass: A Memoir*, New York: Twelve, 2009, pp. 335 – 336。

上策是,利用外交领域的空前成功和连任总统后民意支持率极高的良机,将“水门”事件的真相全盘托出,向全国民众认错,请求“沉默的大多数”支持和原谅。美国人的特点是“吃软不吃硬”,比较注重实际利益。只要国外的烂仗体面结束,国内经济保持增长,普通民众一般比较宽宏大量,容易原谅“主动认错”的总统。

1987 年,当“伊朗门”丑闻把白宫闹得天翻地覆之时,里根总统及时通过电视讲话向全国人民认错,虽然个人声望急剧下跌,但是最终保住了总统宝座。

尼克松非常懊悔地说:“‘水门’事件中让我后悔的事太多了。首先是我起初处理这个该死事件的方式。我跟它毫不相干,不应大动干戈。我应直接面对美国人民,告诉他们到底发生了什么事情。”①实际上,如果当年尼克松及时认错,由于罪行较轻,再加上民意撑腰,国会很难通过弹劾总统的动议。

中策是,在联邦法院发出传票之前,迅速毁掉录音带。这个损招儿风险很大,因为此举本身已构成销毁证据、妨碍司法的罪名,有可能触发国会启动弹劾程序。但是,由于没有确凿证据,尼克松极有可能逃过此劫,避免辞职下台的悲剧。

尼克松晚年的助手莫尼卡·克罗利透露:“回顾当初,尼克松希望自己毁掉那些录音带,让调查‘水门’事件的人自己去找证据。没有了录音带,他们只能根据传闻提出间接证据;没有了录音带,他们只能暗示存在妨碍司法的行为,但可能无法证明;没有了录音带,尼

---

① [美]莫尼卡·克罗利:《冬天里的尼克松》,杨仁敬等译,江苏人民出版社 1999 年版,第 406 页。

克松在这个案子上可以有更多的主动权。”①

下策是，以总统行政特权为由，拒绝交出录音带，不惜把官司打到联邦最高法院。这显然是个孤注一掷的策略，成则为王，败则为寇，大起大落，风险极大。

令人难以置信的是，尼克松不顾副总统阿格纽、基辛格、新任白宫办公厅主任黑格(Alexander Haig)等人的反对，最终决定铤而走险，与国会、联邦法院和特别检察官周旋到底。这个决策看似鲁莽，但却与尼克松敢于冒险、不惧危机的个性一脉相承。

“水门案”第二任特别检察官贾沃斯基(Leon Jaworski)事后认为：“当巴特菲尔德揭露存在白宫录音带时，为什么尼克松不迅速毁掉它们呢？如果他当初这样做了，并且断言录音带中的谈话涉及国家安全，涉及会使内阁成员、国会议员以及其他人非常难堪的问题，那么大多数美国人会同意尼克松的说法。尽管这种孤注一掷的行为会引起各界的抨击，但我相信尼克松多半会幸免于难，继续留任总统。”②

揭露“水门”事件的功臣伍德沃德承认，白宫录音带“是一系列事件中不可思议的结果，是我们的幸运，是尼克松的厄运。错误的决策，错误的转向，都在一根脆弱的线头引导下导致案情真相被揭露。而这根脆弱的线头，原本可以剪成千片万段，永久消失”。③

“水门”事件尘埃落定后，格雷厄姆女士感慨万千：“天知道尼克

---

① [美]莫尼卡·克罗利：《冬天里的尼克松》，杨仁敬等译，江苏人民出版社 1999 年版，第 414 ~ 415 页。

② [美]霍尔德曼：《权力的尽头》，Haldeman, *The Ends of Power*, p. 206。

③ 转引自[美]凯瑟琳·格雷厄姆：《个人历史》，Katharine Graham, *Personal History*, p. 489。

松为什么没有毁掉白宫录音带？他似乎认为这些录音磁带具有保留价值，而且他有本事守住其中的隐秘。”①

谈及尼克松辞职下台时，福特总统认为：“这是一个悲剧，如果没有磁带，如果不做掩盖，我想尼克松会躲过一劫。正是出事后的有意操纵和掩盖行为，才导致了灾难。”②

那么，尼克松为何力排众议，独出心裁，毅然决定保留致自身于死地的犯罪证据呢？回首往事，他的致命决策，主要基于以下几点原因和考虑。

首先，尼克松坚信，三权分立的法治原则必须坚持，总统的行政特权不容侵犯。美国《宪法》第 2 条第 1 款规定，行政权属于美利坚合众国总统。作为政府行政首脑，总统与自己的亲信幕僚在决策过程中，信口开河，胡言乱语，构想多种方案和策略，甚至提出一些荒谬绝伦的预案，都是工作需要。

另外，总统与亲信之间的谈话涉及内政外交、国防军事等方面的机密，如果司法和立法部门随意传唤、审听这种高度机密的非正式谈话录音，并根据其中的只言片语起诉总统及其幕僚，那简直是荒唐之极、不可思议。在美国历史上，杰斐逊、林肯、富兰克林·罗斯福、杜鲁门等 10 余位总统，都曾以总统行政特权为理由，坚决拒绝国会调查白宫决策内幕。③

---

① ［美］凯瑟琳·格雷厄姆：《个人历史》，Katharine Graham, *Personal History*, p. 489。

② ［美］托马斯·德弗兰克：《福特传：等我死后再公开》，王海舟等译，中信出版社 2009 年版，第 96 页。

③ ［美］马克·达德利：《美国诉尼克松：总统权力》，Mark E. Dudley, *United States v. Nixon* (1974): *Presidential Powers*, New York, 21 Century Books, 1994, pp. 39 – 40。

其次，尼克松觉得，最高法院的人事构成对自己比较有利。以任命大法官的机会而言，在“二战”后的美国总统中，卡特（Jimmy Carter）总统最倒霉，一次机会也没赶上。而尼克松特别幸运，他竟然在三年中碰上了四次机会，先后任命伯格、布莱克门（Harry A. Blackmun，1970－1994年任职）、鲍威尔（Lewis F. Powell，Jr.，1972－1987年任职）和伦奎斯特（William H. Rehnquist，1972－1986年任大法官，1986－2005年任首席大法官）四位保守人物出任要职，人送绰号“尼克松四大金刚”。

美国政界有以首席大法官的姓氏命名联邦最高法院的惯例。有人开玩笑说，尼克松执政时期的最高法院不应称为“伯格法院”，干脆改叫“尼克松法院”算了。在此背景下，尼克松过于乐观地估计，在保守派法官构成多数派的局面下，自己胜诉的机会较大。

再次，尼克松当时认为，当白宫幕僚为了自保而反咬总统时，录音带可以起到某种保护作用。比如，尼克松的确与迪安有过一次关于“100万美元现金”的密谈（1973年3月21日），但是，迪安并未说出全部真相。

实际上，那天谈话快结束时，由于迪安警告妨碍司法的严重后果，尼克松表示：“我们不能这么干……我是说白宫方面不能这么干。”[①]所以，当黑格将军劝告总统尽快毁掉录音带时，尼克松对黑格说：“迪安撒谎，磁带证明了他的谎言。我们不知道，究竟有谁还会为自保而撒谎。天知道埃利希曼，甚至霍尔德曼会招出些什么。录

---

① ［美］斯坦利·库特勒编：《滥用权力：新公开的尼克松录音带》，Stanley I. Kutler, ed., *Abuse of Power: The New Nixon Tapes*, p. 257。

音磁带是我对付伪证的最佳保险。”①

最后，白宫录音带具有难以估量的历史文献价值。如果能合法地保留下来，尼克松有可能根据珍贵而翔实的录音记录，把自己极具传奇色彩的一生及其白宫经历写成一部名垂千古的传世佳作。

可是，人算不如天算。白宫录音带不但没有帮助尼克松写作回忆录，反而成为尼克松妨碍司法的确凿证据。1978 年出版的《尼克松回忆录》虽然分析精辟，条理清晰，但远未达到文献翔实珍贵、叙述准确无误、内容博大精深的水准。“水门”事件后，根据国会法案，联邦司法部将白宫录音带和尼克松的全部总统文件置于严密控制之下。尼克松写作回忆录时，只能看到录音带中涉及“水门案”部分的文字副本。

据美国媒体报道，经过长达 20 余年的艰难诉讼，2000 年 6 月，联邦政府与尼克松遗产基金会达成庭外和解，政府同意支付 1800 万美元巨款换取白宫录音带和总统文件的控制权。其中律师费 740 万美元，遗产税近 400 万美元，捐给尼克松总统图书馆 600 多万美元，尼克松的两个女儿每人只得到 8 万多美元遗产。

根据美国国家档案馆的计划，在删除隐私和机密后，大约 3700 小时的白宫录音将逐步公开。目前已公开 3000 余小时，可以免费复制。②有朝一日，如果涉及中国领导人毛泽东、周恩来以及中美关系的绝密谈话能够公开，其内容一定相当精彩。

---

① ［美］黑格：《美国怎样改变世界》，Alexander M. Haig，Jr.，*Inner Circles：How America Changed the World*，New York：Warner Books，Inc.，1992，p. 379。

② 详情参见 2000 年 6 月 13 日《华盛顿邮报》，George Lardner，Jr.，*Nixon Estate Settle Case Over White House Materials；Government to Pay $18 Million for Seized Tapes，Papers*，The Washington Post，June 13，2000。

在“水门案”中，各种机缘巧合实在太多，案情更是波谲云诡，大起大落。尼克松和白宫幕僚则是一步错、步步错，最终不但葬送了国家元首兼政府首脑的政治生命，而且导致联邦司法部长、白宫办公厅主任、总统国内事务助理等20余位高官被判刑入狱。出现如此结局，与尼克松的个性有直接关系。

尼克松出身贫寒，政界生涯历尽挫折与磨难，性格中既有缺乏自信、犹豫不决、过度算计的一面，也有高瞻远瞩、勇于冒险、胆略过人的一面。他经常以突破常规的方法取得意外成功，但有时也因此而弄得满盘皆输。在中美关系问题上，他本是反共的急先锋，却能抛弃“冷战”思维，以非同寻常的手段取得了重大外交成果。在“水门”事件中，他刚愎自用，机关算尽，一意孤行，最终自尝苦果。

做出保留白宫录音带的致命决策后，尼克松与特别检察官、国会和联邦法院展开了一场惊心动魄、影响深远的司法大战。

针对白宫录音系统，黑格将军在回忆录中批评说：“我永远都不会想到，任何一个头脑正常的人，会安装这么一个永不停顿、奥威尔‘老大哥’式的录音监控系统，记录下每一段话语，每一个戏谑玩笑，每一句恶毒咒骂，每一次雷霆震怒，每一次来去如飞的总统偏执狂想，还有总统顾问们的每一次阿谀逢迎、错误献策和胡言乱语。”①

乔治·奥威尔是享有盛誉的英国作家，“老大哥”是其政治寓言小说中的虚构人物。在传世名作《一九八四》和《动物庄园》中，他以非凡的预见、辛辣的笔触、荒诞的情节、冷峻的幽默，对泯灭人性的极权社会予以尖锐的讽刺和深刻的批判。

---

① ［美］黑格：《美国怎样改变世界》，*Inner Circles：How America Changed the World*, p. 373。

在奥威尔笔下,“老大哥”是党的最高领导人,对权力顶礼膜拜;政府有四个部门,和平部策划战争,真理部主管造谣,友爱部专司拷打,富裕部负责挨饿;“战争即和平、自由即奴役、无知即力量”是统治者的座右铭;统治者任意篡改和涂抹历史,因为“谁控制过去就控制未来;谁控制现在就控制过去”。无孔不入的监控系统控制全社会每一个人的思想和行为,除了对党的热爱以外,其他所有的爱都是不忠诚的;“所谓自由就是可以说二加二等于四的自由”,“思想罪不会带来死亡,思想罪本身就是死亡”。

黑格将军把尼克松的白宫录音系统与奥威尔“老大哥”式的严密监控相提并论,显然言过其实。可是,如果缺乏法治的制度保障,如果没有对绝对权力的监督制衡,“帝王总统”尼克松并非没有可能成为“老大哥”式的专制暴君。

第九章 “星期六之夜大屠杀”

1973年7月23日,特别检察官考克斯和国会“水门”委员会同时发出传票,要求总统交出9盘录音带,其中包括1973年3月21日“100万美元现金”谈话和4月15日晚上谈话的录音。

在美国法治史上,这是总统首次接到这种要求出示证据的强制性命令。尼克松启用总统行政特权,声称谈话录音中有外交和军事机密,拒绝交出磁带。同年8月29日,西瑞卡法官判定,特别检察官索取磁带的要求合法,下令总统交出录音带,但是尼克松置若罔闻。考克斯别无选择,将此案上诉到联邦上诉法院。

正当录音带官司日趋激烈之时,国际形势突然恶化,第四次中东战争爆发。1973年10月6日,埃及军队强渡苏伊士运河,向以色列发起突然袭击。叙利亚军队也趁机参战,使以色列陷入了腹背受敌的不利处境。

短短一周之内,以色列苦心经营的“巴列夫防线”被埃军突破,以军装甲部队损失三分之一,空军损失四分之一,王牌军第 190 装甲旅全军覆灭,同时弹药的消耗量大得惊人,空军响尾蛇导弹、陆军 105 毫米榴弹炮炮弹的储存量仅够再维持 48 小时战争。以色列举国震惊。总理梅厄夫人在保密电话中向尼克松哭诉危情,恳请美国大老板火速增援。

尼克松魄力惊人,临机决断,以霹雳手段拯救以色列于水火之中。他未经国会授权,火速下令以超出 20 世纪 50 年代“柏林空运”的规模,向以色列大规模紧急空运最先进的飞机、坦克和导弹,甚至直接调用美军现役部队的武器装备。与此同时,大批美军“志愿人员”秘密赶赴以色列,操纵刚刚卸货的现代化武器直接奔赴前线。在美军侦察卫星的帮助下,以军悍将沙龙率军偷渡苏伊士运河,冒险穿插,大胆迂回,使埃及第三军陷入重围,迅速扭转了战争危局。

英国历史学家保罗·约翰逊认为:“美国的大规模援助补给,振奋了以色列低落衰竭的士气,否则以色列军队很可能被摧毁,以色列国家很可能亡国灭种。毫无疑问,如果尼克松在此期间已经被赶下台,历史结局很有可能果真如此。从很多方面看,1973 年 10 月中东战争是尼克松最辉煌的时光,拯救以色列是尼克松最后一项重大的国际成就。”①

1973 年 10 月 19 日,为了报复美国支持以色列,阿拉伯国家控制的国际石油输出国组织(欧佩克)宣布,对美国和西欧实行石油禁运,并把中东油价提高了将近 4 倍(387%),引发美国空前严重的通货膨胀和经济衰退。1974 年美国物价上涨 18%,失业率急剧增高到

---

① [英]保罗·约翰逊:《美国史》,Paul Johnson, *A History of the American People*, p. 903。

8%,国民生产总值(GDP)出现2%的负增长。这是尼克松大失民心、被迫辞职的经济背景。

当埃军腹背受敌、岌岌可危之时,勃列日涅夫致电尼克松,建议出动苏美联合部队在中东实现停火,否则苏联将“被迫考虑采取单方面措施”。尼克松尚未答复,美军侦察卫星已发现,苏联红军七个空降师正在向中东地区调动集结,似有武装干预中东战争、拯救埃军于水火之中的迹象。

尼克松当机立断,下令全球美军和战略核武器部队进入一级战斗准备,摆出不惜打核大战的架势,坚决反击苏联出兵染指中东战略要地的军事冒险。面对美国的强硬反应,苏方只得知难而退。苏联领导人原以为,尼克松只会玩点儿“美中苏大三角关系”和“缓和”之类的诡计花招,又被“水门”事件整得焦头烂额,无暇关顾中东地区的战乱。没料想,尼克松在外交和军事领域反应如此之快,态度如此之强硬。

但是,在美国国内,政府官员腐败和录音带官司仍然是压倒一切的头条新闻。媒体揭露和指控副总统阿格纽在马里兰州州长任内曾接受大约10万美元贿赂,联邦司法部对此开始调查。对尼克松来说是雪上加霜。由于面临总统和副总统被“双重弹劾”的危险,阿格纽于1973年10月10日被迫宣布辞职。

10月12日,联邦上诉法院就录音带官司作出裁定,支持联邦地方法院的判决。

这时,尼克松提出了一个妥协条件,他表示,由于录音带内容涉及外交和国防机密,所以只能交出经过剪辑和整理的文字副本。至于文字副本的准确性,可以由参议院军事委员会主席史坦尼斯(John

Stannis)审听把关。

史坦尼斯参议员是民主党人,但却支持尼克松的越战政策,更难得的是,此公品德高尚,信誉极佳,是一位两党都可以接受的中间派人物。除此之外,尼克松表示,今后不打算再交出任何磁带了。这场官司闹得天昏地暗,已使总统职责和联邦政府的正常运作遭到严重影响。但是,这个妥协条件遭到特别检察官严词拒绝。

尼克松之所以不愿交出整盘录音磁带,自有其"难言苦衷"。根据已经公开的录音,尼克松与亲信幕僚交谈时,随意放肆,信口开河,胡言乱语,说了很多一旦公之于众,将可能对尼克松的总统形象造成无法挽回影响的骂人粗话,还有丝毫不加掩饰的"肺腑之言"。

1972年6月23日,霍尔德曼向总统报告,意大利货币里拉最近突然大幅度贬值。尼克松信口回答:"里拉是臭大粪,别跟我提它。"①从这番对话的上下文看,尼克松那天被"水门案"弄得心烦意乱,不想再听任何其他新闻了,所以随口骂了一句粗话。在私下谈话中,尼克松还把意大利裔的联邦地区法院法官西瑞卡贬称为"该死的意大利佬"(goddamn wop)。如果将"臭大粪"和"该死的意大利佬"等粗鲁谈话录音公之于众,很有可能闹出一场美国与意大利之间的外交纠纷。

外交问题非常敏感,稍不留神就有可能引起轩然大波。2001年小布什当选总统后,美国媒体披露,第一家庭的爱猫名叫"印度",结果严重伤害了印度人民的"民族感情",引起印度民众的极大愤慨。数日之后,据说一半左右印度人家养的阿猫、阿狗愤而改名为"小布

---

① [美]霍尔德曼:《权力的尽头》,Haldeman,*The Ends of Power*,p. 41。

什”了。

1971年9月29日，尼克松与白宫办公厅主任霍尔德曼、白宫法律顾问迪安等人闲聊，讨论未来的最高法院大法官人选。尼克松说：“伯格坚决反对提名女性大法官，因为最高法院不想跟一个女人打交道。说实话，我也反对提名女人。”“感谢上帝，目前的政府内阁中一个女人也没有。”

接着，尼克松又随口添了一句尖酸刻薄、冒犯伤人的阴损之语：“目前的内阁已经够恶心的了，再加个女的也行。”①就这么一小段录音，一旦公之于众，不但彻底得罪了全体内阁部长和女性选民，而且捎带“出卖”了“清白无辜”的伯格首席大法官。

尼克松曾对霍尔德曼抱怨说：“犹太人遍布美国政府的各个角落，他们大部分都不忠诚。”“我要你去查一查犹太人涉及的所有敏感问题。”“当然，也会有例外，但总体上讲，你不能信任这帮野杂种，他们会攻击你，我说得对吗？”

当谈到五角大楼文件的泄密者艾尔斯伯格时，尼克松说：“顺便提一句，我以上帝的名义希望，他不是犹太人，可是我还是错了。……很多人觉得希斯是犹太人，他可能有一半血统，但从宗教信仰上看，他不是。只有两个共产党密探不是犹太人，政府里其他的密探都是犹太人，他们让我们下地狱。”②

尼克松反对把民权领袖马丁·路德·金的生日改为国家法定

---

① ［美］约翰·迪安：《伦奎斯特出任大法官内幕》，John W. Dean, *The Rehnquist Choice: The Untold Story of the Nixon Appointment That Redefined the Supreme Court*, New York, Free Press, 2002, p. 104。

② 1999年10月7日《泰晤士报》，Ben Macinty, *Nixon tapes testify to deep hatred of Jews*, Times (Londdon), October 7, 1999。

假日,认为这是“制造黑人的耶稣基督”。尼克松断言:“历史上从未有过一个成功的或令人满意的黑人国家。”“非洲是不可救药的。”“黑人和他们的基因劣势,以及在此处境下以往任何改善的绝望。只能等待内部培育,与此同时(白人)只好照料黑人并帮助其中极少数素质良好的精英脱颖而出。”①

1972 年 5 月 4 日下午 3 点零 4 分,尼克松与基辛格、军事助理黑格将军等人讨论越战决策。尼克松指着一幅世界地图,狠命地敲了一下桌子,以“帝王总统”的气魄发号施令说:

“这里是越南,这就是那帮卑鄙无耻的混蛋(cocksuckers)。(猛敲桌子)这里是美国。这里是西欧,一个狂妄自负的小地方居然造成了如此之大的毁灭……这里是苏联(猛敲桌子),这里是中东……(猛敲桌子)这里是愚蠢的非洲人……(敲击桌子)这里是还没那么傻的拉美人。我们在这里,他们都跟美国对着干(猛敲桌子)。现在,我们将在这里(越南)有所作为。我们将在这里以绝对优势获胜。”“我们必须最大限度地使用美国的军事力量,打击这个满屁股都是屎的小破国家(shit-ass little country),赢得这场战争。”

在随后的谈话中,尼克松告诫基辛格:“你我之间唯一不同的地方……就是在轰炸方面。你太关心平民的伤亡了。我才不考虑这种屁事呢。跟我有什么关系。”基辛格回答:“我关心平民,是因为不希望世界上其他国家愤怒而起,把您看成是一个杀人不眨眼的刽子

---

① [美]理查德·里夫斯:《尼克松总统:孤独的白宫主人》,Richard Reeves, *President Nixon: Alone in the White House*, New York: Simon & Schuster, 2001, p. 110。

手……”①

联邦储备委员会主席亚瑟·伯恩斯(Arthur F. Burns,1970－1978年任职)对白宫录音带的内容深感惊讶。他告诉鲍勃·伍德沃德:“尼克松与他谈话时,思路清晰、断然决然、合乎文法,甚至颇具雄辩家的风采。他很少会骂出比‘该死的’更加粗鲁的话。”伯恩斯还说:“难道他(尼克松)又是一位化身博士,一个具有双重人格的人。这一切说明了什么?尼克松难道正过着一种分裂的生活吗?还是说他是一位演技精湛的演员?”②

“化身博士”的典故出自英国著名作家史蒂文森(Robert Stevenson)的同名科幻小说(*Strange Case of Dr Jekyll and Mr Hyde*)。书中的主要人物“杰克”是一位家财万贯、闻名遐迩、道貌岸然的善良医生,但如果喝下一种药水,立刻就变成邪恶歹毒、毫无人性的卑鄙罪犯“海德”。最后,“杰克”医生因无法控制内心的恶魔,便以自杀的方法停止以“海德”的身份作恶。

从《化身博士》一书中可知作者史蒂文森认为,在人类的潜意识和无法探知的内心黑暗角落里,善与恶是并存的。“杰克和海德”(Jekyll and Hyde)一词,如今已经成为现代心理学中“双重人格”的代称。如果没有监督和制衡,任何道貌岸然的善良好人,都有潜在的可能成为作恶多端的歹徒罪犯。

斯坦福大学教授戴维·肯尼迪评论说:“当人们得知,尼克松曾

---

① 转引自《机密:五角大楼文件泄密者回忆录》,Daniel Ellsberg, *Secrets: A Memoir of Vietnam and the Pentagon Papers*, New York: Viking, 2002, p. 419。

② [美]鲍勃·伍德沃德:《尼克松:白宫最后岁月》,艾荔丰译,红旗出版社2015年版,第151页。

对朋友和敌人进行了如此之多的粗俗而轻蔑的描述,以及对犹太裔和非洲裔的恶毒咒骂,他们恐怕需要冲个澡清醒一下,一个人怎么会如此矛盾?尼克松的性格中既有坚定原则又卑鄙无耻,他的野心既令人钦佩又惹人厌恶,他的政治思维既敏锐非凡又充满偏见,当年怎么会让这种卑鄙性格的人物爬到了总统高位。"①

戴维·肯尼迪教授大概是少见多怪了。白宫录音带展示了一个在私下场合口无遮拦、真实赤裸的尼克松。事实上,比尼克松阴险狡诈、卑鄙无耻百倍以上的政界高层人物大有人在,只是尚未被揭露或戳穿而已。那些没有被揭露的黑暗,才是最可怕的黑暗;那些装腔作势的伪善,才是最无耻的欺骗。

尼克松时代白宫录音带的节选(8盘)可以在公立图书馆借到。只要从头到尾听完一盘尼克松自录的、已经公开的白宫录音带,人们会惊奇地发现,堂堂美国总统在非正式交谈中,随意放肆,粗俗下流,不堪入耳。很多人纳闷,尼克松身为"党和国家领导人",名牌大学法学院毕业,在公众场合一向谈吐文雅、彬彬有礼,为何却在私下交谈中,一张口就开骂呢?这种在公开和私下、文雅和粗俗之间自如转换、从不露馅的特殊能力,实在令人钦佩不已。

说起来,这种谈吐粗俗、骂骂咧咧的毛病,并非尼克松一人独有。他的两位前任,肯尼迪和约翰逊,骂得更邪乎,其中尤以约翰逊为甚。此公极有"语言天赋",讲话粗俗夸张,骂起人来出口成章、出神入化、声情并茂、花样无穷,连续骂一个钟点绝对不会重样儿,堪称美国政界一绝,遗憾的是,没有机会录音存档,藏之名山,传之

---

① 2014年8月7日《纽约时报》,David M. Kennedy, *The Nixon Tapes* 1971–1972 *and The Nixon Defense*, New York Times, August 7, 2014。

后世。

美国著名经济学家加尔布雷斯(John Galbraith)回忆,约翰逊总统看了由他起草的一篇讲话稿后,一个字也没改动,只是对经济问题发表评论说:“你觉不觉得,做一场关于经济政策的演讲,就好像把一泡尿撒在了裤裆里,你自己觉得热热乎乎的,但却与别人八竿子都打不着。”①

1965年11月,美军参谋长联席会议的将军们向约翰逊总统建议,对北越进行大规模军事进攻和战略轰炸,摧毁和封锁北越港口。将军们讲完后,总统背过身去,把他们晾在了一边,似乎在思考着他们的建议。大约一分钟后,约翰逊突然转过身来,用不堪入耳的脏话破口大骂,训斥将军们是“狗屎脑袋、超级笨蛋、自负的傻瓜”“你们想用自己那点儿白痴一样的‘军事智慧’说服我发动第三次世界大战吗?都他妈的从这里滚出去!”②

一个有趣的巧合是,这三位谈吐粗俗的美国总统,“二战”期间都是海军军官,肯尼迪是上尉,尼克松为少校,约翰逊是中校。三位总统骂人的本事,亦可按此顺序排序,堪称官大一级“骂”死人。估计都是在军旅生涯中沾染了这种骂骂咧咧的坏毛病。纵观历史,古今中外能征善战的元帅和将军几乎都有这种毛病:不骂大街就不会打仗。

可是,考克斯检察官无意照顾这种“丘八通病”和“难言苦衷”。

---

① [美]加尔布雷斯:《名人琐忆》,John Galbraith, *Name-Dropping*, Houghton Mifflin, New York, 1999, p. 149。

② [美]托马斯·瑞克斯:《将军们:从“二战”到今日的美国军事指挥》,Thomas Ricks, *The Generals: American Military Command from World War II to Today*, New York: Penguin Books, 2012, p. 257。

他坚持原则，寸步不让，不但要求尼克松交出整盘录音带，而且将调查扩大到总统申报个人所得税时“不正当免税”的经济问题。此事使尼克松恼羞成怒，同时使苏联领导人勃列日涅夫格外吃惊。说起来，苏联领导人对美国政治的了解，远未达到“一半”的及格程度。

在中东要地战火连天，美苏两国剑拔弩张，石油危机空前严重的背景下，1973 年 10 月 20 日，尼克松命令联邦司法部长埃略特·理查森立刻解雇“违法乱纪”“不识大局”的考克斯。特别检察官系行政部门任命的官员，因此，就联邦法律和程序而言，尼克松此举合理合法、无懈可击。

但是，理查森拒不从命，请求辞职。尼克松劝他不要如此草率行事，因为基辛格正在克里姆林宫折冲尊俎，事关美国外交和全球战略，不能给苏联领导人勃列日涅夫造成美国已经发生内乱的错觉，对美国的全球战略利益造成伤害。出乎意料的是，理查森愣是不同意。

尼克松生气地说：“你这是坚持把个人承诺置于公众利益之上。”

理查森反唇相讥：“我相信我的辞职符合公众利益。”①

尼克松火冒三丈，转而下令司法部第一副部长洛克肖斯（William Ruckelshaus）解雇考克斯。白宫办公厅主任黑格将军在电话中对洛克肖斯说：三军最高统帅命令你立刻遵命行事！可是，这位副部长不但不从命，而且还讥讽黑格：“怎么，你打算开辆坦克来逼我服从

---

① ［美］埃莫瑞：《水门事件：美国政治腐败和尼克松垮台》，Fred Emery, *Watergate: The Corruption of American Politics and the Fall of Richard Nixon*, New York: Times Books, 1994, p. 398。

命令吗?”

尼克松气急败坏,下令司法部第三号人物、副部长兼联邦首席检察官罗伯特·博克(Robert H. Bork)赶走考克斯。博克犹豫再三,最后勉强同意。

于是,白宫宣布解除理查森和洛克肖斯的职务,任命博克出任司法部代理部长。博克立刻签署命令,让特别检察官考克斯卷铺盖走人。他随后来到白宫椭圆形办公室,当面向总统汇报。据博克在回忆录中披露,尼克松当场向他封官许愿说:“一旦联邦最高法院出缺,我将提名你出任大法官。”①

博克下达的命令生效后,黑格将军以保密为由,命令联邦调查局迅速查封特别检察官办公室,扣押全部调查文件。消息公布之时,恰好是10月20日星期六晚上。新闻媒体毫不客气,立刻抢发新闻,并使用了“星期六之夜大屠杀”这样耸人听闻的大标题。

尼克松一向雄才大略,胆识过人,素以不按规则出牌而著称。在“星期六之夜大屠杀”中,他投机冒险,胆大妄为,企图利用中东战乱、石油危机、民心慌慌、美苏军事冲突一触即发之机,“合法”撵走特别检察官,造成既成事实,争取得到“沉默的大多数”支持和谅解,一劳永逸地解决水门危机。这一莽撞之举,暴露出尼克松敢于冒险的性格和孤注一掷的赌徒心理。

历史证明,尼克松大大地失算了。西瑞卡法官表示,查封特别检察官办公室之举,“看上去仿佛是拉丁美洲国家的上校们上演的

---

① [美]罗伯特·博克:《拯救公正》,Robert H. Bork, *Saving Justice: Watergate, the Saturday Night Massacre, and Other Adventures of a Solicitor General*, New York, Encounter Books, 2013, p. 86。

一场军事政变闹剧”。[1] 司法部长理查森惊呼:“一个法治政府已经濒临沦为寡头独裁政府。”[2]

针对尼克松的冒险,新闻媒体口诛笔伐,国会两院怒不可遏,全美民众群情激愤。据粗略统计,总数达300万左右的电报、电话和信件如洪水般涌至白宫和国会,强烈谴责尼克松的胡作非为,要求国会立即启动宪法程序,弹劾无法无天的“帝王总统”。

这样,“水门”事件从最初的一桩“屁事”,终于演变为一场震惊全国的政治危机。尼克松判断失误,大动干戈,弄巧成拙,民心丧尽,四面楚歌,丧失了争取美国人民同情原谅的回旋余地。此后,即使他承认错误或毁掉录音带,恐怕也很难逃脱遭到弹劾的最终命运。

在引发“星期六之夜大屠杀”的辞职风波中,为什么司法部长理查森宁肯辞职丢官,也不肯解雇特别检察官呢?美国的政府高官为什么会有如此坚强的原则性、如此良好的法治观念呢?

理查森之所以敢于“坚持原则”,实际上与美国政治体制中的制衡和监督机制直接有关。美国政府行政部门的重要官员,虽然由总统提名,但是必须经过参议院的批准和确认。审批过程中,参议院经常要求被提名的官员作出某种承诺,作为批准任命的前提条件。这样,国会在相当程度上控制了行政部门官员的人事任命权。政府高官若想官运亨通,不仅要听命于总统,同时也要看国会的眼

---

① [美]西瑞卡:《秉笔直录》,John J. Sirica, *To Set the Record Straight*, p. 168。

② [美]埃略特·理查森:《创造性制衡》,Elliot L. Richardson, *Creative Balance: Government, Politics and the Individual in America's Third Century*, New York: Holt, Rinehart and Winston, 1976, p. 47。

色行事。

理查森是尼克松的老朋友、老部下。他生于哈佛医学院名医兼教授家庭,哈佛本科毕业,“二战”期间投笔从戎,参加过诺曼底登陆战役,在第一攻击波突击队任中尉排长,身先士卒,战功卓著。“二战”后他以优异成绩毕业于哈佛法学院,先后出任联邦上诉法院法官汉德、联邦最高法院大法官法兰克福特等司法界超级明星的法律助理,在尼克松第一届内阁中担任过副国务卿和国防部部长等要职。1973 年 4 月,联邦司法部长克兰典斯特因在“水门案”中知情不报,被迫辞职,尼克松便提名理查森接替。

参议院司法委员会大腕参议员爱德华 · 肯尼迪透露:“我很欣赏理查森,这位自由派共和党人曾担任多个内阁要职,政绩斐然。但是我直言不讳地告诉理查森,除非同意任命一位特别检察官,否则参议院司法委员会将否决他的任职提名。此时此刻,我和我的参议院同事们已经深切地感到:只有一位强势且独立于党派忠诚或控制之外的检察官,才能取信于公众和媒体,调查行政部门深藏的内幕。几次私下谈话之后,理查森信誓旦旦,满口答应。”

“我钦佩考克斯的能力、智慧和诚信,并且希望他在毫无压力的情况下工作。于是我再次与理查森谈话,要求他答应一个任职条件:任何情况下都不能解雇或屈从总统的命令解雇考克斯,除非考克斯做出‘严重的不正当行为’。对此,理查森起初予以拒绝。但没过多久,理查森明白了这一条件的必要性,并且同意了我的要求。”①

由于这个幕后交易,参议院顺利批准理查森出任联邦司法部

---

① [美]爱德华 · 肯尼迪:《真正的指南针:爱德华 · 肯尼迪回忆录》,Edward M. Kennedy, *True Compass*, p. 334。

长。如果理查森任职后出尔反尔，言而无信，随意撤换特别检察官，将会对他在官场的个人信誉和未来政治生涯造成极为恶劣的影响。

“水门案”后，福特总统于1975年重新启用理查森，先后任命他出任商务部长和驻英大使等要职。因敢于违抗“帝王总统”，理查森声望极高，青史留名。

1987年7月，里根总统提名时任联邦上诉法院法官的博克出任最高法院大法官。白宫办公厅里甘在回忆录中提及，博克是倡导司法节制的杰出学者，非常称职的大法官人选，可是“1973年担任司法部副部长兼联邦首席检察官时，博克根据尼克松总统的指示，把特别检察官考克斯解雇了。尽管这一行动可能是合法的、尽职的，但却引起国会、新闻界和民主党内一大批教条迂腐的自由派的顽固反对，他们认为‘水门’丑闻不应被淡然遗忘”。①

爱德华·肯尼迪参议员回忆说：“当年‘星期六之夜大屠杀’事件中，博克曾听命于尼克松，解雇了特别检察官考克斯。自那以后，我便对他留了个心眼儿。通过多年的细心观察，我确信此人的司法理念完全与主流相背离，其观点之偏激，举国上下可谓尽人皆知。”

里根宣布提名当日，爱德华·肯尼迪发表抵制博克的全国电视讲话。他慷慨激昂、夸大其辞地说：“罗伯特·博克理想中的美国是这样一块土地，妇女被迫去穷街陋巷偷偷堕胎，黑人要坐在在种族隔离的午餐柜台角落吃饭，暴戾的警察在深夜破门而入公民家中搜查，学校里不能教授进化论，作家和艺术家时不时受到政府心血来

---

① ［美］里甘：《记录在案：从华尔街到华盛顿》，Donald Regan, *For the record: from Wall Street to Washington*, San Diego: Harcourt, 1988, pp. 331 – 332。

潮的审查。还有,联邦法院的大门在众目睽睽之下对千百万公民关闭。对他们来说,司法机关通常是公民个人权利的唯一保护者,而个人权利是美国民主制度的核心。"①

最后,参议院以 58 比 42 票无情否决了博克的任职提名。由于执行尼克松的荒唐命令,博克付出了惨重的政治代价。

要求政府官员坚持原则固然非常重要,但是,只有制度性的监督和保障,使耿直守法之士善终,令趋炎附势之辈落魄,才能真正在各级政府官吏中形成坚持原则、奉公守法的操守和风气。

---

① [美]爱德华·肯尼迪:《真正的指南针:爱德华·肯尼迪回忆录》,Edward M. Kennedy, *True Compass*, pp. 405 – 406。

第十章　司法审查的经典杰作

“星期六之夜大屠杀”后，惊对全美各界的强烈反应，面临国会打算通过特别法案、让考克斯官复原职的威胁，1973 年 11 月 1 日，尼克松被迫同意任命得克萨斯州著名律师贾沃斯基出任特别检察官。他是乔治·华盛顿大学法学院博士，曾任美军上校军法官，当过民主党总统约翰逊的法律顾问。

贾沃斯基开始调查后，尼克松被迫交出了 9 盘录音磁带之中的 7 盘（有两盘因故障或磁带告罄未被录制），其中一盘有 18 分钟空白。尼克松的女秘书玛丽·伍兹声称，空白系她操作录音机时失误造成。

贾沃斯基审听录音磁带后发现，总统卷入了一系列掩盖“水门案”真相的犯罪活动，但严重程度一时尚无法判定。比如，在“100 万美元现金”谈话中，尼克松的确说：“我们不能这么干……我是说白宫方面不能这么干。”而且，谈话两天后，由于麦克德坦白交代，迪安不得不放弃了这个计划。

这样，尽管“水门案”案犯后来曾收到40万美元的“封口费”，但是与这次密谋没有直接关系。换言之，尼克松只是“妨碍司法未遂”，实际上并未犯下妨碍司法的真正罪行。

根据录音带，尼克松曾告诉霍尔德曼，联邦证据法在国会听证和大陪审团听证时的适用性有所不同，可以借此合法回避问题。尼克松说：“你一口咬定，我记不清了，我回忆不起来了。”①

从严格的法律角度看，尼克松当时只是在谈作伪证的一般性技巧，并未具体地教唆霍尔德曼如何在“水门案”中作伪证，并不足以证明总统罪行的严重程度。但是，一些录音内容却足以证明霍尔德曼触犯刑律。他后来因“伪证罪”和“妨碍司法罪”获刑18个月，沦为美国历史上首位被定罪入狱的白宫办公厅主任。

为了继续深入调查，贾沃斯基要求尼克松交出更多的录音带。与此同时，众议院司法委员会开始举行弹劾听证会，下令总统再交出42盘磁带。颇具讽刺意味的是，未来的美国第一夫人希拉里·克林顿（Hillary R. Clinton）恰好也是司法委员会精心挑选的40余名精英律师之一，参与起草和制定弹劾总统程序的工作。20余年之后，美国国会依照希拉里当年参与制定的规则，把克林顿总统也送上了弹劾程序。

面对国会压力，尼克松交出了经过剪辑的42盘磁带的文字副本。1974年3月，联邦地区法院大陪审团作出判决，立案起诉前司法部长等7名白宫高级幕僚，即美国诉米切尔案（United States v.

---

① ［美］贾沃斯基：《权利与权力：起诉水门案》，Leon Jaworski, *The Right and the Power: The Prosecution of Watergate*, New York: Reader's Digest Press, 1976, p. 48。

Mitchell, et al.)，并把尼克松定为此案中“不受起诉的同谋者”。之所以没直接起诉尼克松，一是因证据不够充足；二是觉得起诉总统的时机尚不成熟。

根据美国宪法，当总统犯有重罪或轻罪时，只有众议院有权决定弹劾，其角色相当于检察院或大陪审团；只有参议院有权审理弹劾案，其角色相当于法院或小陪审团。特别检察官当时认为，只有当尼克松被弹劾之后，联邦法院才能以刑事罪立案起诉总统。

1974 年 4 月 18 日，西瑞卡法官向尼克松发出传票，要求总统再交出 64 盘录音带，其中包括 1972 年 6 月 23 日的谈话录音，以便在美国诉米切尔案中对白宫幕僚进行刑事审判。此举不仅可能将尼克松置于死地，而且肯定会把他的心腹幕僚全部打入大狱。

尼克松大怒，再次启用总统行政特权，不但不交出录音带，而且连文字副本也拒绝提供。这场录音带官司愈演愈烈，日趋失控，使尼克松政府在内政外交领域皆处于半瘫痪状态，很多至关重要的国内政策构想和外交承诺化为泡影。

“水门案”曝光后，白宫高级幕僚相继中箭落马，致使主要依靠总统幕僚运作的尼克松政府陷入极度混乱之中。尼克松只得请时任美军陆军副参谋长（相当于陆军副总司令）的黑格将军协助，暂时出任白宫办公厅主任要职（1973 – 1974 年），主持日常工作，维持混乱局面。1974 年年初，黑格晋升为四星上将，成为美国历史上唯一一位“四星级”总统大管家。

在国内政策领域，美国是西方发达国家中唯一没有实行全民医疗保险的国家，也是世界上医疗费用最昂贵的国家。尼克松出身贫寒，早年遭逢长兄哈罗德、小弟亚瑟不幸病故的创痛，深知平民百姓缺医少药之苦。他原打算在第二任总统任内,正式向国会提出议案,建立全民医疗保险制度。当年主张“大政府、高福利”的民主党在参众两院均占多数地位,由共和党总统出面提出福利法案,极有可能得到顺利通过。但是,因“水门”事件影响,这一计划“胎死腹中”。

在外交领域,基辛格曾多次向中国领导人秘密承诺,将于尼克松第二任总统任期的前两年(1973 – 1974 年),遵循与台湾“断交、废约、撤军”三原则,与中国正式建交。但是,由于“水门”事件干扰,美方的外交承诺沦为空头支票。

因政治和文化背景差异,当年中国领导人对“水门案”引发的美国政局动荡缺乏了解,忧虑重重,怨声连连,认为美国权诈诡谲,言而无信,热衷于玩弄“中国牌”,企图既喝茅台酒又饮伏特加,“用筷子夹鱼子酱”当下酒菜,挟中国压苏联在美苏全球争霸战略领域让步,从而使美国在中美苏大三角战略关系中居于主导地位。

据美方公开的绝密文件,1975 年 10 月 21 日,毛泽东形象地拍着自己的肩膀,毫不留情地奚落和挖苦基辛格:“我们看到,美国踩着中国的肩膀跳到莫斯科去了,现在这些肩膀已经没有用处了。”①

在“水门”事件中,基辛格不但未受任何牵连,反而趁机高升,在尼克松的高级幕僚中,实属凤毛麟角,极为罕见。“水门案”之前,尼克松总揽外交,国家安全事务助理基辛格有实权而无名分,国务卿罗杰斯有名分而无实权,白宫幕僚与国务院行政主管明争暗斗,相互制约,鹬蚌相争,总统坐收渔人之利。这套微妙的“制衡”手腕,与中国历代帝王玩弄的宫廷“御臣术”如出一辙。

---

① 《基辛格秘档:与北京和莫斯科的绝密会谈》,*The Kissinger Transcripts*,p. 391。

尼克松最希望以“和平缔造者”“外交战略大师”的历史形象流芳百世，却经常一不留神被基辛格抢走了风头。打破中美关系的坚冰之后，尼克松的美梦很快就枯萎成了可怕的噩梦——基辛格成为媒体的头号宠儿，把尼克松任期内最大胆、最漂亮的外交核爆炸的功劳揽在了名下。

媒体对基辛格顶礼膜拜，绘声绘色地传播那些传奇般的外交故事：基辛格如何装病和化装从巴基斯坦巧妙脱身，如何进入神秘莫测的紫禁城，如何与风度优雅的伟人周恩来会谈了 17 个小时，中国人的美食和宴请如何美味和丰盛。

接下来的莫斯科冒险之旅，再次使基辛格赢得巨大声誉。媒体问他为何去莫斯科，基辛格说：“我去搞了点儿鱼子酱，眼下正在学着用筷子干掉这种美味。”在美籍犹太裔家族控制的《纽约时报》《华盛顿邮报》等主流媒体的头版，基辛格的大幅照片总是把尼克松挤到了无人问津的角落。

媒体对基辛格不吝赞美之词：“无论在神话和现实中，他都是举世罕见的外交奇才。”“没人能把顽强的毅力、渊博的学识、幽默的谈吐、冷酷的算计以及与权力场各色人物打交道的机智和手腕如此神奇地集于一身，你无法不仰慕他。”“基辛格是社交名媛最希望约会的钻石王老五。他的超级成功，对那些身材短粗、其貌不扬、体重超标、像夜猫子一样熬夜做学问的中年光棍和鳏夫们是极大的鞭策和安慰。”

尼克松对媒体的片面报道恼羞成怒，怀恨在心。这帮家伙出于各种偏见，把本该属于美国总统一人的外交政策领域的辉煌成就，全部归功于基辛格这个当差的助理。尼克松夫人曾在家庭宴会中对朋友抱怨说，自己丈夫干的那些好事，最终却都让基辛格赢得了声誉。

1972年2月尼克松访华时，为了重点突出他与周恩来握手的历史性画面的戏剧性效果，尼克松下令，当空军一号在北京机场降落后，他独自一人走下舷梯，只有第一夫人帕特跟在几步之后。基辛格回忆说，在飞行途中，他至少被告诫了10次以上，在领袖们握手和拍照结束以前，不要钻出来抢镜头、出风头。专机到北京后，霍尔德曼干脆派了一名助手堵住机舱通道，确保“重点突出”的电视画面已经通过卫星传送到美国后，才让“举世罕见的外交奇才”走下飞机。

1972年5月尼克松访苏时，故意没带基辛格会见勃列日涅夫，而且没带美方翻译。基辛格根本不知道两位领导人究竟谈了些什么，一时急得跳楼的心都有了。他连夜请求苏联驻美大使多勃雷宁帮助，联系到苏共政治局英语翻译维克托·苏霍德列夫，经勃列日涅夫同意，终于拿到了俄文版的高峰会谈记录。

因担心国务院的美方翻译泄密，基辛格请求苏霍德列夫口译记录，由自己的女秘书笔录，次日早晨7时交活儿。基辛格调侃说：“维克托，我能放心把这么漂亮的美国妞儿留在你身边吗？”苏霍德列夫妙答：“请放心，你派下来的活儿如此急如星火，意味着我们根本没时间再干其他事情。”

霍尔德曼回忆说：“我还记得，当基辛格获得尼克松不无道理地认为本应属于他的1973年度诺贝尔和平奖时，尼克松是多么的恼火和妒忌。当1972年12月基辛格硬把他挤下去，当选《时代》杂志全球年度风云人物时，尼克松气得嘴唇都发白了。最后，尼克松终于也评上去了，开创了从未有过的两人并列当选的先例。”①

基辛格有句名言：“权力是绝佳的春药（power is the ultimate aphrodisiac）。”他虽然大腹便便，戴一副土得掉渣儿的黑色宽边眼镜，镜片厚得像瓶底，看上去是一个迂腐沉闷、钻进故纸堆爬不出来的矮胖学究，但是却热衷于猎艳好莱坞，刻意打造“花花公子”兼外交明星的公共形象，既有助于提高知名度，也有助于改善和提高政治地位。

出乎意料，基辛格“性感偶像”的名号不胫而走，深受欢迎，成为国际笑话。1972 年 10 月，哈佛大学学生创办的《国家讽刺》（National Lampoon）杂志刊登了一张基辛格赤身裸体歪躺在一张大熊猫皮上的照片，该期杂志一口气卖出了 110 万份。苏共中央外交智囊、美国加拿大研究所所长阿尔巴托夫把照片复印后送给勃列日涅夫“观赏”，后者将其悬挂在克里姆林宫办公室的墙上。

基辛格携带巴黎停战协议草案访问南越时，西贡最大的日报以“基辛格不再有秘密”为标题刊登了这幅裸照，阮文绍总统大为惊骇，以为是基辛格亲自上阵拍摄。其实，照片的身体部分是波士顿的一位出租车司机，基辛格的头像被接在上面。

单身汉基辛格的各种“桃色新闻”，使枯燥乏味的尼克松喜笑颜开，乐不可支。各色女影星的相貌和身材，成为尼克松私下与部属评头论足、拿基辛格开心逗乐的噱头，还给他起了个绰号“我们外交界的唐璜”。没想到，1973 年美国盖洛普民意测验做过一次“当今最受崇拜的美国人”的民意调查，基辛格居然跃居第一位，而尼克松屈

---

① ［美］霍尔德曼：《权力的尽头》，Haldeman，*The Ends of Power*，pp. 84 – 85。

居第三位。参加1973年度“世界小姐”选美比赛的美女候选人，则以压倒多数推举基辛格为“当今世界第一伟人”。

美国宪法规定，只有出生在美国、年满35岁的美国公民才有资格当选总统。基辛格生于德国巴伐利亚，15岁时跟随父母移民美国。为此，联邦众议员约翰·宾汉姆（John Bingham）曾于1974年提出一项宪法修正案，希望允许基辛格这样未出生在美国的归化公民竞选美国总统。

基辛格神通广大，名满天下，风头过盛，最终尼克松的妒忌心理超过了戏谑和看热闹。他指示霍尔德曼，“亨利把自己弄成小丑了”，“亨利不能再这么胡闹了，做点什么，采取点措施”。可是，白宫幕僚唯一能做点手脚的地方，只是国宴座位的安排。基辛格要求一定要坐在最漂亮的单身女宾旁边，但是他座位两边的女宾，通常都是80岁以上的好莱坞迟暮美人和浓妆艳抹的干瘪老太婆。

1973年9月基辛格终于升任国务卿。他在就职典礼的讲话中感慨道：“世界上没有任何一个国家能够理解，一个像我这样纳粹德国难民出身的人，居然可以在这个国家登上如此显赫的位置。”“如果说我的出身对美国的外交政策有什么贡献的话，那就是，我在人生的早年阶段就已经目睹了一个建立在仇恨、强权和不信任基础上的社会能够发生什么灾难。”①

“水门案”闹大之后，尼克松焦头烂额，难以自保，在外交上不得不日益倚重基辛格。如果没有“水门”事件，在刻薄寡恩的“帝王总统”尼克松手下，喧宾夺主的“外交奇才”基辛格不可能当上国务卿。

---

① ［美］沃尔特·艾萨克森：《基辛格传》，Walter Isaacson, *Kissinger: A Biography*, New York: Simon and Schuster, 2002, p. 506。

“水门案”越闹越大。为了尽早结束这场久拖不决、举国遭罪的危机,1974 年 5 月 24 日,特别检察官贾沃斯基决定越过联邦上诉法院,十万火急向联邦最高法院上诉,希望大法官一锤定音。在此特殊情况下,美国最高法院打破常规,同意越级审理特别检察官的紧急上诉,史称“美国诉尼克松案”。

面对空前严重的宪法危机,如何界定国会、总统、司法三大部门之间的权力界限?历史性的重任,最终交给了美国最高法院。

1974 年 7 月 8 日,最高法院破例在休庭期开始辩论尼克松案。

尼克松的律师克莱尔(James D. St. Clair)毕业于哈佛大学法学院,绰号“法庭奇才”。他在辩护中声称,尼克松总统希望通过律师表明,除了有权决定弹劾总统的国会参议院之外,在政府行政部门,美国总统在四年任期内享有宪法赋予、至高无上的行政权力,其权威可以与法国国王路易十四相媲美,其他权力部门不能任意侵犯。特别检察官是由行政部门任命的官员,他与总统之间的争执属于一种“部门内部争执”(intra-branch dispute)。这是一种部门内部上下级之间的政治关系,具有“不可司法性”,不应为此在联邦最高法院对簿公堂。

克莱尔还说,美国总统拥有宪法所赋予的重大职责和保密的行政特权,由于法院要求交出的录音磁带涉及行政部门的外交和军事机密,因此,尼克松总统对这些磁带拥有合法的保密特权。

克莱尔律师雄辩滔滔,侃得天花乱坠之时,鲍威尔大法官冷不丁问道:“如果录音谈话与刑事阴谋罪有关,要求保密的行政特权究竟符合哪些公众利益?”

克莱尔机智而镇静地诡辩道:“刑事阴谋罪只有当被证实是刑

事犯罪之后才是刑事阴谋罪。”①照此逻辑,即使谈话录音涉及刑事阴谋罪,但由于总统行政特权的保护,所以法院无权发出传票,无法审听录音谈话是否涉及刑事阴谋罪,当然也就无法证明是否涉及刑事阴谋罪。这样,民选总统实质上成为凌驾于宪法和法律之上的“专制帝王”。

贾沃斯基针锋相对地指出,此案涉及司法部门传唤和审查证据之权与总统行政特权之间的关系,这是一个法律问题,而不是政治问题。联邦刑事程序法规定,法院可以就任何问题、向任何人发出要求交出证据的传票,包括美国总统在内。

毫无疑问,总统拥有宪法所赋予的职责,享有保密的行政特权,但是,这种行政特权是否具有绝对性呢? 美国宪法极为简洁,在总统行政特权问题上,语焉不详,没有答案。

于是,贾沃斯基强调:“此案提出了一个真正的宪法问题,即究竟谁是解释美国宪法含义的仲裁人?”“……如果现任总统或任何一位总统声称,宪法的含义是由总统说了算,那么这个国家的立宪政府体制就会处于严重的危险之中。”②

美国诉尼克松一案,给美国最高法院出了个大难题。此案不仅涉及总统行政特权、国会调查权和法院传唤证据权之间的关系,而且事关民选总统是否可能被弹劾,这些显然都是极度错综复杂的政治问题,而非简单明了的法律问题。

---

① 转引自[美]鲍勃·伍德沃德等:《美国最高法院内幕》,Bob Woodward and Scott Armstrong, *The Brethren*, *Inside the Supreme Court*, New York: Simon and Schuster, 1979, p. 307。

② [美]里昂·贾沃斯基:《权利与权力:起诉水门案》,Leon Jaworski, *The Right and the Power: The Prosecution of Watergate*, p. 194。

在讨论是否应当受理此案时，首席大法官伯格起初认为，尼克松案判决只会影响美国诉米切尔案的呈庭证据，不具有紧迫和危急特点，应当打回到联邦上诉法院，不能让下级法院养成动辄越级上诉的毛病。另外，在伯格主持起草的判决书的初稿中，他仍然倾向于总统应当在外交和军事领域享有保密的行政特权，①显然，这是为尼克松剪辑和整理录音带文字副本留下余地。

伯格是尼克松千挑万选、反复斟酌之后提名任命的保守派法官，与尼克松私交甚好。出任首席大法官后，他仍然时常赴白宫与总统共进晚餐。但是，伯格与前任沃伦不同，缺乏领袖群伦的能力，没有驾驭全局的素质，缺少建功立业的豪情。

伯格曾写信告诉朋友："有时我就像那个一觉醒来发现自己已经娶了玛丽莲·梦露的家伙。每个人对他都有羡慕嫉妒的感觉。但他本人可不觉得有多么美好，因为他压根儿就没打算和梦露结婚。"②

7月9日，即法庭辩论结束次日，布伦南和道格拉斯(William O. Douglas，1939－1975年任职)大法官先后来到乔治城大学医院，看望退休后因病住院的沃伦大法官。尼克松对"沃伦法院"的一些著名判决非常不满，对沃伦极为冷淡。当沃伦患病需要住院时，尼克松利用总统兼美军总司令的权力，阻挠沃伦住进全美医疗设施和环境

---

① [美]伯纳德·施瓦茨：《裁决：美国最高法院如何断案》，Bernard Schwartz, *Decision: How the Supreme Court Decides Cases*, New York: Oxford University Press, 1996, pp. 146－147。

② 转引自《布莱克门大法官的最高法院之旅》，Linda Greenhouse, *Becoming Justice Blackmun: Harry Blackmun's Supreme Court journey*, New York: Times Books, 2005, p. 23。

最佳的海军总医院，气得沃伦老泪纵横。

当天下午，听了老同事、老朋友对美国诉尼克松案的概述后，沃伦对道格拉斯说：“如果尼克松逃脱此劫，那就等于是尼克松任意立法，而不是国会和法院立法。”沃伦鼓励老同事：“如果你们对判决书有任何不满，照直说出来。保守派对你心存畏惧，因为你是良知。”① 当天深夜，由于心情过度激动，沃伦大法官心脏病发作，不幸去世。

布伦南和道格拉斯是昔日“沃伦法院”中的两员大将，在美国诉尼克松案中，他们又一次发挥了中流砥柱的作用。在讨论和起草判决书过程中，伯格曾提出，法院发出强制性传票时，对普通公民和总统应有所区别。但是，道格拉斯对此坚决抵制。布伦南则告诫伯格，尼克松案的判决涉及现职总统，最高法院一定要统一口径、步调一致。

布伦南建议，应当像 1958 年著名的库波诉阿隆案（Cooper v. Aaron，1958）判决那样，由九位大法官共同签署一个意见一致、措辞强硬的法院判决书。② 言外之意，如果大法官们步调混乱，阵脚不稳，尼克松有可能像南北战争时期的林肯总统那样，独断专行，目无法纪，对联邦最高法院的判决置之不理。

布伦南大法官的告诫决非无中生有、危言耸听。因为尼克松本人曾扬言，他只遵循和执行联邦最高法院的“明确判决”（definitive decision）。

---

① ［美］威廉·道格拉斯：《最高法院岁月：道格拉斯大法官自传》，William O. Douglas：*The Court Years*：1939 – 1975：*The Autobiography of William O. Douglas*，New York：Random House，1980，p. 238。

② 《裁决：美国最高法院如何断案》，*Decision*：*How the Supreme Court Decides Cases*，p. 145。

在一次记者招待会上，哥伦比亚广播公司(CBS)著名记者拉瑟(Dan Rather)质问尼克松："林肯说过，任何人都不能凌驾于法律之上。凭什么你感觉自己与林肯不同?"

这个问题简直糟糕透顶。南北战争期间，恰恰是林肯总统无法无天，独断专行，凌驾于国会和最高法院之上，未经国会授权便宣布国家进入紧急状态、中止人身保护令状特权、把平民交付军事法庭审判，并且对最高法院的"违宪"判决置若罔闻。

尼克松精通历史，反应敏捷，毫不客气地反击说："林肯总统在南北战争时期中止了人身保护令特权。"①这个答复，把后来成为CBS电视台新闻主播的拉瑟噎得哑口无言。

在美国的政治体制中，大法官虽然经总统提名任命，但由于司法公开和新闻监督的制约，没有哪一位大法官愿意在宪政史上留下"总统狐朋狗友"的千秋恶名。杜鲁门总统在一次演讲中曾大发感慨："无论何时你把一个人放到联邦最高法院，他就不再是你的朋友了。"②

在此背景下，法治原则终于压倒了党派利益和私人交情，伯格大法官最终被迫决定，服从全局，统一步调，集体行动。尼克松案的判决书名义上由伯格一人执笔和署名，但实际上，布伦南等其他七位法官都具体参与了判决书各个部分的撰写。这个影响重大的判决书，是美国最高法院历史上非常罕见的一次"集体创作"。

---

① 转引自[美]伊丽莎白·德露：《华盛顿日志》，Elizabeth Drew, *Washington Journal*: *The Events of* 1973 – 1974, New York: Random House, 1975, p. 5。

② 杜鲁门在哥伦比亚大学的演讲。原载1959年4月29日《纽约先驱论坛报》，Harry Truman, *Lecture at Columbia University*, New York Herald Tribune, April 29, 1959。

由于利益冲突,伦奎斯特大法官主动提出回避。出任大法官之前,他是尼克松政府第一届内阁的助理司法部长,与尼克松的心腹、前司法部长米切尔和总统国内事务助理埃利希曼等人情投意合,关系密切。这两位人物,恰好都是美国诉米切尔案中的被告。

1974 年 7 月 24 日,最高法院以 8 对 0 票判决尼克松败诉。在判决书中,伯格大法官两次提到马歇尔大法官在马伯里诉麦迪逊案(Marbury v. Madison,1803)中的经典名言:“断定法律是什么,是司法部门当仁不让的职权与责任。”在解释宪法含义的问题上,联邦最高法院至高无上,一言九鼎,权力和权威不容侵犯和挑战。

针对尼克松律师提出的此案具有“不可司法性”问题,判决书指出:在一个悬而未决的刑事案中,特别检察官声称有必要获得被传票的资料,总统反对交出资料并以行政特权与之抗衡,这种“部门内部争执”,实质上起因于联邦刑事程序。因此,此案属于传统的“可交法院审判的”(justifiable)案例。

针对总统行政特权问题,判决书裁决:“宪法没有明确提及任何有关保密的行政特权;但在保密利益与总统有效地履行职权相关的范围内,这种特权具有宪法基础。”可是,这种行政特权并不是绝对和无限制的,“当刑事审判需要使用受到传票的资料时,仅仅基于保密的笼统利益而宣称的行政特权,不能超越刑事司法中正当法律程序的基本要求”。①

由此,伯格大法官裁定,尼克松总统必须交出录音磁带。与此同时,他在判决书中也着重强调,联邦法院必须对总统谈话录音中

---

① 《美国联邦最高法院判例报告》(第 418 卷),*United States v. Nixon*,418 U. S. 683,711,713 (1974)。

所涉及的国家机密予以特别保护。

霍尔德曼在回忆录中写道:“联邦最高法院于 1974 年 7 月 6 日听取美国诉尼克松案的法庭辩论。尼克松后来给我打电话说:至于最高法院,只要他们哪怕留下一点点‘活口’,我们就可以过关。

这是一句简单的话,但有很深的含义。尼克松暗中威胁,美国可能发生一次本世纪以来最严重的宪法危机。他说的‘活口’之意是:除非是由大法官全体一致通过的裁决,否则他就拒不服从。如果最高法院下达一个四分五裂的多数派判决,尼克松有可能违抗法令,拒绝交出录音带。

联邦最高法院于 1974 年 7 月 8 日以 8 比 0 票一致做出了不利于尼克松的司法裁决。它浑然不觉地避免了行政和司法两大权力部门可能发生的一次极端严重的对抗。”①

最高法院的裁决公布后,尼克松对 8 对 0 票的表决深感惊讶,但是他遵纪守法,低头认输,立刻宣布完全服从大法官全体一致的“明确判决”,交出了 1972 年 6 月 23 日谈话录音的文字副本。

这次谈话发生在“水门案”事发 5 天之后,那天上午,白宫办公厅主任霍尔德曼对尼克松说,根据迪安的主意和米切尔的建议,应当让中央情报局给联邦调查局代理局长格雷(Patrick L. Gray)打个电话,让他们停止调查,借口是“水门案”案犯麦克德和亨特皆有中央情报局的背景。中央情报局与联邦调查局之间曾有一个秘密协定,互不干预对方的行动。

---

① [美]霍尔德曼:《权力的尽头》,Haldeman,*The Ends of Power*,p. 310. 说明:霍尔德曼的记忆有误,“美国诉尼克松案”的庭辩之日是 1974 年 7 月 8 日,裁决之日是 1974 年 7 月 24 日。

尼克松当即表示:“他们[中央情报局]应当给联邦调查局打个电话,就说白宫方面希望,为了国家利益,不要深入调查‘水门’案了,到此为止!”①结果,这个谈话录音成为难以抵赖的“确凿证据”(smoking gun),证明尼克松目无国法,妨碍司法调查,直接参与掩盖水门案罪行。这正是众议院司法委员会决定弹劾尼克松的确凿铁证。

7 月 24 日至 30 日,众议院司法委员会先后通过了弹劾总统的三条动议,第一,妨碍司法;第二,滥用权力;第三,无视国会传票。根据宪法,弹劾之权属于国会参众两院,首先由众议院半数以上通过弹劾决定,经参议院三分之二多数表决通过后才能定罪。一旦定罪,遭弹劾者立即削职贬为平民,改由普通法院进行审查和判决。

三条动议通过之前,因缺乏“确凿证据”,尼克松在参议院的支持者仍然可能在三分之一以上。可是,当最高法院裁决公布和 6 月 23 日谈话的录音公布之后,尼克松顿时沦为“老鼠过街,人人喊打”。现在已不是他是否下台,而是何时和以何种方式下台的问题了。

面对前所未有的危机,尼克松仍然不肯辞职,一度打算对抗到底。主要原因是,尼克松认为,所谓“确凿证据”谈话的严重程度和犯罪性质尚存在争议。1972 年 6 月 23 日,接到白宫幕僚的电话指示之后,慑于国会制衡和媒体监督,中央情报局和联邦调查局的头头们因担心惹是生非,引火烧身,并未遵照白宫的命令行事。换句话说,这是一次“未遂”的妨碍司法罪行。

---

① [美]斯坦利·库特勒编:《滥用权力:新公开的尼克松录音带》,Stanley I. Kutler, ed., *Abuse of Power: The New Nixon Tapes*, p. 69。

另一个对尼克松颇为有利的证据是,7 月 6 日,联邦调查局代理局长格雷提出的有关白宫幕僚干预“水门案”调查的问题,尼克松在电话中明确指示:“坚决推进调查”(to press on with the investigation)。[①]因此,尼克松自信,6 月 23 日“确凿证据”谈话属于“妨碍司法未遂”,既未影响调查案情,也没导致任何政治和刑事后果。尽管错误严重,但是尚未严重到被弹劾下台的程度。所以,仍然可以负隅顽抗,背水一战。不到弹尽粮绝、走投无路之时,绝不轻言失败。

实际上,仅凭录音带中的所谓“确凿证据”将尼克松置于死地,其实颇为冤枉。从后来陆续公布的录音中看,尼克松的很多命令属于即兴胡侃和“君子动口不动手”。如果仅凭白宫录音带中的只言片语,断章取义,不加分析,随意上纲,显然有失偏颇。

基辛格精辟地指出:“美国极少有其他总统像尼克松这样性格复杂,矛盾纠结:他虽然羞涩内向,但却刚毅决断;虽然缺乏安全感,但却意志坚定;虽然不信任知识分子,但私下却深谋远虑;虽然发表意见偶尔莽撞冲动,但在战略规划方面却极具耐心和远见。”[②]

真不愧是总统的心腹智囊,基辛格对尼克松复杂性格的观察和描述,出神入化,精细入微。“发表意见偶尔莽撞冲动”这个毛病的确是尼克松一个突出的性格弱点。

比如,尼克松经常情绪冲动,信口开河,他耿耿于怀地认为,其父母操办的小杂货店,由于正直诚实,童叟无欺,无论全家怎样辛勤

---

① [美]尼克松:《尼克松回忆录》,*The Memoirs of Richard Nixon*,New York:Grosset & Dunlap,1978,p. 1062。

② [美]基辛格:《大外交》,Henry Kissinger,*Diplomacy*,New York:Simon & Schuster,1994,p. 704。

劳作、苦心经营,却竞争不过另外几家犹太裔经营的杂货店。据白宫录音带,尼克松在日常谈话中,把犹太人骂了无数遍。但是,个人偏见并没有影响尼克松任人唯贤的用人标准,没有干扰国家利益至上的外交决策。尼克松不仅一直重用犹太裔谋士基辛格,而且竭尽全力支持以色列。

又如,据霍尔德曼披露:“尼克松曾命令我对爱德华·肯尼迪参议员进行每天24小时的监视。”“他要求我设法在肯尼迪与一位风流俏娘们儿寻欢作乐时,把他当场抓获。”“一位联邦参议员发表反越战演说后,尼克松下令把他置于24小时监视之下。”

我的上帝啊,美国总统居然下令白宫办公厅主任暗中监视联邦参议员,而且还要求“当场捉奸”,这可是骇人听闻的违法乱纪之举。霍尔德曼深知尼克松其人。他当时一声不吭,点头称是,实际上阳奉阴违,并未遵命行事。

几天后,尼克松的情绪由阴转晴。他微笑着对霍尔德曼说:“我猜测,你大概没有把那个命令付之于行动,对吗?”霍尔德曼回答:“对!”

“看来,你干了一件最棒的事儿。”尼克松点头称赞说。

霍尔德曼写道:“我和朋友把尼克松看成一块具有诸多刻面的水晶石。有些刻面光彩夺目,有些刻面阴暗神秘。在外界光线的照耀下,这块水晶石的各个刻面经常出现连续性变化。有些刻面深奥莫测,有些刻面简陋肤浅。有些刻面雕琢得平整光滑,有些刻面未经加工,粗糙而锋利。

最重要的一点是,我们大家都应把尼克松看成是兼有璀璨光芒和黑暗阴影的错综复杂的结合体。与其他领袖人物相比,尼克松的这个特点比我们听说过的其他人更为突出。”①

苏联驻美大使多勃雷宁披露，1974 年 6 月尼克松第二次访问苏联期间，“他在会谈时经常缄默不语，在一次限制战略核武器谈判中，尼克松援引了错误的数据，勃列日涅夫不得不予以纠正。尽管在关键时刻，尼克松会简短生硬地陈述美国的立场，但大部分时间他忧心忡忡，沉思冥想，满腹心事的样子，通常让基辛格成为发言和谈判的主角。”“‘水门’事件不仅损害了尼克松的总统地位，而且毁掉了访问期间双方在第二阶段限制战略核武器领域取得任何突破的机会。”

“当‘水门’事件不利于尼克松总统时，勃列日涅夫表明，他本人是尼克松不可动摇的朋友和支持者。”“日趋增加的证据表明，‘水门’事件急剧恶化，使尼克松变得无暇顾及外交政策。可是克里姆林宫仍然认为，‘水门’事件的真正根源是反苏和亲犹太利益集团的阴谋，目的是破坏尼克松与莫斯科保持良好关系的政策，甚至外交部长葛罗米柯也持这种观点。”

“驻美使馆试图向我们的领导人解释，尼克松被指控违反了美国的法律和宪法，但是莫斯科没有或者不愿意去理解，美国总统怎么可能因为这种微不足道的‘小事’而遭到起诉？苏联统治者的头脑无法理解这种情况，因为他们从未想过针对国家最高领导人提起刑事诉讼的可能性。无论如何，莫斯科直到最后时刻才相信尼克松

---

① ［美］霍尔德曼：《权力的尽头》，Haldeman, *The Ends of Power*, pp. 58 – 60, 62。

可能被迫辞职。"①

基辛格告诉鲍勃·伍德沃德:"'水门'事件打碎了美国强大的国际形象,同时也毁掉了美国的外交政策。""无论尼克松犯了什么罪,那些正在攻击总统的人,尤其是媒体,他们根本不知道自己给国际秩序造成的伤害有多大。现在,国会都可以随意干涉外交政策。外国领导人、我们的盟友还有敌人,对美国总统无法果断地处理好自己的麻烦,让自己从'水门'事件中摆脱出来,无不感到困惑不解。全世界都对美国能否履行自己的承诺表示严重怀疑。"②

尼克松晚年的助手莫尼卡·克罗利女士认为:"尼克松被迫退位,但我们却没能以同样高的道德标准要求其他人;我们不给尼克松任何解释的机会,却又为其他人的行为编造借口。"③

针对"水门"事件中"确凿证据"问题,美国著名法学家、联邦第七上诉法院法官波斯纳(Richard A. Posner)坦言:"我不想替尼克松辩护。我只想指出,就像克林顿的律师在弹劾案中所采用的策略那样,当尼克松确实做错了的时候,考虑到当时的具体情况,它并非是一个如此重大的错误,以致非要使用弹劾这样一种极端的制裁方式惩罚他。"

波斯纳法官认为:"和克林顿一样,尼克松可以指出那些虽有争

---

① [俄]多勃雷宁:《信赖:多勃雷宁回忆录》,Anatoly Dobrynin, *In Confidence: Moscow's Ambassador to America's Six Cold War Presidents*, New York: Times Books, 1995, pp. 302, 310, 313, 314.

② [美]鲍勃·伍德沃德:《尼克松:白宫最后岁月》,艾荔丰译,红旗出版社 2015 年版,第 183 页。

③ [美]莫尼卡·克罗利:《冬天里的尼克松》,杨仁敬译,江苏人民出版社 2000 年版,第 572—573 页。

议但却可用于赎罪的政治成就：在其任内，东西方关系缓和，对中国实行开放政策，巩固和扩展了约翰逊总统提出的伟大社会纲领。如果尼克松拥有和克林顿一样的个人魅力和空前繁荣的国内经济形势，他也许能够安然度过这场风暴，可能不会因违宪轻罪而辞职下台。"①

波斯纳法官的观点一向颇有见地。但是，在比较"水门"和"拉链门"的结局时，这位著名法官忽视了另外三个重要背景：

第一，由于有"白宫录音带"为致命证据，尼克松在"水门案"中"妨碍司法"的罪行无法抵赖，难以狡辩，辩护律师钻法律空子的回旋余地极小。第二，虽然罪行较轻，但"水门案"牵扯出的黑幕远比"拉链门"案触目惊心，几乎到了令人难以容忍的程度。第三，克林顿能伸能屈，一见势头不妙，立刻"瘪茄子"，一把鼻涕一把眼泪，刻意争取民众的同情理解。尼克松却刚愎自用，蛮横霸道，使出了"星期六之夜大屠杀"的大昏招，闹得人人喊打，四面楚歌。

想当年，面对弹劾威胁，尼克松不肯轻易言败。据黑格回忆录记载，8 月 2 日，尼克松对黑格扬言："让他们弹劾我吧，我们将战至穷途末路。"②

无独有偶，基辛格在回忆录中披露，8 月 2 日当天，黑格曾对他建议："尼克松固执己见，不肯辞职(digging in his heels)，或许需要调动第 82 空降师警卫白宫，保护总统。"

---

① ［美］理查德·波斯纳：《国家事务：对克林顿总统的调查、弹劾与起诉》，Richard A. Posner, *An Affair of State: The Investigation, Impeachment, and Trial of President Clinton*, Cambridge, Harvard University Press, 2001, p. 102。

② ［美］黑格：《美国怎样改变世界》，*Inner Circles: How America Changed the World*, p. 487。

黑格提此建议,系因 1969 年反越战示威达到高潮,10 万余名示威者啸聚街头,四面包围并冲击白宫。为了以防万一,尼克松秘密下令将美军王牌部队第 82 空降师从北卡州调到了华盛顿市,担任警戒白宫的“御林军”,做好“平息暴乱”的战斗准备。该师是美军担任战备值班的精锐快速反应部队,全师人马接到命令 5 小时后即可投入战场。

基辛格聪明绝顶,老谋深算。他不动声色地告诉黑格:“这是胡闹,总统在刺刀包围的白宫里是无法行使职责的。”[①]黑格听后,当即表示完全同意。

在美国的政治体制中,黑格作为白宫办公厅主任,根本没有调兵遣将之权。美军参谋长联席会议主席也只是总统和国防部长的军事顾问,同样不具备调兵“进京勤王”的权力。真正握有军权的是美国总统。

黑格将军私下认为,尼克松在“水门”事件后期的表现,与文学名著《凯恩舰哗变》(*The Caine Mutiny*)中的奎格舰长(Captain Queeg)非常相似。[②] 该书是 1952 年普利策奖小说类获奖作品,作者是赫尔曼·沃克(Herman Wouk),此公因以“二战”为题材的史诗性军事文学巨著《战争风云》《战争与回忆》而誉满天下。

《凯恩舰哗变》的素材源于作者“二战”期间在扫雷驱逐舰上服役的真实经历。该书于 1954 年被好莱坞搬上银幕,由美国电影学会

① [美]基辛格:《动乱年代》,Henry Kissinger, *Years of Upheaval*, Boston: Little, Brown and Company, 1982, p. 1199。

② [美]鲍勃·伍德沃德:《尼克松:白宫最后岁月》,艾荔丰译,红旗出版社 2015 年版,第 390 页。

评出的“电影诞生百年以来最伟大的男演员第一名”亨弗莱·鲍嘉(Humphrey Bogart)饰演主角奎格舰长。海军中校奎格是扫雷舰舰长,性格偏执,刚愎自用,在狂风恶浪的危急关头,他因巨大的压力导致精神失控,引发了美国海军史上最著名的一次哗变事件。

水门危机高潮之际,美国政界高层一度风声鹤唳,草木皆兵。一些嗅觉敏锐、防微杜渐的政府高官担心,面对弹劾威胁,身为三军最高统帅,尼克松总统有可能冒天下之大不韪,秘密调动精锐的海军陆战队,悍然发动“军事政变”,与联邦国会和最高法院对抗到底。

这个担心并非空穴来风。当时,在首都华盛顿特区市内,唯一的一支正规作战部队,是海军陆战队的一个装甲步兵团。而海军陆战队总司令卡什曼(Robert E. Cushman, Jr.)将军,恰好是尼克松的铁杆心腹,对总统俯首贴耳,言听计从。尼克松在艾森豪威尔总统任内出任副总统时,卡什曼是他的上校军事助理。尼克松入主白宫后,把卡什曼提拔为中央情报局副局长,不久突然破格提升,改任在历次战争中披坚执锐、一马当先的海军陆战队总司令,晋衔四星上将,成为参谋长联席会议五大要员之一。

面对可能发生“军事政变”的危险,参议院军事委员会委员哈罗德·休斯(Harold Hughes)参议员忧心如焚,国防部长詹姆斯·施莱辛格(James Schlesinger)心焦如火。这位文职部长当时年仅44岁,哈佛大学经济学博士,曾任兰德公司战略研究部主任、中央情报局局长等职,在国防、外交和情报事务等领域颇有建树。此公一天到晚总爱叼个大烟斗,一副当年麦克阿瑟将军杀回菲律宾的架势和派头,故有“将军”的绰号。

美国宪法明文规定,总统兼任武装部队总司令,为三军最高统帅。但是,为了防止“帝王总统”拥有至高无上的军权,根据1947年《国家安全法》(National Security Act of 1947)及其修正条款的规定,总统应通过国防部长以及国防部下属的两个指挥渠道统率全军,即通过文职的陆、海、空三个军种部对全军实施行政领导;通过参谋长联席会议及其联合司令部与特种司令部对全军实施作战指挥。在此军事指挥体制下,总统无权超越国防部文职行政系统,越级指挥美军部队或直接向军方将领发号施令。

可是,尼克松一向独断专行,胆大妄为,素有“帝王总统”的名声,施莱辛格极不放心。有一天,施莱辛格碰到艾森豪威尔孙子、尼克松女婿戴维·艾森豪威尔,他随口问了一句:总统近况如何?戴维回答:总统近况甚糟,寝食皆废,精神恍惚,经常深更半夜呆坐白宫,对着林肯总统画像自言自语,发呆犯愣。

施莱辛格听后忧心忡忡,担心尼克松精神失控、破罐子破摔、铤而走险,越过国防部文职行政系统,直接调动海军陆战队发难,造成难以挽回的恶劣局面。施莱辛格回忆说,当年他最担心的事情,莫过于被迫调动装备重型坦克的陆军部队进入华盛顿特区市,与护卫尼克松的海军陆战队发生冲突,上演美国现代史上最惨痛的一幕。

为了防患于未然,施莱辛格特意询问参谋长联席会议主席、空军四星上将乔治·布朗(George Brown),尼克松总统是否可以在五角大楼毫不知晓的情况下,直接调动美军部队?布朗回答:按照正常的指挥程序,这种事情不会发生。但是,施莱辛格仍然不放心,他命令布朗将军,密切注意和监控全军部队,防止出现越级指挥;如果接到了白宫调兵遣将的任何命令,应当立刻通告国防部部长。

2000年,施莱辛格接受媒体采访时说:“我对自己当年捍卫美国军队指挥体制合宪性的行为深感自豪,此举与捍卫美国宪法是一回事。”①像施莱辛格这类在精英政治中训练和成长起来的治国良才,根本不是唯总统马首是瞻的驯服奴才,而是依法限制总统权力的法治中坚。

不过,黑格将军却认为,施莱辛格是“天下本无事,庸人自扰之”。他在回忆录中表示,“水门”危机期间有关“军事政变”的谣传流言,简直就是对美军将士基本政治素质的极大侮辱。②《美军统一军人法典》(Uniform Code of Military Justice)明文规定:每一位美国军人皆有捍卫联邦宪法、拒绝执行上级违法命令的神圣职责。可以肯定地说,即使尼克松下令军队包围国会大厦,封锁新闻媒体,改组最高法院,也不会有一丝一毫成功的可能。

当然,作为精通历史和进退韬略的美国政治家,尼克松本人也绝不至于如此莽撞行事,铤而走险。更重要的是,形势比人强。在二百年来三权分立与制衡、宪法地位至高无上、最高法院一言九鼎、文官控制军队、军队国家化、言论和新闻自由等法治传统的熏陶和影响之下,美国政府官员和美军将士不可能知法犯法,助纣为虐,充当“帝王总统”无法无天、对抗国会、蔑视法院、“篡党夺权”的驯服工具。这正是美国政治体制真正令人赞叹之处。

如果没有法治文化传统和现代公民意识相配合,任何精妙完善的法律法规和制度设计,都有可能沦为水中之月、空中楼阁。李慎

---

① 转引自[美]安东尼·舒米尔斯:《傲慢权势:尼克松的秘密世界》,Anthony Summers, *The Arrogance of Power*: *The Secret World of Richard Nixon*, New York: Viking Penguin, 2000, p. 481。

② [美]黑格:《美国怎样改变世界》, *Inner Circles*: *How America Changed the World*, p. 529。

之先生晚年声称:“下辈子作中学公民课教员。”其苦心即在于此!

2016年美国大选共和党预选期间,纽约房地产大亨唐纳德·特朗普(Donald Trump)口无遮拦,大放厥词,连战连捷。世人对他的异军突起和意外成功深感惊讶,同时也引发了很多担忧和争论。

对此现象,美国著名学者弗朗西斯·福山(Francis Fukuyama)于2016年3月19日接受《美国之音》记者电话采访时表示:

> 美国政治中确实存在一些问题,比如精英把持政治、金钱政治以及政府运作中的一些问题,但是特朗普现象本身并不表明美国的政治体制出现了问题或者危机。
>
> 我们有权力制衡的宪政体系。你当选了总统并不意味着你想干什么就能干什么。总统必须和国会合作,他们必须在宪法的框架内行事。美国总统实际拥有的权力是非常有限的,因此总统的效率实际上取决于他或她与政府其他部门,尤其是司法部门,建立共识的能力。
>
> 非常重要的一点是,美国人不是选举独裁者,我们选出的总统必须在法治体系下行事,必须遵从法律。事实上,当特朗普说要杀掉恐怖主义的家人,或是做一些实际上是违法的事情的时候,包括美国军方的许多人都表示,他们不会服从这样的总统命令,因为那是违法的。他们首先是对法律忠诚,而不是选出的任何一位总统。我认为这是美国民主最重要的基础。

实际上,普通美国公民都未必会买美国总统的账。美国经济学家加尔布雷斯披露过一则“趣闻轶事”。1964年约翰逊赢得总统大选后的某一天,他从哈佛大学讲学和参加晚宴归来,感觉很疲惫。到家以后,他想睡个安稳觉,不希望被人打扰。于是,他叮嘱家里的黑人女管家艾米莉·威尔逊:“我需要休息,无论是谁来电话,都不要打扰我。”

没想到,加尔布雷斯刚睡了一小会儿,电话铃就响了。艾米莉接起电话,话筒中传来一个令她非常惊讶的声音:“我是林登·约翰逊,找加尔布雷斯,我要跟他讲话。”艾米莉回答:“总统先生,他在睡觉。”约翰逊总统说:“那好,把他叫起来,我要跟他讲话。”艾米莉答复:“非常抱歉,总统先生,我不能叫醒他,我为他效力,而不是为你工作。”

得知此事后,加尔布雷斯非常吃惊,一点儿也没感觉有什么可笑的。他急如星火地给约翰逊总统打了个电话,打算表示一下歉意。约翰逊总统却说:“那个为你效力的女人是谁?我想让她来白宫上班。”①

有一种比较普遍的说法是,在“水门”危机的最后关头,因参议院审理弹劾案可能长达数月,为了使国家利益免遭弹劾案的伤害,为了维护宪法和个人尊严,尼克松主动提出辞职。

但是,欧文参议员对此说法表示异议。据他透露,8 月 7 日晚上,参议院共和党领袖斯科特(Hugh Scott)、众议院共和党领袖罗兹(John J. Rhodes)、1964 年共和党总统候选人戈德沃特参议员一行三人来到白宫向总统摊牌,他们明确表示,国会两院支持总统的票数最多只有 15 票。②换言之,如果尼克松硬抗到底,一旦弹劾罪名成立,将可能面临灭顶之灾。这样,由于共和党三巨头“逼宫劝退”,尼

---

① [美]加尔布雷斯:《名人琐忆》,John Galbraith, *Name-Dropping*, pp. 149 – 150。

② [美]萨姆·欧文:《真相:“水门案”阴谋》,Sam J. Ervin, Jr., *The Whole Truth: The Watergate Conspiracy*, pp. 292 – 293。

克松最终放弃了苦斗到底的决心。

1974 年 8 月 9 日，在众议院表决弹劾案前夕，尼克松正式宣布辞职。副总统杰拉德·福特就任总统后，宣布赦免尼克松因“水门”事件可能招致的全部刑事责任。福特随后提名纽约州州长纳尔逊·洛克菲勒（Nelson Rockefeller）出任副总统。在美国历史上，总统、副总统皆非选举产生，乃是开天辟地第一次。

福特总统在电视讲话中宣布：“美国同胞们，我们国家终于从萦绕已久的举国噩梦中解脱了。”所谓“举国噩梦”，即行政、立法、司法三大部门相互藐视，分歧重重，并最终可能导致分庭抗礼，兵戎相见。福特在讲话中饱含深情地评价道：“美国宪法正在发挥着作用；我们伟大的合众国，是一个法治而非人治的国度。”①此番感慨，可谓客观公允。

在人类历史的长河中，“舍得一身剐，敢把皇帝拉下马”的事件并不稀罕，为争夺帝位王权而导致天下大乱、血流成河的宫廷政变更是多如牛毛。可是，像“水门”事件这样，不费一枪一弹，未损一兵一卒，联邦法院、国会、特别检察官、联邦大陪审团和新闻媒体协调行动，依法办事，通过宪法程序解决危机，和平地把“帝王总统”赶下宝座，成功地避免了政治动荡和天下大乱，堪称世界政治制度史上的奇迹。

在“水门”事件中，美国最高法院打破常规、果断出手、步调统一、一锤定音，以司法审查的形式化解了一场空前严重的宪法危机，这一判决是司法能动主义大胆而成功的经典杰作。

---

① Gerald Ford, *Remarks upon taking oath of office*, August 9, 1974.

美国学者文森特·布拉西赞扬道："千百年之后，如果美利坚合众国还存在，当有人要求拥护司法审查的人举出实例，证明法官们的裁决时常会有利于民主时，他们最先举出的案例就将是美国诉尼克松案。"①

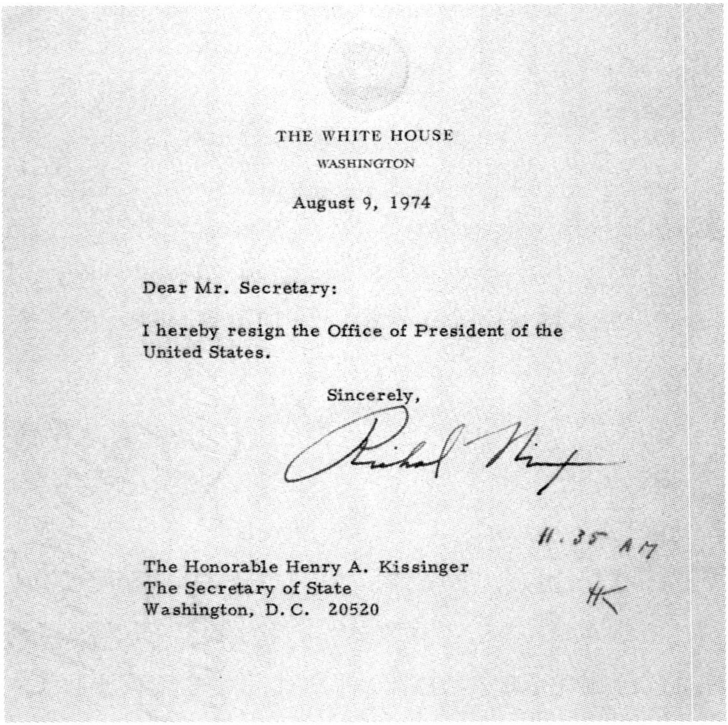

THE WHITE HOUSE
WASHINGTON

August 9, 1974

Dear Mr. Secretary:

I hereby resign the Office of President of the United States.

Sincerely,

Richard Nixon

11.35 AM

HK

The Honorable Henry A. Kissinger
The Secretary of State
Washington, D.C. 20520

尼克松的辞职信

① [美]文森特·布拉西编：《伯格法院》，*The Burger Court: The Counter-Revolution That Wasn't*, edited by Vincent Blasi, New Haven, Yale University Press, 1983, p. 201。

第十一章 内政外交影响深远

美国学者格林斯登指出,“水门”事件之后,美国总统面临的是一种难以驾驭的政治环境,包括权力意识觉醒的国会,软弱无力的政党系统,攻击性极强而且积极挖掘坏消息的媒体,以及难以指挥的行政官僚系统。①尽管总统仍然在政治体制中处于主导地位,但是总统和白宫幕僚的权势和地位遭到极大削弱。

1973 年 11 月美国国会通过《战争权力法》,限制总统的战争权。该法案规定,在国会未宣战或授权的情况下,总统只能在四种情况下使用武装力量:(1)当美国领土和军队遭到攻击时;(2)需要保护驻扎在海外的美军;(3)需要保护海外美国公民;(4)履行具体的军事条约义务。另外,一旦动武,总统应在 48 小时内向国会报告。如

① [美]安东尼·金编:《新型美国政治体制》,*The New American Political System*, edited by Anthony King, Washington D. C. : American Enterprise Institute, 1978, p. 65。

果国会不宣战，总统用兵的权限只有 60 天。但必要时可以再延长 30 天。

1974 年国会通过《预算和拦截控制法》，限制总统重组行政部门和拦截国会拨款的权力。1975 年国会通过《武器出口管制法》，撤销了总统在军火出口领域的自由裁量权。1978 年，国会通过法案建立独立检察官制度，有权在不受总统控制的前提下，对政府行政部门官员的违法行为进行彻底调查，为 1986 年"伊朗门"案和 1999 年"拉链门案"埋下了伏笔。

英国哲学家罗素认为，人类"爱好权力，犹如好色""动物只要能够生存和生殖就感到满足，而人类还希望拓展""人类的某些欲望跟动物的欲望不同，是根本无止境的，是不能得到完全满足的。""在人的各种欲望中，主要是权力欲和荣誉欲"。历史和现实都已证明，缺乏约束监督与制衡的权力，确实具有欲壑难填、比虎豹凶狠、比豺狼贪婪百倍的特点。[①]

托克维尔在《论美国的民主》中精辟地指出："值得害怕的倒不是大人物的缺德，而是缺德使人成为大人物。"[②]"水门"事件暴露出的各种丑闻和缺德黑幕，导致美国民众对政府官员的人品操守、道德水准产生严重怀疑，造成空前未有的信任危机。

在此背景下，美国国会于 1978 年颁布"阳光法案"《政府官员行为道德法》，首先从金钱领域入手，要求总统、副总统、国会议员、联

---

① [英]伯特兰·罗素：《权力论》，吴友三译，商务印书馆 1991 年版，第 1、3、6、216 页。

② [法]托克维尔：《论美国的民主》（上卷），董果良译，商务印书馆 1988 年版，第 252 页。

邦法官以及行政、立法和司法部门的各级“大人物”定期申报个人以及配偶和子女的财产，主动接受媒体和民众的严格监督。

美国最高法院大法官布兰代斯有句名言：“阳光是最好的防腐剂；灯光是最有效的警察。”①只有把政府权力、官员操守及其个人和家族的财产置于灿烂阳光、明亮灯光的双重照耀和透明监督之下，才能卓有成效地廉政肃贪，遏制腐败，预防犯罪。

1972 年 2 月尼克松访华，对台湾是沉重打击。蒋介石异常恼火，甚至迁怒于宋美龄和孔令侃（孔祥熙和宋霭龄的长子）。1972 年 3 月 17 日蒋介石日记写道：“女子与小人之言不可听也”。5 月 17 日写道：“晚见令侃，心神厌恶，国家生命几乎为他所送。妻既爱我，为何要加重我精神负担？”5 月 27 日又说：“近日精神苦痛，以女子、小人为难养也，故拟独居自修。”

宋美龄和孔令侃与尼克松访华有何关系呢？1971 年 12 月 14 日蒋介石日记披露了真实原因：“尼丑（尼克松）未当选以前，来台北相访，彼满怀我协助其选举资本，应（因）其未先提，而我亦未提也。此等政客，成事不足，败事有余，此乃吾妻专听令侃一面之词所致。今国患至此，令侃之罪不小也。”②看来，蒋介石显然是冤枉了宋美龄和孔令侃。

可是，由于“水门”事件和尼克松辞职下台，中美建交日程被迫

---

① 原文为：“Sunlight is said to be the best of disinfectants; electric light the most efficient policeman.”转引自［美］布兰代斯：《银行家如何利用别人的钱》，Louis D. Brandeis, *Other People's Money and How Bankers Use It*, New York：Frederick A. Stokes Co.，1914，p. 92。

② 杨天石：《找寻真实的蒋介石——蒋介石日记解读》（三），三联书店（香港）有限公司 2014 年版，第 397—404 页。

推迟,台湾当局赢得了喘息和缓冲的时间。蒋介石年事已高,心力交瘁,不得不放手交权。蒋经国临危受命,大权独揽,励精图治,锐意革新,台湾经济建设突飞猛进,民主政治日新月异。蒋经国曾声称:"我知道我是专制者,但我会是最后一位。我以专制来结束专制。"

1986 年 10 月 7 日下午,蒋经国接见美国《华盛顿邮报》董事长凯瑟琳·格雷厄姆女士时,突如其来地告诉来宾:"格雷厄姆女士,我正式告诉你,我们准备在制定'国家安全法'后,解除戒严,开放组党。"当时在场的英文翻译、哈佛大学法律博士马英九吓了一大跳。他审慎地把蒋经国的话一字一句翻成英文,感觉如遭电击。

推进民主改革的同时,台湾当局不惜重金,对美国国会进行大规模院外游说,效益显著,成果惊人。1978 年年底,卡特总统宣布美国与中华人民共和国建交,同时撤销对中华民国(台湾)的外交承认,废除 1955 年"中美共同防御条约"。没想到,节外生枝,祸起萧墙,戈德华特等 19 位联邦参议员在联邦法院起诉卡特总统,认为未经参议院三分之二多数同意,总统无权废止国际条约,史称戈德华特诉卡特总统案(*Goldwater v. Carter*,1979)。

美国宪法规定,总统享有缔结国际条约的权力,但是需要在国会参议院的监督之下。可是,关于总统"废除"条约的权力,宪法中语焉不详。对此法治难题,美国最高法院老谋深算,老奸巨猾,以此案涉及"政治问题"为借口,回避作出司法裁决。

卡特政府与中国正式建交后,美国国会通过了"与台湾关系法",限制行政部门与台湾当局调整关系的幅度,约束卡特政府的对华政策。使中美关系结外生枝,使台湾当局有恃无恐。

因担心中国退出中美关系正常化进程，卡特总统曾考虑否决《与台湾关系法》。①美国《宪法》第1条第7款规定，国会通过的立法，经总统签署后才能成为法律。如果总统不同意国会立法，可以予以否决。

在美国政治体制中，否决权是总统拥有的重要的宪法权力之一，是总统制衡国会、影响立法的“尚方宝剑”。国会若要推翻总统的否决，需要参众两院出席议员的三分之二多数票。可是，当年美国国会通过“与台湾关系法”的票数比例极为悬殊（众议院339:50，参议院85:4），卡特总统的否决无济于事，无力回天。

在此背景下，卡特总统只好秘密转告中国领导人，美国政府行政部门将从宽解释此项法律，一定按照中美关系正常化协议的原则和精神处理双边关系。中方则埋怨美方出尔反尔，节外生枝，以国内立法的方式，蛮横地干扰和破坏中美建交文件“上海公报”。

北越也是“水门”事件的主要受益者。强硬派尼克松下台后，1975年，北越利用“水门后遗症”的千载难逢之机，冲破大国政治的束缚，以迅雷不及掩耳之势，突然向南越发动大规模军事进攻。

在反战厌战情绪笼罩下，美国国会严格控制对外军援拨款，福特总统授权有限，优柔寡断，未能及时履行巴黎停战协定中援助南越政权的幕后承诺，致使美国在越南的军事卷入以惨败彻底收场。福特和基辛格后来都把巴黎停战协议的崩溃和越战惨败的结局归咎于“水门”事件和美国国会。

北越大军兵临西贡城下之时，国会众议院通过紧急议案，授权

---

① ［美］帕特里克·泰勒：《长城：六位美国总统与中国》，Patrick Tyler，*A Great Wall：Six presidents and China*，p. 274。

福特总统可以在撤退美国驻越人员时动用美军。当国会参议院吵吵闹闹、议而不决之时,南越阮文绍政权土崩瓦解,烟消灰飞。

南越败亡时,副总统阮高祺(曾任南越空军司令)驾驶直升机降落在第七舰队旗舰蓝岭号避难。南越最优秀的将领、第一军区司令吴光长中将被迫跳入大海,在海浪中吃力地游到美军巡逻艇上,险些溺毙。当阮高祺、吴光长等人搭乘美军飞机在夏威夷落地后,原以为会有美方军政要人前来迎接。没想到,美方只来了个脸色冷漠的中校接机,以对待偷渡者的口气,命令他们脱下将星闪耀的军服,改穿便装。美方不仅违反承诺,而且翻脸不认人,认定南越高级将领只是身份待定的外国难民。

英国历史学家保罗 · 约翰逊评论说:"福特总统不得不绝望地看着美国为越南争取自由而付出的 10 年艰苦卓绝的努力逐渐付诸东流。"

"海军陆战队的直升机从西贡美国大使馆的屋顶营救美国官员和少数南越盟友,这个仓皇逃窜、丢人现眼的一幕,深深地镌刻在电视机前观看新闻的无数美国人的记忆深处。这确实是整个美国历史上最为羞辱可耻的一次惨败。民主世界惊慌失措地目睹美国力量的这次轰然崩塌,仅仅在两年之前,它看上去仍然是那么强大。"①

尼克松哀叹:"美国在越南的失败是越南和柬埔寨人民的巨大悲剧。"

在越南,为了逃避专制统治和政治迫害,100 余万名逃难者搭乘简陋渔船,冒险驶向茫茫大海,其中数十万人丧生于惊涛骇浪,骇人

---

① [英]保罗 · 约翰逊:《美国史》, Paul Johnson, *A History of the American People*, Havper Collins Us, 1999, p. 908。

听闻,惨绝人寰,幸存者沦落于东南亚各国的难民营之中,背井离乡,走投无路,饱受苦难。

越战后,秉承人道主义原则,通过多种渠道,美国相继接受了大约100万逃离本土、饱受苦难、一贫如洗的印度支那三国难民。1973年巴黎停战协议签署之后,美国对南越的军援减少了三分之二,中国也大幅度削减了对北越的军事和经济援助。令人瞩目的是,1978年11月,北越领导人黎笋、范文同访问莫斯科,与苏联签订了带有政治军事同盟条约色彩的《苏越友好合作条约》,苏联对北越的军援增加了两倍以上。

尼克松批评说:“反战的美国参议员和众议员认为,美国的军援是在给越战添油加柴,美国减少对西贡的援助将会导致越战结束。此话听上去,好像是南越军队攻占了北越而不是相反。不仅令人想起1787年费城制宪会议期间的一则逸闻轶事:有人建议美国宪法应当将美军总兵力限制在3000人以下,结果听见乔治·华盛顿将军悄声讥讽说,美国宪法没准儿应当拒绝敌国拥有以3000人以上兵力入侵美国领土的权力。”①

新加坡领导人李光耀独树一帜,特立独行,是世界各国领导人中唯一坚决支持美国介入越战的著名国际人物,甚至认为美国虽败犹荣。尼克松对此非常钦佩,推崇他是“小国家中的大政治家”。

李光耀直言不讳,语惊四座,他断言:“虽然美国介入越南失败了,它却为东南亚其他国家换来了缓冲的时间。1965年,就在美国军队大举进驻南越之际,泰国、马来西亚和菲律宾,都面临武装的叛

① [美]尼克松:《不再有越战》,Richard Nixon, *No More Vietnams*, New York, Arbor House, 1985, p. 186。

乱活动的内部威胁。地下组织在新加坡还很活跃。""到了 1975 年，各国都更有能力应付反叛武装的威胁。要不是美国决定介入，东南亚国家对抗反叛势力的毅力和决心恐怕早已消失殆尽，东盟繁荣新兴的市场经济体，正是在越战的那几年间孕育成形的。"①

无独有偶，约翰逊总统国家安全事务助理、发展经济学和长波经济理论先驱华尔特·罗斯托(Walt W. Rostow)指出："美国确实打输了在越南的战役，这场对国家战争意志的考验，但是美国却赢得了在东南亚的战争。"②罗斯托认为，最具讽刺意味的是，越南于 1995 年成为"东南亚国家联盟"的成员国之一。

实际上，不仅新加坡和东盟各国，而且包括日本、韩国、台湾地区、香港地区在内的整个"东亚资本主义"，从政局稳定、经济腾飞到民主改革和逐渐走上民主法治之路，都与"世界警察"美国介入越战有相当程度的关系。

令世人大跌眼镜的是，美军退兵，越南实现统一之后，中越关系急转直下，迅速恶化。北越攻占南越后，苏联不费吹灰之力，在金兰湾获得了美军经营多年的现代化大型海、空军基地，对中国形成南北夹击的战略包围。

尼克松认为："中国总理周恩来也想阻止北越获胜。中国希望同美国建立密切的战略关系，以此对抗苏联日益增长的敌视。因此，莫斯科在河内的代理人在该地区称王或羞辱美国，都直接违背

① 李光耀：《经济腾飞路——李光耀回忆录(1965—2000)》，外文出版社 2001 年版，第 498 页。

② 《反思越战》，John Dumbrell, *Rethinking the Vietnam War*, New York, Palgrave Macmillan, 2012, p. 233。

了北京的利益。”①

1979年1月28日，农历大年初一，中美正式建交仅27天，时任国务院副总理邓小平访问美国。中美建交为改革开放铺平了道路，给整个中国社会带来了政治和经济方面天翻地覆、震惊中外的巨大变化。

1月29日，白宫举行盛大国宴欢迎邓小平，这是卡特执政四年期间规格最高的一次宴会。国宴前冒出一个棘手难题：是否邀请“中国人民的老朋友”尼克松出席？卡特认为还是应当邀请，就指示国家安全事务助理布热津斯基（Zbigniew Brzezinski）打个电话，通知落魄下台的前总统参加国宴。

尼克松一方面欣然应邀，另一方面又略有些顾虑，担心自己在白宫国宴中露面，可能会给卡特总统带来负面影响。布热津斯基解释说：请放心，卡特总统非常欣赏你打开中美关系的功绩，认为理应邀请你出席。

电话刚放下，副总统蒙代尔（Walter Mondale）突然来到布热津斯基办公室，坚决反对邀请尼克松，并且表示要找卡特总统谈一下这个问题。布热津斯基回答说，已经来不及了，刚给尼克松打完邀请电话，覆水难收。

国宴开始后，当名曲《美丽的阿美利加》的旋律在宴会厅奏响时，沉浸在回忆中的尼克松对邓小平说：“您知道吗，他们（乐队）正在演奏的，就是我去中国听到的那支曲子。”当晚尼克松谈笑风生，兴致甚高，还专门让同桌的宾客在中英文菜单上签名，说是要带回

---

① ［美］尼克松：《不再有越战》，*No More Vietnams*, New York, Arlor Hovse, 1985, p. 176。

去给夫人看看。白宫服务人员对被迫辞职、无权无势的尼克松特别热情,使布热津斯基深受触动。

卡特总统为邓小平访美举行国宴
(左起:卡特、尼克松、翻译冀朝铸、邓小平、方毅副总理)

邓小平与尼克松握手时说:“这是我第一次见到您。您访问中国的时候,我还在南昌郊区的一家工厂做工。得知毛主席请您来访问,我是很高兴的。”①邓小平1975年复出后,曾于1976年1月1日上午接见了尼克松的女儿朱莉夫妇。尼克松1976年2月第二次访华会见毛泽东时,邓小平已经被“第三次打倒”,两人失之交臂。

卡特总统在回忆录《保持信心》中描述了尼克松出席国宴的情景:“果然不出所料,尼克松总统在白宫的出现震惊了华盛顿新闻界。尼克松虽然并不认识邓小平等现任中国领导人,但在短时间的

① 钱江:《邓小平与中美建交风云》,中共党史出版社2005年版,第227页。

招待会上，他却同他们津津乐道他以前的中国之行。从他们私下的言论中可以清楚地看出，尼克松始终是中国人的一位受敬重的朋友，他们并没有把对‘水门’事件的指控看得那么严重。”①

据布热津斯基透露：“然而这位中国领导人临别时在我们脚下丢了一颗小炸弹。”“他说中国已经得出结论，必须打乱苏联的战略部署，并说：‘我们认为有必要杀一杀越南人的气焰，适当地教训他们一下。’”

“但总统的确表示他的意见说，中国的行动有可能给局势造成很大的动荡，希望届时克制一些。邓回答说，如果不给越南人一点颜色看，他们就会更放肆。中国将采取一次有限的行动，然后很快撤军。”“中国人显然权衡了各种方案，才决定采取这个行动，即使引起与苏联对抗也在所不惜。我必须承认，我很佩服邓小平谈问题时的沉着坚定的语气。”②

1979 年 2 月 17 日，中国毅然打响中越边境自卫反击战，策应柬埔寨战场的抗越卫国战争，与此同时，中国积极争取美国的经济、军事和教育文化合作，为改革开放创造良好的国际条件。越战结束仅短短数年，中国的内政外交和周边战略态势发生了天翻地覆的变化。

回溯历史，越战失败和“水门”丑闻，堪称美国历史上前所未有的惨痛创伤和奇耻大辱，深深地镌刻在美国社会和美国人民的心灵

---

① ［美］卡特：《保持信心：卡特总统回忆录》，Jimmy Carter, *Keeping Faith: Memoirs of a President*, NY: Bantam, 1982, pp. 207 – 208。

② 《实力与原则：布热津斯基回忆录》，邱应觉、梅仁毅等译，世界知识出版社 1985 年版，第 464、465 页。

深处。因新闻自由和反战示威,配备最先进武器的美军在千家万户的电视机前打输了越战;因权力制衡和司法审查,雄才大略的“帝王总统”尼克松在最高法院的法庭上丢失了总统宝座。

越战失败和“水门”丑闻,既可视为美国的创伤和国耻,亦可视为美国的自豪和骄傲。它既暴露了美国政治制度的缺陷和弱点,同时也体现了美国法治的强大和力量。这种令人惊异的监督制衡、自我揭短、自我纠错和自我完善功能,正是美国兴盛强大的重要原因之一。

苏联领导人对美国越战失败和“水门”丑闻幸灾乐祸,把美国的痛苦反省和深刻自责视为意志薄弱和畏惧退缩,把美国政治制度中的新闻监督、权力制衡、司法独立、弹劾总统等视为制度失败和自毁国脉,把美国在越战后的战略收缩视为军心涣散和战略崩溃,误以为时代潮流发生了根本性转折,误以为美国的腐朽衰落和全面溃败已成为不可避免的历史大趋势。

苏联咄咄逼人,积极进攻,从柬埔寨、也门、安哥拉、索马里、埃塞俄比亚、尼加拉瓜的代理人战争,到直接出兵入侵中亚要地阿富汗,四面出击,过度扩张,完全没有意识到自身强大的军事机器外强中干,建筑在僵化脆弱、结构单一的经济基础和专制、腐败的政治体制之上。

里根执政后,美国凭借高科技优势,整军经武,强硬对抗。里根政府决定在西欧部署新型中程导弹,启动“星球大战计划”,用新一轮军备竞赛拖垮苏联,并且在中亚阿富汗、非洲安哥拉、中美洲尼加拉瓜等战略热点展开反击,积极支持波兰“团结工会”,同时暗中与沙特阿拉伯携手操纵国际石油价格暴跌。

当美国大幅度调整内政外交之后，当民主法治、市场经济、自由平等价值观凭借先进的信息手段在苏联东欧地区自由传播之时，苏联应对失策，自乱阵脚，土崩瓦解。一个高度集权、横跨欧亚、军力强大的巨大帝国，竟然未经一战便分崩离析。在数千年人类历史中，这种现象空前罕见！

在美国国内，“水门”事件彻底改变了媒体和民众对政治人物的看法，带“门”（gate）字的英文词尾，从此成为政治丑闻的代名词。里根政府非法向伊朗秘密出售军火案被称为“伊朗门”，克林顿与白宫实习生莫尼卡·莱温斯基的性丑闻被称为“拉链门”，驻伊拉克美军虐待战俘事件被称为“虐俘门”。

此外，为了遏制白宫幕僚的巨大权力，福特和卡特总统曾一度取消白宫办公厅主任一职；白宫所属行政管理和预算局局长的任命改由经参议院批准；总统国家安全事务助理亦不复拥有当年基辛格权倾朝野、炙手可热的超级地位。

尼克松早年靠反共起家，当打破中美关系坚冰时，反而无所顾忌，敢做敢当。民主党自由派因担心被扣上“亲共”的帽子，缺乏气魄和胆量，不敢“大胆地往前走”。由此，毛泽东曾当面告诉尼克松：“我喜欢右派。”尼克松妙答：“主席是在两害之中取其轻的。”①

“水门”事件后，毛泽东一直牵挂和惦记着对改善中美关系做出历史性重大贡献的“世界头号大右派”，并多次在外交场合为其“打抱不平”。

1973 年 9 月，毛泽东对法国总统蓬皮杜说：“我无法理解为什么

---

① ［美］尼克松：《尼克松回忆录》（中册），裘克安等译，商务印书馆 1979 年版，第 251 页。

要把这些事情搞得满城风雨?我不懂得为什么这么一点小小的差错,竟然会将尼克松拉下马来?”1975年7月1日,毛泽东对泰国总理克立报怨:“‘水门’事件过分夸大其词了。……请写信给尼克松,告诉他,我想念他。”①

1976年元旦之夜,尼克松的女儿朱莉和女婿戴维·艾森豪威尔应邀拜访毛泽东。行前,朱莉特意在前襟佩戴了一枚“毛主席像章”。

谈起“水门”事件时,毛泽东说:“不就是两卷录音带吗?有什么了不起?”

戴维毕业于西点军校,后获乔治·华盛顿大学法律博士。他小心翼翼地回答:“这个问题很复杂,关系到西方政治。”

毛泽东说:“西方政治?那是假的!”

对美国法治难以理解的中国领导人,并不只是毛泽东一人。朱莉在回忆录中提到,时任国务院副总理邓小平曾对她说:“我们从来不把‘水门’事件看得那么严重。”②

毛泽东告诉朱莉:“马上写封信给你爸爸,说我想念他。”“我这句话,可以登报。”

戴维提醒说:“现在,在美国,反对我岳父的人很多。还有人强烈要求审判他。”

毛泽东一听就来气,当即说:“好,我马上邀请他来到中国来

---

① 陈敦德:《起航在1979——中美建交实录(续集)》,世界知识出版社2002年版,第149页。

② [美]朱莉·艾森豪威尔:《特殊人物》,Julie Nixon Eisenhower, *Special People*, New York:Simon and Schuster,1977,p.163。

访问。”

据朱莉披露，毛泽东接见后，中国驻美联络处主任黄镇叮嘱她，乘航班飞返美国后，立刻给中国驻美联络处打个电话，确认一路平安，以免毛主席担心和牵挂。看到朱莉满脸的疑惑不解，黄镇解释说：“毛主席关注着你们的行程，他一直把你们视为自己家庭成员的一部分。”①

黄镇此语绝非忽悠。1976 年元旦和春节期间，毛泽东并未与江青、李敏、李纳、毛新宇等亲人团聚一堂，却破例接见了朱莉和戴维，而且不顾工作人员劝阻，一再要求两位美国年轻人不要告辞，陪他继续谈话。

1976 年 2 月，新华社发布公告，宣布中国政府正式邀请尼克松夫妇访华。国际观察家们猜测，只有向美国记者斯诺自称“和尚打伞，无法(发)无天”的毛泽东本人，才会如此特立独行，作出这种“谁也想不到的”惊人决定。

据公开文献记载，毛泽东 1970 年 12 月 18 日与斯诺谈话时说：“我是和尚打伞，无法(发)无天。”可是，由于翻译没有形象地意译这句歇后语兼俏皮话，斯诺根本就没听懂。在斯诺撰写的英文著作中，毛泽东自称是“一个手执漏雨破伞、云游世间的孤独和尚”②，使美国国务院的中国问题专家感觉“丈二和尚摸不着头脑”。

更令世人吃惊的是，中国政府以刚从美国进口、当时世界上最

---

① [美]朱莉·艾森豪威尔：《特殊人物》，*Special People*，New York：Simon and Schuster，1977，p. 165。

② 原文为：“a lone monk walking the world with a leaky umbrella.”转引自[美]埃德加·斯诺：《漫长的革命》，Edgar Snow，*The Long Revolution*，New York：Random House，1972，p. 175。

先进的波音707大型客机为专机，以外交部礼宾司司长朱传贤为全权特使，不远万里，专程赴美，恭迎因“不光彩原因”羞辱下台的尼克松来华进行私人访问。礼遇之隆，情谊之重，魄力之大，出招之奇，在当代国际关系史上恐怕绝无仅有。

早在1974年8月中旬，尼克松辞职回到加州老家没几天，意外地收到了周恩来总理发来的电报。周恩来向尼克松表达了良好祝愿，并邀请他再次访华。两个月后，尼克松因静脉炎住院，毛泽东亲自打来越洋电话，通过翻译向尼克松表示慰问，并表明中国在任何时候都欢迎尼克松再次访华。

1975年8月，中国驻美联络处主任黄镇夫妇以及参赞钱大镛、一秘沈若云曾前往加州圣克利门蒂拜访尼克松。他们按约定时间抵达，在大门外摁了很久的门铃，才有一个警卫前来开门。晚上吃过便餐后出来，庭院里一片漆黑。总统夫人解释说，可能是工作人员忘了开灯。此情此景，不禁令钱大镛参赞感慨，美国总统一旦下台，就是“门前冷落车马稀”。

在专机飞往中国途中，钱大镛参赞对尼克松说：“1972年在白宫玫瑰园（尼克松接见回访的中国乒乓球代表团），您说希望再次访华。现在，您的愿望实现了。”他又说：“您第一次来中国访问后打开了局面。在您的任内我们达成了协议，向美国买了10架波音707飞机。今天，我们很荣幸驾驶着最好的这一架来接您。”①

在对外交往中，中国政府往往顾念旧谊，重义轻利，雪中送炭。相比之下，美国政府往往刻薄寡恩，精明冷酷，见死不救。南越总统

① 周瑶：《1976：专机迎接尼克松访华》，原载《中国新闻周刊》2014年第1期。

阮文绍曾哀叹:“做美国人的敌人易,做美国人的朋友难。”菲律宾总统马科斯、伊朗国王巴列维等亦饱尝美国“见死不救”的痛苦滋味。

其实,美国政府的行政部门相当为难,在外交政策问题上,国会、媒体、政党、民意、利益集团等全都是大爷,谁也惹不起,请客花钱和对外军援等事宜,必须看国会和纳税人的脸色行事,总统和行政部门根本就做不了主。

尼克松 1972 年首次访华时,机场上没有军乐团,没有鲜花彩旗,没有欢迎群众,礼宾仪式一律从简。没想到,1976 年他羞辱下台后重返北京,却受到了红毯铺地、夸张热烈的隆重欢迎。高级“红旗”轿车组成的迎宾车队直奔钓鱼台国宾馆第 18 号楼。尼克松首次访华时曾在此下榻。进屋后,尼克松对陪同的国务院总理华国锋感叹说:“这给我带来多少美好的回忆呀。”

当晚的欢迎宴会充满怀旧的气氛。尼克松仍然像总统那样出席盛大国宴,人民大会堂宴会厅的规格和布置依然如旧,对尼克松还是同样充满敬重,礼节还是同样周到烦琐,为中美友好关系干杯的祝酒词还是同样热情夸张,甚至宴会的 10 道菜式以及上菜的顺序都跟四年前一模一样。

宴会临近尾声时,尼克松站起来发表简短的答谢辞。他讲话时,口气俨然还是美国总统,中方来宾洗耳恭听,报以热烈的掌声,真的好像“水门”事件和羞辱下台之事从未发生过。此情此景,不禁令人想起清代词人纳兰性德的名句:“人生若只如初见,何事秋风悲画扇。”

想当年,毛泽东不但重病缠身,而且连话都说不清楚了,但他仍然坚持与“大右派”老朋友见面。1976 年 2 月 23 日，毛泽东抱病会见尼克松，时间长达 100 分钟。两人就共同关心的国际战略问题交换了看法。

尼克松在其名著《领袖们》一书中写道：“1976 年，当我再次访华时，毛泽东的健康状况已经严重恶化了。他的话听起来就像是一些单音字组成的嘟哝声。但是他的思想仍然那样敏捷、深邃。我说的话他都能听懂，但是，当他想回答时，却说不出来。他以为翻译听不懂他的话，就不耐烦地抓起笔记本，写下他的论点。看到他的这种情况，我感到十分难过。无论别人怎样看待他，谁也不能否认，他已经战斗到最后一息。”①

尼克松是中国领导人的老朋友，同时深谙人情世故，可能顾及礼貌，也可能碍于情面，他没有把问题挑明。实际上，无论别人怎样看待，在一个国家最高权力缺乏程序性交替和制约制衡的高度集权体制中，毛泽东晚年在“文革”动乱的凄风苦雨中“战斗到最后一息”，对国家利益以及他本人领袖形象、历史地位所造成的巨大损害，恐怕高于尼克松在“水门”事件中羞辱地辞职下台。

出乎意料的是，中国政府邀请尼克松访华，却对福特总统竞选连任造成了严重的负面影响。福特是美国历史上唯一一位天降宏运的“意外副总统和意外总统”。他的“副国级”和“正国级”高位并非来自全国大选，而是“意外变故”。他最初顶替了辞职的阿格纽副总统，9 个月后又取代了辞职的尼克松总统。

作为众议院少数党（共和党）领袖，福特这辈子最大的野心是能

---

① ［美］尼克松：《领袖们》，Richard Nixon，*Leaders*，New York：Warner Books，1982，p. 239。

够当上众议院议长(由众议院多数党的议员选举产生)。他做梦都没想到会当上总统。福特为人谦逊,他对自己的评价一语双关:“我只是一辆福特,不是一辆林肯。”①

福特出身贫寒,被媒体称为“穷人们心中的艾森豪威尔”。其实艾森豪威尔总统同样出身寒门,全家7兄弟中有6个没受过高等教育。福特年幼时父母离异。他的生父是个成功的商人,但是品行恶劣。法院判决他每个月支付前妻25美元,作为儿子的抚养费。可是他从未支付过一分钱。

福特具有出类拔萃的运动天赋,曾是密歇根大学橄榄球队的头号明星。当年大学没有“体育奖学金”,教练出面帮助他在大学医院的餐厅找了一份工作,同时在学生公寓当管理员。由于生活窘迫,福特每隔两个月去医院卖一次血,每次可得25美元。

大学毕业后,福特谢绝了职业橄榄球联盟底特律狮队(Detroit Lions)和绿湾包装工队(Green Bay Packers)提供的签约合同,转而考入全美排名第一的耶鲁大学法学院,拿到法律博士学位。“二战”期间,福特曾在海军航空母舰担任体育教练和舰炮指挥官。退役后,他当选密歇根州联邦众议员,开始了从政生涯。福特喜欢说:“这难道不是一个了不起的国家吗?一个父母离异、家境贫寒的人竟然当上了总统。”

福特在国会人缘极好,但是电视形象不佳,脑袋不够灵活,反应略显迟钝。他的演讲总是令人昏昏欲睡,甚至能让失眠症患者康

① 福特牌轿车是福特汽车公司旗下的廉价大众品牌;林肯牌轿车是福特汽车公司旗下的豪华品牌,以宽底盘、奢华的内部装饰和加长车身闻名于世。林肯没坐过“林肯”,福特开过“福特”。

复。《华尔街日报》把福特贬称为“老水牛”，共和党内任劳任怨的一匹辕马，满嘴的陈词滥调，满脑子的陈腐观念。“语言天才”约翰逊总统的说法更不中听：“福特实在太笨拙了，是一个放屁和嚼口香糖不能同时进行的人。”

1973 年 12 月，由尼克松提名，经国会两院批准，福特正式出任副总统，接替因涉嫌受贿而被迫辞职的副总统阿格纽。福特与尼克松之间并无深交。他之所以被提名，可以说是“时势造英雄”。尼克松被“水门”事件弄得焦头烂额，与民主党控制下的参众两院闹得水火难容。尼克松深知，他本人心目中那些具有“出任总统资格和能力”的最佳人选，很难顺利通过国会批准这一关。他只得退而求其次，挑选四平八稳、老实忠厚、人缘甚佳的福特出任副总统。

对于福特上台后立刻特赦尼克松一事，美国媒体一直穷追不舍，认为很可能存在某种见不得人的政治交易。尽管媒体没有真凭实据，福特总统却有口难辩，有苦难言。1976 年是美国的大选年。福特竞选班子的基本战略，是竭尽全力让选民忘掉尼克松，忘掉“水门”事件，忘掉“莫须有”的特赦交易。民主党候选人卡特的竞选纲领则针锋相对，干脆把福特政府称之为“尼克松 - 福特政府”，千方百计把福特和尼克松往一块儿扯。

大选关键时刻，中国政府邀请尼克松访华，恰好为美国媒体趁机炒作提供了千载良机。有鉴于此，基辛格一度试图劝说尼克松暂停访华。福特的心腹肯纳利（David Kennerly）甚至气愤得破口大骂：“尼克松这个混蛋，他成心要把福特总统搞下台去。”戈德沃特参议员咬牙切齿地攻击说：“如果尼克松真的这么喜欢帮中国的忙，他干脆留在那里定居算了。”①专栏作者克拉夫特(Joseph Kraft)认为,尼克松下台后的中国之行是一次“卑劣行径”,淋漓尽致地体现出“奸诈的迪克”的卑鄙品性。

1976 年 2 月 26 日,《纽约时报》刊登两大新闻,头版头条是福特在新罕布什尔州初选获胜,第二条是尼克松出访北京的新闻和大幅照片。这种精心安排的版面,显然是在提醒美国选民:“水门”事件让福特白捡了个总统,福特特赦了涉嫌犯罪的政治恩人。同年 11 月,福特在总统大选中以微弱差距败于卡特。在普选选票中,福特与卡特之间的差距仅为百分之二。福特私下认为,赦免尼克松之举很可能铸成了败选的决定性因素。

“水门”事件使尼克松在政治和精神上遭到极大打击。面对不可思议的惨败和骇人听闻的羞辱,尼克松坚韧地表示:“失败固然令人悲哀,然而,最大的悲哀是在人生的征途中既无胜利,也无失败。”②

下台之后,尼克松深居简出,闭门读书,潜心思考,总结经验,先后出版了《尼克松回忆录》《真正的战争》《领袖们》《真正的和平》《不再有越战》《1999:不战而胜》《角斗场》《只争朝夕》《超越和平》等著作,指点江山,纵论天下,几乎每一本都成为国际畅销书。

1986 年在旧金山的一处高级社交场合,尼克松与《华盛顿邮报》女老板格雷厄姆不期而遇,窄路相逢。前总统心平气和,笑容可掬,

---

① [美]罗伯特·萨姆·安森:《流放者:尼克松的奇特赦免》,Robert Sam Anson, *Exile: the unquiet oblivion of Richard M. Nixon*, New York: Simon & Schuster, 1984, pp. 126 – 127。

② 转引自尼克松在“尼克松总统图书馆”揭幕仪式上的讲话,1990 年 7 月 20 日《华盛顿邮报》,*Nixon Library Dedicated as 3 GOP Presidents Praise the Architect of Peace*, The Washington Post, July 20, 1990。

以礼待人,主动问好。两位“冤家对手”握手言和,“相逢一笑泯恩仇”。但是,尼克松总统图书馆至今不允许《华盛顿邮报》记者伍德沃德、伯恩斯坦踏入半步,严词拒绝他们入馆查阅历史资料。对此,伍德沃德在一次访谈中,曾对笔者大发牢骚,批评尼克松及其家人心胸狭隘,锱铢必较。

1987 年 12 月 21 日,著名脱口秀主持人菲尔·唐纳修(Phil Donahue)在一期节目中,专访了 41 岁的纽约市房地产大亨唐纳德·特朗普(Donald Trump)。唐纳修的脱口秀恰好是尼克松夫人帕特·尼克松的最爱。她看了节目后非常兴奋,强烈向老公推荐这位未来的“政坛新秀”。

出乎意料的是,尼克松居然给当时并无参政意向的特朗普写了一封私人短信,鼓励他出马竞选总统。全文如下:“亲爱的唐纳德,我没看你的节目,但帕特告诉我,你在唐纳修的脱口秀中表现极为出色。你能想象得到,帕特是个政治专家。她预料无论何时你决定竞选总统,你肯定能赢!”①

在外交领域,尼克松以外交战略权威的形象重新崛起,经常应邀为里根、老布什(George Bush)和克林顿总统出谋划策,指点迷津,提供富有创见的外交咨询和建议。1989 年他肩负修复中美关系的重大使命,第六次访问中国大陆。1994 年,临终前不到一个月,他抱病出访莫斯科,为美国调整对俄罗斯外交提供政策评估。

作为一个悲剧性人物,尼克松“身败名裂”之后,以难以想象的勇气和尊严经受了灾难性的种种磨难,忍受了不堪回首的种种羞

---

① 2016 年 3 月 15 日《华盛顿邮报》,Jonathan Capehart, *Pat Nixon predicted Donald Trump's rise* 29 *years ago*, The Washington Post, March 15, 2016。

辱,在晚年仍然对美国外交作出了重大贡献,赢得了各界人士的尊重和好评。

原白宫顾问戴维·葛根认为:“理查德·尼克松是我在30年公众服务生活中遇到的最具魅力的人物。我们在白宫为他工作的人,都觉得总统城府极深,难以看透。尼克松的演讲撰稿人雷·普赖斯后来把自己的感受写成了一本书,他把丘吉尔评价俄罗斯的名言用在了尼克松身上:‘一个神秘莫测、令人费解的谜中之谜’。尼克松‘稀奇古怪’、‘难以理解’、‘我一生中遇到过的最奇怪的人’,这样的字眼儿在尼克松以前助手们的回忆录中随处可见。然而,那些描写他的人,可能曾与他共事,听过他私下讲话,目睹他做出决策,他们都会得出一个相同的结论:尼克松也是一个崇高伟岸的总统。我也认为如此。”

“《时代》周刊至少56次把尼克松当做封面人物。虽然华盛顿特区市永远也不会树立理查德·尼克松纪念碑,但是当他在1994年谢世时,即被迫辞职20年后,广大民众仍然流露出无限的同情,足以证明他是带着数百万人民的尊敬走进坟墓。全世界人民仍然纷纷涌向尼克松纪念馆,造访他在加州的出生地。尼克松的传记作者宣称,20世纪有四分之三的时代可以称之为‘尼克松时代’。尼克松可以与罗纳德·里根和约翰·肯尼迪总统并驾齐驱,堪称美国在过去的半个世纪中最重要的政治人物。”①

福特总统评论说:“依我看,综观尼克松的品行,他的缺点占5% ~10%,也就是说,他品行的90% ~95%是好的。但是智者千虑,必有一失,某些说不清道不明的原因,会让一个人品行不好的一

① [美]戴维·葛根:《见证权力:从尼克松到克林顿》,David Gergen, *Eyewitness To Power*, pp. 20 - 21。

面占了上风。”“我想,尼克松为人太固执,正是这种固执压制了他的良好品行。”

“我很高兴尼克松能够恢复自己的声誉。我很高兴他能被越来越多的人接受,”可是,“在事情朝着好的方向发展的整个过程中,令人气馁的是白宫(椭圆形办公室)的录音带出现了,它们描述了更黑暗的一面,暗中破坏了向上复苏的每一步骤”。因此,“历史不会对尼克松有太好的评价。他今天得到的评价已经超过我认为历史学家所能给予的了”。①

尼克松年仅3岁时,坐在邻居大妈怀里,乘坐一辆由他母亲掌辕的四轮马车外出。在一个拐弯处,马车以飞快的速度急转弯,大妈一个不留神,小尼克松被猛然甩出了车外,跌落在地,头部碰破,血流满面。惊恐万状的母亲拼命停住了马车,哭着回头望去,只见小尼克松没有眼泪,没有哭泣,而是鼓起勇气,自己从地上爬了起来,跌跌撞撞地向马车和母亲跑过来了。

尼克松回忆说,此事是他一生中最早的记忆。跌倒之后,小尼克松的第一个反应不是在痛苦中绝望哭喊,而是重新站起来,努力向降临在头上的命运挑战。这正是尼克松起伏跌宕、毁誉参半一生的真实写照。

尼克松能够东山再起,最应感谢的大恩人,其实正是福特总统。当年尼克松下台后意志消沉,精神沮丧,一度出现自杀倾向。如果福特总统不发布特赦令,尼克松肯定会遭到司法审判,并且很有可能被判刑,将会有一个历时漫长、痛苦折磨的上诉过程,巨额律师费

---

① [美]托马斯·德弗兰克:《福特传:等我死后再公开》,中信出版社2009年版,第103页。

足以使他倾家荡产。

岁月流逝，星移斗转，福特总统越来越固守自己的信念：发布特赦令对尼克松和美国都做了一件正确的事情。他回忆说：“特赦宣布后我得到许多建议：为何不等到尼克松被起诉？为何不等到尼克松被判刑？为何不等到尼克松上诉？要知道，我强烈地感觉到：我作出决定越快，就能越早地将‘水门’事件从国家的政治日程上剔除。”

“那只是一种个人决定，并非其他什么人的建议。那是我当时的个人感受，今天我的这种感受依然强烈：我毫无保留。我深深感到特赦是有利于国家的正确选择，至于它对我会造成什么政治后果，我认了。”①

福特总统其人其语，高风亮节，掷地有声。

1994 年4 月21 日，尼克松因中风在纽约去世，享年81 岁。一周前，“白水案”独立检察官严密调查，穷追不舍，导致克林顿总统夫人希拉里的嫡系心腹、联邦司法部副部长哈贝尔被迫辞职。媒体趁机发难，向当年曾参与弹劾尼克松的律师希拉里提问：“考虑到你现在所经历的‘白水案’调查，你对尼克松在‘水门案’中可能蒙受的苦难经历是否有了更为深刻的体会？”

希拉里答非所问，扭转话题：“我觉得，我们现在应当为尼克松总统在天之灵祈祷。”出乎媒体意料，大庭广众之下，也不知触动了哪根心弦，女强人希拉里突然情绪失控，两度哽咽，热泪盈眶。她好不容易才稳定了情绪，对记者解释道：“你们可能知道，一年之前同样是4 月，我父亲同样在81 岁过世，所以，我现在想得最多的是尼克

---

① ［美］托马斯·德弗兰克：《福特传：等我死后再公开》，中信出版社 2009 年版，第102 页。

松总统两个女儿的悲伤和痛苦。”

尼克松逝世后，现任总统克林顿和卸任总统福特、卡特、里根、老布什，以及朝野政要、文武百官、尼克松的门生故吏倾巢而出，为羞辱下台的前总统举行了极为隆重的葬礼。

克林顿总统在悼词中说：“仅仅根据尼克松人生中的某一侧面对他盖棺论定的那个时代已经一去不复返了。”世界各国政要纷纷发表热情洋溢、有褒无贬的悼词和缅怀，把尼克松赞誉为“世界和平的缔造者”“举世无双的外交战略家”“20 世纪美国最杰出的外交政策总统”。至于“水门”事件，仿佛重新变成一桩不起眼的“屁事儿”。

位于加州老家的尼克松墓地简陋朴素，规格可能还不如其他国家的很多乡镇级官员。墓碑上只有一句话：“历史能够赋予人的最高荣誉是和平缔造者”（*The greatest honor history can bestow is the title of peacemaker*），引自尼克松 1969 年 1 月在总统就职典礼上的著名演讲。

简陋朴素的尼克松总统墓地和墓碑

尼克松死后“平反昭雪”，哀荣甚隆，引起自由派阵营极度不满。好莱坞著名导演兼制片人、奥斯卡最佳影片《野战排》(Platoon，1986)编剧兼导演奥利弗 · 斯通(Oliver Stone)不惜重金，聘请前白宫幕僚为顾问，参考“水门”事件专家的著述，编剧并执导了一部耗资4300万美元、长达3小时20分钟的传记故事片《尼克松》(Nixon，1995)，试图“重写历史”。

斯通本人曾是尼克松的拥戴者，曾在美军王牌第一骑兵师(空中机动)服役，亲历入侵柬埔寨战役，两次身负重伤，多次荣立战功。越战后，他转而成为痛恨尼克松的激进自由派。尼克松“先打再谈、体面撤军”的战略，导致越柬两国生灵涂炭，焦土遍野；美军部队损兵折将，伤亡惨重。自由派知识分子对此难以释怀。

《尼克松》一片以“水门”事件为引子，以尼克松下台为尾声，穿插尼克松出生成长和主要政治经历。斯通独具慧眼，聘请英国影星霍普金斯(Anthony Hopkins)扮演尼克松一角，此公因在影片《沉默的羔羊》(The Silence of the Lamps，1991)中扮演阴险罪犯而获得奥斯卡最佳男主角金像奖。

尽管霍普金斯的相貌和口音与尼克松相差甚殊，但他塑造的人物却有神似之妙，把尼克松在白宫骂骂咧咧、发号施令的情景演得惟妙惟肖，把“帝王总统”刚愎自用、阴险多疑的性格刻画得入木三分。

斯通虽然标榜客观公正，却在影片中过多地突出了“帝王总统”个人品质和性格的黑暗面。尼克松既有头脑又有胆略，既有能力又有毅力，令人可悲的是，个人性格充满缺陷，胆大妄为，不择手段，迷恋权势，偏执多疑，最终从功成名就的巅峰跌入自我毁灭的深渊。

尼克松最喜欢的音乐是柴可夫斯基的“悲怆”交响曲，最喜欢的电影是1970年度奥斯卡最佳影片《巴顿将军》。他对这部电影赞不绝口，百看不厌，拉着基辛格在白宫反复观看，对巴顿将军高度自信、勇于进攻的个性推崇备至，甚至把自己幻想成巴顿式的军神，弄得“外交牛仔”基辛格不胜其烦。

在尼克松身上，基辛格看到了古怪奇妙的性格组合：“他拥有几种相互缠斗、争当主宰、相互冲突的个性，一方面是理想主义、深谋远虑、慷慨大方，一方面是小人记仇、琐碎零乱、多愁善感。既有一个深刻反思、豁达大度、恬静寡欲的尼克松，又有一个冲动好怒、头脑发热、老干错事的尼克松。”①

尼克松辞职前夜，基辛格在白宫“林肯起居室”宽慰即将垮台、失魂落魄的顶头上司。他回忆说，坐在眼前的是一位凭借个人奋斗从卑微不名的人堆里干出了一番伟大事业的政治人物，依靠坚如磐石的意志，抵达了事业的顶峰，意志如此之强悍，令人赞叹不绝。然后，几乎在一瞬间，连尼克松本人都没搞明白，就因一起“三流未遂盗窃案”被打入十八层地狱。这真是造化弄人。

基辛格在1974年预言：“历史对尼克松的评价将比同代人要仁慈得多。”但是，尼克松非常清醒，他对基辛格说：“那要看由谁来书写历史。”②

1999年8月9日，尼克松辞职25周年之日，根据《华盛顿时报》

---

① ［美］沃尔特·艾萨克森：《基辛格传》，Walter Isaacson, *Kissinger: A Biography*, Simon & Schuster, 2005, p. 149。

② ［美］基辛格：《动乱年代》，Henry Kissinger, *Years of Upheaval*, Simon & Schuster, 2011, p. 1209。

进行的一次民意测验，45%的美国人认为“水门”事件的性质只是政治斗争，并非严重的刑事犯罪；48%的人持相反观点；7%的人表示无话可说。①

辞职下台后，尼克松本人一直试图淡化“水门”事件。他在晚年说：“‘水门’事件最初是轻微犯罪，等我卷入之后，就变成重大罪行，等新闻界和自由派那伙人把它抓在手里，就变成国家大事了。”“新闻界愿意为肯尼迪和约翰逊掩饰这类罪行，可只要我做点什么，他们就会铺天盖地地攻击我，我早该明白这一点。”②

尼克松的上述观点虽然有些道理，但是却存在“只见树木，不见森林”的毛病。回顾历史，“水门”事件的发生，实际上具有某种历史必然性，命中注定，在劫难逃。

美国立宪建国之初，国会一直在联邦政府的三个部门中占据主导地位。可是，自20世纪30年代经济大危机和50年代美苏“冷战”以来，行政部门权力急剧膨胀，总统和白宫幕僚逐渐成为联邦政府权力中心；国会被党派利益所分化，无力对总统形成有力制衡，致使“国会政体”逐渐演变为“总统宪政”。美国总统既是国家元首又是政府首脑，并兼任美军总司令，兼有英国女王和首相、法国总统和总理所具有的权限和职责。在外交和军事政策领域中，甚至出现了独断专行的“帝王总统”。

尼克松执政时期，“帝王总统”权力急剧膨胀，并由外交和军事

---

① 1999年8月9日《华盛顿时报》，Commentary Editorial，“*End of a Nightmare*”，The Washington Times，August 9，1999。

② ［美］莫尼卡·克罗利：《冬天里的尼克松》，江苏人民出版社2000年版，第439～440页。

领域日益扩展到国内政治。白宫幕僚大权独揽，专横跋扈，甚至发展到建立秘密警察“管子工”的程度，政治博弈出现黑社会化的黑暗趋势。最初只是“屁事儿”一桩的“水门”窃听案，实际上只是白宫幕僚一系列非法行为的冰山一角。

这种现象，引起国会、法院、新闻媒体等权势部门和各界有识之士的极大不安和高度警觉。新闻媒体对“水门”案的揭露，给立法、司法部门制衡总统和白宫幕僚提供了千载良机。由于特别检察官、联邦地区法院、联邦大陪审团和国会水门委员会深入调查“水门”事件，联邦最高法院果断介入，一锤定音，对总统行政特权予以严厉限制，导致尼克松被迫辞职。美国政治体制中的“帝王总统”从此风光不再，一蹶不振。

在历史舞台上，带有宿命色彩和致命必然性的政治戏剧，惊天动地和影响深远的政治变革，往往由充满偶然性的荒诞小品触发和构成。就像某位明星级人物“一个大嘴巴子扇出了重大叛逃事件”一样，“水门”事件被揭露以及尼克松辞职下台的命运，是一系列错综复杂、不可思议的错误决策与“偶然事件”交错汇合的最终结果。由此，尼克松曾抱怨自己是错误的时代、错误的地点的一个“倒霉的受害者”。①

尼克松难免感慨人生阴差阳错，时乖命蹇。如果水门大厦的保安没有偶然发现门锁被胶布贴住，如果正在附近巡逻的警车没有恰好需要加油，如果《华盛顿邮报》的小记者没有偶然与“深喉”相识，如果主审法官不是 1973 年度“全球风云人物”西瑞卡法官，如果白

① ［美］斯坦利·库特勒：《大战水门》，Stanley I. Kutler, *The Wars of Watergate*: *The Last Crisis of Richard Nixon*, p. 618。

宫录音设备的秘密没有被偶然发现，如果录音设备安装了一个人工启动的按钮，如果尼克松及时毁掉了白宫录音带，以尼克松的雄才大略、远见卓识和历史成就，他很有可能被列入伟大的美国总统之列。

可是，现实世界中没有那么多的“如果”，只有因果、结果和后果。尼克松不仅滥用权力，而且过于自负和自信。为了青史留名，他下令录制了5,000余小时的白宫办公室谈话录音。由于联邦最高法院的铁面裁决，录音带最终成为把他挑下总统宝座的锋利宝剑。本想流芳百世，结果却惨遭历史谴责。这种“自我弹劾”的政治悲剧，不禁令后人扼腕长叹。什么是命运？命运就是一系列令人不可思议的偶然和巧合。

在美国历史上，罗斯福、肯尼迪和约翰逊总统都曾严重地滥用权力，之所以未被揭露，与当年新闻媒体笔下留情以及他们更擅长掩盖非法行为直接有关。可是，随着制度的改进完善以及国会和媒体权力意识的提高，在强调分权与制衡的体制下，“帝王总统”和白宫幕僚滥用权力、违法乱纪、胡作非为的行为，总有一天会引发类似“水门”事件的政治危机。

美国自立宪建国以来，从最初的13个州成长为世界头号强国，先后经历了南北战争、两次世界大战、20世纪30年代经济大萧条、朝鲜战争、越南战争、民权运动、“水门”丑闻、“9·11”事件、反恐战争、2008年金融海啸等重大危机，但却没有出现独裁政府、专制暴政和贪腐肆虐。细究其因，以驯服统治者和把权力关进笼子里为特色，注重政府权力的分权与制衡、媒体拥有新闻自由、保护公民个人权利的民主法治制度功不可没。

第二篇　告诉你一个真实的“伊朗门”

——里根政府非法军售军援案(1986)

里根政府非法向伊朗出售军火、同时秘密将军售余款挪用于援助尼加拉瓜反政府军一案，是美国法治史上惊天动地、震撼朝野的大案要案。内幕之波谲云诡，过程之扑朔迷离，手法之肆无忌惮，辩护之刁钻狡诈，结局之出乎意料，令人惊心动魄、叹为观止。相比之下，若论违法乱纪和胡作非为的程度，“水门案”和“拉链门案”仅仅是小菜一碟，不值一提。

令人不可思议的是，面对前所未有的危机和重罪起诉，白宫幕僚临危不惧，勇担罪责，最终逃脱惩罚；里根总统百般抵赖，有惊无险，最后全身而退。国会调查委员会和独立检察官耗费巨资，查无实据，一筹莫展；联邦最高法院老谋深算，装聋作哑，袖手旁观。以此而言，此案堪称美国政治中的空前奇迹。

1981 年里根宣誓就任总统，对面是首席大法官伯格，
后排右一是卡特总统，后排左一是里根与南希的独子罗恩

里根总统秘密会见尼加拉瓜反政府军领导人，后立者是诺思中校(1986 年)

里根总统为沙特国王法赫德拍手叫好(1985 年)

第一章 难以理喻的外交丑闻

1986 年 11 月 3 日,黎巴嫩出版的《帆船》周刊石破天惊,向全世界披露了美国与伊朗秘密进行武器交易的爆炸性丑闻 。据报道,原里根总统国家安全事务助理麦克法兰(Robert C. McFarlane)携带 4 名助手,曾于 1986 年 9 月密访伊朗。事隔不久,满载美式先进导弹的运输机从以色列空军基地起飞,绕道欧洲神秘地飞往伊朗。作为对美国军援的回报,3 名在贝鲁特被劫持的美国人质获释。

丑闻问世后,全球震惊。世人皆知,伊朗是伊斯兰原教旨主义思潮的大本营,是全球反美恐怖主义的支持者,当时正与伊拉克进行一场旷日持久、损失惨烈的拉锯式“两伊战争”(1980 - 1988 年),急需补充武器装备。对此,里根总统曾多次公开宣布,美国绝对不与恐怖分子、劫持人质者以及支持恐怖分子的国家对话和谈判,更别提什么军火交易了。

针对“以军火换人质”之说，里根总统迅速在白宫举行新闻发布会，斩钉截铁，矢口否认。说起来，秘密军售发生在美国与伊朗这种你死我活、水火不容的敌对国家之间，绝对是匪夷所思。此举不仅与美国公开声明的外交战略南辕北辙，大相径庭，而且明目张胆地违反了美国国会制定的《武器出口管制法》。

按常理，假如美伊之间确实存在秘密军火交易，那么急需武器补给的伊朗方面肯定隐匿实情，守口如瓶，与美国方面保持一致口径。这样，用不了多久，“国际谣言”自然烟消云散，不攻自破。

出乎意料的是，丑闻公开数小时后，伊朗议长拉夫桑贾尼发表电视讲话，证实麦克法兰确实曾率领几名亲信助手、持爱尔兰假护照秘访德黑兰，而且还带来了里根总统送给伊朗领导人的信件和礼物。所谓信件，据说是里根亲笔签名的一本《圣经》，代表不同信仰的宗教信徒之间和睦相处；所谓礼物，据说是几把手枪和一块镶嵌城门钥匙的生日蛋糕。手枪象征着美国可以向伊朗提供武器装备，蛋糕象征着开启美伊战略关系大门的钥匙。

麦克法兰抵达后，伊朗当局高层立即召开紧急会议，争执不休，毫无结果。最后只得请出宗教领袖霍梅尼做出最后决断。他下令，不要搭理美国人，也不要接受任何礼品。拉夫桑贾尼声称，伊朗政府没有陷入美国人的圈套和诡计，而是把他们禁闭在饭店里。5 天以后，伊朗革命卫队将这伙不速之客驱逐出境。

伊朗方面的证实，相当于扇了里根总统一记响亮的耳光。

在华盛顿权力中心，“伊朗门”丑闻引发强烈地震。参众两院怒火中烧，义愤填膺。新闻媒体穷追不舍，不依不饶。1986 年 11 月 12 日，里根总统在日记中胆战心惊地写道：“媒体看上去好像极力要制造另一个‘水门’事件。”①

联邦司法部长米斯(Edwin Meese)是里根心腹,加州大学伯克利分校法律博士出身。向伊朗出售武器之事属于高层绝密,米斯本人对内幕所知甚少。可是,身为司法部长,他有责任了解全部真相和内幕,以便有针对性地保护里根总统,避免使“以军火换人质”的丑闻演变成“水门”事件那样的空前灾难。在此背景下,经里根总统批准,米斯于 11 月 21 日开始部署在白宫内部进行秘密调查,以便知己知彼,胸中有数,更好地应对法律危机。

“伊朗门案”主角之一诺思中校

① [美]里根:《里根日记》,Ronald Reagan, *The Reagan Diaries*, New York: Harper Collins, 2007, p. 450。

米斯确有先见之明,“内部调查”意外地拯救里根于水火之中。11 月 23 日,米斯手下的几位大将来到白宫国家安全委员会政治军事处副处长诺思中校(Oliver North)办公室,清点查阅绝密文件时,赫然发现了一个出乎意料、更为可怕的爆炸性内幕:竟然有 1200 万美元“军售余款”被白宫幕僚偷梁换柱,擅自挪用,秘密用于援助尼加拉瓜反政府军。

与向伊朗出售武器相比,挪用余款的违法性质更为严重。早在 1982 年,美国国会通过了由众议院情报委员会主席、民主党众议员博兰(Edward P. Boland)牵头的《博兰修正案》,严刑峻法,三令五申,禁止中央情报局、五角大楼以及其他涉及军事和情报工作的政府部门向尼加拉瓜反政府军提供任何公开或秘密的援助。里根总统早已签署此法案,使其成为正式的联邦法律。白宫幕僚明知故犯,以身试法,其后果异常严重,其结局不堪设想,极有可能引发一场惊天大祸。

“水门”事件留给后人的深刻教训是,最致命的罪行并非窃听本身,而是案发后总统和白宫幕僚试图掩盖真相,妨碍司法调查,而且拒绝交出白宫录音带,侵犯了三权分立体制中联邦国会的调查权和联邦法院的司法权,最终导致尼克松丢失了总统宝座。

得知险情后,米斯大惊失色,当即向里根总统做了汇报。为了避免重蹈“水门翻船”的覆辙,里根与米斯、白宫办公厅主任里甘(Donald Regan)商量后决定,丢卒保车,争取主动,迅速公开擅自挪用军售余款的最新丑闻,绝不能让“伊朗门”丑闻演变成“另一个‘水门’事件”。①

---

① [美]米斯:《里根政府内幕》,Edwin Meese, *With Reagan: the inside story*, Washington, D. C.: Regnery Gatewa, 1992, pp. 244 – 245。

里根如此决策实出无奈。美国政界有个笑话：华盛顿是世界上唯一一座音速快于光速的城市。一旦内幕泄露给媒体，肯定会掀起一场比“水门风暴”还要险恶百倍的狂风巨浪。

11 月 25 日，米斯在白宫举行记者招待会，主动披露了挪用军售余款的最新案情。事出意外，匪夷所思，白宫记者团冷不丁没反应过来，现场出现了一阵令人可怕的沉默。接下来，连珠炮般的提问开始，第一个问题就直捣白宫最敏感的神经中枢。

记者：“里根总统知道这件事吗？”

米斯：“在我向总统报告之前，他一无所知。”

记者：“什么？那么究竟谁知道这件事？”

米斯：“美国政府中对这件事知道得最清楚的只有诺思中校。”

记者：“什么？”

米斯：“总统国家安全事务助理、海军中将波因德克斯特（John Poindexter）知道有此类性质的问题，但是他没有进一步调查。”

记者：“诺思中校的行为是否构成犯罪？”

米斯：“目前行政部门正在从法律角度调查此事，看它是否涉及任何犯罪性质的问题。”

这个惊心动魄、扣人心弦的最新发现，恰似炉中添炭，火上浇油，致使事态日趋严重。媒体报道铺天盖地，耸人听闻；里根总统焦头烂额，坐卧不安；白宫幕僚惊惶失措，惊恐万状；行政部门风雨飘摇，朝不保夕。

1986 年 12 月，波因德克斯特将军宣布辞职。里根陪同将军出席了新闻发布会，高度赞扬他是一个“高尚的人”。同日，白宫宣布解除诺思中校的职务。里根给诺思打了一个告别电话，意味深长地夸奖他是“美国英雄”,认为他的事迹可以拍摄成一部精彩的电影。诺思接听时,“啪”的一声立正,向电话中的里根总统敬礼。次日,里根接受《时代》周刊采访时,否认自己知道任何有关挪用军售余款的内幕,同时再次夸奖诺思是“美国英雄”。

有些内行的专家学者深感纳闷,里根政府“以武器换人质”之说,听上去好像是天方夜谭。里根总统执政以来,伊朗深陷“两伊战争”之中,焦头烂额,自顾不暇,没有劫持或扣押过任何美国人质。曾经轰动全球的伊朗扣押美国人质事件,早已是过时旧闻。

第二章 卡特终生难忘的噩梦

1979年年初，在穆斯林宗教领袖霍梅尼鼓动下，伊朗各大城市爆发反对巴列维国王的动乱。卡特政府奉行“人权外交”，警告伊朗国王不要大动干戈，侵犯公民人权，结果错失控制混乱局面的良机。

里根政府国防部长温伯格反省说：“不管怎样，看来美国一直影响伊朗国王巴列维，敦促他更快地行动，越来越接近美国心目中什么是真正民主的理念。我认为，美国不断要求国王释放所有囚犯（我们解释为政治犯），以及国王对美国言听计从，是使霍梅尼宗教保守派分子得以如此迅速地发动穆斯林革命的主要原因。”①

据揭露“水门”事件的功臣、《华盛顿邮报》记者鲍勃·伍德沃德披露：“国家安全事务助理布热津斯基曾要求伊朗国王动用武力平

---

① ［美］卡斯帕·温伯格：《为和平而战：温伯格回忆录》，Caspar W. Weinberger, *Fighting for Peace: Seven Critical Years in the Pentagon*, New York, Warner Books, 1990, p. 355。

息街头叛乱,而国务卿万斯反对动武,卡特总统却犹豫不决。而要害在于,美国总统不说话,伊朗国王什么行动都不敢启动。卡特优柔寡断,国王迟疑不决,这正是革命叛乱分子需要的,结果他们终于日益兴旺,最终赢得胜利。"①

基辛格喜欢引用德国文豪歌德的名言:"如果非要在有正义没秩序与有秩序没正义之间二选一的话,我永远选择后者。"他尖锐地批评卡特总统的对伊朗政策:"在整整一代人的时间里,美国外交最大的政策争议,就是我们的盟友伊朗国王被推翻,而美国却袖手旁观,甚至对其中涉及的原因连一点起码的理解都没有。"②

当局势失控、天下大乱之后,巴列维国王身患癌症,被迫弃国出走,流亡美国。伊朗各界群情激怒,强烈要求美国引渡国王,归还革命爆发后被冻结在美国的数百亿美元伊朗资产,遭到美国政府严词拒绝。

当年 11 月 4 日,伊朗大学生怒不可遏,闯入并占领了地处德黑兰的美国大使馆,扣押 60 多名美国外交官和使馆工作人员作为人质,以此要挟美国政府。翌日,霍梅尼和伊朗政府宣布支持学生们的"爱国行动"。美国政府强压怒火,与伊朗政府谈判交涉。可是,伊方油盐不进,软硬不吃,毫无通融余地。

由于国内舆论和民意压力巨大,影响当年的总统大选,1980 年 4 月 24 日,卡特总统拍板决定,放弃外交努力,不惜铤而走险,与伊朗

① [美]鲍勃·伍德沃德:《帷幕:中央情报局的秘密战争》,Bob Woodward, *Veil: The Secret Wars of the CIA*, 1981－1987, New York : Simon and Schuster, 1987, p. 111。

② [美]沃尔特·艾萨克森:《基辛格传》, Walter Isaacson, *Kissinger: A Biography*, New York: Simon & Schuster, 1992, p. 714。

兵戎相见。五角大楼精心策划了一个出动特种部队营救人质的方案，代号为“鹰爪行动”（Operation Eagle Claw）。

精心策划的“鹰爪行动”惨遭失败后，美伊关系跌至深谷。卡特总统痛苦地承认，1980 年 4 月 24 日就像一场挥之不去、终生难忘的噩梦，是他一生中最失败、最沮丧的一天。1980 年 11 月，卡特总统在大选中惨遭失败，成为自 1932 年胡佛总统以来第一位连任失败、经选举产生的在职总统。

卡特是“种花生的农夫”出身，毕业于海军军官学院，曾任战略核潜艇指挥官。他为人正直，热心公益，下台 30 余年以来一直享有“模范卸任总统”的称号，而且获得了 2002 年度诺贝尔和平奖。美国社会有一个广为流传的笑话：卡特总统真不错，不当总统时比当总统还称职。

福特总统评论说：“卡特在所有问题上都犹豫不决、模棱两可和优柔寡断。”“他的外交政策总是相互矛盾，反复无常，带有危险性。”“我认为他是我一生所遇到的最软弱无能的总统。自从‘经济大萧条’以来，在各任总统中，他在经济上的业绩是最差的，而且居然还在为自己辩护。”①

卡特不当总统后，人质事件峰回路转，最终得到体面解决。“鹰爪行动”惨败后，美国政府“郎心似铁”，冷酷无情地逼迫已是癌症晚期的老朋友巴列维国王离境，他不久后在埃及病逝。此后，美国与伊朗重启秘密谈判。1981 年 1 月 20 日，里根总统举行就职典礼之日，伊朗宣布释放全部美国人质。里根兴高采烈，特意派遣总统专

① ［美］托马斯・德弗兰克：《福特传：等我死后再公开》，王海舟等译，中信出版社 2009 年版，第 142、143 页。

机“空军一号”赴伊朗接回了全部人质。

既然美伊人质危机早已得到解决，里根政府为何无的放矢，缘木求鱼，与根本没有扣押美国人质的伊朗搞什么“以武器换人质”的秘密交易呢？

一种比较流行的说法是，1984 年至 1985 年，亲伊朗的黎巴嫩真主党在贝鲁特劫持了 7 名美国人质，美国试图借助伊朗的间接影响，达到人质获释的最终目的。为此，美国向伊朗出售了 2008 枚“陶”式（TOW）反坦克导弹，235 枚“隼”式（Hawk）防空导弹。截至武器交易曝光时，7 名美国人质已有 3 人获释。但是没过多久，真主党竟然又劫持了 3 名美国人质。换句话说，被扣押的美国人质仍然还是 7 名。

“高价”换回来的人质同样令人闹心。本杰明·韦尔牧师经历了一年多的摧残折磨和牢狱苦难，最终获释后，不但不感谢美国政府，反而把满腔怒火对准恩主。接受媒体采访时，他把美国政府和以色列骂得狗血喷头，而且拒绝提供任何可能帮助军方的情报。

里根总统和白宫幕僚为何如此胆大妄为，头顶法律严惩的巨大风险，身冒国会弹劾的灭顶之灾，顶风作案，冒险犯难，秘密进行规模惊人的军火交易，难道只是为了营救区区 3 名人质吗？好家伙，平均出售 700 余枚先进导弹才换回一个没有“爱国良心”的人质，里根政府的人权记录真的如此大慈大悲吗？这种荒诞不经的“以武器换人质”交易，岂不是等于“盛情邀请”恐怖分子继续劫持更多的美国人质？

美国媒体一向尖酸刻薄，嘲笑讥讽里根总统“驻颜有术”，一头飘逸的黑发毫无疑问是染的，脸颊上红润的肤色显然系化妆而来。

可是，据白宫办公厅主任里甘披露，得知“挪用余款”内幕后，里根总统“原形毕露”，面色惨白，惊慌失措，一再表示毫不知情。然而，身为总统兼美军总司令，里根真的对军售余款转交尼加拉瓜反政府军的绝密计划一无所知吗？溥天之下，谁能相信这个漏洞百出、难以自圆其说的弥天大谎？

想当年，导致尼克松总统辞职下台的“水门案”，起初只是一个毫不起眼的三流未遂窃听案，党派政治斗争的低劣把戏而已。导致克林顿总统遭到国会弹劾的“拉链门案”，起初只是在民事诉讼案中作了伪证，绝大多数美国民众视之为风流韵事，琐事一桩。

相形之下，“伊朗门案”胆大妄为，情节恶劣，罪恶昭彰。仅凭涉案当事人以身试法，明知故犯，视美国国会出台的《武器出口管制法》和《博兰修正案》于无物的恶性违法之举，国会参众两院就可以立刻启动弹劾程序，置里根总统于万劫不复之地。

第三章　甩手掌柜里根总统

若要讲清楚“伊朗门案”的来龙去脉、前因后果、关键人物、最终结局等复杂问题，非常有必要啰唆几句，对里根总统的领导风格以及里根政府的决策特点做一些背景介绍。

美国众议院议长莱特（Jim Wright，1987 – 1989 年任职）精彩地评论说：“里根总统执政六年以来，我们大家一口咬定他是个糊涂蛋，根本就不知道自己周围发生了什么事情。可是，当里根自己也说自己是糊涂蛋时，我们却又说他在撒谎。”

里根是美国第一位“影星总统”。他曾是好莱坞二流影星，后来弃影从政，两次当选加州州长，三次竞选总统，矢志不渝，愈老弥坚，终于在年届 70 岁时如愿以偿。问鼎白宫后，他遇刺大难不死，四年后高票连任，一直干到 78 岁高龄，成为美国历史上重振国威、赢得冷战、影响深远的伟大总统。

可是，里根授权的传记作者埃德蒙·莫里斯（Edmund Morris）却认为，这位演员出身的总统“头脑极度平庸……在三四次会面之后，我体会到他在文化方面完全是个粗汉，在交谈中呆若木鸡。当你问到涉及他生平的一个问题时，就像把一块石头投入井中，却连一点水花声也听不到”。里根对讨论内政外交兴味索然，而且像柯立芝（Calviu Coolidge，1923－1928 年任职）总统一样，把很多时间用于午睡和度假。

里根曾经信口开河地说，燃煤火力发电厂造成的放射性污染比核电站更加危险；森林过多是造成酸雨的主要原因；南越和北越不应该统一，因为它们是分离数百年的国家；苏联曾在列宁时代费尽心机，企图派兵经由墨西哥入侵美国，等等。以致很多学者对里根的文化和智力水准深表怀疑。

法国总统密特朗评价里根说：“这是一位没有思想、没有文化之人，可以肯定，是个所谓的自由主义者。但透过表面你会发现他其实并不笨，极有见识，有着极其良好的意图，凡是超越他的智力范围的事情，他就用直觉去感知。”①

基辛格在《大外交》一书中写道：“里根执政后的表现令人咋舌，无懈可击。从学术界观察家的角度看，则几乎不可理喻。里根对历史几乎一无所知，而他所知道的那一小部分，也被他东挪西借，支持他本人坚定的偏见。”“当你和里根谈话时，有时会想到：为什么有人认为他应该当上州长，甚至是总统。但是，身为历史学家，必须说明的是，像里根这样一位才智平庸的人，为何能主宰加州八年，如今又

① 转引自［美］埃德蒙·莫里斯：《荷兰人：里根传》（下册），李小平等译，当代世界出版社 2004 年版，第 591 页。

主导白宫已近七年。”①

在很多学者眼中，里根只是个末流戏子，徒有其表，才智平庸，不学无术。出乎意料，他竟然爬上了世界最强大国家政治金字塔的顶峰，而且居然成为重振国威、赢得“冷战”的伟大总统。别说外交才子基辛格泛酸吃醋，就连很多普通美国人都感到迷惑难解，甚至不可思议。

其实，若论对总统生涯的准备，里根比杜鲁门、福特这类碰巧赶上前任病故或辞职，不得不临阵磨枪、临渴掘井的“幸运总统”要充分和完备得多。里根毕竟干过八年加州州长，从政经验极为丰富，演讲才能超群绝伦，讨论问题简洁明快，应对媒体从容幽默，处理政务干净利落，治国统军高屋建瓴，公众场合挥洒自如，举手投足刚毅自信，具备了一个成熟政治家的基本素质。

很多学者批评里根才智平庸，不学无术，这恐怕是天大的冤枉。他其实也是“蛮拼的”，认真拜读过米尔顿·弗里德曼的《资本主义与自由》、弗里德里希·哈耶克的《通往奴役之路》、卡尔·波普的《开放社会及其敌人》这现代西方三大经典名著，但并非原著，而是《读者文摘》推出的通俗简化版。信不信由你，如果不是专业学者，真的没必要花费美好时光，死啃那些晦涩难懂的思想经典，把脑袋瓜儿都读傻了。如果连大学生都能看懂中文版的德国古典哲学家康德的著作，那肯定是翻译错了。

那些深情呼唤“和平”“裁军”“反战”等高尚字眼的绥靖人士，那些过分热衷于如何分配而不是创造财富的知识分子，那些躲在书

---

① Henry Kissinger, *Diplomacy*, New York: Simon & Schuster, 1994, pp. 764 – 765.

斋里读了点儿书就胆敢向全人类许诺乌托邦美好前景的先贤大师，主要毛病恰恰是对人性和社会缺乏基本常识。

里根的“思想根底”主要基于三大名著的通俗版。他擅长运用朴实无华、通俗易懂的大众语言和社会常识，表达简单朴素的意识形态观点，而且幽默搞笑，妙语连珠。里根拥有非凡的记忆力，平时杂七杂八地阅读一大堆通俗读物，脑袋里仿佛储藏了取之不尽的奇闻趣事、笑话隐喻、谚语格言，谈吐讲话轻松愉快，临场反应机智敏捷，被誉为“伟大的沟通者”。

针对“伟大的沟通者”之说，里根回应道：“我赢得了一个称号——伟大的沟通者。但是，我一直不认为那是由于我表达的方式或语句，而是其中的内涵。我不是一个伟大的沟通者，我只是传播伟大信息的人。”

里根认为：“如何判断什么样的人是共产主义者呢，共产主义者就是那些阅读和崇拜马克思和列宁学说的人；那么什么样的人是反共产主义者呢，反共产主义者就是那些理解了马克思和列宁学说的人。”

里根任加州州长时，遇到嬉皮士、摇滚青年等“垮掉的一代”长发披肩，奇装异服，高举“要做爱，不要战争”（Make love，not war）的标语牌，举行反越战大示威。里根叹口气说：“瞧这帮伙计，看样子做爱、打仗都不灵。”

里根竞选总统时，通俗易懂地告诉美国选民：“经济衰退就是你的邻居失业；经济萧条就是你自己失业。经济复苏就是吉米·卡特下岗。”①

---

① 原文为：“A recession is when your neighbor loses his job. A depression is when you lose yours. And recovery is when Jimmy Carter loses his.”

里根当选总统后,一位记者充满不屑地问道:“一个演员怎么可能成为总统呢?”里根精辟巧妙地回答:“一个总统怎么可能不是演员呢?”

有人批评里根开内阁会议时打瞌睡。里根回应说:“我真的很想开一个可以打瞌睡的内阁会议。”

里根遇刺生死攸关之际,躺在手术台上对医生说的第一句话:“我希望你们都是共和党人。”

在医护人员的精心护理下,里根手术后康复神速。他告诉媒体:“如果当年在好莱坞时也能得到如此良好的照顾,那我肯定就在演艺圈干下去了。”

里根也有“自摆乌龙”的稀里糊涂搞笑场合。1985 年 10 月 8 日,他在白宫门口郑重宣布:“我非常高兴欢迎李光耀总统和夫人来到新加坡访问。”话音刚落,台下立刻响起了雷鸣般的笑声和掌声,里根自己也笑得特别开心。

美国人想起里根,就会想到开心和幽默,乐观和自信,信念和勇气。

里根在首次就职演讲中强调:“政府属于国家,不是国家属于政府。这使美国在全世界独树一帜。除了人民赋予的权力之外,美国政府没有任何特权。目前政府的膨胀已经超越了人民的意愿,我们应当遏制和逆转这个趋势。”“在大多数时候,政府不是解决问题的良方,政府恰恰是问题的症结。”

值得一提的是,里根总统的领导风格和统御手段,独辟蹊径,别具一格。如果把美国政府行政部门比喻为一艘航空母舰,那么里根作为总统所承担的角色,并非主管全舰日常工作和具体事务的一舰之长,而是大致相当于在茫茫大海中指引航道的领航灯塔。

身为总统,里根关心的只是宏观决策和全局性大事,如巨额减税,削减政府开支,振兴经济,重整军备,对抗苏联。他偶尔心血来潮,插手个别具体问题,比如坚持在欧洲部署中程导弹、近乎狂热地推动“战略防御计划”(星球大战)、与沙特联手秘密操纵国际油价、力主援助尼加拉瓜反政府军等,皆为拖垮苏联、赢得“冷战”的精彩之笔。

历史学家不得不承认,里根大智若愚,魄力惊人,其政治理念、治国方略以及宏观决策,高屋建瓴,影响深远。在20世纪美国史上,里根的政绩、成就、影响和历史地位,仅次于推行“新政”、打赢“二战”的富兰克林·罗斯福总统。可是,若论具体的行政领导和管理水平,即使与卡特、奥巴马等最差劲儿的总统相比,里根仍然相差远矣。不是水平太低,能力不够,而是心不在焉,无为而治。

里根外表给人的印象,一向是热情奔放,充满活力,但是他毕生最崇拜的政治偶像,却是平庸无奇、懒散无为的柯立芝总统。此公入主白宫后,每天酣睡长达12小时,其余时间沉默寡言,无所事事,而美国经济却高速增长。里根比柯立芝还要悠闲自在。1983年9月15日,美军入侵中美洲战略要冲格林纳达当夜,身为美军最高统帅,下达攻击命令之后,里根立马倒头大睡,鼾声如雷。次日太阳高照之时,他仍然长睡不起,不叫不醒,潇洒得一塌糊涂。

按照美国著名脱口秀节目《今夜秀》(*Tonight Show*)主持人约翰尼·卡森(Johnny Carson)的说法,只有两件事能让里根总统从酣睡中醒来:一是爆发第三次世界大战;二是电影院重新上映老电影《海军悍妇》(*Hellcats of the Navy*,1957)。这是里根与南希在演员时代唯一合作主演的一部电影,剧情乏味,表演生硬,票房甚差。

《海军悍妇》是里根与南希合作主演的唯一一部电影

里根虽然是电影演员出身,但其领导风格却像是一个举重若轻的投资商兼制片人,仅局限于确定剧本主题,设定影片基调,决定导演和编剧人选,选定领衔主演明星,出席各种仪式典礼,发布演说和广告,至于影片究竟如何具体拍摄,则疑人不用,用人不疑,潇洒自如,完全放手,听任导演、编剧、摄影和演员自由创造,八仙过海,各显神通。

里根偶尔也听取一下进度汇报,但并不装腔作势,假装内行,越俎代庖,任意干涉下属的判断和决策。担任州长和总统期间,里根从不规定严格的工作日程,热衷于休闲度假,擅长砍柴骑马,喜欢幽默笑话,把行政事务和具体决策,全权委托给助手和幕僚处理。

里根对总统职务的理解独具特色。他扮演的角色是象征意义的国家领导人,高瞻远瞩的政党领袖,富有感召力的保守主义理念宣传家,纲举目张的治国方略代言人,而不是日理万机的国家元首兼行政首脑,宵衣旰食,身心交瘁,寝不安席。

里根的特长在于任人唯贤,激励部下,提纲挈领,充分授权,发挥部属和幕僚的个人主动性和创造性。他声称:“最好的领导办法,就是挑选出类拔萃的人才环绕左右,赋予他们需要的行动自由,不要干预他们的工作。”

然而,凡事适可而止,过犹不及。在“无为而治”和“充分授权”等问题上,里根有些走火入魔。他是一个心不在焉的国家元首,稀里糊涂的政府首脑,漫不经心的行政领导,指挥着一个混乱不堪的政府决策和管理体制。

福特总统评论说:“里根不是一位‘理论上称职’的总统(这句话你绝不能在我生前发表)。你要知道,他在预算和外交政策方面的专业知识,既达不到民主党总统的标准,也达不到共和党总统的标准。但他也有自己的天赋,他比罗斯福之后的任何一位总统,或许还有肯尼迪,都会兜售自己。”①

据里根政府第六任国家安全事务助理科林·鲍威尔将军披露,里根对总统日常工作的具体问题和决策细节漠不关心,不闻不问,甚至对涉及国家安全的重大战略决策,同样淡然处之,不置一词。

---

① [美]托马斯·德弗兰克:《福特传:等我死后再公开》,中信出版社 2009 年版,第 111～112 页。

1986年鲍威尔将军出任国家安全事务副助理。每天早晨，他与上司弗兰克·卡卢奇(Frank Carlucci)一起向里根汇报全球外交和军事要闻，列举国务院、五角大楼、国家安全委员会、内阁要员、参众两院、新闻媒体的立场观点，提出精心筹划的数套决策预案，供总统统筹全局，权衡利弊，拍板决策。可是，里根总统要么一声不吱，要么讲几个幽默笑话，顾左右而言他，既不说“是”，也不说“否”，全部重大决策皆由卡卢奇和鲍威尔两人代行总统职责，临机决断，一锤定音。

鲍威尔提心吊胆地回忆：“里根这种消极无为的领导风格，使我们这些部属如负千斤重担。在没有明确的总统指示的情况下，我们实施各种决策方案，常常感到如芒在背。后来我们逐渐习惯了这种状况。”

“问题在于，如果某个决策后来遭到批评，这个决策还能实施下去吗？里根总统还会记得当初决策过程的事情吗？一天上午，我们建议美国政府拒不履行一项关键性国际军备控制项目，里根总统仍然未置可否。离开白宫椭圆形办公室后，在走廊上，弗兰克向我抱怨说：我的上帝啊！里根总统竟然不表态，你我两人肩负的使命，绝对不是领导美国！”①

白宫办公厅主任里甘认为：“这一级的领导对手下给予这样程度的信任在美国现代史上是空前的。但是在某些情况下，在某些总

---

① [美]科林·鲍威尔：《我的美国之旅》，Colin Powell, *My American journey*, New York: Random House, 1995, p. 334。

统助手对总统不甚了解的背景中，他们不可避免地会辜负这种信任。”①

里甘是哈佛法学院高才生，“二战”期间投笔从戎，参加过瓜达尔卡纳尔岛、冲绳岛等著名战役，晋升为海军陆战队少校军官。战后他在华尔街从事金融业，当上了美国五大投资银行之一美林证券（Merrill Lynch）的 CEO。里甘从政之前，与里根仅有两次私人交谈，却意外得到破格重用，先后出任里根政府第一任财政部长、第二任白宫大管家。

在“伊朗门”事件中，里根政府第四任国家安全事务助理、海军中将波因德克斯特闯下了弥天大祸，扮演了至关重要的核心角色。可是，根据白宫档案记载，在 11 个月 23 天的任职期间，他与里根单独会面交谈的时间，总共才有 81 分钟。

里根这种大而化之、举重若轻、不问细节、无为而治的领导风格，既是其在总统生涯建树非凡、功成名就的基本素质，亦是其在“伊朗门案”中险些马失前蹄、阴沟翻船的主要祸根，同时也是他在案发后一问三不知、最终逃脱法律责任的重要原因。

---

① ［加拿大］夏尔·菲利普·大卫：《白宫的秘密：从杜鲁门到克林顿的美国外交决策》，李旦等译，中国人民大学出版社 1998 年版，第 306 页。

第四章　强硬对抗赢得“冷战”

“伊朗门”事件是在美苏“冷战”、激烈对抗的历史场景下发生的。里根政府军售伊朗和军援尼加拉瓜反政府军的冒险政策，是美国搞垮苏联、赢得“冷战”大战略的一个重要组成部分。若要充分了解事件的历史背景和决策动机，同样有必要回顾和介绍一下里根政府的国内经济政策和对苏外交战略。

里根在决定美苏“冷战”胜负的关键年代入主白宫。面对越战失败、“水门”丑闻、经济衰退、苏联争霸、日欧称雄、中国和第三世界崛起等前所未有的困难局面，他决心挽狂澜于既倒，提出了“重振国威”的基本国策。

在经济政策领域，里根号称是自柯立芝总统以来白宫中最无畏的“资本主义卫道士”。他反对沿袭罗斯福“新政”以来的经济和社会措施，主张大幅度减税和减少政府干预，削减政府福利补贴，发展和繁荣私营企业和市场经济，使资本主义制度在世界范围内重放光彩。

在外交政策领域，里根以对苏联强硬著称，提出以“实力求和平”战略，厉兵秣马，重整军备，在亚洲阿富汗、非洲安哥拉、中美洲尼加拉瓜等战略热点强硬对抗。他经常在大庭广众之下，不顾外交礼仪，言辞强硬，咄咄逼人，公开指责苏联是“邪恶帝国”。

里根总统在白宫办公室玩橄榄球

1981 年 8 月 11 日，里根在电视直播正式开始前测试麦克风时，信口开河地说了一个笑话：“我签署法令向苏联宣战，核进攻将在五分钟之后开始。”这个出格的“国际玩笑”，令苏联领导人极度震惊。

1982 年 6 月 8 日，里根在英国议会威斯敏斯特宫演讲时声称：“具有讽刺意味的是，卡尔 · 马克思是正确的。我们正在目睹一场巨大的革命性危机——一个经济秩序的要求直接与政治秩序的要求冲突碰撞的危机。但是，这场危机并没有发生在非马克思主义的西方自由国家，而是在马列主义的老家——苏联。苏联逆历史潮流而动，拒绝给予苏联公民人类自由和尊严。”“自由和民主的征程，将会把马列主义扫进历史的灰烬堆。”①

想当年,尼克松、福特、卡特三位总统皆从实力地位出发,对苏外交和军事战略的基本目标是维持战略均势。里根却特立独行,胆识过人,提出追求战略优势的目标,大规模扩军备战,启动“星球大战计划”,企图凭借高科技优势,以军备竞赛压垮苏联,最终赢得冷战“胜利”。

为了达到目标,里根一口气把1981年度军费预算增加了13%。在美国历史上,这是和平年代规模最大的一次扩军备战。可是,在美国的政治体制中,“印把子”虽然捏在总统手里,“钱包权”却在国会控制之下。未经参众两院审核批准,总统提出的军费预算只是天方夜谭。

里根扩军备战之际,正是美国经济极为严峻之时。如此决策,似乎全凭一时冲动,而非深思熟虑。一个显而易见的难题是,当时通货膨胀率高达12%,失业率高达7.4%。为了控制通货膨胀,美联储已经把短期利率提高到创纪录的21%。结果,高利率又使不景气的经济雪上加霜。当时联邦预算赤字已创历史最高纪录,根本就没有闲钱让五角大楼敞开儿了瞎花。

为了遏制苏联,重振国威,里根痛下决心,有钱要重整军备,没有钱借“高利贷”也要重整军备。他提出了雄心勃勃、大刀阔斧的重振国威方案,其主要内容为:第一,大幅度降低税率,刺激私人投资。令学术界吃惊的是,次高一档的个人收入累进税率,竟然从70%剧降到28%,幅度之大,空前绝后。第二,大幅度削减政府开支,主要

① Ronald Reagan, Address to Members of the British Parliament, June 8, 1982.

是削减贫困阶层的社会福利。第三，大幅度增加国防预算，在此后五年中，军费总额将高达一万亿美元。

可是，巨额减税、“劫贫济富”和扩军备战的国策，弊端明显，争议百出。一方面巨额减税，使财政税收剧减；另一方面又扩军备战，使国防开支剧增，收入支出无法平衡，联邦政府只能大举国债，卯吃寅粮，靠巨额赤字过日子。

面对各界批评，里根总统坚信，依照“供给学派”的“供给侧”（supply-side）经济理论，降低所得税和资本收益税，减少政府管制，将会促进投资，使企业以更低的价格提供更多的商品和服务，消费者会从中受益，最终导致经济繁荣，税收增加，政府预算平衡。然而，很多专家学者深表怀疑，认为里根不懂经济，盲目乐观，祸国殃民。

为了通过减税法案和重整军备的军费预算，里根苦思冥想，费尽心机。1981 年 2 月 18 日，他在国会发表国情咨文，首次抛出了“供给侧”改革方案。可是，由于“里根革命”用药过猛，全凭直觉，非理性色彩过强，朝野反对阵营声势浩大。华盛顿观察家们普遍认为，国会通过“里根革命”预算方案的可能性甚微，前景黯淡，路途漫漫。

在黑格尔和马克思的笔下，历史必然性和规律性被过分夸大了。实际上，偶然性在历史和政治舞台上扮演的角色不可低估。如果没有一场突如其来的刺杀总统事件，里根大概会像他的两位前任福特和卡特那样，悄然无声地度过一届任期，然后在连任竞选中被挑战者一举击败。

1981 年 3 月 30 日，里根遭遇刺杀，胸部中弹，弹头距心脏只有两厘米左右。当总统专车抵达医院时，里根面色惨白，血流不止，呼吸困难，血压已经低得难以测量。但他却对惊惶失措的第一夫人南茜开玩笑说："亲爱的，我忘了蹲下来躲避。"南希听后，不但没有破涕为笑，反而泪湿衣襟。生死关头，里根谈笑自如，尽显英雄本色，把这场生死大戏"表演"得惊天地、泣鬼神，令人赞叹不绝，叹为观止。

举国混乱之刻，生死攸关之时，里根临危不惧，谈吐幽默，感人至深。新闻媒体佳评如潮，参众两院深受触动，全国民众赞不绝口，很多人因此成为里根的终生铁杆粉丝。《华盛顿邮报》专栏认为，里根总统因此劫难，将彻底超越那些平庸的政治家，脱颖而出，一鸣惊人。

偶然挨了一颗枪子之后，历史突然拐了个小弯儿。以前被朝野政敌看轻低估的"二流戏子"里根总统，形象大变，光彩照人，一时成为民众心目中无人匹敌的英雄豪杰、硬汉男儿。此时此刻，没人不识时务，自找没趣儿，对他的激进施政方针过分较真。

1981 年 4 月 28 日，即行刺事件仅四周后，里根不顾枪伤初愈，年高体弱，再次亲临国会发表演说，恳请国会高瞻远瞩，顾全大局，尽快通过减税法案和年度军费预算。

演说前，当里根登上讲台时，国会议员不分党派，全体起立，向颤颤巍巍的老总统鼓掌致敬，长达三分钟之久，场面颇为感人。两个月后，参众两院几经折冲，最终全盘批准了里根提出的减税方案。

里根政府 1981 年度军费预算，国会批准了 98%；1982 年度军费预算，国会批准了 100%。如此之高的批准率，在美国总统与国会打交道的历史上极为罕见！奥巴马总统虽然口若悬河，但是在与国会沟通方面，与里根总统相差远矣。正如里根所言，关键的问题不是“表达的方式或语句，而是其中的内涵”。

“里根革命”方案通过后，经济不但毫无起色，反而日趋恶化。美国经济在1981年7月开始急剧衰退，并在1982年11月降到谷底。犯罪率、失业率、通货膨胀率、企业破产率、预算赤字总额等数据，触目惊心，日趋恶化，其危险和严峻程度，仅次于20世纪30年代的“经济大萧条”。

1982年10月15日，美国第一大报《纽约时报》登出一则惊人新闻：里根总统的儿子罗恩·里根（Ron Reagan）在纽约市排队领取失业救济金，[①]立刻引起全球轰动。罗恩时年24岁，是里根与南希结婚后唯一的儿子，聪明英俊，颇有才华，于1976年考入耶鲁大学，前途似乎一片光明。

美国黑色幽默作家库尔特·冯内古特（Kurt Vonnegut）说过：“如果你真的很想伤害你的父母，又没有胆子搞同性恋，那你至少还有一个办法，就是投奔艺术。”罗恩从小性格“叛逆”，12岁时就有胆量向父母摊牌，拒绝去教堂做礼拜。他酷爱艺术和舞蹈，甚至不惜从耶鲁退学“投奔艺术”，成为一名专业芭蕾舞演员。在经济萧条的背景下，罗恩所在的芭蕾舞团宣布暂时停业。

面对“太子”失业的“丑闻”，白宫新闻发言人出面解释说，里根夫妇多次提出要给儿子提供经济帮助，但罗恩秉持自立自主的理念，坚决拒绝“啃老”，宁肯领取每周125美元的失业救济。据接近总统的朋友披露，里根并不特别在意儿子失业，只是非常担忧罗恩

---

① The Associated Press , *Reagan son on jobless line*, New York Times, October 15, 1982.

在“舞蹈圈”混成了同性恋。

面对空前严重的经济危机，参众两院忧心忡忡，白宫幕僚坐卧不安，劝告里根总统改弦易辙，削减军费，增加税收，渡过危机难关，争取连任总统。留得青山在，不怕没柴烧。

在美国知识界看来，里根不学无术，才智平庸。但后人不得不承认，此公确实具有敏锐的政治直觉，非凡的远见卓识，而且敢作敢当。面对空前危机，里根固执己见，无视民意，不惜付出惨重的政治代价，不肯在减税和军费问题上做出退让。1982 年 11 月，共和党在国会中期选举惨遭挫败。第一夫人南希灰心丧气，向朋友吹风说，里根可能会退出连任总统的角逐。①

面临经济衰退、国债剧增的巨大压力，里根反复强调：“在巨额联邦赤字和赢得冷战之间，我宁愿选择后者。”他对白宫办公厅副主任迪弗表示：“我对这场豪赌承担全部历史责任！”②

1982 年 11 月，主管民意测验的白宫幕僚对里根诉苦说：民意支持率已经急剧跌落到历史最低点，这样继续下去可怎么得了。里根轻松地回答：“大不了我出门再挨一枪。”③

出乎意料的是，从 1983 年年初开始，美国经济峰回路转，凯歌高奏，气势如虹，以“四高”（高赤字、高利率、高汇率、高贸易逆差）为代

---

① [美]卢·坎农：《里根总统：终身角色》，Lou Cannon, *President Reagan: the role of a lifetime*, New York: Simon & Schuster, 1991, p. 233。

② [美]迪弗：《一个与众不同的鼓手：我追随里根三十年》，Michael K. Deaver, *A Different Drummer: my thirty years with Ronald Reagan*, New York: HarperCollins, 2001, p. 154。

③ [美]阿德里亚娜·博斯：《里根：一个美国人的故事》，Adriana Bosch, *Reagan: an American story*, New York: TV Books, 1998, p. 192。

价，一举冲破20世纪70年代的"滞胀"困境，取得了连续六年高速增长的显著成就。1984年，里根以绝对优势赢得连任。

在里根总统任内，美国军费从1980年的1472亿美元增长到1989年的2902亿美元，金额几乎翻了一番，但同一时期政府税收的增长幅度仍然超过了国防开支。经济繁荣为美国社会创造了1800万个就业机会，美国经济总量在八年期间增长了三分之一，或者说增长幅度相当于整个联邦德国的经济规模，为美国赢得"冷战"奠定了强大的经济基础。

在外交领域，除了扩军备战、强硬对抗之外，里根还授权中央情报局推行秘密经济战略，与沙特联手操纵国际油价暴跌，对搞垮苏联、赢得"冷战"起到了难以置信的作用。

美国知识界一向批评里根是"鲁莽狂热的战争贩子""梦游历史的头号蠢货"。美国著名公共知识分子、《帝王总统》一书的作者小施莱辛格(Arthur Schlesinger, Jr.)1982年访问苏联之后宣称："那些认为苏联经济和社会已到了崩溃的边缘，梦中幻想外力再推一把，它就会滑落悬崖的美国人，只是在开自己的玩笑。"

然而，后人却非常惊讶地发现，恰恰是鲁莽的"二杆子"里根对苏联的弊端和弱点做出了正确的估量，扬长避短，另辟蹊径，改变了以前尼克松、福特、卡特政府热衷于军备控制、与苏联和平共存的缓和战略，作出了最令苏联难以忍受的致命决策。

美国著名"冷战"学者、斯坦福大学胡佛研究所高级研究员彼得·施威泽(Peter Schweizer)在专著中披露，里根与中央情报局局长凯西(William Casey)等内阁大员在对苏政策方面达成共识："'冷战'前30年，美国一直遵守竞技规则，没有越过雷池半步。但是，仅凭这种寻常手段无法赢得‘冷战’竞赛。”“当一个民主制度国家与一个极权制度国家作斗争时，前者处于一种明显的劣势状态，美国必须扬长避短。”①

里根决定在西欧部署新型中程导弹，直接威胁苏联。他在诺曼底登陆40周年纪念日宣称：“美国从两次世界大战中得到了痛苦的教训。时刻准备捍卫和平，要比失去和平后才远渡重洋夺回和平要好得多。”“今天和40年前一样，美军驻扎在欧洲只有一个目的，那就是保卫民主制度。除了战争纪念碑和我们英雄们安息的墓地以外，美国不会占据这里的一寸土地。”

1982年11月10日，勃列日涅夫去世之日，里根信赖的经济顾问亨利·罗恩(Henry Rowen)献计说：“美国应该把军备保持在高水平，诱使莫斯科全力追赶我们，同时停止供应苏联经济赖以生存所必需的东西，美国在10年内就会看到苏联体制如何垮台。”1983年3月，里根公开宣布启动“星球大战计划”，进行新一轮的军备竞赛，借此拖垮苏联经济。

沙皇俄国在1914年第一次世界大战爆发前曾是世界第一大粮食出口国；沙俄1898至1901年的石油产量一度超过美国，位居世界第一。苏共执政后，强力推行农业集体化，致使粮食生产元气大伤，苏联1950年的粮食总产量甚至低于沙俄时代的1914年。与此同时，苏联长期奉行“要大炮不要黄油”的政策，片面发展重工业和军事工业，导致重工业、轻工业、农业结构失调，甚至无法保证粮食和

① [美]彼得·施威泽：《胜利：里根政府加速苏联垮台的秘密战略》，Peter Schweizer, *Victory: The Reagan Administration's Secret Strategy That Hastened the Collapse of the Soviet Union*, New York: Atlantic Monthly Press, 1994, p. 7。

消费品自给,积重难返,危机四伏。

幸运的是,20世纪60年代苏联在西伯利亚发现60余处超大型油田,石油产量突飞猛进。1975年苏联石油产量首次超过美国,一跃而成世界第一大产油国和最大的石油出口国。与此同时,苏联沦落为世界最大的谷物和消费品进口国,40%以上的食品依赖进口。从1973年到1985年,苏联80%的外汇收入依赖石油和天然气出口,一半以上的外汇储备用于进口粮食和消费品。美国参议员、2008年共和党总统候选人约翰·麦凯恩(John McCain)曾不无夸张地讽刺说:“苏联其实是一个假扮成国家的加油站。”

对于苏联而言,更好的运气还在后面。1960–1970年,国际石油价格保持在1.8到2美元一桶的水平。由于石油输出国组织(OPEC)与西方跨国公司议价成功,到1973年10月,油价接近3美元一桶。1973年10月第四次中东战争爆发后,国际油价急剧上扬四倍,暴涨到接近12美元一桶,立刻引发西方国家经济危机。

1973–1975年,美国国民生产总值下降6%,失业率从4.5%急剧攀升到9%,成为尼克松因“水门”事件大失民心、被迫下台的经济背景。一向强劲的日本经济,由于石油涨价在1974年出现战后首次负增长。1980年两伊战争爆发后,伊朗和伊拉克石油一度停产,打破当时全球石油市场供求关系的脆弱平衡,再度引起油价上扬,1981年国际油价一度高达39美元一桶。

1973–1982年,苏联能源出口的总收入增长了14倍,外汇像海水涨大潮般汹涌而来。凭借“石油红利”,苏联大肆挥霍硬通货购买西方先进技术设备和消费品,不需要实施经济、政治体制改革,不需要科技创新和提高劳动生产率,仅仅依靠出口能源和大量投入资金,即可轻而易举地在经济、国防和全球争霸方面取得举世瞩目的成就。可是,这种经济增长模式弊端突出,明显地具有不稳定性和不可持续性。

苏联领导人勃列日涅夫好大喜功的性格此时也得到充分发挥。凭借出售石油的庞大收入,苏联野心勃勃地推行军备竞赛和全球争霸战略。

在 1988 年出版的《1999:不战而胜》一书中,美国总统尼克松精心统计了苏联 20 世纪 80 年代对第三世界国家提供经济和军事援助的惊人数字:每天 3500 万美元! 全年累计高达 128 亿美元(不包括苏联对东欧卫星国的援助),其中每年援助越南 35 亿美元,古巴 49 亿美元,尼加拉瓜 10 亿美元,安哥拉、莫桑比克、埃塞俄比亚共 30 亿美元。[①]规模如此巨大的对外援助,简直骇人听闻。要知道,1981 年中国的美元外汇储备只有区区 27 亿美元,1990 年才首次突破 100 亿美元大关。

苏联"富得流油",全球扩张,支持世界革命,穷兵黩武,遭到美国、欧洲、中国三面战略包围,再加上入侵阿富汗得罪了全球穆斯林,四面树敌,失道寡助,岂有不垮之理。

可是,苏联领导人凭借汹涌而来的雄厚石油财力,挥金如土,胆大妄为,四面出击。而美国经济则长期陷入"滞胀"困境,同时接连遭遇越战失败和"水门"丑闻的惨重打击。两大阵营"冷战"对抗明显地出现了苏攻美守的战略态势。

丰富的石油资源、国际油价暴涨和片面发展军事工业,堪称苏

---

① [美]尼克松:《1999:不战而胜》,Richard Nixon,1999:*Victory Without War*,New York,Simon & Schuster,1988,p. 36。

联大国崛起的关键性因素，同时成为苏联的致命软肋，成为帝国大厦根基坍塌的夺命裂痕。普林斯顿大学经济学教授斯蒂芬·科特金（Stephen Kotkin）甚至认为：“如果没有西伯利亚的石油，苏联很可能提前20年坍塌解体。”①

里根政府的对苏外交战略，恰恰对准了苏联的致命软肋和夺命裂痕。

1980－1982年，世界经济连续衰退并伴之以石油价格下降，里根政府决定趁火打劫，雪上加霜。首先，美国严格限制向苏联出口开采和精炼石油的高科技设备，阻挠和破坏苏联与西欧的天然气管道合作项目。其次，美国秘密支持波兰团结工会对抗苏联，向阿富汗抗苏武装提供3亿美元军火。最后，里根瞒着参众两院外交和军事委员会，秘密授权中央情报局局长凯西访问沙特，与法赫德国王达成绝密协议，凭借“市场力量”压低国际油价。

“星球大战计划”广为人知，但是里根秘密启动的“压低油价政策”却罕有研究者注意。2002年11月，原俄罗斯联邦第一副总理叶戈尔·盖达尔应邀在华盛顿智库美国企业研究所演讲时，首次洞若观火地指出：“前苏联解体的时间，可以追溯到1985年9月13日。”②正是在这一天，沙特政府石油部长依照与美国的秘密协议，宣布停止保护油价，大幅度增产石油。

---

① ［美］斯蒂芬·科特金：《幸免的世界末日之战：苏联坍塌解体，1970－2000》，Stephen Kotkin, *Armageddon Averted*: *The Soviet Collapse*. 1970－2000, Oxford: Oxford University Press, 2001, p. 15。

② 转引自［美］托马斯·弗里德曼：《世界又热又平又挤》，Thomas L. Friedman, *Hot, Flat, and Crowded*: *Why We Need a Green Revolution-and how it can renew America*, New York: Farrar, Straus and Giroux, 2008, p. 109。

1985－1986年,沙特石油日产量由200万桶猛增到1000万桶,导致国际油价从1985年初35美元一桶一路狂跌,1986年跌落10美元大关。有些专家预测会跌到5美元一桶。油价短期之内跌幅之大,史无前例,触目惊心。美国趁火打劫,紧密配合,遥相呼应,在国际市场抛售石油战略储备,造成油价持续暴跌。

据美国经济学家估算,每桶石油跌价1美元,将造成苏联减少10亿美元外汇收入;每桶石油跌价5美元,将导致美国的国民生产总值增长1.4%,附带降低通货膨胀和使广大消费者受益。

作为计划经济和国营垄断的经济大国,苏联领导人保守封闭,不思改革;各级官员吹牛拍马,掩盖真相;新闻媒体歌功颂德,假话连篇。苏联经济部门没有建立任何机制防范石油价格如此规模的大跌。当油价跌破10美元一桶后,苏联经济的决策者目瞪口呆,束手无策。到1986年7月,苏联从西德进口一台特定的设备。所需要的石油出口量比一年前多出5倍。

苏共中央政治局曾致信法赫德国王,谴责沙特发动石油经济战。但是沙特有恃无恐,不为所惧。沙特并非美国的傀儡和应声虫。法赫德国王之所以全力配合美国,一半系与美国的战略伙伴关系,一半系为自身安全保障考虑。苏军入侵阿富汗对沙特造成重大威胁,使其不得不与美国联手抗苏。

沙特的油田在海湾地区沙漠,采用西方先进技术,开采成本低廉,海运出口便捷。苏联的超大型油田在西伯利亚冻土严寒区,加上设备落后和效率低下,开采和运输成本高昂。20世纪80年代后半期油价剧跌后,沙特的石油收入仍然增加了三分之一,即使油价每桶跌至8美元,沙特仍然获利甚大。而苏联的石油工业入不敷出,濒临破产，造成灾难性后果。

军火是苏联继石油之后的第二大出口换汇商品。20世纪70年代石油繁荣时期，苏联向中东产油国家出售的军火增加了五倍。油价暴跌后，伊朗、伊拉克、利比亚等大量购买苏联军火的产油国富裕客户，立刻面临外汇捉襟见肘的窘境，导致苏联军火销售收入剧跌，沉重地打击了苏联经济的第二大支柱军事工业，致使苏联无力支撑新一轮军备竞赛，被迫大幅度削减对军队和军事工业的拨款。

石油和军火工业几乎在一夜之间断崖式崩盘，从根本上动摇了苏联的立国根基。1990年，苏联1200多种基本消费品有95%以上经常短缺，年通货膨胀率达到90%以上，预算赤字占国民生产总值的25%，政府财政离宣布破产、中止支付外债仅余数周时间。更要命的是，“屋漏偏逢连夜雨”，1988年世界粮食歉收，美国趁机限制粮食出口，国际粮价从1989年起持续暴涨，小麦价格的上涨尤其迅猛。

基辛格有一句经典名言：“如果你控制了石油，你就控制住了所有国家；如果你控制了粮食，你就控制住了所有的人；如果你控制了货币，你就控制住了整个世界。”①退一步说，如果你有本事操纵石油和粮食价格，那么同样有可能影响世界历史进程。

美国赢得“冷战”胜利主要不是依靠军事实力，而是市场经济和民主法治的优势。里根政府在国力衰退、苏攻美守、内外交困的困境下，大幅度调整内政外交，对内推行“供给侧”经济改革，对外逼迫苏联进行新一轮军备竞赛，同时对症下药，联手沙特操纵国际油价暴跌，使过度扩张的“泥足巨人”苏联陷入巨大困境，造成灭顶之灾。

---

① 转引自[美]威廉·恩道尔：《石油战争》，赵刚等译，知识产权出版社2008年版，中文版“前言”第2页。

苏联的统治机器和全球争霸战略需要天文数字的庞大的资金才能维持运转。能源和军火出口崩盘枯竭了苏联从西方进口先进技术设备、粮食和消费品的财力,急剧削弱甚至瘫痪了苏联向各加盟共和国、东欧卫星国以及越南、古巴、尼加拉瓜等盟国和世界革命战略要地输血供氧、提供经济和军事援助的实力,迅速造成国内外塌方式的全面溃败。

苏联大国崛起和全球扩张称霸的王牌,一不留神被美国玩儿成了灭亡它的致命死穴。在外交领域,苏联被迫妥协退让,认败服输,阵营坍塌瓦解。在国内领域,经济极度困窘,食品严重短缺,国家濒临破产,人民怨声载道,军队利益严重受损,甚至困难到连军饷都不能按时下发,哪里还有"男儿"愿意为腐败无能的政权卖命。

戈尔巴乔夫病急乱投医,没有深入分析导致苏联经济灾难的外部原因,反而将困境完全归罪于自身经济和政治制度的传统弊端。在崩塌和灾难的乱局之中,他不是稳中求变,而是急于推动民主化、透明化政治改革。

可是,政治改革不可能奇迹般地迅速解决几十年累积的经济困境难题,也不可能减轻迫在眉睫的财政崩溃灾难,反而百倍地放大了苏联僵化体制的弊端,空前暴露了苏共领导人的腐败无能,鼓动民众对改革失败深感不满,造成党内高层争权分裂,最终引发各加盟共和国独立倾向。

这样,油价暴跌引发经济危机,危机演变为经济灾难,灾难导致财政破产,破产造成政治失控,数十年累积的社会矛盾终于爆发,点燃民族分裂之火,迅速形成燎原之势,武力镇压顾此失彼,无从下手。苏联最终没有出现兵连祸结、全面内战、哀鸿遍野的悲剧局面,而是在 1991 年选择安稳解体、和平分家，堪称不幸之中的大幸，功德无量，造福人类。

1985 年戈尔巴乔夫上台，1991 年苏联解体，直到 1999 年叶利钦下台，世界油价连续 15 年萎靡不振，一直在 15 至 20 美元一桶上下徘徊，1998 年曾跌至 9.25 美元一桶。从戈尔巴乔夫改革到叶利钦推行“休克疗法”，都是在油价下跌、食品短缺、物价飙升、金融危机、社会动荡的混乱局面下进行。

苏联的分崩离析，恐怕很难简单地归结为改革政策失误和戈尔巴乔夫“叛变”造成的必然结果。究竟是油价暴跌、经济灾难造成改革失败，还是改革失败引起经济灾难和苏联解体，完全是一团乱麻。

世纪之交，以美国经济全球化为火车头，以个人电脑、互联网、电子商务和生物科技为引擎，高科技革命引发全球经济高速增长。“世界工厂”中国异军崛起，高速增长，带动石油、钢铁等大宗商品需求剧增。2003 年美国入侵伊拉克后，国际油价开始飙升，2007 年逼近 100 美元一桶大关，2008 年 7 月纽约商品交易所原油期货价格创下 147.27 美元一桶的历史最高纪录。

正是在国际油价高涨的背景下，“普京大帝”一度趾高气扬，俄罗斯经济一度高速增长，从欧洲病夫变成“金砖四国”之一。“千古罪人”戈尔巴乔夫、叶利钦只能哀叹时乖命蹇，生不逢时。

叶戈尔·盖达尔坦率地承认：“导致苏维埃社会主义联盟解体的苏联经济危机，以及它是在何时、以何种方法爆发——所有这一切都与石油市场的发展密切相关。”“1980 年代中期苏联遭遇了严重的收支平衡和财政体系危机，进而转变为全面经济危机，导致生产和生活水平急剧下降，政治失去稳定，最终则是现存政治制度和苏维埃帝国理所当然的崩溃。”①

戈尔巴乔夫改革失败、苏联分崩离析及其在“冷战”中一败涂地，是一个错综复杂的历史事件，内因和外因皆有，各种矛盾和因素交织在一起，复杂纷繁，眼花缭乱。不同阵营、不同立场的政治家和学者都从不同角度、不同层面进行过全面思考和深入分析。

前苏共中央书记处书记、俄罗斯共产党第一书记久加诺夫认为：“苏共丧失政权的最主要原因是，在长期一党专政的制度下，实行了三垄断：垄断真理的意识形态制度，垄断权力的政治法律制度，垄断资源与经济利益的经济制度。”此观点侧重从“内因”的角度，深刻揭示了苏共极权专制的制度弊端和历史教训。

美国“冷战”学者彼得·施威泽的观点同样力透纸背，独具匠心。他侧重从“外因”的角度，认为里根政府对苏战略像猛烈的飓风一样呼啸吹入虚弱不堪的苏联体制之中，最终摧毁了外强中干的苏联帝国。

彼得·施威泽强调：“在美国政府对苏政策的范围之外调查苏联分崩离析的原因，就像调查一起突如其来、始料不及、不可思议的神秘死亡案件时，完全不考虑谋杀的可能性，或者不对灾难的周围环境进行最起码的调查。”

“如果当年克里姆林宫没有面临美国战略防御计划和国防建设的军事挑战、在波兰军管和阿富汗战争的地缘政治挫折、在石油出口方面因油价暴跌蒙受数百亿美元硬通货损失，以及无法获得西方技术等综合因素所造成的累积效应，我们有理由相信苏联可以闯过

① ［俄］叶戈尔·盖达尔：《帝国的消亡：当代俄罗斯的教训》，王尊贤译，社会科学文献出版社2008年版，第59、316页。

风暴。苏联的共产主义制度,并不是一种在任何国际环境中都命中注定会自我毁灭的体制。里根政府的秘密战略能够而且确实改变了苏联的历史进程。”①

只有在美苏“冷战”、激烈对抗的“大历史”背景中,才能更好地理解当年里根总统和白宫幕僚在“伊朗门”以及军援尼加拉瓜反政府军问题上胆大妄为甚至不惜铤而走险的深层原因。

① [美]彼得·施威译:《胜利:里根政府加速苏联垮台的秘密战略》,Peter Schweizer, *Victory*, xii, pp. 282,284。

第五章 麦克法兰东施效颦

当年里根政府最为焦虑的是，一旦苏联在中亚要冲阿富汗站稳脚跟，将可能实施传统的“南下战略”，即挥兵南下中东波斯湾，扼制全球石油战略通道霍尔木兹海峡，一招致命，见血封喉，使西方工业国家武功全废，不战自降。因此，设法通过秘密军售打开僵局，重建美国—伊朗战略关系，使其成为美国抗击苏联南下波斯湾的桥头堡，便成为美国对苏战略的重要一环。

但是，在具体的实施过程中，由于错综复杂的原因，美国不但没有取得成功，反而“偷鸡不成蚀把米”，惹出了“伊朗门”事件的天大麻烦。

在世人印象中，“伊朗门”事件的罪魁祸首是大名鼎鼎的诺思中校，其目的是“以武器换取人质”。但是，根据美国政府已经解密的、曾标为绝密级的文献档案，以及当事人的回忆，军售伊朗是里根政府第三任国家安全事务助理麦克法兰提出的一项好大喜功、一厢情愿的战略计划，并且得到了里根总统的支持和秘密批准。①

想当年，在美苏“冷战”、激烈对抗的历史背景中，在里根总统“无为而治”领导风格的影响下，在外交决策领域，除了国会与总统之间矛盾重重之外，行政部门内部各行其是，政出多门；内阁部长与白宫幕僚争权夺势，争执不休。

在国家安全领域，美国总统麾下国家安全事务助理的角色和地位大致相当于“政治局常委”。从肯尼迪到卡特的5位美国总统，在20年期间总共任命5位要员出任此职。可是，里根总统在职8年，竟然任命了6位国家安全事务助理，简直就像“走马灯”一样频繁地更换。

美国国家安全委员会1947年诞生于美苏“冷战”的寒风冷雨之中，是美国最高级别的国家安全及外交事务决策委员会。该部门的职责是协助总统处理国防和外交事务，制定相关政策，协调政府有关部门的行动，为总统涉及国家安全和外交事务的决策提供战略咨询和参考预案，号称是“世界上权力最大的机构”。

美国总统为国安会主席，早期参加会议者有副总统、国务卿、国防部长、司法部长、财政部长、中央情报局长、美军参谋长联席会议主席、白宫办公厅主任等重要官员。艾森豪威尔执政时，专门任命了一个总统特别助理，负责协调和处理国家安全事务，后来这个头衔确定为“总统国家安全事务助理”，俗称“国家安全顾问”。该职成为国安会日常工作的具体负责人，由总统直接任命，不需要国会批

---

① 《“伊朗门”解密档案汇编》，*The Iran-Contra Scandal*：*The Declassified History*，New York：New Press，1993，pp. 222 – 226。《特殊信任：麦克法兰回忆录》，Robert C. McFarlane，*Special trust*，New York：Cadell & Davies，1994，pp. 17 – 36。

准。其实际权力的大小,取决于总统的信任程度、个人能力和政治需要。在尼克松和卡特执政年代,国家安全事务助理的权势登峰造极,引起内阁大员强烈不满。

里根竞选总统期间,许诺吸取尼克松和卡特总统外交班子"内斗"不止的教训,声言将大幅度降低国家安全委员会和国家安全事务助理的作用,使国务卿重新成为总统的主要外交顾问和对外政策发言人。里根入主白宫后,其外交智囊理查德·艾伦(Richard Allen)出任首位国家安全事务助理。

艾伦循规蹈矩,不求闻达,打破自基辛格以来的传统,不但把制订和协调外交与国家安全政策的重任移交国务卿黑格将军,而且不再承担每天向总统请示汇报国家安全和军事问题以及处理突发国际事件的日常职能工作,以致被称为白宫历史上最无权势的国家安全事务助理。可是,艾伦任职未满一年,因涉嫌受贿,被迫辞职。此事恰好涉及其直接下属、当时默默无闻的诺思中校。

诺思生于军人世家,其父是巴顿将军麾下的少校军官,退役后成为一家毛纺厂的老板。诺思毕业于美国海军军官学院,仪表堂堂,勇猛刚毅,曾获全院轻量级拳击比赛冠军。毕业后,诺思在海军陆战队任排长、连长,两次赴越参战,机智勇敢,指挥有方,两次负伤,多次立功受奖,成长为出类拔萃的战斗英雄。越战后,诺思进入海军战争学院深造,因其毕业论文声称战列舰并未过时,得到海军部长利曼(John Lehman, Jr.)特别赏识,结业后被派往中枢首脑部门国家安全委员会当差。

诺思赴白宫履新之日,被分配在基辛格以前使用过的办公室上班，配发了一个落满灰尘的文件保险柜。他打开柜门，赫然发现了几块手表、彩缎包装的两瓶名酒和一个装有1000美元崭新现金的信封，看上去很像是贿赂礼金。还有一些私人物品证明，这个保险柜属于诺思的顶头上司艾伦。

诺思铁面无私，立刻将此事上报白宫保安部门，而且还惊动了联邦调查局。经调查核实，名酒、现金和手表是日本驻美记者送给艾伦的“礼物”，希望他帮助安排会晤第一夫人南希。

面对“受贿”的指控，艾伦向媒体解释说，收到“礼物”之后，因工作忙碌，忘记登记上交，天长日久，下落不明，最终酿成丑闻。尽管礼物价值不高，情节并不严重，甚至情有可原，但是媒体穷追不舍，狂轰滥炸，艾伦有口难辩，无地自容。面对各界压力，他被迫辞去了要职。

有些人认为，政府高官因鸡毛蒜皮的“琐事”辞职丢官，实在有些小题大做。再说了，培养和造就一名高级官员多不容易呀。可是，里根政府第六任国家安全事务助理鲍威尔将军却另有看法。

鲍威尔在回忆录中提及，他于1978年晋升为陆军准将。晋衔仪式之前，国防部礼宾官特意赠送他一段镶在镜框里的“林肯语录”。其背景为，南北战争最艰难的时期，林肯收到一封电报，报告北军遭到南军骑兵偷袭，1名北军准将和100匹战马被俘获。报务员注视着林肯，只见总统跌坐在椅子里，认真读完战报后，轻叹一声，说：“损失了100匹战马，太可惜了。”

报务员忍不住问道：“总统先生，损失了1名准将难道不可惜吗？”林肯回答：“只需要5分钟，我就能重新任命1名准将，但是要想再找来 100 匹战马,谈何容易!"[①]鲍威尔将军后来一直将此"警世名言"视为座右铭,摆放在自己办公桌的显眼之处。

人们可能注意到,美国政府高官极少因贪赃枉法被判极刑,甚至很少揭露出贪腐大案。由于防微杜渐,警钟长鸣,潜在的"腐败分子"尚未有机会触犯大事,就已因无伤大雅的"小节"辞职丢官,结果造成"无虎可打"。

克林顿总统执政 8 年期间,联邦政府行政部门 GS15 级(司局级)以上官员,因在职期间贪污腐败被定罪判刑的人数居然是零。由于官员申报和公示财产、银行实名存款、不动产登记、言论自由、媒体监督、司法独立等制度性保障,天网恢恢,疏而不漏,致使政府官员"不敢贪、不能贪"。

对于凡夫俗子而言,若要达到"不想贪"的高尚境界,实在勉为其难。即使官员安分守己,不过分贪图权力和财富,也有可能贪恋美色和淫欲。若要把"身外之物"和"身内之欲"全部放下,没有对权力的监督和制衡很难做到。

就像外科医生很难给自己动手术一样,一个执政党长此以往、卓有成效地实现自我监督、自我更新、自我净化,确实是一项难以想象、艰苦卓绝、锥心刺骨的重担和重任。

现代医学史上,医生成功地给自己开刀的唯一案例,是苏联医生列昂尼德·罗戈佐夫(Leonid Rogozov)。1961 年 4 月 29 日,27 岁的罗戈佐夫驻守在南极考察站,自我诊断患急性阑尾炎。他毅然决定自己给自己开刀。在局部麻醉的状态下,队友在旁手持一面镜

---

① [美]科林·鲍威尔:《生活和领导的艺术》,Colin Powell, *It worked for me: in life and leadership*, New York: Harper, 2012, p. 187。

子，让他可以看到12厘米的腹部切口。罗戈佐夫最终创造了人间奇迹，荣获苏联政府颁发的英雄功勋勋章。可是，割除阑尾是个小型手术，如果碰上了更为严重的病情，医生很难自己动刀子。

俗话说：船到江心补漏迟。真正的长治久安，在于对权力的防微杜渐和监督制衡，在于对官员的高度警惕和防患未然，在于当腐败和堕落尚在萌芽时期，就严密地监督权力和建立防范制度。

言归正传。艾伦辞职后，威廉·克拉克(William Clark, Jr.)出任里根政府第二位国家安全事务助理。里根担任加州州长时，他任州长办公厅主任，后任加州最高法院首席法官、里根政府副国务卿等要职。克拉克是律师出身，缺乏外交历练。1981年，在出任副国务卿的参议院听证会上，克拉克稀里糊涂，答非所问，搞不清楚防止核扩散条约的主要内容，说不出南非总统姓名，甚至不知道什么是“缓和政策”和“第三世界国家”，让国会议员们笑掉了大牙。

1982年年初，克拉克临阵磨枪，走马上任。国家安全事务助理一职属于总统高级幕僚，并非严格意义上的政府官员，不需要参议院听证和批准。克拉克挑选担任副国务卿期间结识的朋友、外交事务专家麦克法兰出任副手，成功地“夺回”了每天向总统汇报国际安全和军事战略问题的例行工作。可是，由于里根政府的外交决策程序混乱不堪，争执不休，克拉克勉强干了一年多，既无兴趣，也无特长，筋疲力尽，饱受责备，干脆撂挑子不干了，改任内阁内政部长。1983年5月，经里根批准，克拉克的副手麦克法兰接任国家安全事务助理。

里根政府第三任国家安全顾问麦克法兰

因“伊朗门”事件，麦克法兰被贬损为志大才疏、纸上谈兵的典型，类似于赵括、马谡之辈。他是“官二代”出身，其父是来自得克萨斯州的民主党联邦众议员，与富兰克林·罗斯福总统关系甚佳。麦克法兰比诺思年长6岁，1959年从海军军官学院毕业，曾两度赴越南参战，在海军陆战队担任协调地面炮兵、海军舰炮与空军B-52型战略轰炸机协同作战的指挥官，机智勇敢，军功卓著。

越战后，麦克法兰以第一名的成绩获瑞士日内瓦高级国际关系学院战略研究系硕士，曾任国防大学教官，入选颇具名望的“白宫学者”，结业后进入国家安全委员任职，接替黑格将军出任基辛格的军事助理。他曾秘密与中国军方情报部门官员接触，向中方通报根据侦察卫星得知的中苏中蒙边境苏军兵力部署的绝密情报。

早在1969年3月,中苏两军在黑龙江珍宝岛发生军事冲突。此后,苏联在中苏中蒙边境部署百万大军,制订了对中国进行“外科手术式打击”的计划,目标是中国最重要的军事基地——四川西昌、甘肃酒泉的战略导弹发射基地,新疆罗布泊的核武器试验基地,以及北京、沈阳、鞍山、长春、哈尔滨等工业城市。苏军的战略设想是,首先摧毁中国的第二次核打击能力,然后以绝对优势的坦克和装甲部队发起闪电式攻击。从中蒙边境到北京只有600公里,沿途无险可守,将可能使中国迅速陷入极度危险的境地。

苏联是专制极权国家,苏共中央政府局会议即可决定发动战争。苏联外交官曾私下试探美方的立场。基辛格在回忆录《白宫岁月》中披露:“1969年8月18日,苏联大使馆的官员与美国国务院的中级官员、苏联问题专家威廉·斯蒂尔曼共进午餐。这位苏联官员突如其来地询问,如果苏联对中国的核设施发动袭击,美国将会作出何种反应。”①

中苏战争一触即发之际,一向被视为“亡我之心不死”的美帝,不但没有对两个共产党国家的生死大战幸灾乐祸,反而向中国伸出援助之手,反对苏联铤而走险。尼克松认为:“苏联是更具有侵略性的一方,如果听任中国在一场中苏战争中被摧毁,那不符合美国的国家利益。”②1969年8月27日,中央情报局局长赫尔姆斯(Richard

① [美]基辛格:《白宫岁月》,Henry Kissinger, *White House Years*, New York: Simon & Schuster, 1979, p. 183。

② [美]基辛格:《白宫岁月》,*White House Years*, New York: Simon & Schuster, 1979, p. 182。

Helms)在外交记者午餐会中,故意“泄露”了苏联打算对中国的核设施发动突然袭击的绝密计划。次日,《华盛顿星报》(Washington Star)公开刊登了这一特大新闻。

为了防范苏联对中国发动突然袭击,1969 年 10 月 18 日,根据毛泽东关于加强战备、准备打仗的决策,总参向全军下达“林彪副主席紧急战备指示”(第一个号令),要求组织精干的指挥班子进入战时指挥位置,防止敌人可能的突然袭击。同日,总参传达林彪给第二炮兵(战略导弹)的指示(第二个号令),要求战略导弹部队加强自身防护,同时严阵待命,必要时参加战斗。中国军队总兵力增加到 660 万的最高峰,党政军领导人疏散离京,整个国家进入临战状态。

斯坦福大学东亚研究中心主任张少书教授在《朋友还是敌人? 1948—1972 年的美国、中国和苏联》一书中写道:“苏联驻美大使多勃雷宁的报告终于打破了僵局。经多勃雷宁谨慎地探询,得知美国政府对苏联攻击中国共产党的想法并不赞同。这个消息使苏联领袖们清醒过来,于是放弃了对中国共产党先发制人的想法。(当时一些苏联人后悔当 1963 年约翰·肯尼迪有兴趣针对中国共产党的核计划采取行动时,赫鲁晓夫却没有与他合作。)”①

回首往事,在可能造成毁灭性后果的中苏冲突中,尼克松决定“偏向”中国,体现出非凡的战略大局观,这是他对中美关系的重要贡献之一。基辛格回忆说,尼克松针对中国的“革命性”外交战略决策,曾使政府内阁成员们大惊失色。基辛格评论说:“一位美国总统宣称,一个共产主义大国,一个我们与其没有任何联系、长期以来的

① [美]张少书:《朋友还是敌人? 1948—1972 年的美国、中国和苏联》,顾宁等译,中央编译出版社 2014 年版,第 291 页。

敌人的生死存亡，对美国具有重大的战略意义，这可是美国外交政策中的空前大事。”①

1976 年基辛格离任国务卿后，麦克法兰以海军陆战队中校军衔“复员转业”，出任参议院军事委员会主席托尔（John Tower）的高级助理。里根执政后，黑格将军担任首任国务卿。借助基辛格门下“同宗师兄”的关照，麦克法兰出任国务卿特别顾问，主管与参众两院外交、情报和军事委员会打交道。其间，他与时任副国务卿的克拉克关系密切，成为莫逆之交。克拉克辞职后，麦克法兰“沾光借力”，接替前者出任总统国家安全事务助理。

基辛格精通韬略，纵横捭阖，才智超人。麦克法兰对这位外交大师推崇备至，顶礼膜拜。麦克法兰虽然资历甚浅，建树平平，但是自命不凡，好高骛远，不但以天下无双的外交战略家自居，而且自视为独步一时的行政管理天才，举世罕见的外交谈判专家，俨然已有“基辛格第二”的派头和举止，甚至萌生竞选总统、取代里根之念。

可是，熟悉麦克法兰的政界人士普遍认为，此公眼高手低，名不副实，既非纵横捭阖的外交奇才，也非精通韬略的权谋大师。他能当上国家安全事务助理，纯属“山中无老虎，猴子称大王”。

麦克法兰上任后，把修复美国与伊朗的战略关系列入首要议程。从全球战略和兵要地志的角度来看，伊朗南临波斯湾，西接伊拉克，北靠苏联，东连阿富汗和巴基斯坦，扼霍尔木兹海峡战略要冲，蕴藏丰富的石油资源，乃兵家必争之地。

巴列维王朝倒台覆灭后，美国在一夜之间痛失中东地区最重要

---

① ［美］基辛格：《白宫岁月》，*White House Years*，New York：Simon Schuster，1979，p. 183。

的战略盟友、遏制苏联南下波斯湾的前沿堡垒、霍尔木兹海峡油轮通过的战略通道、印度洋第六舰队的军事补给基地、牵制伊拉克狂人萨达姆胡作非为的军事策应、避免全球石油危机的避风港。每念及此，里根总统和五角大楼痛心疾首。

麦克法兰和中央情报局局长凯西认为，“两伊战争”为改善美伊关系提供了千载难逢之机，机不可失，时不再来。当年基辛格出奇制胜，剑走偏锋，借助中苏交恶、边境武装冲突，中国陷入腹背受敌的战略态势、急于改善中美关系的机遇，一举打开了中美关系僵局。

作为基辛格门下高徒，麦克法兰试图东施效颦，照猫画虎，利用伊朗深陷两伊战争、急需购买美制武器的窘迫处境，以军火交易为筹码，施展纵横捭阖之术，若能在中东战略要地打开僵局，取得历史性外交突破，必将一举成名而天下知。至于用军火换回几位人质，那是“搂草打兔子——带捎的”。

美国外交专家评论说：“麦克法兰是个沉默寡言的决策者，举止暧昧，作风消沉，永远不可能达到基辛格或布热津斯基的水平，尽管他常常认为自己将同他们一样干出对美国外交意义重大的创举。例如，他于 1985 年 8 月试图与伊朗传说中的温和派接触，把这件事与 1971 年中国对外开启门户相提并论。这个决定(后来由此引发了“伊朗门”事件)是一时间头脑发热的结果，使里根总统和政府投身到一场疯狂的冒险之中。”①

---

① [加拿大]夏尔·菲利普·大卫:《白宫的秘密:从杜鲁门到克林顿的美国外交决策》,中国人民大学出版社 1998 年版,第 316 页。

第六章　秘密访问德黑兰

麦克法兰一厢情愿的如意算盘是，借助两伊战争的天赐良机，以秘密军售为突破口，与伊朗内部的“温和派”建立秘密战略关系，以期影响霍梅尼之后的伊朗对美政策。与此同时，美方还希望伊朗施加影响，促使被黎巴嫩真主党扣押的7名美国人质获释，可谓一石多鸟，一箭双雕。

可是，美国与伊朗中断关系已长达6年，麦克法兰苦于无从下手。以色列外交部办公厅主任戴维·金奇(David Kimche)提议，经总理佩雷斯(Shimon Peres)同意，以色列向麦克法兰建议利用一个名叫戈伯尼法(Manucher Ghorbanifar)的军火中间商牵线搭桥。由于伊朗为美国的敌国，国会禁止向其出售武器，故所有的武器出售都秘密地通过以色列和军火中间商转手进行。

戈伯尼法原是伊朗国王秘密警察情报部门的高官，国王垮台后，此人摇身一变，成为定居巴黎、颇有名气的国际军火掮客。在军售伊朗的秘密行动中,他是美国高层与伊朗政府保持接触的唯一中间途径。戈伯尼法既是一个擅长交际、伶牙俐齿的人物,也是一个具有世界水平的牛皮大王,自吹自擂,贪得无厌,精明狡诈,唯利是图。

国务卿舒尔茨和国防部长温伯格都不同意自作聪明的“麦克法兰计划”。尤其是温伯格,认为该计划荒诞不经,就像一场荒谬绝伦的外交冒险。伊斯兰原教旨主义领袖霍梅尼实施残酷统治,肆无忌惮地践踏人权,假如伊朗还有什么亲美“温和派”的话,那么也肯定都躺在坟墓里了。温伯格在回忆录中写道:“我当年强烈地感到,如今仍然有同样感觉,伊朗占领美国驻德黑兰大使馆这种狂热行径,使它完全丧失了与其他文明国家交往的资格。”①

但是,在恢复美伊关系的战略远景、同时促使人质释放的美好前景诱惑之下,1985 年仲夏,里根总统拍板,在没有及时通知舒尔茨和温伯格的情况下,秘密批准了麦克法兰以军售为突破口的行动计划。

美国国会早已制定和通过了《武器出口控制法》,其中明文规定,未经国会外交和军事委员会批准,国防部和中央情报局皆不得擅自向任何敌对国家出口武器。为何里根总统无法无天,铤而走险,擅自批准对伊朗秘密军售呢?

在秘密军售问题上,里根总统其实是打了个法律“擦边球”,把国会给“忽悠”了。根据 1947 年《国家安全法》附加的一个秘密条款(Section 501 of the National Security Act),在某些特殊情况下,出于

---

① [美]卡斯帕·温伯格:《为和平而战:温伯格回忆录》,Caspar W. Weinberger, *Fighting for Peace*, p. 135。

严守秘密和维护国家利益的需要，总统有权临机决断，先斩后奏，批准秘密军售。但是，总统应当“及时”（in a timely fashion）向国会吹风汇报，记录在案。可是，什么是“及时”的定义和期限呢？法无明文，语焉不详。

这样，直到媒体捅破“伊朗门”的惊天秘密，在长达16个月的时间里，看似稀里糊涂、实则大智若愚的里根总统，根本就没向国会透出过一丝口风。致使参众两院大惊失色，恼羞成怒。

里根总统和白宫幕僚为何戒备森严，封锁机密，不肯及时向参众两院吹风透气，像防备家贼一样提防国会议员呢？原因很简单，国会党派对立，鱼目混珠；媒体神通广大，极易泄密。联邦参议员的幕僚班子相当庞杂，通常多达50余人，鱼目混珠，心机暗藏，防不胜防。行政部门的国务院和五角大楼同样如此。因此，高度机密的外交使命，通常必须避开国会和行政官僚部门，由总统的心腹幕僚亲自操作，才能避免泄密的致命危险。

里根总统批准秘密军售后，从1985年8月到1986年10月，美国通过以色列和军火中间商牵线搭桥，与伊朗进行了6次秘密军火交易。麦克法兰和他的副职波因德克斯特海军中将、助手诺思中校深深地卷入其中。

令人奇怪的是，美国向伊朗秘密出售先进武器，雪中送炭，暗送秋波，却未能取得任何意料之中的外交突破。军火交易对人质问题的影响，更是微不足道。在被扣押的7名美国人质中，仅有3名获释，与此同时，黎巴嫩真主党看到有机可乘，大受鼓舞，趁机又绑架了3名美国人质，待价而沽，坐收渔利。令人疑团莫释，疑窦丛生。

苏联侵略阿富汗战争后期,美国向本·拉登等人领导的阿富汗游击队秘密提供了1000枚“毒刺”地空导弹 。从1986年10月起到战争结束,游击队发射了340余枚“毒刺”导弹,击落战机269架,战绩辉煌。在1991年第一次海湾战争期间中,以美国为首的盟军发射了600余枚“陶”式反坦克导弹,击毁伊拉克坦克和装甲车450余辆,同样战绩彪炳。

1986年美国向伊朗秘密出售了2008枚“陶”式反坦克导弹、235枚“隼”式地空导弹。按常理,伊拉克装甲部队和空军将遭受毁灭性打击,伊朗革命卫队将可能在两伊战争占据上风。令人军事专家纳闷的是,“陶”式导弹对战局影响甚微,伊朗军队缺乏先进武器,被迫以“人体炸弹”对抗伊拉克的苏式重型坦克,惨烈无比,战绩甚差。对于美方的秘密军售,伊朗不但没有感恩戴德、感激涕零,反而认为美国居心叵测,乘人之危,大发横财。

常言道:细节决定成败。现实生活中,梦想做惊天动地大事的人多如牛毛,愿意把琐碎小事做细做好的人寥若晨星。在军售伊朗问题上,麦克法兰和诺思中校,恰好就是那种忽视细节的空头战略家,导致伊朗方面怨声载道,致使美方借军售投石问路、打开僵局的外交战略收效甚微。

美国第一批500枚“陶”式导弹从以色列装运出售到伊朗后,以色列要求美方立刻补齐缺口。在旷日持久的两伊战争中,双方各有百万大军对峙,500枚“陶”式导弹仅是沧海一粟。但是对于四面受敌、战备物资有限的以色列来说,哪怕暂时失去这些导弹,也会对国家安全形成致命威胁。

由于以色列急于补充军火,而且军费周转不灵,军火中间商趁火打劫,敲诈勒索,向伊朗索取高价,不仅要支付导弹的价格,而且包括足以支付以色列要求美国政府补充这批导弹的全部费用,同时还索要由以色列转经西班牙、西德等国机场向伊朗秘密空运的费用,再加上巨额回扣,以至于导弹的实际价格相当于国际军火市场的三倍以上。难怪伊朗觉得美国缺乏诚意。

更缺德的是,以色列后来把已经装备部队的陈旧导弹擦拭后出售,把美国出售给伊朗的新型导弹留为己用。结果伊朗购得的大批导弹多为旧货,配件不全,零件缺失,射程不足,操作手册为希伯来语,甚至仍然保留以色列的军徽。此外,由于没有售后服务,缺少美军技术专家帮助装配、调试、维修和试射,提供技术培训和临场指导,及时补充零部件,加上霍梅尼政权残酷清洗军队中精通美式装备的亲美派军官和技术专家,致使伊朗耗费巨资,买回了一堆金属废品。

白宫办公厅主任里甘事后批评说:“中东国家对以色列在美伊军售事件中起到的恶劣作用深感愤怒,当伊朗人发现购买美国导弹被索价过高时,可以预料他们肯定会大发雷霆。”①

美方启动“麦克法兰计划”后,效果极为糟糕,伊朗方面怨气连天,毫无回应。里根政府内阁中的几位大员深表不满。1985 年 12 月麦克法兰被迫辞职,其职务由副手波因德克斯特将军接替。但是,麦克法兰仍然可以出入白宫禁地,保留私宅的绝密通信设备,继续参与重大外交使命。

---

① [美]里甘:《记录在案:从华尔街到华盛顿》,Donald Regan, *For the record: from Wall Street to Washington*, San Diego: Harcourt, 1988, p. 40。

因军售效果不佳，波因德克斯特和麦克法兰百思不得其解，开始怀疑军火中间商财迷心窍，耽误大事。他们急于求成，急功近利，渴望辉煌，迫切希望迅速与伊朗高层取得直接联系，争取像当年基辛格秘密访问北京那样，取得震惊世界的外交突破。

1986 年 6 月，经里根总统批准，“退居二线”的麦克法兰以美国总统特使的身份，由诺思等几名助手陪同，借用一架以色列军用运输机，涂上爱尔兰航空公司的标志，持爱尔兰假护照，秘密飞往战火纷飞的德黑兰，希望直接见到伊朗领导人，以期打破美伊外交僵局。为了防止出现意外，麦克法兰和诺思随身携带数秒内即可致死的烈性毒药，随时准备“杀身成仁”。

然而，麦克法兰志大才疏，眼高手低，用人失察。戈伯尼法是个吹牛撒谎、唯利是图的超级骗子，平时吹得天花乱坠、天昏地暗，自称与伊朗议长拉夫桑贾尼的弟弟关系密切、称兄道弟。他根本没预料到麦克法兰居然亲自上阵，突然秘密飞抵德黑兰，所以事先并未安排妥当高层会晤的特别渠道。

麦克法兰一行来到德黑兰后，伊朗高层缺乏准备，措手不及，临时集体讨论时，争论不休，毫无成果，最终没有任何伊方高级官员出面会晤麦克法兰。美方的秘密外交努力遭到彻底失败。麦克法兰感慨地说，在其一生中打过交道的各类人物中，戈伯尼法是最卑鄙、最无耻的小人。

调查“伊朗门”内幕时，国会议员反复追问，美方为何傻到了不可思议、无可救药的程度，居然选择与戈伯尼法这类卑鄙小人携手合作？

诺思中校没好气地解释说：“我们死活找不到合适的人选，实属别无选择”;“根本没有与伊朗高层保持良好关系的人排队等候这份差事。如果品德高尚的诺贝尔和平奖获得者特蕾莎修女愿意自告奋勇,帮助美国联系伊朗人,那么世界将会多么美好,但是她实在太忙了。”①

① [美]诺思:《遭遇攻击》, Oliver North, *Under fire*: *an American Story*, NY: HarperCollins Publishers, 1991, p. 23。

第七章 “府会相争”互不相让

“伊朗门”牵扯到两个惊天大案，一个是非法向伊朗出售军火，另一个是非法挪用“军售余款”援助尼加拉瓜反政府军，相当于“尼加拉瓜门”，可谓“案中有案，门中套门”。军售案打了个复杂微妙的法律“擦边球”，军援案则是与《博兰修正案》大唱“对台戏”，属于性质极为恶劣的违法行径。

法国著名政治学者托克维尔认为：“在指导国家的对外关系方面，民主政府绝对不如其他政府。”[①]《博兰修正案》的出台以及与此法案相关的种种问题，涉及美国政治中行政部门与国会参众两院之间权力的分立与制衡，涉及美国政治中错综复杂、扑朔迷离的“府会相争”现象。

---

① ［法］托克维尔：《论美国的民主》（上册），董果良译，商务印书馆 1988 年版，第 260 页。

尼加拉瓜是位于中美洲地峡的一个小国，北接洪都拉斯，南连哥斯达黎加，东临加勒比海，西濒太平洋，地处交通要冲，战略地位非常重要。1978 年年初，尼加拉瓜爆发反对索摩查总统独裁统治的抗议浪潮。卡特总统认为，索摩查虽然是铁杆亲美派，但是独裁专制，践踏人权，必须赶下台去。1979 年 5 月，桑地诺民族解放阵线（简称桑解阵）游击队大获全胜，终结了长达 43 年的索摩查家族独裁政权。

卡特总统做梦都没想到，推翻暴政后，桑解阵游击队总司令丹尼尔·奥尔特加将军出任尼加拉瓜总统，不但更加肆意妄为，目无法纪，践踏人权，而且摇身一变，成为美国在中美洲的心腹大患。

奥尔特加总统与古巴领导人卡斯特罗策划“输出革命”(1986 年)

桑解阵政权奉行向苏联“一边倒”的外交政策，接受苏联、古巴、伊朗、朝鲜的经济和军事援助，在首都广场树立马克思、列宁、卡斯特罗、游击队领袖桑地诺的巨幅画像，按照“科学社会主义”的理论执政治国，一党独裁，极权专制，废除民主选举，进行新闻管制，封闭天主教会，屠杀政治反对派，没收私有财产，把农民驱入国营农场。像卡斯特罗任命其弟出任国防部长一样，奥尔特加封赏弟弟担任国防部长，积极参与苏联和古巴谋划的“世界革命”，企图推翻萨尔瓦多和洪都拉斯政府。

进城以后，桑解阵领导集团掌握了不受制约的绝对权力。当年追求自由民主、人人平等、为天下劳苦人民求解放等共产主义崇高壮丽理想的志士仁人，迅速堕落为“新生的资产阶级”。其实，冠以“资产阶级”之名纯属“张冠李戴”。资产阶级是受法律法规制约的，而桑解阵政权中的头头脑脑，干脆就是一帮无法无天、巧取豪夺的土豪暴发户。

贫苦泥腿子出身的游击队员托马斯·博尔赫出任桑解阵政府内务部长。像其他“无产阶级革命家”一样，他把索摩查政府高官的一座豪华别墅据为己有。博尔赫把母亲从乡下接到了城里，得意洋洋地领着老人家参观了一圈：富丽堂皇的房间，宽敞明亮的厨房，五彩缤纷的花园，豪华气派的游泳池，配备司机的高级轿车，还有男仆女佣、厨师门卫等，目不暇接，美不胜收。

“参观”临近结束时，贫寒一生、目不识丁的母亲满含热泪，转向儿子。儿子惊问：“妈妈，您怎么了？”母亲回答：“哦，托马斯，真美！不过告诉我，当游击队打回来的时候，这一切该怎么办？”

不久，尼加拉瓜反政府武装打响了反对独裁专制的枪声，其纲领和口号并非武装夺权，以暴易暴，而是要求举行民主选举，使国家走上长治久安之路。1981 年里根执政后，为了在中美洲对抗苏联扩张，决定拒绝承认桑解阵政权，秘密援助尼加拉瓜反政府武装，结果遭遇《博兰修正案》当头棒喝。

可能有人纳闷，美国的国会议员为何吃里爬外，多管闲事，对亲苏的尼加拉瓜桑解阵政权网开一面，手下留情，对中央情报局支持的尼加拉瓜反政府军釜底抽薪，见死不救。在世人印象中，美国国会只是一个代表民意的立法部门，为何却在总统和行政部门主导的外交、军事和情报领域指手画脚，横加干涉？

在美国政治制度中，最错综复杂、最深不可测的部门，很可能就是至关重要的国会制度。国会及其决策体制扑朔迷离，反复无常，变幻莫测，难以捉摸。对于国会体制及其在内政外交方面的作用，研究美国问题的专家学者经常昏头涨脑，晕头转向，常有以蠡测海、迷惑难解之叹。

美国国会研究专家、清华大学教授孙哲指出：“我国现有美国研究领域中对‘美国国会’这一特定、严肃课题的论述寥若晨星，几近匮乏。”“一般人对美国国会的了解，犹如面对迷宫，难知深浅复杂。”孙哲认为：“美国开国先驱们的才华和智慧为美国人民留下了权力制衡的制度。”“研究美国国会非常重要。现代民主国家的政治是民意政治，也是法治政治。”“制度的完善反映着社会的进步程度，体现着政治的文明水平。国会这座‘政治迷宫’及其枝节丛生的游戏景观构成了其特有的魅力。”①

---

① 孙哲主编：《美国国会研究 II》，复旦大学出版社 2003 年版，第 2、10 ~ 11 页。

多年以来,由于美国国会经常对中国内政指手画脚,出言不逊,“美国有个讨厌的国会”的印象,早已植根于国人的脑海之中。然而信不信由你,世界上最讨厌美国国会的那个人,很可能正是美国总统!凡举内政外交的重大事项,如果没有国会的批准和授权,总统几乎寸步难行。在财政拨款领域,有人夸张地说,如果没有国会的审核和同意,总统几乎连花一分钱的权力都没有。

更致命的是,国会两院拥有“敢把皇帝拉下马”的弹劾权,好似一把锋芒逼人的尚方宝剑,高悬头上,威慑常在,使美国总统如履薄冰,胆战心惊。美国人很难想象,权力如此之大的国家立法和权力监督部门,居然可以由业余的人大代表、政协委员组成。

西奥多·罗斯福总统曾感慨:“真希望我既是总统又是国会,哪怕只有10分钟!”艾森豪威尔总统执政期间,财政部长乔治·汉弗莱(George M. Humphrey)告诉总统,国债可能会超过法律规定的限度。总统问道:“如果发生这样的事儿,谁该去坐牢?”汉弗莱回复:“我们应当去国会解释。”艾森豪威尔惊叫:“那比坐牢更糟糕!”

如今研究和介绍美国民主制度已经成为一门“显学”。但不知为何,学者们一窝蜂般地集中于联邦法院、联邦法官和著名判例,各种译著和专著层出不穷,数量惊人,反而把充分代表民主和民意的联邦国会、各州议会、郡县各级议会和乡镇自治及经选举产生的州和郡县法院疏忽了。

在美国三权分立的政治体制中,非民选、终身制并且掌握司法审查大权的联邦法院,其实恰恰是一种“反民主”的力量,是遏制高度民主的暴虐浪潮、防范“多数人暴政”的法治堤坝,是一个被动的(不告不理)、以维护公民个人宪法权利为特色的司法救济和权力制衡部门。

美国最高法院大法官杰克逊（Robert H. Jackson，1941 - 1954 年任职）强调：“《权利法案》的根本目的，是使一些基本权利远离政治纷争所引起的难以预料的变化，把它们置于多数人和政府官员无法触及的地方，并把它们确立为由法院来处理的法律原则。个人对生命、自由、财产的权利，言论自由、信仰自由和结社自由的权利以及其他基本权利，是不可以诉诸投票的，它们不取决于任何选举的结果。”①

言归正传。“伊朗门”事发后，里根总统痛斥那些过度亢奋的国会议员。他在接受《时代》周刊采访时说：“我从来没见过鲨鱼们像现在这般亢奋，在猩红的血水中旋转游弋。”美国总统居然公开把国会议员比喻为在政坛宦海兴风作浪、吃人不吐骨头的“鲨鱼”，恐怕是一大政治奇观。从某种意义上说，对权力的最佳制约，恰恰是权力部门之间的制衡与制约。

在人们印象中，美国是一个三权分立的国家，国会只是一个立法部门，其权力仅仅局限于立法，没有什么了不得的权势，更没什么值得可怕的。这绝对是一个天大的误会！

美国国会是国家最高立法机构，同时还是监督与制衡行政、司法部门的重要实权部门。国会有权监管和督察行政部门的日常工作，其中包括绝密的外交、军事和情报机构，涉及人事任免、行政督察、监管制衡、调查起诉、弹劾官员等领域。更厉害的是，国会拥有掌管和审计联邦政府预算的“钱包权”（power of the purse）。用比较

---

① 《美国联邦最高法院判例报告》（第 319 卷），West Virginia State Broad of Education v. Barnette，319 U. S. 624，642（1943）。

夸张和忽悠的话来说，美国国会的权力和权威，大致相当于最高人民法院、最高人民检察院、全国人大、全国政协、“超级财经委”、国家审计总署、中纪委、监察部、中组部等部门权力和权威的全部总和。

依照美国宪法，只有国会拥有宣战权。国会认为，由总统和行政部门主管的外交、军事、情报、特工以及对外军售和军援，实际上使美国间接地卷入了为数众多的海外军事冲突。因此，尽管法无明文，美国国会理所当然地拥有监督和管制外交、军事、情报部门以及对外军售和军援的权力。

不过，与总统和军方相比，国会是一个贴近民意、“意志薄弱”的权力部门。一旦国际风云变幻，或者海外战事进展不顺，或者美军伤亡急剧增加，国会往往立刻就以停拨军费相威胁，釜底抽薪，雪上加霜，使总统和军方将领心急如焚，心灰意懒；使敌国和对手欣喜若狂，士气大振。

在军费问题上，参众两院的军事和拨款委员会一向吝啬成性，气量狭小，锱铢必较，注重监督制衡，堵塞贪腐漏洞。1994 年 6 月 15 日，国会众议院监管和政府改革委员会主席唐尼・博顿（Danny Burton）为了 545.5 美元的蝇头小钱，竟然公开发难，向媒体指控白宫幕僚在海军航空母舰上“偷窃军需物资”。一时舆论大哗，引起轩然大波。

是这么回事，当年 6 月 6 日是“二战”盟军诺曼底登陆大捷 50 周年纪念日，战胜国在诺曼底滩头举行庆祝典礼和阅兵式。克林顿总统和文武官员以及白宫幕僚出席盛会，搭乘当时世界最先进的核动力航空母舰乔治・华盛顿号横渡英吉利海峡，耀武扬威，风头十足。

克林顿一行离舰后，后勤值班军官清点物品时，发现丢失了大量“军需物资”，计有 13 条绣有舰徽的蓝色浴巾，每条价值 11 美元；55 条普通白色浴巾，每条 1.5 美元；4 件绣有舰徽的白色浴袍，每件 35 美元；12 件普通白色浴袍，每件 15 美元；共计 545.5 美元。乔治·华盛顿号舰长致函白宫办公厅，要求“顺手牵羊”的白宫幕僚寄钱还账，赔偿全部“军费损失”。

“浴巾门”丑闻见报后，一些民主党议员颇为不以为然，认为白宫幕僚其实只是贪图小便宜，在航空母舰上顺手拿了一点儿微不足道的“纪念品”而已，情节甚轻，情有可原。如果死打硬缠，无限上纲，非要把“浴巾门”视为道德沦丧，故意偷窃，似乎有点儿小题大做，无事生非。

不过，细想之下，“浴巾门”与普通游客顺走“纪念品”不可等量齐观。首先，航空母舰并非宾馆旅店，而是纳税人出资付款的“国家公器”。其次，白宫幕僚并非自付宾馆费用的普通游客，而是享有“公务特权”的政府官员，是海军盛情邀请、享受免费留宿礼遇的嘉宾。最后，作为堂堂国家元首身边的高级助手和亲信幕僚，地位显赫，身份特殊，其道德水准和行为举止，岂能混同于贩夫走卒、市井之徒。

平民百姓一不留神从宾馆旅店顺了点儿旅游“纪念品”，那只是鸡毛蒜皮的琐事。可是，如果白宫幕僚在航空母舰上如此行事，那可真就是“偷窃”了！正因如此，博顿众议员死掐不放，无限上纲，绝不善罢甘休。他在接受媒体采访时声称：“白宫幕僚以海军嘉宾的身份登舰留宿。他们拿走的浴巾和浴袍，都需要纳税人付账，身为政府官员，行为如此低贱下作，比小偷小摸更为恶劣！”

博顿众议员的指控，堪称一针见血，入木三分。政府官员滥用职权,专横跋扈,巧取豪夺,任意侵吞纳税人的财富,若论性质之恶劣,在美国远甚于杀人越货的江洋大盗,若论危害之巨大,远甚于街头巷尾小偷小摸的毛贼。在现代法治社会,法律法规应当重点规范和监管那些身居要职的有权有势之辈,其次才是那帮扰乱治安的鸡鸣狗盗之徒。

"浴巾门"丑闻曝光后,白宫主管对外公关的官员西德曼(Ricki Seidman)女士迅速发出通知,提醒曾在"乔治·华盛顿号"留宿的白宫幕僚,希望其中顺手牵羊者,主动承认,交纳赔款,既往不咎。可是,白宫幕僚个个精明过人,没人自讨没趣,出面搭理这个并未触犯联邦刑律的"小破事儿"。

为了避免媒体大肆渲染,小事闹大,难以收场,律师出身、从政前收入较高的西德曼女士顾全大局,破财免灾,当天就给海军财务总署寄去了一张545.5美元的私人支票,弥补了纳税人的全部损失,迅速"平息"了"浴巾门"风波。

可能有人纳闷,乔治·华盛顿号的舰长为何如此不识时务,抠门吝啬,绝情寡义,为了区区545.5美元,总共大概也就是4000元人民币,愣是把国家元首兼美军总司令身边的亲信幕僚、秘书助理折腾得灰头土脸,颜面扫地。常言道:打狗也得看主人。难道美军将领不怕白宫幕僚狗仗人势,谗言惑主,今后在军费拨款、人事升迁等问题上给他们穿小鞋、使小绊吗?按常理,政府高官及其幕僚随从巡视各地,大驾光临各种庆典仪式,花天酒地,奢侈靡费,吃了你的,拿了你的,那绝对还是因为瞧得起你。

说起来,"浴巾门"事件的致命之处,在于此事被捅到了美国国会。

在国防和军事领域,美国总统虽然身兼美军总司令,但是军费预算权、战争拨款权、对外宣战权、对外军援权、准将以上高级将领任命权等,全部掌握在参众两院手中。就此而言,美国总统其实只是个“光杆司令”,权力并不像人们想象的那么大。

在美国的政治体制中,主管国防预算和军事财务审计的“联勤总部”,并不设在波托马克河畔的五角大楼之内,而是掌控于国会山参众两院的拨款和军事委员会手中。预算的批准、拨款和审计是公开的。海军将领根本没有动辄贪腐数亿、数十亿美元军费的机会。正是在权力制衡的制度背景下,国会议员一声吼,总统也要抖三抖!更别提那帮狐假虎威的白宫幕僚了。

1989 年,黑人将军鲍威尔出任陆军本土部队司令部(Army Forces Command)司令官,晋衔四星上将,统率“百万雄师”(25 万现役,25 万预备役,50 万州国民警卫队)。因赶上削减军费,抠门的国会拨款给鲍威尔将军配备的公务专车,既非美国名车“林肯”或“凯迪拉克”,亦非欧洲名牌“奔驰”或“宝马”,而是一辆福特汽车公司出产的“水星”(Mercury)牌中档轿车,一点儿派头和威风也没有。

更要命的是,国会没有授权鲍威尔将军在上下班途中使用公车。美国政府部门公务信封的上角特别注明:“私用罚款 300 美元”(Penalty for private use, \$300)。政府公车牌照的下方特别注明:“仅限公务”(For official use only),罚款多少没提。但是如果被发现公车私用,将足以导致当事人辞职丢官。

没办法,鲍威尔每天驾驶自家已有 16 年高龄、车体破旧、跑冒滴漏的克莱斯勒牌老爷车(Chrysler Station Wagon)上下班,经常在司令部大楼门前留下一滩丢人现眼、令人尴尬的油迹。[1]堂堂美军四星上将，竟然弄得如此寒酸落魄，实在丢人现眼。就这么个缺乏派头的四星上将，后来居然晋升为美军参谋长联席会主席，超龄退役后又当上了国务卿。

相比之下，当年台湾地区领导人陈水扁的独子、海军司令部少尉预官陈致中倚仗权势，驾驶连高级军官都买不起的英国捷豹豪华跑车在军营招摇过市，如今已经成为令人耻笑的丑闻。

美国国会议员不但抠门吝啬，监督官员，处处为纳税人省钱，而且妄自尊大，自命不凡。有句顺口溜形容说："国会议员，天天开会，选民最高，老子首位，什么都管，啥也不会，控制国库，谁敢得罪，总统害怕，连让带退。"

孙哲教授调侃说，美国政府有 535 位国务卿。因为 535 位国会议员（众议员 435 位，参议员 100 位）个个都像国务卿一样牛气轰轰，肆意干预外交事务，使总统左右为难，无所适从。小布什政府白宫新闻发言人弗莱舍（Ari Fleischer）曾向媒体抱怨说："一个有 535 名国务卿的政府不可能还有什么外交政策。"[2]

依笔者管见，"535 位国务卿"之说似有忽悠和夸大之嫌。初来乍到华盛顿国会山时，大约四分之一的国会议员甚至连出国护照都没有，土气得掉渣儿，闭塞得可笑，对外交事务要么缺乏兴趣，要么一窍不通。绝大多数国会议员关心的问题，主要是自己选区的选民

---

① ［美］科林 · 鲍威尔：《我的美国之旅》，Colin Powell，*My American journey*，p. 404。

② 原文为："No foreign policy can survive 535 different secretaries of State." 转引自《洛杉矶时报》（2002 年 5 月 2 日），Nick Anderson，*Congress Prepares to Support Israel*，Los Angeles Times，May 02，2002。

利益，当然还有“竞选连任”的头号大事。

学者出身的美国总统威尔逊（Woodrow Wilson，1911 – 1919 年任职）断言：“美国的政体可以用‘国会常设委员会主席的政府’这样一个简单的词汇来描写。”[①]换言之，像国务卿一样整天干预外交政策的主儿，主要是参众两院外交、军事、情报委员会的议员，尤其是担任这些常设委员会主席的重量级明星议员。他们权倾朝野，呼风唤雨，一言九鼎，对外交事务横加干预，其风头和声望经常盖过了国务卿和总统。正因如此，威尔逊年轻时的志向并非竞选总统，而是联邦参议员。

里根总统执政期间，在援助尼加拉瓜反政府军问题上，众议院情报委员会主席博兰正是这样一位“明星大腕”。他一再推动国会通过法案，明文禁止军援尼加拉瓜反政府军，阻挠里根总统行使外交政策的行政权力，造成“府会相争”、互不相让的政治僵局，成为国会山上令白宫极为头疼的“死对头”。

博兰众议员何以对桑解阵政权“异常偏爱”、对中央情报局支持的反政府军“怀恨在心”呢？说起来，《博兰修正案》出台的背景和动机，的确掺杂了相当程度的党派斗争因素，但是从根本而言，这个法案的制定，并非党派门户之争或个人爱憎恩怨，而是基于部分国会议员对国家利益的独特理解和深谋远虑。

博兰众议员来自马萨诸塞州，生于铁路工人家庭。他在波士顿学院法学院获得法律博士学位，曾在陆军服役，参加过“二战”。他和众议院议长奥尼尔（Tip O’Neill，1977 – 1987 年任职）都来自马萨

① ［美］威尔逊：《国会政体：美国政治研究》，熊希龄等译，商务印书馆 1986 年版，第 58 页。

诸塞州，都是民主党人，1952 年同时当选联邦众议员，而且都是贫寒的爱尔兰移民后裔。两人政见相同，意气相投，称兄道弟，关系密切。

国会众议院情报委员会主席博兰纪念碑（马萨诸塞州春田市）

博兰和奥尼尔认为，越战教训惨痛，祸鉴未远，美国不应总是毫无节制地干涉别国内政，肆无忌惮地插手海外纠纷。尼加拉瓜是一个人口仅为 400 万的中美洲小国，不可能对美国的战略利益构成致命威胁；所谓尼加拉瓜反政府军，其实只是一帮乌合之众，其中很多人是专制暴君索摩查手下的地痞无赖，游兵散勇，强盗匪徒。他们在中央情报局暗中支持下，打着争取自由民主的旗帜，在尼加拉瓜践踏人权，胡作非为，烧杀劫掠，无恶不作。

更为严重的是，中央情报局在尼加拉瓜呼风唤雨，兴风作浪，干涉内政，挑动内战，甚至暗中在尼加拉瓜沿海港口布雷，企图炸沉满载苏联、古巴军援的巨轮，实际上相当于不宣而战，开始了一场针对主权国家的秘密战争。如此下去，将可能把美国拖入尼加拉瓜内战的泥潭，使其成为“中美洲的越南”。

但是，里根总统的看法与此南辕北辙，截然不同。20 世纪 80 年代初期，苏联不但在亚洲越南、老挝、柬埔寨，非洲安哥拉、埃赛俄比亚、索马里等战略要地连连得手，咄咄逼人，而且悍然出兵侵占中亚要冲阿富汗，威胁世界石油战略航道波斯湾。在拉丁美洲，苏联支持的古巴早已是美国的眼中钉、肉中刺，必欲除之而后快，如今突然又冒出来一个桀骜不驯的共产党政权尼加拉瓜，而且居然还“输出革命”，暗中支持邻国洪都拉斯、萨尔瓦多的共产党游击队造反。

长此以往，素有“美国后院”之称的拉丁美洲岂不是沦为“抗美前线”？还有，国会同意援助距美国万里之遥的阿富汗游击队，却不支持近在咫尺的尼加拉瓜反政府军，世界上哪有这种“缺心眼儿”道理？

卧榻之侧，岂容他人酣睡。里根坚信，为了遏制苏联，赢得“冷战”，美国绝对不应当在尼加拉瓜畏首畏尾，袖手旁观，听任苏联和古巴在“美国后院”得寸进尺，为所欲为。

至于尼加拉瓜反政府军是不是强盗土匪，这是一个“很傻很天真”（too simple sometimes naïve）的问题。富兰克林 · 罗斯福总统 1939 年评价尼加拉瓜独裁者索摩查时说：“这家伙可能是个狗娘养的，但他是咱们的狗娘养的。”1941 年 6 月，英国首相丘吉尔得知纳粹德国入侵苏联后表示：“如果希特勒入侵地狱，我愿意同魔鬼合作。”

那么，为何里根仍然签署《博兰修正案》，自掘陷阱，自食恶果，在行政部门的脑门上勒上了一道法律紧箍咒呢？在美国的政治体制中，按照三权分立与制衡原则，总统有权否决国会通过的法案，国会两院必须同时以三分之二多数否决总统，才能使其成为正式法律。由此，总统只要能在众议院或参议院赢得三分之一少数票，就可以挫败国会两院的立法。想当年，老布什总统曾多次动用总统否决权，使国会通过的取消中国最惠国待遇的法案一再失灵。

但是，国会政治扑朔迷离，府会关系错综复杂，治国难题头绪纷繁，凡事都需要有个先来后到，轻重缓急。民主政体并不能保证事事最佳，只能防止出现最差最劣。

里根执政之初，最艰巨、最严峻的挑战是巨额减税，重振经济，扩军备战，对抗苏联。可是，当年民主党牢牢地控制了众议院，里根总统每通过一项议案或预算，都需要与“帝王般的国会”讨价还价，折中妥协，尔虞我诈，其过程无比艰难，其细节难与人言。

结果，待到军援尼加拉瓜反政府军的议题临头时，里根总统已是强弩之末，既精疲力竭，又耗尽了政治资本，无力兴师动众，大动干戈，无法在国会凑够足够的票数。由于军援尼加拉瓜至关重要，里根总统和白宫幕僚决定阳奉阴违，明修栈道，暗度陈仓，不惜铤而走险，以身试法，最终闹出了“尼加拉瓜门”的致命大案。

第八章　“硬汉将军”授权诺思

被迫签署《博兰修正案》后，里根怒不可遏，大发雷霆，痛斥民主党控制的国会众议院鼠目寸光，出于党争偏见，肆意干涉总统主导的外交政策，背信弃义，半途而废，无情地抛弃了中央情报局鼓动支持的尼加拉瓜反政府抵抗力量，致使脆弱的反政府军弹尽援绝，饥寒交迫，面对装备苏式现代化武器的强大政府军，浴血奋战，惨遭屠杀。真可谓亲者痛，仇者快！

里根总统和中央情报局局长凯西认为，“二战”之后，从东欧、中国、朝鲜、古巴、越南、老挝、柬埔寨，一直到安哥拉、埃塞俄比亚、索马里、阿富汗，苏联共产主义插手的绝大多数地方都得逞了。美国穷于应付，绥靖妥协，苟且偷安。

更令人心寒的是，美国一向绝情寡义，自食其言，临阵脱逃，见死不救，动辄翻脸不认人，随意抛弃老朋友。中国蒋介石、韩国李承晚、南越阮文绍、柬埔寨朗诺和施里玛达、伊朗巴列维、菲律宾马科斯等亲美盟友,皆为美国绥靖政策的牺牲品。南越总统阮文绍有句名言:“做美国的敌人易,做美国的朋友难!”

据鲍勃·伍德沃德透露:“1979 年 10 月巴列维国王赴美治病,即伊朗人质危机发生两周前,白宫要求中央情报局秘密窃听已下台的伊朗统治者的病房,从而知道这位情绪起伏易变、遭受癌症折磨的国王打算做些什么。中央情报局局长、海军上将特纳(Stansfield Turner)争执说,伊朗国王和美国公民享有同样的权利,联邦法律不允许中央情报局在美国国内窃取情报。可是,白宫却给他下达了一道书面命令,特纳只好忍气吞声,下令对国王在纽约市一家医院第 17 层的三间私人病房进行电子侦听,尽管他认为如此行事不成体统。”①美国如此冷酷无情地对待一位忠诚盟友和病入膏肓的老人,实在令人震惊。

1975 年 3 月,美国众议院以 189 票对 49 票通过决议,拒绝向柬埔寨朗诺—施里玛达亲美政府提供军事援助,导致杀人不眨眼的“红色高棉”取得胜利。

在给撤离的美国大使的告别信中,第一副首相兼国防部长、柬军总司令施里玛达将军用优雅的法语悲苦地写道:“既然你们拒绝给予我们保护,我们也无能为力。你们离开了,我的希望就是你和你们的国家能在这片天空下找到幸福。但是,请记住,如果我在这里死去了,在我热爱的国家死去了,这没有关系,因为我们全都生于斯,也必然会死于斯。我所犯下的唯一的错误就是相信了你们(美国人)。”②同年 4 月 21 日,朗诺政权垮台,施里玛达将军被“红色高

---

① [美]鲍勃·伍德沃德:《帷幕:中央情报局的秘密战争》,*Veil*:*The Secret Wars of the CIA*,1981 – 1987,pp. 28 – 29。

② 转引自《基辛格越战回忆录》,慕羽译, 海南出版社 2009 年版,第 450 页。

棉”处决。

里根执政后，坚信苏联的全球地缘扩张已达到极限，其强大的军事力量建立在专制极权、僵化低效的政治和经济体制之上。如果美国改弦更张，勇于对抗，全力援助亚洲阿富汗、非洲安哥拉、中美洲尼加拉瓜等国抵抗力量，奋起反击苏联的全球扩张攻势，争取在全球几个至关重要的战略热点取得历史性重大胜利，势必彻底逆转长期以来苏攻美守的“冷战”态势，苏联用纸牌搭起来的世界共产主义革命运动大厦，将可能顷刻间土崩瓦解，不战自溃。

里根总统下令，由前国务卿基辛格牵头，成立为美国对中美洲外交政策提供战略咨询的“基辛格委员会”，同时任命诺思中校担任该委员会的联络员。委员会的一项重要工作，是邀请健在的三位前总统尼克松、福特、卡特前来提供个人高见。诺思担负的职责之一，是确保他们能够看到最新的绝密文件和局势分析。

诺思中校很快发现，三位前总统完全是不同类型的领导人。

诺思首先联系了卡特总统。出乎意料，卡特根本不想听汇报，对专门为他准备的绝密文件也不屑一顾。他告诉诺思：“不必费心，我有自己的资料来源。”当来到委员会发表高见时，卡特像平庸的大学教授一样，用一种枯燥乏味、没有任何抑扬顿挫的语调，照本宣读随身携带的近40页的笔记。不到20分钟，“基辛格委员会”的多数成员就开始打瞌睡，几位民主党大员也咬紧牙关，竭尽全力想把哈欠压下去。

虽然形式枯燥乏味，但是观点和内容尚可。卡特总统批评了里根政府目前的中美洲政策。他认为，既然以色列总理贝京和埃及总统萨达特都能在他的斡旋下成功地举行“戴维营会谈”，那么尼加拉瓜等中美洲国家面临的问题，同样可以用相似的方式解决。

相比之下,福特总统很愿意听取汇报,对送来的文件来者不拒。诺思调用一架喷气式专机把福特从佛罗里达州休假地接到白宫,打算听取他的高见。可是,福特似乎对中美洲地区的问题缺乏兴趣和了解。飞往华盛顿的途中,诺思和委员会的工作人员再次向福特作了简要的汇报。福特总统发表的个人意见,与里根政府的观点大致相同。

尼克松总统的风格截然不同。他索取情报资料的欲望永无止境,提出的问题一针见血。尼克松不到两天时间就读完了诺思送去的全部文件资料。接着,他给诺思打电话说:"好了,把目前对哥伦比亚与中美洲格朗德河流域国家的经济状况,包括贸易、就业、难民以及其他一切情况的分析马上送来。"诺思赶紧收拾了一大捆绝密资料,让白宫信使立刻给尼克松送去。估计能让尼克松忙碌十天半个月了。

尼克松当晚就给诺思打来电话,说:"你还有别的材料吗?你送来的第二篇文章深度不够。"诺思回答:"我很抱歉,总统先生。"他没好意思说出口,那篇蹩脚文章的作者正是诺思本人。前总统说:"好了,别再送这类枯燥乏味的东西了。把更加深入而详尽的分析给我送来。"

尼克松出席"基辛格委员会"会议时,把手表摘下来放在桌面,说:"我有整整一个半小时的时间,我先讲45分钟,再用45分钟回答问题。"接着,在手头没有一页笔记和索引卡片的情况下,尼克松开始评述从格朗德河流域到智利火地岛之间全部中美洲和南美洲国家的问题,高屋建瓴,见解精辟,妙语连珠。

尼克松认识那里的每一位国家元首,了解每一场政治运动的来龙去脉,知道每一个经济和国防项目的发展趋势。他既分析和展望了中美洲的现状和未来,同时提出了美国在外交和军事战略领域的应对方案。丝毫没有夸张,恰好讲到45分钟时,尼克松准时完毕,戛然而止。他的“精彩表演”使在场者眼花缭乱，叹为观止。里根总统说得好：“一个总统怎么可能不是演员呢？”

当尼克松侃侃而谈时，诺思抬头看了看基辛格。只见他咧着大嘴笑得像“露齿嬉笑的猫”一样。诺思深有感触：“我们或许想到了前朝往事，或许基辛格真的只是尼克松的学生。至少那天的情形使人感觉，尼克松政府外交政策的杰出战略头脑正是理查德·尼克松本人。”①

根据“基辛格委员会”提供的战略咨询，里根拍板，命令麦克法兰采取一切必要手段，死活也要让尼加拉瓜反政府军苦撑待变，绝对不能在中美洲战略要地妥协退让，轻易认输。可是，麦克法兰面临的困难，仍然是“巧妇难为无米之炊”。他苦苦寻思，既然国会不批准军援，由政府出面、官方援助的传统方式没戏，那么只能独出心裁，另辟蹊径，采取“民间私募”的损招儿。

于是，白宫幕僚暗中运作，秘密募捐，凭借里根总统的老面子，像“要饭花子”一样，低三下四，求爷告奶，“沿街乞讨”，希望铁杆盟邦“无偿捐献”。据特别检察官调查，出资捐款者计有沙特王国3200万美元，文莱王国1000万美元，以色列、韩国、中国台湾各200万美元。西德和新加坡拒绝了美国的请求，表示爱莫能助。

白宫幕僚纯粹是缺乏常识，自找没趣。西德和新加坡当时已经成为预算透明的法治国家，拿不出没头没脑的200万美元“私募捐款”，一是纳税人不愿意当“冤大头”；二是议会不可能授权批准；三是媒体不可能守口如瓶。

---

① ［美］诺思：《遭遇攻击》，Oliver North，*Under Fire*，p. 168。

沙特、以色列、韩国等铁杆盟友为美国出钱比较正常。令人惊诧的是，蒋经国主政的“中华民国”竟然也卷入了“尼加拉瓜门”，曲意逢迎，慷慨解囊，为美国大老板秘密捐赠 200 万美元巨款。

原台湾国民党政府“外交部长”、蒋介石的英文翻译、北美事务协调会“驻美代表”（相当于“驻美大使”）钱复在回忆录中透露，1985 年 8 月 2 日，他在华盛顿秘密会晤了当时默默无闻的诺思中校和国家安全委员会的另一位官员。诺思直截了当地提出，希望台湾当局秘密捐款，用于援助尼加拉瓜反政府军，以解燃眉之急，里根总统将铭记不忘，永远感谢。诺思承诺秘而不宣，守口如瓶。

钱复当时答复，台湾与尼加拉瓜之间尚有大使级外交关系，投鼠忌器，顾虑极大，需要请示国内最高层批准。出乎意料的是，两周之后，蒋经国迅速拍板决定，为美国大老板捐款 200 万美元，堪称口蜜腹剑，两面三刀。[①]

“伊朗门”曝光之后，独立检察官上天入地，顺藤摸瓜，不但追查到台湾当局捐款支票的影印本，而且还致函台湾“驻美代表”办公室，要求配合调查“私募”的深层内幕。钱复以“外交豁免权”为由，理直气壮，拒绝合作。

独立检察官也没客气。没过几天，《华尔街日报》泄露天机，公开揭露台湾是出资捐款的“冤大头”之一，引起轩然大波，闹得蒋经国灰头土脸，颜面扫地。蒋经国为了美国不惜两肋插刀，美国却把刀插到了蒋经国的两肋上。如此轻诺寡信，忘恩负义，随意泄密，出卖朋友，使美国的忠实盟友处境尴尬，心灰意冷，失望至极。

---

① 钱复：《钱复回忆录》（第 2 卷：华府路崎岖），天下远见出版股份有限公司 2005 年版，第 434 ~ 450 页。

为了援助尼加拉瓜反政府军，仅仅依靠求爷告奶、四处化缘、私募资金远远不够，抵抗力量急需武器弹药和军需补给。秘密军援尼加拉瓜本来是中央情报局的苦差事，由于《博兰修正案》禁止美国政府的情报部门插手，故只得将此行动秘密转交“妾身不明”的白宫国家安全委员会。

在此背景下，经上司批准，名不见经传、时任国家安全委员会政治军事处副处长、兼有基层实战经验和首脑机关历练的诺思中校脱颖而出，肩负重任，具体主持秘密军援和空运的特殊使命。经凯西局长牵线，诺思结识了退役空军少将塞科德（Richard Secord），两人携手合作，用捐款购买武器装备和军需补给，由塞科德退役后开办的南方空运公司秘密运往尼加拉瓜。

诺思大权在握，手持尚方宝剑，出生入死，飞赴尼加拉瓜战场。他多次会晤尼加拉瓜抵抗力量领导人，与萨尔瓦多、洪都拉斯、哥伦比亚、哥斯达黎加等国首脑协调合作，帮助反政府军修建秘密机场，提供空投援助，建立后勤和训练基地，提供军事咨询、情报通信和作战指挥建议。在国会作证时，尼加拉瓜反政府军领导人表示，诺思中校是抵抗力量艰难生存下来的头号恩人，今后如果尼加拉瓜赢得自由民主，应当为诺思修建一个高耸入云的英雄纪念碑。

诺思狐假虎威，擅自做主，曾向哥斯达黎加政府领导人提出威胁，如果他们胆敢透露中央情报局在该国秘密机场的位置，美国将采取报复行动。事后，诺思向上司汇报说：“我明白，我这么跟一位国家元首打交道，而且还开出条件，做出根本不可能兑现的恐吓威胁，完全超出了我的权限。”

波因德克斯特却表扬说：“你做了正确的事情。”麦克法兰则忽悠说:“如果美国民众知道,你多少次凭借忠实和魄力的伪装假象捍卫美国外交政策,他们会让你当国务卿的。但他们不可能知道;假如知道了,还会大发牢骚——这就是20世纪末民主国家面临的现实。”①

在军援尼加拉瓜问题上,里根政府阳奉阴违,民间募捐,史有前例,不足为奇。“珍珠港事件”之前,美国国会绥靖派占据上风,立法禁止罗斯福总统军援中国抗战。陈纳德秘密成立“飞虎队”,以高价“私募”而来的“志愿军”飞行员,皆以传教士、工程师、商人、旅游者等“民间身份”秘密来华,尽管他们的真实身份多为美军航空兵部队的现役军官。日本偷袭珍珠港后,美国国会正式对日宣战,战功赫赫的“飞虎队”正式改名为美军第14航空队。

与美国费尽心机“私募”来的可怜资金相比,苏联、古巴、东德、伊朗、朝鲜等国提供给尼加拉瓜桑解阵政府的援助非常充裕。在20世纪80年代前半期,仅苏联每年向尼加拉瓜提供的援助就高达10亿美元。政府军装备精良,火力强大,配备先进的飞机、导弹、坦克、火炮,尤其是苏制米-24“雌鹿”型武装直升机,性能优越,低空突袭,火力强大,防不胜防,号称“空中坦克”,成为反政府军的致命克星。据美方游击战专家估算,尼加拉瓜反政府军若要维持现状,固守待援,至少需要1亿美元左右的援助。

怎样才能弥补如此巨大的资金缺口呢?据诺思在回忆录中披露,“挪用”军售伊朗“余款”援助尼加拉瓜反政府军的想法,其实是以色列推荐的伊朗裔军火掮客戈伯尼法提出的一个“天才创意”,而幕后撑腰和操纵者,则是诺思的顶头上司波因德克斯特中将。

---

① 转引自[美]理查德·里夫斯:《里根总统:想象的胜利》,Richard Reeves, *President Reagan: The Triumph of Imagination*, New York: Simon & Schuster, 2005, p. 383。

1986 年年初，在一次商讨向伊朗出售“陶”式反坦克导弹的秘密会晤中，为了防止窃听，戈伯尼法打开了宾馆盥洗间洗手池和大浴缸的水龙头。借着哗哗流水声的遮掩，他对诺思耳语：“如果这笔军火交易能够谈成，其中有你 100 万美元回扣。”

戈伯尼法出手如此大方，贿赂如此巨大，若是碰到一个心存贪欲的凡夫俗子，很可能经不住一夜暴富的诱惑，干出违法乱纪的罪恶勾当。没想到，诺思中校竟然不为所动。他声色俱厉地答复：“不行！别再提此事了，到此为止。”

诺思为何“不想贪”呢？一个中校军官，怎么会有如此之高的政治觉悟和道德情操呢？信不信由你，诺思即使贪了恐怕也是白贪，赃款很难轻易花出去，最多只能深更半夜刨个坑儿，蔫不悄儿地埋在自家后院。

1992 年，中央情报局苏联—东欧反间谍处处长艾姆斯（Aldrich Ames）在华盛顿市郊购置了一栋 54 万美元的豪宅，花费 10 万美元装修，还买了一辆 5 万美元的英国捷豹豪华跑车。此人是联邦政府行政部门 GS15 级以上官员，必须公开申报家庭财产和收入。艾姆斯当时年薪 7 万美元，其妻是家庭主妇，个人收入不可能支撑如此奢华的生活。艾姆斯对外吹风说，其妻有富翁亲戚在国外经商。可是，在艾姆斯夫妇的报税记录中，却没有任何曾经接受亲友赠予的申报记录，属于“巨额财产来源不明”。

俄罗斯总统普京说过：“政府廉洁是取信于民的基础。一个为民执政的政府没有理由不主动公示个人家庭财产。否则，没有任何资格坐在台上。不愿意向社会公开个人及家庭财产的官员，先要到司法部去，接受调查。”

根据美国税法,“富二代”每一年度接受父母或亲友赠予的钱财(学费和医疗费用除外)超过一定限额时,必须依法申报,2012 年度的法定数额为 13,000 美元。而遗产税实质上是赠予税的扩大和延续。2012 年度美国税法规定,“富二代”获得赠予加遗产的一生总限额为 5,120,000 美元。如果超过了豁免限额,税率高达 35% 。

现代法治国家通过赠予税、遗产税等法律手段,在一定程度遏制了“富二代”不劳而获、骄奢淫逸、炫富夸耀的恶俗现象,调节贫富差距过于悬殊造成的社会矛盾,同时起到了鼓励富人慈善捐赠(免税)、激励“富二代”独立自强的良好作用。在特定的环境和历史阶段,征收赠予税和遗产税具有不可低估的政治意义和社会价值。

由于不动产实名登记、公开查询系统、官员财产申报以及个人所得税、赠予税等制度的透明效应和监督功能,艾姆斯遭到怀疑和注意,引发联邦调查局的秘密调查,结果于 1994 年揭出了一个惊天叛国大案。艾姆斯向克格勃出卖大量绝密情报,获利高达 450 万美元,导致美国在前苏联、俄罗斯境内的情报网络几乎瘫痪,至少 10 名高级特工因其泄密而遭到处决。艾姆斯最终被判处无期徒刑。说起来怪可惜的,450 万美元赃款刚花了个零头。

言归正传。戈伯尼法胸有成竹,老谋深算。他冷静地对诺思解释:“没关系,我明白。我知道你空闲时都在忙些什么,也许我们可以为你的尼加拉瓜朋友准备点儿资金。”①戈伯尼法挥金如土,神通广大,在以色列和美国情报部门都有耳目。他通过各种秘密渠道,已经得知诺思卷入军援尼加拉瓜的艰难处境。

---

① [美]诺思:《遭遇攻击》,Oliver North, *Under Fire*, p. 20。

戈伯尼法如此善解人意，慷慨大方，目的是放长线，钓大鱼，诱惑诺思继续让他当中间人，进行更多的军火交易。诺思喜出望外，茅塞顿开。好家伙，如果每笔军售都能拿到巨额回扣，那么不但可以凭借军售建立美伊秘密战略通道，促成黎巴嫩真主党释放美国人质，而且使军援尼加拉瓜反政府军的财源难题迎刃而解。上帝啊，这简直是世界上最合算、最有创意的一笔军火买卖。

飞回华盛顿后，诺思来到顶头上司波因德克斯特将军办公室，详细汇报了戈伯尼法的“天才创意”。诺思心潮起伏，感慨不已，认为自己独辟蹊径，一箭双雕，无意中找到了一个援助尼加拉瓜抵抗力量的大金库。

波因德克斯特听取汇报后，同样喜出望外，赞不绝口，推崇此举是把里根总统中东和拉美外交政策圆满结合的最佳办法。当晚，波因德克斯特用保密电话联络诺思，正式授权他将“军售余款”“挪用”于尼加拉瓜。①

对此至关重要的军机大事，可能造成无穷后患的违法行径，波因德克斯特将军事先向里根总统请示汇报过吗？案发之后，在国会听证会上，为了使总统兼最高统帅免遭弹劾，波因德克斯特面不改色，镇定自若，勇承罪责，把个人的功名利禄、进退得失置之度外。

波因德克斯特声称：“我经过深思熟虑后，决定不请示总统，使他与此决策无关，万一将来泄露出去，里根总统可以矢口否认。”他还说：“我作出了这个决定，我认为我有权力如此决策，我认为这是个好主意，我相信里根总统最终也会认为这是个好主意。”“你们知

---

① ［美］诺思：《遭遇攻击》，Oliver North，*Under Fire*，p. 20。

道吧，整个挪用军售余款的问题，责任到我这里为止。”[1]

“硬汉将军”波因德克斯特仅比诺思年长 7 岁，是美国海军颇有名气的少壮派将领，文武兼备，前途无量，被视为未来海军作战部长（相当于海军总司令）的热门人选之一。他于 1958 年以门门满分、全校第一的优异成绩毕业于海军军官学院，并且被任命为学兵旅旅长。此职是对军校学生具有特殊荣誉的任命，是对学业成绩以及领导能力的高度赞赏。在美军院校史上，以前只有五星上将麦克阿瑟在西点陆军军官学校求学时，同时获得过学习成绩名列状元和出任军校学兵旅旅长的双重殊荣。

里根政府第四任国家安全顾问波因德克斯特将军

---

① 转引自［美］大卫·默文：《里根与美国总统职位》，David Mervin，*Ronald Reagan and the American Presidency*，UK：Longman Group，1990，p. 159。

军校毕业后，波因德克斯特考入世界一流学府加州理工学院，师从诺贝尔物理奖获得者穆斯堡尔教授（Rudolf Mssbauer），以优异成绩获得核物理学博士，在“穆斯堡尔效应”（核辐射无反冲共振吸收）研究领域颇有建树。他后来担任过猎潜舰、驱逐舰舰长，巡洋舰编队指挥官，海军作战部长助理等要职，成为海军战术和科技装备管理专家，1975 年 39 岁时晋衔准将，1980 年晋升少将，1981 年担任国家安全事务助理艾伦的军事助理，1983 年出任麦克法兰的副职。

1985 年年底麦克法兰辞职后，波因德克斯特青云直上、飞黄腾达，出任里根总统第四任国家安全事务助理，晋衔三星中将，年仅 49 岁。与此同时，海军希望他尽快归队，出任印度洋第六舰队司令官，甚至连任命文件都下发了。经里根总统多次劝说，波因德克斯特同意暂时留下来“帮忙”。

根据已经公开的秘密文件，在“尼加拉瓜门”中，里根是个稀里糊涂、大智若愚的甩手掌柜，诺思是一个冲锋陷阵、劳苦功高的马前小卒，而承上启下、幕后操纵的核心人物，正是行事低调、勇于担当的波因德克斯特将军。此公之所以不像诺思那样“名满天下”，主要是由于位高权重，身涉核心机密，针对他的国会听证和法院审判，皆为“黑箱作业”，鲜为人知。众所周知，在当代社会，若无媒体兴风作浪，炒作忽悠，若想一夜成名，并非易事。

经波因德克斯特“批准”，诺思明贩军火，暗度陈仓，生意兴隆，财源茂盛。据独立检察官调查，约 3000 万美元“军售余款”存入了瑞士银行的秘密账户。“不差钱”之后，诺思便与塞科德将军携手合作，购买武器弹药和装备补给，秘密转运给尼加拉瓜反政府军。案发之时，秘密账户中已有 1200 万美元被非法挪用。

据鲍勃·伍德沃德披露披露:“当诺思的行动日益险象环生和涉及绝密时,中央情报局局长凯西是极少数知情者之一。诺思发现凯西提供的建议极有价值,他知道如何建功立业,而且杀伐决断。他曾警告诺思,通过普通电话线路与中美洲的人通话时,很可能已经被克格勃设在古巴的窃听站偷听到了。由此,诺思从国家安全局那里要来了 KL—43 型手提式密码机。凯西还向诺思提供了为反政府军购买武器的军火中间商的情报,建议甩掉其中的两个人,因为他们的活动和社会关系可疑,有一人则被怀疑向苏联集团转让武器技术。”

“诺思告诉凯西局长,把向伊朗出售军火赚得的钱用于援助尼加拉瓜反政府军,这个移花接木的妙计是他和以色列人一起想出来的。凯西非常敏锐,立刻就明白了此中妙处,真可谓令人拍案叫绝。伊朗以前曾为桑地诺政权运送武器,而且还提供石油贷款,几年来价值高达 1 亿美元。如今,诺思却有本事让伊朗宗教领袖霍梅尼资助尼加拉瓜反政府军,让美国的敌人援助美国的朋友,堪称战略上的神机妙算,也是一个令人难以想象的巨大讽刺。”①

“伊朗门”事发之后,诺思狡辩说,假如美国国防部直接向伊朗出售军火,承办人胆大妄为,侵吞“余款”,毫无疑问构成贪腐重罪,该杀就杀、该剐则剐,引颈就戮,死而无怨。但事实上,军售伊朗通过以色列和军火掮客转手进行,五角大楼精打细算,不但确定和标明武器的出售价格,而且要求以色列预付百分之百的款项,连本带利,悉数收回,有账可查,并不存在什么“军售余款”。

---

① [美]鲍勃·伍德沃德:《帷幕:中央情报局的秘密战争》,*Veil*:*The Secret Wars of the CIA*,1981 – 1987,pp. 466 – 467。

诺思强调,所谓“军售余款”,其实是中间商给美方承办人的回扣或贿赂,这笔巨款来自军火贩子戈伯尼法的私人腰包,而非五角大楼或联邦政府财政部。乍眼一看,“挪用余款”相当于承办人侵吞公款,恶性违法。事实上,被“挪用”的“军售余款”暗度陈仓,化私为公,悉数用于援助具有重大战略意义的反苏“正义战争”。承办人忠于职守,为国分忧,出生入死,廉洁奉公,没有贪赃枉法、中饱私囊的不轨之举。如果换一个国家,诺思、波因德克斯特这两位忠勇将校的所作所为,简直就是可歌可泣的英雄事迹,令人赞叹的道德楷模。

诺思的自我狡辩,言之凿凿,娓娓动听,但是却有两个明显的法律漏洞。第一,擅自挪用“军售余款”军援尼加拉瓜反政府军之举,毫无疑问与《博兰修正案》迎头相撞,诺思即使说得天花乱坠,仍然难辞其咎。第二,从法律法规的严格角度来看,军火中间商塞给诺思的回扣或贿赂,仍然是军火购买国的“官方财产”,承办人无权揣入私人腰包或者擅自挪用。

1930 年,原国民政府兵工署长、哈佛大学博士俞大维赴瑞典博福斯(Bofors)军火公司采购 12 门七五毫米新式山炮。博福斯公司主动提出要给一笔回扣,金额相当于购买军火费用的四分之一。面对巨额贿赂,俞大维不动声色地回答:“这笔钱刚刚够再订购 3 门炮的价格,希望你们赶工,使 15 门炮一起交货。”1954 年,“无党派民主人士”俞大维升任台湾地区“国防部”部长,其子俞扬和娶蒋经国的掌上明珠蒋孝章为妻。

第九章　国会听证弄巧成拙

“伊朗门”事件闹大后，波因德克斯特和诺思擅自销毁了大批绝密文件和电子邮件，其中包括里根亲笔签名、批准对伊朗秘密军售备忘录的批复原件，企图隐瞒事实真相，阻碍国会和独立检察官深入调查。

案发之后，军售伊朗“战略构想”的“始作俑者”麦克法兰虽已经离职，但是仍然成为众矢之的。舒尔茨、温伯格等内阁大员对这位昔日同僚毫不留情，揭发批判，落井下石；新闻媒体添油加醋，胡说八道，雪上加霜。

国防部长温伯格批评说：“麦克法兰是个有明显局限性的人，他无法隐藏、但却想掩饰自己的弱点，总想显示一种高深莫测的形象，充满魅力的举止，时常撰写一些字斟句酌、佶屈聱牙而又难以理喻的文章，做事时总有一种‘超过基辛格’的强烈欲望，这对他来说实在是勉为其难。”

“麦克法兰等人每天接近总统,先于别人把自己的意见直接或间接地呈交总统,而其他的意见则根本没有上送的机会。”“国家安全委员会的官员只按个人目的行事,从不与负责这些活动的有关政府高级官员协商,他们处理事务时鬼鬼祟祟、偷偷摸摸,我这样说是有事实根据的。”①

面对老鼠过街、人人喊打的困境,麦克法兰声名狼藉,痛心疾首,有口难辩,无地自容。他唯恐连累里根总统,一时没想开,自斟苦酒一杯,一口气吞服了30片安眠药,只盼一死了之。由于抢救及时,麦克法兰终于保住了性命。他后来因“向国会撒谎”的罪名,被联邦法院判处两年有期徒刑,1992年被老布什总统特赦。

麦克法兰住院治疗期间,前总统尼克松突然大驾光临,探视这位像基辛格一样敢于“深入虎穴”的老部下。尼克松大发感慨:“在美国外交政策活动中,再也没有国会与行政部门之间的信任和必要的秘密可言了,越南战争和‘水门’事件已经把这类秘密外交使命画上了句号。”②

据麦克法兰回忆,尼克松安慰他说:“你的决策动机正确无误,战略构想脚踏实地,你绝不要被挫折击败,终结职业生涯。你是里根内阁中唯一的外交战略家,今后仍然有机会为国家效劳。”

尼克松还感伤地说:“你看我,一生犯过很多错误,假如有机会重来,我会用不同的方式处理问题,可是已经没有机会了。‘水门’

① [美]卡斯帕·温伯格:《为和平而战:温伯格回忆录》,Caspar W. Weinberger, *Fighting for Peace*, pp. 360, 371, 374。

② [美]鲍勃·伍德沃德:《阴影:五位总统与水门事件遗产》,Bob Woodward, *Shadow: Five Presidents and the Legacy of Watergate*, New York: Simon & Schuster, 1999, p. 117。

事件后，由于从巅峰到低谷的人生落差，我曾觉得没有理由继续活下去了。但我最终确信，活得更加出彩是人生的唯一出路。我不是什么公众英雄人物，可是我必须说出我该说的话，你应当按照我说的去做。”①

“伊朗门”乱局之中，国防部副部长卡卢奇临危受命，出任里根政府第五任国家安全事务助理，时任驻欧美军第 5 军军长的鲍威尔中将担任其副手。卡卢奇宣布，国家安全委员会的工作仅限于向总统提供决策咨询，不得卷入任何海外军事行动，不负责执行任何秘密外交使命，国会通过的《武器出口管制法》和军火禁运法案仍然有效，美国连一个弹弓都不能再向伊朗出售。

与此同时，联邦政府各部门接到通知，从今以后，国务院将是美国与伊朗之间唯一的联络渠道，军火掮客以及间谍电影中超级特工“詹姆斯・邦德”式的国家安全委员会官员，今后一律不得以美国外交政策代言人的身份自居。

1987 年 11 月，国防部长温伯格辞职，卡卢奇改任国防部长，鲍威尔将军接替卡卢奇，出任里根政府第六任国家安全事务助理。期间，苏联领导人戈尔巴乔夫赠送鲍威尔将军一把手枪，既未镶嵌钻石或珠宝，也无镀金或象牙枪柄。因系“国际伟人”相赠，意义非同寻常，鲍威尔非常珍惜，爱不释手。然而，依照美国法律，政府官员收到价值 20 美元以上的礼物，必须上交归公，违者必遭惩罚。鲍威尔不得不忍痛割爱，依法上交。

---

① ［美］罗伯特・麦克法兰：《特殊信任：麦克法兰回忆录》，Robert C. McFarlane, *Special Trust*, p. 342。

里根政府第六任国家安全顾问鲍威尔将军

2013 年 8 月 7 日《华盛顿邮报》报道，原驻韩美军第八集团军司令官小约瑟夫·菲尔（Joseph Fil，Jr.）中将接受了韩国人赠送的一支价值 1500 美元的镀金钢笔、一个价值 2000 美元的真皮公文包，他的家人还接受了 3000 美元现金，但没有按规定上交。菲尔中将辩称，送礼者是多年朋友，接受礼物属于"纯粹友谊"，没有涉及任何利益交易。但是，五角大楼军法局对此解释不予认可。虽然没有触犯刑律，但是坏了规矩。菲尔不得不上交了钢笔和公文包，退还了3000美元，于 2012 年退役，军衔由陆军中将降为陆军少将。

鲍威尔将军是何等精明之人。他灵机一动，计上心来，决定自掏腰包，把这支颇具收藏价值的手枪自费购回。没想到，白宫总务署的官员铁面无私,秉公办事,毫不通融。按照鲍威尔刻意讽刺挖苦的说法,总务署简直就像“苏富比”拍卖行一样忽悠人,竟然向他索要1200美元的高额“赎金”。

白宫总务署索价如此之高,看似出乎意料,实在情理之中。一把普通的手枪,价值平平,可是一旦有“国际伟人”题签相赠,身价立刻平步青云。如果听任政府官员利用官位职权,“平价”购买名人赠礼,岂不是相当于变相的“特供”,使官员享有特权,轻而易举地名利双收。

鲍威尔将军心怀不满,怨气连天,最终仍然忍气吞声,乖乖付钱。得知鲍威尔破费1200美元“赎买”一把“蠢货枪”(silly shotgun)之后,勤俭持家的鲍威尔夫人大为不满,把“挥霍无度”的老公训斥得无地自容。①

信不信由你,根据美国法规,在政府文职和军职官员中,只有联邦法院(联邦地区法院、联邦上诉法院、联邦最高法院)的法官享有“特殊待遇”,可以接受和保留价值昂贵的礼物,前提是不得接受涉案当事人、利益集团以及律师的任何礼物,或者其他相当于礼物的服务或享受,同时必须公开申报,接受媒体和全民监督。

尽管可以公开送礼和收礼,但是法官审案和裁决都是公开和透明的,受到整个社会的严格监督,不可能出现“吃了原告吃被告”的腐败现象。那些“心中有鬼”“利益攸关”的行贿者根本不敢出头露面;那些“毫无目的”“纯粹友谊”的仰慕者却可以明目张胆地送礼上门、“无私奉献”。

---

① [美]科林·鲍威尔:《我的美国之旅》,Colin Powell, *My American Journey*, pp. 392 – 393。

据媒体报道，在1999年到2004年期间，最高法院大法官托马斯（Clarence Thomas，1991年至今任职）先后接受了价值大约42，200美元的各种礼物，①其中包括珍贵版本的《圣经》（价值1.9万美元）、林肯总统半身雕像（价值1.5万美元）、高级领带（价值1400美元），等等。土豪如果钱多得闹心，又没有任何利益追求，可以考虑给薪酬不高的美国大法官送点儿礼。

回首往事，里根政府非法军售伊朗，的确是一项具有长远战略目标的秘密外交行动，并非“以武器换人质”。在此问题上，里根总统的错误仅在于没有“及时”向国会通报，属于轻度违法。相比之下，“尼加拉瓜门”的性质极为恶劣，成为“伊朗门”事件的聚光点。

为了调查“伊朗门”事件真相，里根总统任命原联邦法院法官、曾任艾森豪威尔政府司法部副部长的著名律师沃尔什（Lawrence Walsh）出任独立检察官，主持调查“伊朗门”事件的来龙去脉和真实内幕。与此同时，国会捷足先登，联合组成参众两院特别调查委员会，举行公开和秘密听证会，传召涉案证人和政府高官，企图把“伊朗门”事件查个水落石出。

千万不要小瞧美国国会的调查听证会。大约三分之一的国会众议员和一半左右的参议员是律师、检察官或法官出身，精通法律，神通广大。由于拥有以严惩伪证为后盾的监督、调查和听证大权，美国国会实际上兼有“最高人民法院”“最高人民检察院”“中央纪律检察委员会”的强大制度功能，其权威在相当程度上超过了总统。在“水门”事件中，正是在国会听证会上，白宫法律顾问迪安被迫“卖

① 2004年12月31日《洛杉矶时报》，Richard A. Serrano，*Justice Thomas Reports Wealth of Gifts*，Los Angeles Time，December 31，2004。

主求荣”，白宫高级幕僚巴特菲尔德被迫招出了“白宫录音带”的超级机密，最终导致尼克松丢失了总统宝座。

不过，“伊朗门”事件的两位关键性人物，诺思中校和波因德克斯特将军是现役将校。为了保护总统兼最高统帅，他们临危不惧，态度死硬，竟然以犯罪嫌疑人自居，异口同声地援引美国《宪法》第5条修正案，声称有权保持沉默，拒绝回答任何实质性问题，包括国会议员的质询。

为了查明真相，顺藤摸瓜，钓到大鱼，国会调查委员会发出传票，强令波因德克斯特和诺思以证人的身份前来国会作证，同时给予两人有限的刑事豁免权，令其交代全部内幕，将功折罪，争取宽大处理。如果两人仍然拒绝开口，将因“藐视国会”而被判处重罪。

可能有人会问，想当年，在“水门”案听证会上，白宫法律顾问和总统幕僚为何呆头傻脑，没有声称拥有“沉默权”呢？主要原因是，迪安和巴特菲尔德都是作为证人被国会召来，而非刑事案中面临指控的犯罪嫌疑人，所以《宪法》第5条修正案中公民“不得自证其罪”的权利并不适用。他们如果拒绝开口，将会因“藐视国会”而被判处重刑。另外，“水门案”鱼龙混杂，漏洞百出，人赃俱获，在押案犯已经被迫招供，陪审团可以根据大量“旁证”，轻易地将“保证沉默”的涉案嫌犯定罪。

“伊朗门”听证调查会开场之前，为了混淆视听，保护里根总统，白宫幕僚胡编乱造，四处传谣，泄露大量“绝密内幕”，荒诞不经，危言耸听，唯恐天下不乱。新闻媒体趁机添油加醋，添枝加叶，胡说八道，敞开忽悠，把诺思中校彻底“妖魔化”。

据媒体报道，诺思中校叛逆不羁，无法无天，犯上作乱，是制导失控的“毒刺”导弹，歇斯底里的战争狂人；他在白宫遥控美国外交政策和全球战略，向伊朗贩卖军火完全是其个人决策，同时还卷入走私毒品的罪恶勾当；诺思拍卖白宫宴会厅的银器和瓷器为尼加拉瓜反政府军募捐，而且凭借贩毒和倒卖军火大发横财。他挥金如土、生活糜烂，“与他人通奸”，与办公室金发碧眼的女秘书兼时装模特暗通款曲，把一辆意大利出产的法拉利红色豪华跑车赠送情人，在南太平洋购买了一个土著人岛屿，两人策划乘私人飞机私奔等，活灵活现，绘声绘色，五毒俱全，骇人听闻。

更有甚者，1987 年 2 月 20 日，历来比较严谨的《华盛顿邮报》报道，诺思肆意妄为，擅自做主，私下将绝密情报转交伊朗政府情报部门获利，涉嫌触犯《联邦反间谍法》，将可能被判处死刑。

诺思一向奉公守法、私生活严谨。他怒不可遏，暴跳如雷，找到律师要打诽谤官司。他气愤地说：“我的妻子会看到这些报道，我的朋友们也会看到，另外我的孩子看到后会怎么想呢？”律师冷静地劝告诺思，你现在作为“公众人物”，要学会忍辱负重，忍气吞声，没有必要与媒体过分较真，对付谣言和诽谤的最好办法，就是“不予理睬”。

律师宽慰诺思说：“你应该明白，传播谣言的人确实相信这些新闻都是真的”；“如果撰写这些报道的记者、传播这些谣言的人设身处地，自己有机会滥用权力，接受贿赂，偷窃数百万美元、与一个漂亮迷人的女秘书私通，他们自己肯定会这么干的。所以，他们肯定认为你确实这么干过。否则他们每天早晨就不敢照镜子了。”①很多

---

① ［美］诺思：《遭遇攻击》，Oliver North，*Under Fire*，p. 164。

人其实只是嘴上痛恨腐败和不公正,内心深处中却痛恨自己不是现行制度的既得利益者,立下雄心壮志要"做官发财"。

在拉丁美洲魔幻现实主义文学杰作《百年孤独》中,蒙卡达将军临死前,沉痛地对发动过 32 次起义、被革命推上了权力顶峰的奥雷里亚诺·布恩迪亚上校说:"你如此憎恶政府军人,跟他们打了那么多的仗,对他们琢磨了那么久,到头来还是成了同他们一样的人。人生中没有比这更卑贱的理想了。"

言归正传。有一天,诺思携年仅 8 岁的小女儿驾车出行,途中被记者认出。回答记者问题时,诺思气愤地说,自己确实曾向伊朗政府转交过绝密情报,但是皆经顶头上司的确认和批准。他讥讽挖苦说:"如果要执行死刑的话,建议在纽约最大的体育场举行,可以出售门票,而且可以把票房收入捐赠给缺枪少饷的尼加拉瓜反政府军。"

诺思的女儿一听到"死刑"之语,当场就吓哭出了声。诺思赶紧安慰女儿:"别难过,乖孩子,不会有事的。"女儿哭哭啼啼地说:"他们不可能判你死刑,这是违反宪法的。"一个不懂事的美国小姑娘,居然把联邦宪法视为避祸免灾的挡箭牌。美国最高法院曾在 1972 年判决死刑违宪,后因保守阵营的压力以及居高不下的谋杀率,1976 年美国又恢复了死刑。诺思的女儿道听途说,只知其一,不知其二。

1987 年 5 月,美国国会举行"伊朗门案"听证会,经电视向全世界直播。出乎意料的是,"落水狗"诺思中校逆风飞扬,表现极佳,大出风头,一夜成名。面对电视镜头,诺思的表现既非一介武夫,有勇无谋,谈吐粗鲁;亦非猥琐小人,惊恐万状,跪地求饶,痛哭流涕。他戎装笔挺,神情刚毅,气宇轩昂,据理力争,令全美观众刮目相看,深表同情。

诺思解释说，一个中校军官不可能拥有对外军售和秘密军援的超级权柄，不可能做出影响美国外交全局的战略决策；从军售伊朗到军援尼加拉瓜反政府军，自始至终，他完全是“奉承上司旨意”，经手的全部事项都得到上级批准。但是，诺思销毁了全部机密文件，无法证明自己清白无辜。换言之，诺思变相地把责任揽在了自己身上，沦为“伊朗门”事件的牺牲品和“替罪羊”。

针对诺思“奉承上司旨意”之说，参议院军事委员会主席、“伊朗门”调查委员会主席井上建（Daniel Inouye）嗤之以鼻，严厉批驳。他是美国历史上第一位日裔联邦众议员（1959）、联邦参议员（1963）。“二战”后期，五角大楼取消了禁止美籍日裔入伍的禁令。井上建于1944年投身军旅，在种族隔离、待遇平等的日裔美军第442团（荣誉大功团）服役，与纳粹德军浴血奋战。他身负重伤，右臂截肢，成为勇冠三军的独臂战争英雄，荣获相当罕见的特等功勋章（Medal of Honor），晋升为上尉军官。

“二战”后，井上建在乔治·华盛顿大学法学院获得法律博士学位，开始了引人注目的从政生涯。至2012年逝世，他成为最资深的联邦参议员，于2010年出任参议院临时议长，[①]成为美国历史上官阶最高的亚裔政治家。一旦美国总统遇刺或意外身亡，参议院临时议长是排在副总统和众议院议长之后、名列第三顺序的国家最高权力继承人。

---

① 美国副总统兼任参议院议长。当副总统不能出席时，参议院临时议长是参议院地位最高的官员，主持参议院工作，同时是排名第三的总统职位继承人。

独臂联邦参议员井上建与肯尼迪总统交谈(1963 年)

井上建参议员严肃地提醒诺思中校:“美军统一军人法典明确规定,上级军官下达的命令必须是合法的。事实上,军人法典阐明美国军人有义务拒绝执行上级不合法的命令。此项原则如此之重要,以致在纽伦堡审判中,美国政府建议将其作为国际上普遍适用的基本原则。”①

不愧是军人兼律师出身,井上建的指责尖锐深刻,启人深思。“二战”后,在纽伦堡审判中,纳粹将领借口“军人以服从命令为天职”,为令人发指的侵略暴行、灭绝人性的滔天罪恶、惨绝人寰的野蛮杀戮进行无罪辩护。对此,法庭予以无情驳斥,强调参与战争罪行的军人必须承担个人责任。“冷战”期间,逃避专制暴政、翻越柏

① 转引自[美]诺思:《遭遇攻击》,Oliver North, *Under Fire*, p. 376。

林墙的逃亡者，动辄遭到东德军警开枪射杀。两德统一后，以“服从上级命令”为借口、以精准枪法肆意射杀逃亡百姓的东德军警辩护无效，遭到法律严惩。

在听证会上，诺思展示了尼加拉瓜政府军装备的米－24 型武装直升机的图片，详尽地介绍了机载武器、强大火力和优良性能。他声称，美国政府作茧自缚，背信弃义，釜底抽薪，见死不救，抛弃了在中央情报局“忽悠”之下揭竿而起的尼加拉瓜“自由战士”，使其弹尽援绝，饥寒交迫，惨遭屠杀。诺思强调，他遵循上级命令，向尼加拉瓜抵抗力量提供有限的军事和物资援助，其目的是保护生命，而非屠杀平民，与纳粹德军和东德军警的暴行毫无可比之处。

那么，诺思遵奉的上级命令是否合法呢？当执行上级命令与遵纪守法以及个人的政治信念、良心操守发生冲突时，什么才是政府官员的个人职责呢？1970 年，当尼克松总统下令将越战扩大到柬埔寨，基辛格在哈佛的高足、心腹幕僚雷克（Anthony Lake）力劝无效，愤而辞职。四分之一个世纪后，克林顿总统慧眼识人，启用雷克出任国家安全事务助理要职。

然而，诺思坚信，军援尼加拉瓜抵抗力量对于战胜苏联和赢得“冷战”至关重要。作为美国军人，他对自己有机会参与此事深感自豪和骄傲，完全不存在辞职抗命的理由。针对军援是否“合法”的问题，诺思诡辩说，恰恰是《博兰修正案》自身的合宪性存在含糊和争议之处，美国宪法并未赋予国会议员任意干涉总统行使外交政策和军事战略的超级权力。

如果愣要较真的话，《博兰修正案》确实存在一个定义模糊的“漏洞”。它虽然明文禁止中央情报局、五角大楼以及“其他涉及情报工作的政府部门”向尼加拉瓜反政府军提供援助,但是以宽泛意义而言,白宫下属的国家安全委员会不属于“涉及情报工作的政府部门”,其工作人员只是总统的私人顾问和幕僚助理,不受该法案的约束和限制。

诺思的自我辩护,涉嫌死抠字眼,胡搅蛮缠。实际上,依照三权分立与制衡的程序,既然里根总统签署了《博兰修正案》,其合宪性不容置疑。国家安全委员会的确不是美国政府的情报部门,但是因其职能涉及协调外交、国防、情报等与国家安全密切相关的事宜,以严格的法律意义而言,其工作班子成员显然亦应在《博兰修正案》的约束和限制之内。有法必依,违法必究,乃是法治的基本原则。

在听证会上,诺思还遭到接受贿赂的“贪腐”调查。是这么回事,因遭受恐怖分子威胁,联邦调查局为麦克法兰、波因德克斯特等高官的私宅安装了电子保安系统。诺思本人的风险甚大,但是职务较低,“特殊身份”尚未公开,没有资格享受联邦政府提供的安全保护。在此背景下,为了保护诺思及其家人的安全,1986 年 4 月,南方空运公司的老板、退役将军西科德慷慨解囊,出资为诺思的私宅安装了一套当时最先进的电子保安系统,价值大约 1.3 万美元。

但是,诺思是政府官员,西科德是私营航空公司的“生意伙伴”,此举明显违背了“利益回避”的基本规则,构成假公济私、行贿受贿的重大嫌疑。更要命的是,半年之后,“伊朗门”事发之初,诺思自作聪明,自掏腰包,弥补过失。他让电子保安公司送来了倒填日期的账单,自己支付了花费,结果欲盖弥彰,罪上加罪。

面对指控,诺思承认错误,追悔莫及。他解释说,自己的处境比较特殊,秘密身份和特殊使命鲜为人知,当遭遇“反贪”调查时,不应欺骗造假，掩盖真相，而是应当坦然承认，据理力争，因为这笔“贿赂费”，本来应当由联邦政府掏腰包。

根据已经解密的文件，诺思从事的秘密使命，承担的重大责任，的确是奉承麦克法兰、波因德克斯特、凯西等高官的旨意，他只是个马前小卒而已，很难追究其在“伊朗门”事件中的法律责任。

针对案发之后，隐瞒事实真相、阻挠国会调查、擅自销毁绝密文件的一系列指控，诺思自辩说，其工作涉及国家重大机密，事关千百万人的身家性命，联邦政府特意为他的办公室配置了最先进的文件销毁设备，事实上，销毁绝密文件乃是他每天工作的重要组成部分之一。这样，诺思口若悬河，侃侃而谈，竟然把国会议员噎得目瞪口呆，哑口无言。

据媒体报道，大约四分之三的美国人忙里偷闲，观看了电视实况转播。美国的国会议员特别重视和热衷电视直播的机会，这是他们在媒体和父老乡亲面前炫耀政绩、扬名天下的最佳时机。共有 26 名国会议员千方百计地挤进了“伊朗门”调查委员会。没想到，费尽心机，适得其反，弄巧成拙，竟然让诺思中校喧宾夺主，出尽风头，大放异彩。

更没想到的是，平民百姓扎堆儿看热闹，混淆是非，高声喝彩，视诺思中校为赤胆忠心的美国英雄、刚毅勇为的血性男儿。听证会期间，美国各地民众声援诺思的数万封电报、一百余万封信件如雪片般飞来，其中包括前总统尼克松。有些信件甚至连地址都没有，仅书：“寄给美国英雄奥利弗 · 诺思中校。”其中一些来信还附带小额捐款，帮助诺思支付高达 100 万美元的律师费。

《新闻周刊》的首席记者在电视政论节目中甚至忽悠说：“诺思

中校是一个把奥斯卡最佳影片《洛基》(Rocky,1976)中穷困潦倒的拳击手、动作片《第一滴血》(First Blood,1982)中彪悍善战的越战老兵兰博、战争片《巴顿将军》中的‘二战’猛将和质朴无华的邻家男孩等角色集于一身的独特人物。”

有一天,独立检察官沃尔什惊奇地发现,自己宝贝闺女的男朋友居然也是诺思中校的铁杆粉丝。这小子还在前襟上别了一个“支持诺思竞选美国总统”的胸章,压根儿就没把未来的老丈人放在眼里。

俗话说:妻子眼里无英雄。在听证会现场,除了国会议员和贵宾席之外,任何人都不能喝咖啡和饮料。有一天,诺思发现媒体的摄影机镜头突然纷纷转向自己身后的旁听席,原来他的妻子居然在那儿呼呼大睡,尴尬窘态被电视网实况播出。

律师大喜过望,向诺思妻子建议说:“千万不必道歉,明天来旁听时,我衷心希望你再次进入梦乡,安然酣睡,这是你在国会听证会上所能干出的最棒的事情。恰恰表明,你对自己老公的清白无辜如此信心非凡,以致对无聊的调查听证不屑一顾。”①

相比之下,波因德克斯特将军位高权重,身涉核心机密。针对他的国会听证和法院审判皆为“黑箱作业”,密云不雨,波涛暗涌。据权威人士披露,尽管国会给了这位将军坦白从宽、免予起诉的刑事豁免权,可是,在作证时,波因德克斯特大义凛然,勇承罪责,引用前总统杜鲁门办公桌上的座右铭,“责任到我这里为止”(The Buck Stops Here),把骇人听闻的罪责揽到了自己身上。

---

① [美]诺思:《遭遇攻击》,Oliver North, *Under Fire*, p. 366。

针对军售伊朗案，波因德克斯特坦白：“凯西局长1985年11月送来一份军售伊朗的备忘录，经我提交总统签署。”事件曝光后，为了保护里根总统，他已经亲手将此重要文件销毁。关于“尼加拉瓜门”，波因德克斯特承认，此事是诺思提出的“好主意”，但是确实经过了他的批准，诺思中校并未无法无天，擅自越权。

将军坦然告诉独立检察官，里根总统马虎大意，忽略细节，对把军售伊朗的余款转用于资助尼加拉瓜反政府军一事毫不知情。他毫无惧色地表示：“我经过深思熟虑后，决定不请示总统，使他与此决策无关，万一将来泄露出去，里根总统可以矢口否认。”“你们知道吧，整个挪用军售余款的问题，责任到我这里为止。”①

波因德克斯特将军的证词，既为诺思洗脱了罪名，又保护了里根总统。他推功揽过，保护总统，开脱部下，堪称男儿硬汉。里根总统有惊无险，安然无恙，躲过了暗礁密布的激流险滩，避免了国会弹劾的政治灾难。波因德克斯特却面临身败名裂、陷入绝地、可能遭到重罪惩罚的可悲下场。

国会听证后，里根总统不枉“伟大的沟通者”的称号，立刻发表了一个低头认错、主动承担空泛“最高责任”的电视讲话。他向美国人民承认：“我在追求一项误入歧途的外交政策的过程中过于固执了。”“波因德克斯特将军在国会作证时说，责任到他那里为止，这是不对的。责任到我这里为止，我才是应当为美国人民承担最高责任

---

① 转引自《里根与美国总统职位》，David Mervin，*Ronald Reagan and the American Presidency*，p. 159。

的那个人。”①

尼克松认真地观看了里根的电视讲话，钦佩得五体投地，难以言表。次日，他给里根写了一封私人信件，衷心称赞说：“昨晚的电视演讲是你一生中的最佳讲话之一。”

回首往事，假如“水门”事件之初，尼克松能够放低身段，发表一个类似里根的电视讲话，低头承认错误，适度配合调查，空泛地承担“最高责任”，衷心请求美国人民原谅，他可能有机会作为美国历史上最伟大的总统之一永垂青史。

---

① [美]鲍勃·伍德沃德：《阴影：五位总统与水门事件遗产》，Bob Woodward, *Shadow*, p. 153。

第十章　盖棺论定引人深思

国会听证结束后，司法机关开始立案审判。首当其冲的要犯，正是在听证会上大出风头、名满天下的诺思中校。

1989 年 3 月，经联邦大陪审团裁决，独立检察官沃尔什对诺思提起公诉，史称“美国诉诺思案”。控方指控诺思犯下对国会撒谎、妨碍司法调查、擅自销毁文件、作伪证、盗窃国家财产、接受贿赂（电子保安系统）等 12 项罪名。法律专家特别注意到，12 项罪名中唯独没有向伊朗秘密出售军火、违反《博兰修正案》军援尼加拉瓜反政府军两项惊天重罪，后来的“美国诉波因德克斯特案”同样如此。

1989 年 5 月 4 日，联邦地区法院小陪审团判决，在 12 项罪名中，诺思犯有阻挠国会调查、擅自销毁文件、接受贿赂（电子保安系统）3 项罪名，另外 9 项被判定无罪。同年 7 月，法官判处诺思 3 年有期徒刑，缓期执行，狱外监管，罚款 15 万美元。

诺思不服判决，当即向联邦哥伦比亚特区巡回上诉法院喊冤叫屈。美国共有 13 个联邦巡回上诉法院，其中以哥伦比亚特区上诉法院的地位最为显赫，主要受理涉及联邦政府的上诉案例，有“第二联邦最高法院”之称。

1989 年 11 月，诺思官司缠身，赋闲在家，百无聊赖。有一天，他不经意间在电视新闻中看到，在东西方两大阵营对峙的前沿，美苏“冷战”的象征柏林墙轰然倒塌，烟消灰散。面对激动人心的历史场景，仍然重罪在身的“美国英雄”“冷战”功臣诺思百感交集，心中酸楚，禁不住痛哭失声。诺思的小女儿看到“不惧死刑”的硬汉父亲哭得像三岁孩子一样，鼻涕一把泪一把，嗓音都哭哑了。她感到非常吃惊，赶紧跑到楼上高喊：“妈妈，老爸有病啦！”

1990 年尼加拉瓜政局突变，天翻地覆，举世瞩目。早在 1986 年 10 月，美国国会批准恢复对尼加拉瓜反政府军的援助，困扰里根政府多年、引发“尼加拉瓜门”的《博兰修正案》宣告失效。1985 年戈尔巴乔夫上台后，美国联手沙特操纵国际市场石油价格，导致严重依赖石油出口的苏联财政濒临崩溃，克里姆林宫被迫收缩战线，开始从阿富汗、安哥拉、尼加拉瓜等战略要地脱身，停止援助桑解阵政权。

在此背景下，美国驻尼加拉瓜大使蛮横霸道，暗中威胁说：“尼加拉瓜桑解阵政权其实就是一只该死的跳蚤，美国背着双手都能把它捏死。”1989 年，因美国压力和国际斡旋，为了避免内战冲突、生灵涂炭、玉石俱焚，尼加拉瓜桑解阵政府领导人同意接受停火方案，承诺举行民主选举。

1990 年 2 月，美国支持的总统候选人奥莱塔 · 查莫罗夫人在大选中胜出。桑解阵政府总统奥尔特加尊重民主选举的结果，背叛马克思主义，放弃武装斗争，拱手交出了军队和政权，黯然离开总统府。2006 年 11 月，奥尔特加卧薪尝胆，重整旗鼓，通过“议会道路”卷土重来，终于赢得了全国大选，重登总统宝座。

在外交政策方面，奥尔特加支持台湾地区成为联合国成员国。台湾地区领导人陈水扁于 2007 年年初出席了奥尔特加的就职典礼，并于当年 8 月再次访问尼加拉瓜。据媒体报道，陈水扁公开声称，他与奥尔特加的会谈长达 13 小时，热情洋溢，感情深厚，“就像谈恋爱一样”。

在外交场合，这种涉嫌“同性恋”的“幽默玩笑”实在不甚得体。奥尔特加总统出面澄清说，他和陈水扁“确实是在恋爱”，但是为了“国家和平、人民安全与社会公义而恋爱”。两年后，陈水扁因贪污腐败被判处无期徒刑。这场为了“社会公义”的“恋爱”尴尬收场。

1990 年 7 月，联邦上诉法院对“美国诉诺思”案做出裁决，以控方呈庭证据主要基于享有刑事“豁免权”的国会听证为理由，推翻了联邦地区法院的有罪裁决。在判决书中，联邦上诉法院法官戴维·森特尔(David Sentelle)一针见血地指出：“我们不同意在美国进行政治审判，本案的实质不是独立检察官诉行政部门，甚至也不是国会诉行政部门，而是联邦政府侵犯了上诉人诺思不得自证其罪的宪法权利。”①

什么是宪法？用句通俗的话来解释，宪法就是管政府和保护公民权利的法。为什么要管政府呢？因为政府官员手握大权，生杀予夺，为所欲为。英国阿克顿勋爵(Lord Acton，1834 - 1902)有句名

---

① 《美国联邦哥伦比亚特区巡回上诉法院判例报告》(第 910 卷)，United States of America v. Oliver L. North，Appellant，910 F. 2d 843 (D. C. Cir. 1990)。

言:“权力趋向腐败,绝对权力绝对腐败。伟人们几乎总是坏蛋。”①

说白了吧,因为手握大权,政府里的各级官员有可能全都是潜在的坏蛋和腐败分子,是潜在的“有组织犯罪集团”,而且官儿越大,越有可能成为大坏蛋。因此,在一个法治国家,法律要管的,首先应当是有权有势的警察和政府官员,其次才是社会上的犯罪分子。

所谓法治,首先就是从制度上约束和限制政府官员的权力,是从制度上防止统治者和执法者胡作非为,无法无天。如果统治者的权力受到制约与制衡,执法者循规蹈矩,遵纪守法,司法者秉公判案,一视同仁,那么防止被统治者造反闹事,则易如反掌,游刃有余。

法治的另一个特征,是从宪法高度保护公民的个人权利和言论自由。美国著名学者福山精辟地指出,古希腊城邦的古典民主制没有充分保障公民的个人权利和言论自由,所以没有资格被称为真正的民主制。古希腊闻名遐迩的“哲学王”苏格拉底,就是由于“冒犯性”的思想和言论,惨死于雅典民主制中的“多数人暴政”。如果没有对言论自由的充分保障,朝野噤声,万马齐喑,民主法治的宏大议题根本无从谈起。

很多国家并不缺乏冠冕堂皇的宪法和制度,而是缺乏制度保障下的民权。在1981年发表的《贫困和饥饿:论权力和剥夺》一文中,诺贝尔经济学奖得主、印度经济学家阿马蒂亚·森批评了自然灾害和食品短缺是造成现代社会中饥荒和贫困主要原因的观点。他认

① 原文为:“Power tends to corrupt and absolute power corrupts absolutely. Great men are almost always bad men.” 转引自[英]约翰·阿克顿:《论自由和权力》,John Dalberg-Acton, *Essays on Freedom and Power*, The Beacon Press, Boston, Mass., 1949, p. 364。

为，不民主的政治体制、公民权利的不平等、信息的不透明、缺乏新闻和言论自由，才是加剧贫困和饥饿、导致大规模死人饥荒发生的主要原因。

美国《宪法》前10条修正案恰恰都与公民权利有关。其中第1条修正案保障公民言论自由的权利，第5条修正案保障公民“不得自证其罪”的权利。在1966年“米兰达诉亚利桑那州案”中，沃伦大法官百尺竿头，更进一步，主持确立了犯罪嫌疑人有权保持沉默的“米兰达警告”，在美国社会家喻户晓，妇孺皆知。美国宪法及其修正案之目的，正是在于规范和限制政府的权力，保护人民免遭“苛政猛于虎”之苦。

一位博学多识的老知识分子曾对笔者谈及，中国专制社会数千年来的最大问题，归根结底就是没有法律和不讲法律。信不信由你，事实恰恰相反，从大秦律、大唐律一直到大清律，中国历代统治者颁布的法律法规，浩如烟海，难以计数，堪称世界奇观。这些严刑峻法之目的，都是统治和残害平民百姓，维护当权者凌驾于法律之上的特权和利益，而不是制约和限制统治者自身的权力。

想当年，“五四”新文化启蒙运动的先贤大师没有看透数千年专制帝王“外儒内法”的魔幻玄机。他们高呼打倒“孔家店”，反对利用儒家经典钳制思想和维护皇权统治，要求思想自由、精神独立、个性解放，甚至全盘否定儒家思想和传统文化，但是轻松地放过了焚书坑儒、灭绝人性、专制暴虐的“法家”秦始皇。其恶果是，秦始皇的专制主义一度冠冕堂皇，卷土重来，在中国现代政治舞台上风光无限，大放异彩，其教训极为惨烈。

法治的基本意思，不是政府用严刑峻法去统治人民，而是政府自身要受到法律的监督和限制。不是政府立法“给每个公民建立一份道德档案,以此来约束大家”,而是掌握公共权力和资源的官员应当依法公示个人财产及其来源,接受全体公民的监督。

南京大学教授任东来精辟地指出,“美国宪法的目的是规范和限制政府的权力,以保护人民免受恶政之苦。换句话说,它要防范的是治者之恶,而非被治者之恶。”①通俗而言,就是要把统治者关进制度的笼子里。

言归正传。在“伊朗门”案中,联邦上诉法院法官断定,此案追根究底是总统与国会之间的“政治分歧”,而不是涉案个人的刑事犯罪。美国是一个法治国家,如果独立检察官死活非要以刑事罪名起诉诺思,那么必须严格地遵循司法程序和法律法规。可是,独立检察官以追求正义和国家公权的名义提起公诉,而且以诺思在国会听证期间享有刑事“豁免权”的口供为呈庭证据,那么实际上相当于联邦政府恶意侵犯了犯罪嫌疑人有权“保持沉默”的宪法权利。

美国最高法院大法官道格拉斯(William O. Douglas,1939 – 1975年任职)指出:“正是程序决定了法治与随心所欲或反复无常的人治之间的大部分差异。坚定地遵守严格的法律程序,是我们赖以实现法律面前人人平等的主要保证。”②

作为“漏网之鱼”,诺思可能确实触犯了联邦法律,比如向国会撒谎和擅自销毁证据。尽管如此,联邦政府必须遵纪守法,依法办

---

① 任东来、陈伟、白雪峰等:《美国宪政历程:影响美国的 25 个司法大案》,中国法治出版社 2015 年版,第 112 页。

② 《美国联邦最高法院判例报告》第 341 卷,*Joint Anti-Fascist Refugee Committee v. McGrath*,341 U. S. 123,179 (1951)。

案，不能随心所欲，言而无信，罔顾程序，任意践踏宪法赋予公民的个人权利。联邦最高法院大法官霍姆斯有句名言：“罪犯逃脱法网与政府的卑鄙非法行为相比，罪孽要轻得多。”①

信不信由你，法官从事的是法律事业，不是正义事业。世界上并不存在完美无缺的公平和正义，法院同样不是追求伟大理想和绝对正义的适宜之地。

霍姆斯大法官和联邦第二巡回上诉法院法官勒尼德·汉德（Learned Hand，1924－1961 年任职）号称是其时代最伟大、最杰出的两位法官。涉及两人的一则故事流传甚广，启人深思。

有一天，年轻的汉德与霍姆斯大法官共进午餐。饭后，霍姆斯驾驭马车离去时，血气方刚的汉德一面挥手道别，一面以激昂的声调高喊：“法官阁下，请施行正义（Do justice，sir，do justice）。”

出乎意料的是，霍姆斯立刻停下马车，不动声色地回答：“那不是我的工作。我的工作是适用法律（That is not my job. It is my job to apply the law）。”②

在联邦上诉法院败诉后，沃尔什检察官不服判决，当即向联邦最高法院上诉。出乎意料的是，联邦最高法院大法官袖手旁观，不置一词，致使联邦上诉法院的裁决得以维持，诺思最终洗脱了全部罪名，无罪开释。诺思在“伊朗门”案中大放异彩，在国会听证时大出风头，折腾得天昏地暗，最终却连一个“替罪羊”的角色都没当成。

---

① 《美国联邦最高法院判例报告》第 277 卷，Olmstead v. United States，277 U. S. 438，469－470（1928）。

② ［美］罗伯特·博克：《引诱美国：对法律的政治诱拐》，Robert H. Bork，*The Tempting of America：the Political Seduction of the Law*，New York，The Free Press，1990，p. 6。

诉讼官司结案后，诺思出版了回忆录《遭遇攻击》，成为小有名气的畅销书作家。他于1994年赢得弗吉尼亚州共和党大会提名，出马竞选联邦参议员，企图与井上建参议员平起平坐。诺思的竞选声势浩大，场面热闹，支持者甚众，最终仅以微小差距败落。笔者家居弗吉尼亚州，当年看到“罪犯”诺思中校赢得众多选民热烈拥戴的盛大场面，深感疑惑不解。

联邦参议员没当上，诺思改行干起了电视新闻，在保守色彩甚浓的福克斯（Fox News）电视台担任军事新闻评论员。“9·11”事件后，在美军入侵阿富汗和伊拉克的两场战争中，诺思头顶钢盔，冒险出征，随军采访，在电视节目中侃侃而谈，评论战局，再次大出风头。

1989年秋，独立检察官沃尔什决定开辟“第二战场”，对波因德克斯特将军提起公诉，同时顺藤摸瓜，调查和追究后台老板里根总统的刑事责任。

“伊朗门案”独立检察官沃尔什接受媒体采访

沃尔什检察官一针见血地指出：“里根把波因德克斯特称为一个‘高尚的人’，而波因德克斯特或中央情报局局长凯西肯定以某种方式把内幕告诉过里根，无论这种方式是多么的间接和隐晦。波因德克斯特不可能在不向总统示意的情况下就贸然采取行动。”①

应独立检察官要求，联邦地区法院法官决定传唤年届八旬、已经退休的前总统里根宣誓作证。考虑到老总统的健康状况，顾及可能出现的民意反应，法官决定采取庭外录像的作证形式。

没想到，里根已经出现老年痴呆症的症状。录像作证时，他迷迷瞪瞪，颠三倒四，稀里糊涂，答非所问，整个儿就是一脑门子糨糊。沃尔什是律师和联邦法官出身，与各式各样的证人打了数十年交道。他凭借直觉感到，演员出身的里根总统确实痴呆糊涂了，并非演技高超，装模作样，逢场作戏，以假乱真。②

很多人批评说，里根在其总统任职后期“很难让人接近”，尤其是在处理“伊朗门”危机的关键时期。政界对手指责里根在讲话时前后矛盾、忘记人名以及心不在焉的样子。在一次白宫宴会上，里根把来访的戴安娜王妃称为“戴维公主”。

里根退休后，脑袋更加迷糊。有一次，他在保镖的陪同下出去散步，试图推开路边一座豪华别墅的大铁门。保镖以为里根又犯痴呆症了，便轻轻地劝说：“总统先生，这不是我们家的院子。”里根吃力地对保镖说：“哦，我只是想为我的情人摘一朵玫瑰。”

---

① ［美］鲍勃·伍德沃德：《阴影：五位总统与水门事件遗产》，Bob Woodward, *Shadow*, p. 154。

② 《防火墙：独立检察官沃尔什回忆录》，Lawrence E Walsh, *Firewall: the Iran-Contra Conspiracy and Cover-up*, New York: Norton, 1997, p. 228。

由于里根总统的病情,在没有足够证据的情况下,岂能给民望如日中天、如今痴呆糊涂的退休老总统轻易定罪? 沃尔什无可奈何,不得不放弃追究里根总统的法律责任。在"水门"事件中,如果没有"白宫录音带"作为"铁证",尼克松总统很可能有惊无险,闯过难关,功成名就,青史留名。在"拉链门"案中,如果没有莱温斯基裙子上的"铁证",克林顿总统肯定撒谎抵赖,毫发无损,风流如初,涛声依旧。

1990 年 6 月,联邦地区法院特别法庭陪审团作出判决,认定波因德克斯特虽然相当于代人受过的"替罪羊",但是他擅自越权,撒谎伪证,阻碍调查,罪不容赦。陪审团判决有罪后,法官却对将军深表同情,大笔一挥,仅判了 6 个月徒刑,狱外监管,获刑比诺思在初审时要轻微得多。

尽管重罪轻判,形同儿戏,联邦哥伦比亚特区巡回上诉法院仍然特立独行,遵循前例,以控方证据主要根据享有刑事"豁免权"的国会听证为由,于 1992 年推翻了联邦地区法院特别法庭的有罪判决。①

沃尔什检察官勃然大怒,当即向联邦最高法院上诉,希望大法官出面裁决,主持正义,一锤定音,以儆效尤。没想到,联邦最高法院老谋深算,老奸巨猾,不但宣布不受理"美国诉波因德克斯特案",而且根本没有解释任何原因,使联邦上诉法院的判决得以维持。波因德克斯特最终无罪开释,平反昭雪。

在美国法治史上,联邦最高法院大法官一向工于心计,老于世

---

① 《美国联邦哥伦比亚特区巡回上诉法院判例报告》(第 951 卷),*United States of America v. John M. Poindexter*, Appellant, 951 F. 2d 369 (D. C. Cir. 1992)。

故,避免误入举步维艰的“政治棘丛”,陷入深不可测的“外交泥沼”。依照美国的法治传统,联邦最高法院“管天管地,管不了外交领域”。最高法院至高无上、一言九鼎的权威,在相当程度上源于韬光养晦和自我克制。

在美国,法治的前提是司法独立,法律权威高于政治权力,司法程序重于政治结果。在司法独立和公正透明的程序之下,不管是狐假虎威的马前小卒诺思中校,还是位高权重的“政治局常委”波因德克斯特将军,个人权利和名誉声望都有机会得到有效的保障。

官司结束后,波因德克斯特从海军退役,后来出任数家高科技公司的资深顾问,在电脑监测与情报识别系统的研发领域中卓有建树。“9·11事件”后,在小布什总统坚持下,波因德克斯特临危受命,重获公职,出任五角大楼“整体情报预警系统”(Total Information Awareness)研究部主任,主持研制当时世界规模最大的电脑监测系统,秘密搜集和分析情报,追踪全球恐怖分子的行踪,使其成为美国本土安全军事指挥部隐秘的情报分析中心。

案发20余年后,“硬汉将军”波因德克斯特终于对外界开口说话:“如今学者们撰写历史时,千篇一律地指责我们干了非法勾当,或者说违反了《博兰修正案》,但这不是事实。没有任何一份起诉书指控过这一罪行。其实,这正是最令人苦恼之处。当年律师和我都希望政府能以违反《博兰修正案》为理由起诉我们,因为这样一来,起诉的理由就很薄弱。但是政府没有以此罪名起诉我们。”

“最后,我一直认为,此案实质上反映了里根总统与国会民主党人,尤其是众议院议长奥尼尔(Tip O’Neill)之间的政治分歧。但是他们在起诉我和其他涉案官员时,却认为这是一起刑事案。”

“不管怎么说,我们的罪名从来就不是非法转移军售款项。实际上,检察官提起公诉的罪名是‘对国会撒谎’。我认为,我们没有撒谎,只不过没把全部事实真相告诉调查者而已。”①

“伊朗门案”背景复杂,扑朔迷离,波谲云诡,深不可测。它是美国政治中“府会相争”、争执不休的奇特产物。在美苏“冷战”、决定胜负的关键年代,在外交决策领域,以总统为首的行政部门与参众两院争权夺利,相互倾轧,各持己见,明争暗斗。当国会积极行使监督权和“钱包权”时,里根总统及其心腹幕僚不是俯首听命,甘拜下风,而是阳奉阴违,另辟蹊径,铤而走险,致使国会与总统在外交政策方面的分歧急剧升级,演变成一场前所未有的宪法危机。

在“伊朗门”事件中,麦克法兰、波因德克斯特和诺思等人,忠于职守,勇于担当,舍生忘死,廉洁奉公。可是,以严格的“美式标准”而言,他们缺乏基本的为官之道和从政之德,缺乏真正的爱国护法之心。为了执行里根总统的外交政策,他们不择手段,以身试法,肆意妄为,超越决策程序,罔顾国会制衡,以法治为障碍,视国会为无物,触犯了美国政治的大忌。

案发之后,波因德克斯特和诺思对簿公堂,大义凛然,承担罪责,保护总统兼最高统帅。敬之者尊其为国家栋梁,精忠军魂;恨之者斥其为冒犯忤逆,乱臣贼子。一半是海水,一半是火焰;一半是天

---

① [美]戴维·罗特科普夫:《操纵世界:国家安全委员会和美国权力设计师的内幕》,David J. Rothkopf, *Running the world: the Inside Story of the National Security Council and the Architects of American Power*, New York: Public Affairs, 2005, pp. 249 – 250。

使,一半是魔鬼。众说纷纭,各执一词,争执不休,爱恨交织。

舒尔茨国务卿和白宫幕僚认为,“伊朗门”“不存在宪法危机;恰恰相反,美国的政府体制运作良好”。“在披露哪里出错并及时纠错方面,里根总统是领军人物。他坦白和诚实的性格从未像现在表现得如此鲜明。”“卷入伊朗争议之中的美国人,没有一个人得到了哪怕一分钱的好处。”“完全没有任何掩盖。”“这全靠出类拔萃的领导能力,里根比美国几代人以来的历任总统都更加伟岸。”①

在这场险象环生的惊涛骇浪中,里根总统有惊无险,安度难关。他遇大难而不死,历大案而全身,逃脱了比水门和拉链门犯罪性质严重百倍的世纪大案,堪称美国政治中的头号奇迹。但是,里根本人其实难辞其咎。

在尼克松总统任内,国家安全事务助理基辛格大权独揽,制定外交战略,肩负秘密使命,从事秘密谈判,担任政府发言人,协调行政部门工作,成为凌驾于国务院之上的“超级国务卿”,成为超脱于国会监督之外的“外交牛仔”。

在里根总统任内,因其放任自流的领导风格,在伊朗和尼加拉瓜问题上,国家安全事务助理麦克法兰、波因德克斯特海军中将及其助手诺思中校等人,集国务院、五角大楼和中央情报局的巨大权势于一身,“有组织,无纪律”,进行秘密军售,从事秘密外交,掌管秘密金库,遥控秘密战争,成为凌驾于行政部门权限之上、超脱于参众两院监督之外的超级“独立王国”。

历史和现实告诉世人,权力永远都有被滥用的可能。无论是超

① [美]理查德·里夫斯:《里根总统:想象的胜利》,*President Reagan: The Triumph of Imagination*, p. 373。

凡入圣之人，还是凡夫俗子之辈，如果拒绝一切监督，缺乏任何制衡，由于权力对人性的腐蚀，必然会滑向滥用权力，贪赃枉法，祸国殃民。即使是雄才大略的领袖人物，最终也可能陷入独裁专制、滥用权力的泥潭中无法自拔。

福特总统评论说："国家安全委员会建立于1947年，目的是让总统在白宫拥有自己的智囊机构，以便它能独立于五角大楼、国务院或其他机构做出评估，从而确保总统不会被官僚机构牵着鼻子走。""'伊朗门'事件的根本问题之一在于：国家安全委员会把手伸到了不具有法律授权的某些行动领域。国家安全委员会只是一个智囊机构，而不是一个实际职能部门。"①

鲍威尔将军深刻地指出："出现这种局面，并不完全是麦克法兰、波因德克斯特、诺思等人之过。他们为里根总统工作，而总统却不喜欢插足于那些权力很大的阁员之间，做出艰难的决策。里根希望人质获释、尼加拉瓜反政府军继续存在，可是，他却不太操心如何具体达到这些战略目的细节。结果，国家安全委员会填补了权力真空，成为进行自己小型战争的国防部、成为推行自己秘密外交的国务院、成为从事自己隐秘情报活动的中央情报局。这一切造成的结果，就是伊朗—尼加拉瓜反政府军事件。"②

1998年，"伊朗门"事件案发12年之后，在华盛顿水门饭店，因揭露"水门"事件而名满天下的美国著名新闻记者鲍勃·伍德沃德

---

① [美]托马斯·德弗兰克：《福特传：等我死后再公开》，王海舟等译，中信出版社2009年版，第91页。

② [美]科林·鲍威尔：《我的美国之旅》，Colin Powell, *My American Journey*, pp. 332 – 333。

单刀直入,向独立检察官沃尔什提出了一个带有盖棺论定性质的问题:“军售伊朗、军援尼加拉瓜反政府武装事件将如何被载入史册呢?”

沃尔什斟酌词句,非常慎重地回答:“我想此案将作为一个并不卑鄙的违宪事件被载入历史。”“我认为里根总统犯了错误,他挑衅了法律,他是经过深思熟虑的,但是并不肮脏。”①

坏的制度是地狱,好的制度是人间,民主法治不是天堂。美国政治体制存在非常明显的弊端。比如,行政权力倾向滥权任性,国会监督经常走火入魔,法律法规难免漏洞百出,分权制衡造成效率低下,“府会相争”导致决策混乱,非民选的大法官一言九鼎,等等。

没有尽善尽美,只有自我完善。民主法治是一种治理方式,但是它并非神奇无比、一劳永逸地解决所有社会难题的灵丹妙药。它的重要功能之一,是让民众能够公开表达对政府政策的不满,并且通过协商妥协的途径进行改革。民主法治具有及时揭露问题、自我纠正错误的良好功能,注重对权力的监督与制衡,保障新闻和言论自由,公正透明、司法独立,维护公民的个人权利,有效地防范独裁专制、贪腐暴政、人祸灾荒、军事政变等巨大灾难。

“伊朗门案”淋漓尽致地反映了美国政治制度的优势和弊端,既展示了民主法治的成就和精彩,也暴露了权力制衡的缺陷和无奈。三权分立与制衡是人类政治智慧的结晶和政治文明发展的里程碑。然而,由于人类作为一个社会群体与生俱来的各种缺陷,世界上没有任何制度完美无缺。

---

① [美]鲍勃·伍德沃德:《阴影:五位总统与水门事件遗产》,Bob Woodward, *Shadow*, p. 170。

英国首相丘吉尔说过一句缺乏“制度自信”“公然贬低”民主政治的经典名言:“没人假装民主政治完美无缺,睿智全能。事实上,正如有人说过,民主是最糟糕的政府形式,除了所有其他曾经被(人类)尝试过的政体之外。”①

民主不是一个好东西,但是人类社会目前尚未找到一个比民主更好的东西!

---

① 原文为:“No one pretends that democracy is perfect or all-wise. Indeed, it has been said that democracy is the worst form of government except all those other forms that have been tried from time to time.” 转引自《丘吉尔名言警句精选》, *Churchill by Himself: The Definitive Collection of Quotations*, New York: Public Affairs, 2008, p. 26。

第三篇　穿透“拉链门”的层层迷雾

——美国国会弹劾克林顿总统案(1999)

白驹过隙，时光荏苒。曾经震撼全球的“拉链门”案，尘埃落定已有18个寒暑春秋。但是，重重迷雾，种种误读，至今仍然笼罩着这个世纪大案。

很多美国民众认为，克林顿雄才大略、勤于政事、精于治国，是一位出类拔萃的杰出总统。在“拉链门”案中，他只是犯了“与他人通奸”的“生活作风”错误，既无权钱、权色交易，亦非贪赃枉法、贪腐误国，与法律压根儿就不沾边儿，却被折腾得灰头土脸，狼狈不堪，差点儿丢掉了总统宝座。独立检察官斯塔尔（Kenneth Starr）堪称色情狂，暗藏党争偏见，不惜耗费巨额公款，肆无忌惮地追查总统的床帷性事。这个喧闹一时的世纪大案，不但把道德与法律混为一谈，而且把党派之争置于国家利益之上，完全是一场党争倾轧、阴险诡谲的政治闹剧。

虽然上述观点流行一时，貌似有理，但是差之毫厘，失之千里。实际上，克林顿在“琼斯诉克林顿案”①中涉嫌作伪证的严重违法乱纪和刑事重罪之举，才是他遭到国会弹劾的关键性原因。从法律角度来看，克林顿遭国会弹劾，一点儿也不冤！严惩伪证不仅是美国司法制度的奠基柱石，而且是民主法治赖以正常运作的中流砥柱。

回首往事，克林顿私德不检，为何却在美国政界所向披靡、深得民心？独立检察官费尽心机，拼命追查总统的性丑闻，如此大动干戈究竟有何必要？克林顿在民事案中因男女私情撒了个小谎，为何却因刑事重罪遭到国会众议院弹劾？贵为国家元首，总统的床帷性事竟然被满世界敞开了张扬，美国法律为何不保护一国之尊的个人隐私权？深陷弹劾困境，克林顿为何最终突出重围、化险为夷？且待剥丝抽茧，细细分析。

---

① 《美国阿肯色东区联邦地区法院判例报告》，*Jones v. Clinton*，879 F. Supp. 86（E. D. Ark. 1995）。

克林顿总统斩钉截铁地否认与莱温斯基有婚外情(1998)

白宫实习生莱温斯基与克林顿总统

独立检察官斯塔尔和克林顿并列当选《时代》周刊
1998 年度“全球风云人物”

第一章　“阿肯色州的乡巴佬”

与老罗斯福、小罗斯福、肯尼迪、布什父子这些世家出身、门第显贵的总统迥然不同,克林顿出身寒门。这个穷小子30岁当选州司法部长,32岁登上州长宝座,46岁迈入白宫殿堂,其从政生涯一帆风顺,其成功之路引人深思。

克林顿1946年生于美国南部阿肯色州,生父是机械设备推销员,“二战”期间在驻欧美军车辆维修连当兵,参加过反攻意大利战役。他在儿子出生前三个月因车祸不幸身亡,年仅28岁。克林顿当选总统后,美国媒体神通广大,追根溯源,发现克林顿的生父是个“花心大萝卜”,而且擅长撒谎欺骗。他与克林顿母亲结婚前,不但已经秘密结过三次婚,而且还有两个孩子。

克林顿母亲是个护士,先后结过四次婚。克林顿4岁时,寡母与第二任丈夫、汽车推销商罗杰·克林顿(Roger Clinton)结婚,儿子也随之改姓克林顿。继父对小克林顿尚好,但是此君嗜赌如命,酗酒成性，脾气暴躁，醉后动辄情绪失控。克林顿在回忆录《我的生活》中，三处记述继父醉后对母亲施暴的情景：一次开枪恐吓，一次拳打脚踢，一次剪刀威胁。因家庭暴力，克林顿母亲与继父曾一度离婚，不久又破镜重圆。

克林顿披露，他自幼就不知道什么是稳定的家庭和婚姻。继父酗酒和家庭暴力，使他形成了一种双重人格。大庭广众之下，他总是表现得随意合群，一副轻松乐观的样子；私下独处场合，他经常感到困惑和软弱如影随形。克林顿写道："继父无意伤害母亲，如果子弹真的射中了母亲或我，他会心碎而死。可是，某种比酒精更邪毒的力量，使继父失控沉沦到了那种地步。多年之后，我才知道，其他人或者我本人身上同样潜藏着那种丧失自我控制的力量。"①

家庭生活的阴影，内心深处的缺陷，并未扼杀小克林顿出人头地的雄心壮志。他自幼聪颖过人，学习成绩良好，曾当选年级学生会主席。不过，克林顿在青少年时代没有表现出过目成诵的读书天赋，更不是超群绝伦的"高考尖子"，而且还是个小胖子，体育甚差，跑步动作像老太太，缺乏漂亮女孩儿青睐，使其深感自卑。

克林顿 10 岁时，家里首次买了一台电视机。最使小克林顿沉醉的电视节目，既不是迪斯尼公司的动画片，也不是紧张激烈的体育比赛，而是当年的共和党和民主党全国代表大会，两军对峙，旗鼓相当，舌剑唇枪，针锋相对。克林顿自吹自擂说："听起来好像是忽悠，但是，在政治和政治家的世界里，我确实有一种找到了家园的感觉。"

---

① ［美］克林顿：《我的生活：克林顿回忆录》，Bill Clinton, *My life*, New York: Alfred Knopf, 2004, p. 20。

1963 年克林顿年仅 17 岁,当选阿肯色州中学生组织“少年国家”代表,赴首都华盛顿参观访问。在国会,他与阿肯色州两位联邦参议员共进午餐,其中詹姆斯 · 富布赖特(James Fulbright)担任参议院外交委员会主席,麦克列兰担任参议院拨款委员会主席。阿肯色州虽然又小又穷,可是当年在联邦参议院的权力无出其右,给小克林顿留下了深刻印象。

在白宫,克林顿受到肯尼迪总统接见并合影留念。肯尼迪幽默风趣,风度翩翩。他高度赞扬“少年国家”深明大义,声援和支持南方黑人民权运动,中学生的表现比南方州的州长们强多了,今后必将前途无量。肯尼迪总统的夸奖和忽悠使克林顿喜出望外。他母亲回忆说:儿子从华盛顿回到家,第一件事就是把他与肯尼迪总统的合影拿给我看,我从未见他如此兴致勃勃,眉飞色舞。看来,他决心以肯尼迪为楷模,终生从事政治活动。

肯尼迪总统接见中学生代表克林顿(1963 年)

高中毕业后，克林顿考入地处华盛顿特区的乔治城大学外交学院。该院历史悠久，规模宏大，名师荟萃，地杰人灵，堪称美国外交官的摇篮。美国外交界的一些大腕人物，如参议院外交委员会主席富布赖特、卡特总统国家安全事务助理布热津斯基、里根政府第一任国务卿黑格将军、克林顿政府第二任国务卿奥尔布莱特女士等都曾在此执教或求学。克林顿是个孤陋寡闻的乡下孩子，阿肯色州"成功老乡"富布赖特在华盛顿外交界位高权重，闻名遐迩，是他报考乔治城大学外交学院的主要原因之一。

富布赖特是美国国会出类拔萃的领袖人物之一。他 34 岁出任阿肯色大学校长，37 岁当选联邦众议员，后来连任四届联邦参议员，参与创立联合国，反对美国介入越战。他于 1946 年提出了一项对美国外交影响深远的法案，即设立促进国际教育交流的"富布赖特计划"，高瞻远瞩，慷慨解囊，为全球 60 多个国家成千上万名精英提供赴美深造和学术交流的机会。1961 年肯尼迪一度考虑提名富布赖特出任国务卿，后因这位南方参议员在民权问题上过于保守而作罢。

克林顿能够进入乔治城大学外交学院，属于对寒门子弟的"破格录取"。该院门槛甚高，不但要求考生品学兼优，而且要求在中学时代学习和掌握两门到三门外语。可是，阿肯色州环境闭塞，经济困顿，教育落后，公立中学师资薄弱。学校没有"应试教育"，学生没有"升学压力"，更没有全美范围的"统一高考"。克林顿的法语、西班牙语、拉丁语仅达初级水准。

幸运的是，美国大学录取新生时，标准灵活，独具匠心，并不依赖和强调"高考"分数，而是注重学生的综合素质，不拘一格，拔擢英才，注意照顾偏远和贫困地区弱势群体的利益。在此背景下，政治“特长生”克林顿有幸得益，脱颖而出，迈出了寒门子弟在政界出人头地的第一步。

入学后，克林顿选修了一门美国宪法课，主讲者是宪法专家盖尔斯（Walter Giles）教授，内容是影响美国的最高法院司法大案。克林顿坐在课堂前排，被枯燥乏味的宪法案例弄得昏昏欲睡，沦为教授消遣和“修理”的对象。

有一次，克林顿又在课堂上打盹。盖尔斯教授突然高声说：“某些最高法院的判例如同水晶般清澈透明，任何人都可以理解，除非是来自阿肯色州的乡巴佬。”[①]梦乡中的克林顿被全班同学的哄堂大笑惊醒，从此再也不敢在美国宪法的课堂上睡大觉。

由于学费昂贵，不堪重负，穷小子克林顿致函富布赖特，希望能在参议院谋得一份半工半读的工作。富布赖特办公室婉言回绝，推脱“没有空位”。克林顿虽然初出茅庐，涉世不深，但是世事洞明，人情练达，深谙华盛顿官场的“潜规则”，当然不是攀老乡或行贿。暑假期间，他从华盛顿赶回老家阿肯色州，不辞辛劳，义务帮助州最高法院法官杰克·霍尔特竞选州长。

选战结束后，克林顿请求法官帮助，给富布赖特写一封求职推荐信。几天后，富布赖特的助理给克林顿打了个电话，通知他前来参议院外交委员会报到。助理说：你可以做兼职，月薪 3500 美元，或是全职，月薪 5000 美元。克林顿喜出望外，心花怒放。他开玩笑问：能让我同时身兼两职吗？助理答：我们就需要你这种有进取心的年

---

① ［美］克林顿：《我的生活：克林顿回忆录》，Bill Clinton，*My life*，p. 81。

轻人。克林顿回忆说,大学时代在参议院意外谋得高薪美差,使他几乎欣喜若狂。

克林顿对富布赖特崇拜得五体投地。在自传《我的生活》中,他提到富布赖特及其政治遗产的次数高达50次之多。克林顿曾在1968年为富布赖特当过兼职司机,并且终生以此为荣。他声称:“为富布赖特参议员开车极大地缩短了我的人生奋斗历程。”

富布赖特虽然非常欣赏克林顿的才华和能力,但私下却对家人发牢骚说:“克林顿这个家伙实在不着调。”“我们会去某个地方,我会跟他一起驱车前往,还没等我从车里出来时,这小子早已下车忙于自我介绍,从来没有提到我,每次都是如此。”①

在参议院兼职期间,克林顿不仅挣到了学费和生活费,而且为富布赖特鞍前马后,从而近水楼台,免费搭车,观摩学习国家最高立法机构的日常运作,获益匪浅。中学时代孤陋寡闻、成绩中上的“小胖子”克林顿,在大学时代得天独厚,如虎添翼,成长为精通美国政治和权力运作的青年才俊。本科毕业后,经富布赖特鼎力推荐,克林顿连闯数关,金榜题名,赢得了在英美学术界享誉甚高的“罗兹奖学金”。

罗兹(Cecil Rhodes)是英国冒险家,早年在南非从事钻石生意,腰缠万贯,为富而仁,乐善好施,名满英伦三岛,原英属殖民地罗得西亚(如今已独立的非洲津巴布韦)即以此公命名。罗兹临终立下遗嘱,在牛津大学设立奖学金,网罗前英属殖民地最优秀的青年学

---

① 转引自[美]丹尼尔·哈尔珀:《克林顿有限公司:一台政治机器的无畏重建》,Daniel Halper, *Clinton, Inc.: The Audacious Rebuilding of a Political Machine*, Broadside Books, 2015, pp. 81 – 82。

子赴英伦深造。此奖竞争激烈，分配给美国的名额，每年仅 32 人。有幸获得殊荣的学子，相当于得到一张进入精英阶层的入场券，通常被视为国家未来的栋梁之材。富布赖特本人即为 1925 年度“罗兹奖学金”得主。

克林顿赢得“罗兹奖学金”，除了出类拔萃的个人素质和富布赖特鼎力推荐之外，在相当程度上得益于独特的人才选拔机制。美国选拔“公费留英生”的标准，并非以分数论英雄。实际上，如果单凭考试成绩，根基薄弱、半工半读的穷学生克林顿，很可能拼不过哈佛、耶鲁、普林斯顿等“常春藤”私立名校出身的“考试尖子”。

美国“罗兹学者”选拔程序规定，第一轮由全美 50 州各推荐 2 人，初选 100 人，经考核委员会笔试和口试，最后选出 32 位“出类拔萃之辈”。该规则与国会参议院的选举方式非常相似，使人口稀少、教育落后的偏远小州在联邦中占据先天优势。加州人口近 4000 万，阿肯色州只有 290 万左右。这样一来，克林顿脱颖而出，凭借才华横溢、能言善辩的特长，赢得考核委员会的赏识。宪法专家盖尔斯教授特意给考核委员会写了一封推荐信，强烈推荐天赋极高、无师自通、上课打盹的“乡巴佬”克林顿赴英留学。

美国的法治源于英伦三岛，英国普通法传统对美国影响深远。赴欧洲古老学府深造留学，几乎是每一个抱负宏远的美国大学生的梦想。与哈佛、耶鲁等美国名牌大学不同，牛津大学实行导师制，因材施教，管理松散，缺乏既定程序，没有统一标准。导师通常只向学生推荐一些书目和论文课题，并未设置一堆必修课和开列长得可怕的必读书目，甚至连美国大学中常见的课堂测验和期中考试都没有。学生能否成才，主要凭借个人天赋、兴趣爱好和自我努力。

牛津留学期间,因无学业压力,克林顿过得悠闲自在。有一次,他去听澳大利亚女权主义学者、惊世之作《女太监》作者杰梅茵·格里尔(Germaine Greer)演讲。这位女士高谈阔论,语惊四座,告诫听众:"女人的性高潮是性暴政的一个重要组成部分,长期以来被高估夸大了。"

据牛津同窗回忆,"克林顿坐在大厅里,活像个听傻了的乡巴佬"。演讲刚一结束,克林顿"像胆大妄为的种马一样"凑上去"调戏妇女"。他嬉皮笑脸地问道:"格里尔小姐,关于那个被高估夸大的性高潮,能不能再给南方小伙子一个机会?"①

牛津生涯结束后,凭借"罗兹学者"的金字招牌,克林顿考入全美排名第一的耶鲁大学法学院。可能有人纳闷,穷小子克林顿怎么能交得起高昂的私立大学法学院学费呢?克林顿在回忆录中披露,一半靠奖学金,一半靠贷款,可是,不知咋整的,钱总是不够花,他不得不又找了两份零工兼差,挣点儿生活费和零花钱。因睡眠不足,他上课仍然总是打盹儿。

法学院期间,克林顿并非埋头苦读、成绩优异、出类拔萃的高材生,而是一心多用。在从政助选、攻读学位、谈情说爱、打工挣钱等方面,克林顿齐头并进,而且游刃有余。他为 1972 年民主党总统候选人担任地区竞选经理,熟悉了竞选的运作程序,建立了广泛的政治关系网络;他赢得了同窗才女希拉里的爱情,得到一个终生受益的良师益友和政治顾问;他以良好成绩拿到了耶鲁法律博士学位,

---

① [美]罗杰·莫里斯:《权力伙伴:克林顿与希拉里的美国》,Roger Morris, *The Partners in Power: the Clintons and their America*, New York: H. Holt, 1996, pp. 86 – 87。

毕业后轻而易举地在阿肯色大学法学院谋得教职。

克林顿的耶鲁法学院同窗戴维·肯戴尔（David Kendall）也是“罗兹学者”。他专心致志，勤奋苦读，门门优秀，曾任联邦最高法院大法官怀特（Byron White，1962－1993年任职）的法律助理，后来成为名闻遐迩的大律师，代理美国在线、《华盛顿邮报》等著名公司出庭。“拉链门”案引发国会弹劾，克林顿想起了这位同窗好友，遂聘请他出任自己的辩护律师。看出门道了吧？门门优秀有可能当上总统律师；上课打盹才有可能当选美国总统。

克林顿虽然来自穷乡僻壤，出身寒门，环境闭塞，但是他聪明过人，雄心勃勃，连续在英美三所名牌大学攻读深造，在政界高层和世界第一流高等学府大开眼界，在学术界和精英阶层如鱼得水。这一独特的成长背景，使他具有脚踏实地、视野开阔、思想敏锐、抱负宏远的特点，为今后竞选从政奠定了良好的基础。

第二章 “一个还有性欲的总统”

阿肯色州是贫穷的南方小州，在全美各州贫困榜上名列第二，只比密西西比州略强一点。当地人有句口头禅：“感谢上帝，美国还有个密西西比州。”

纽约州纽约市曼哈顿区人口 160 万，阿肯色州首府小石城人口仅 10 万出头，当年被形容为“一条大街一座楼，一个公园一只猴”。如此偏远落后的小地方，从政竞选者若有“罗兹学者”、耶鲁法律博士的显赫背景，自然鹤立鸡群，极易脱颖而出。

克林顿是何等精明之人。他毕业时下定决心，返回穷乡僻壤，白手起家，扎根基层，从头干起。他起初在阿肯色大学教授法律，因为当年富布赖特从牛津衣锦还乡之后，曾在该校出任法学教授。1974 年，年仅 28 岁的克林顿弃学从政，追随富布赖特在官场的成功之路，出马竞选联邦国会众议员，但是因经验不足，出师未捷，小受挫折。

1975 年，克林顿与相恋多年的女友希拉里结婚，两强结合，如虎添翼，在“死水一潭”的阿肯色州刮起政治龙卷风。克林顿夫妇的婚姻关系，从一开始就带有相当程度的政治夫妻和权力伙伴的色彩。在克林顿竞选公职、追逐权力的征途中，希拉里扮演了首席顾问、竞选搭档、忠诚盟友、幕后策划、良师益友等关键角色，成为克林顿在政界飞黄腾达不可或缺的核心人物，既被人称赞羡慕，又饱受忌恨攻击。

1976 年，克林顿出马竞选阿肯色州司法部长，脱颖而出，一举成功。他再接再厉，乘胜前进，开始谋求阿肯色州州长职位。希拉里精明强干，运筹帷幄，鼎力助选。1978 年克林顿终于在州长竞选中一鸣惊人，大获全胜，年仅 32 岁，成为美国历史上最年轻的州长，赢得了“政界神童”的名声。

首任州长任内，克林顿初出茅庐，急于求成，大失民望，结果竞选连任失利，稀里糊涂地丢失了州长宝座。大起大落之后，克林顿一度心灰意懒，潦倒思淫欲，周旋于脂粉花丛，泡妞找歌女，与希拉里的婚姻一度亮起红灯。《斯塔尔报告》记载了克林顿对情人莱温斯基说的一段话：“他告诉她，在他的早期婚姻中，他有过数百次外遇；但是自从 40 岁之后，他努力对婚姻忠贞。”①

后来克林顿终于振作精神，吸取教训，重整旗鼓，两年后再次当选州长，赢得了“起死回生小子”（comeback kid）的名声。此后，克林顿在政坛一帆风顺，屡战屡胜，连续干了 5 届 10 年阿肯色州长，积累了丰富的从政经验。

---

① 《斯塔尔报告》，*The Starr Report*：*the Findings of Independent Counsel Kenneth W. Starr on President Clinton and the Lewinsky Affair*，New York：Public Affairs，1998，p. 83。

克林顿任职期间，阿肯色州经济和教育发展稳步提高，虽然总产值、人均收入等“硬指标”在国内排不上名次，但是各项指标的增长率却令人瞩目，在南部州遥遥领先，名列榜首。作为年轻有为、政绩突出的州长，克林顿名声大振，成为美国政坛一颗冉冉上升的新星，并于 1992 年出马竞选总统宝座。

以传统标准而言，克林顿并非是竞选总统的合适“材料”。第一，在美国总统选举史上，以微不足道的小州州长出身而当选总统者，数来数去只有皮尔斯总统（Franklin Pierce，1853—1857 年任职）一人。第二，克林顿英俊潇洒，风流成性，丑闻缠身。他刚一宣布竞选总统，一个名叫珍妮弗 · 弗劳尔斯（Gennifer Flowers）的酒吧歌女

珍妮弗 · 弗劳尔斯女士声称与克林顿有 12 年的风流私情

立刻找上门来，向媒体公开了两人长达12年的风流私情。第三，私情丑闻刚遭披露，克林顿年轻时吸毒的陈年旧账、越战期间逃兵役的不良劣迹，又相继被媒体揭底。“三重丑闻”此起彼伏，沸沸扬扬，闹得声名狼藉，难以收场。

面对难堪处境，如果换一位总统候选人，只要沾上个桃色丑闻，就已经臊得抬不起头来，知辱而退。可是，克林顿不肯轻易推牌认输。他认为，风流倜傥的肯尼迪总统和私生活严谨的尼克松总统的政治生涯证明，在政治领袖的个人私德与治国才干之间，并无直接和必然的联系，社会和时代都在变化，成熟的美国选民自有公断。

但是，在美国的选举政治中，普通选民不会支持一个极不检点、风流放荡、不负责任的总统候选人。丑闻曝光之后，克林顿的民意支持率急剧下跌，岌岌可危。关键时候，希拉里镇定自若，舌战媒体，力挽狂澜。在向全国直播的电视访谈中，节目主持人问希拉里：“候选人对婚姻的忠诚问题，是否应当成为总统竞选的话题之一？”话中有话，暗藏玄机。

希拉里冷静地回答：“在任何一桩婚姻中，结为伉俪的夫妻之间，总会存在各式各样的大小问题和难言之隐，我认为这是夫妻之间的私事。”“依我看，我和比尔的婚姻坚如磐石，这点我最有发言权，如今经济衰退之时，我们应当更为关注经济的发展和提高，而编造花边新闻是很卑鄙的行为。”“如果每一个人都没有隐私权的话，那才是美国的真正危险所在。”

不久，希拉里独自出席一个竞选募捐聚会。席间，一位朋友关切地问道：“你丈夫现在何处？”希拉里黯然承认：“他现在和生活中的另一个女人在一起。”听者惊诧万分，几位来宾差点儿把鸡尾酒灌进了鼻子里。

希拉里不动声色、轻描淡写地解释说：“他和女儿切尔西在一起。”巧妙的回答，幽默的插曲，使人们对这个“女强人”刮目相看。在希拉里帮助下，克林顿脸皮死厚，巧言诡辩，最后终于化险为夷，死里逃生。

1992 年总统大选的核心议题是重振经济。从 1989 年开始，美国陷入了战后第 9 次经济衰退。这是 20 世纪 30 年代“大萧条”以来持续时间最长、复苏最缓慢的一次经济衰退，投资剧降，股市低迷，利率居高不下，失业大军总数高达 970 万，人均国民收入从 10 年前的世界第 1 位急剧跌落到第 13 位，民生凋敝，民怨沸腾，使 1991 年海湾战争的胜利黯然失色。

与此同时，日本经济突飞猛进，日制汽车和电视充斥北美市场，气势如虹，咄咄逼人。1991 年苏联帝国分崩离析，美国赢得“冷战”胜利。历史性欢庆时刻，《华尔街日报》社论大唱反调，公开宣布：“冷战”结束，日本获胜！

经济深陷困境，人心思变，使克林顿获得可乘之机。他审时度势，投其所好，提出了“傻帽儿，关键在于经济”（It’s the economy, stupid）的竞选口号。他利用民众对经济困顿的极度不满，猛烈抨击老布什总统“无为而治”的经济政策，强调政府应当在经济活动中承担主动的角色。他以州长政绩为例，强调其经济复兴方案脚踏实地，切实可行。

1992 年 7 月 16 日，克林顿获得民主党总统候选人提名后发表演讲说：“我能感受到林肯总统当北军总司令麦克莱伦在南北战争中错失战机时的感受。”“林肯曾质问麦克莱伦将军：‘如果你不调遣军队打仗的话，我可以借来用用吗？’由此我要说：乔治·布什先生，如果你不动用总统的权力帮助美国人民的话，请闪开道，让我来干。”

大选关键时刻，500多位美国经济学家，其中包括9位诺贝尔经济学奖得主，出谋划策，摇旗呐喊，支持克林顿竞选总统。他们在美国第一大报《纽约时报》刊登了一个影响甚大的竞选广告，强调克林顿州长提出的计划是重振美国经济的可靠基础。

相比之下，竞选对手老布什总统黯然失色。1991年12月《时代》周刊独出心裁，讽刺性地把“两位乔治·布什”评为“年度风云人物”。在外交领域，老布什英明果断，挥洒自如，海湾大战后声望极高；在内政方面，老布什平庸胆怯，束手无策，面对经济难题一筹莫展。

更为致命的是，斜刺杀出黑马。得州富豪佩罗（Ross Perot）以独立候选人的身份参选，其竞选方针与共和党保守派大同小异，横插一杠、意外搅局，抢走了老布什的大量票源。最后，克林顿得票率43%，老布什得票率38%，佩罗得票率19%。实际上，佩罗相当于“免费帮助”克林顿“白捡”了一个总统。

克林顿凭借“政界神童”的耀眼光环，依靠良好的州长政绩和出色的复兴经济方案，以初生牛犊不怕虎之势，凭借经济衰退的历史时机，利用对手老布什精于外交、内政不修的弱点，力主变革，巧借机遇，出人意料地赢得了1992年总统大选，意气风发地步入白宫。当时克林顿年仅46岁，年富力强，踌躇满志，成为美国历史上名列第三的年轻总统。[1]

克林顿成功当选后,《时代》周刊记者撰文调侃道:"比尔·克林顿之前的六位总统,老布什、里根、卡特、福特、尼克松、约翰逊,都没有足够的性活动充实一个情人旅馆的房间。30 多年了,美国终于选择了一个还有性欲的总统。"记者的文字俏皮幽默,可惜不够准确。美国选民做梦都没想到,岂止是"还有性欲",简直就是性欲过盛。

克林顿首次宣誓就任总统(1993 年)

① 美国历史上最年轻的总统是西奥多·罗斯福(Theodore Roosevelt,1901 - 1909 年任职),42 岁时继任总统;其次是约翰·肯尼迪(John Kennedy,1961 - 1963 年任职),43 岁时当选总统。

第三章　经济腾飞民望冲天

克林顿在总统任内，私德不检，丑闻不断，官司缠身。他之所以仍然深得民心、广受拥戴，之所以能够化险为夷、起死回生，与在位时美国经济在低通货膨胀率、低失业率之下奇迹般地持续增长有直接关系。从 1991 年 4 月经济复苏到 2000 年 2 月，美国经济连续增长 107 个月，成为自 1854 年发生周期性经济波动以来最长的一次持续增长期。

专家学者可能认为，把经济腾飞的功劳归于克林顿，显然是外行之论。在国民经济领域，美国政府的作用和功能是“服务型”而非“领导型”。联邦政府关门收摊半个月，对国民经济造成的影响微乎其微。

尼克松总统精辟地指出：“我一向认为，这个国家在内政方面可以自治，无需总统。你们所需要的只是一个能胜任的内阁来管理国家内部事务而已。你们需要总统制订对外政策。国务卿其实无足轻重。总统制订着对外政策。”①

话是这么个话，理也是这么个理。但是在消除巨额联邦赤字、重振经济的宏观决策中，克林顿作出了相当重要的贡献，其功绩不可抹杀，其作用不容忽略，其影响不宜低估。

里根总统执政8年，以巨额减税、重整军备、大砍福利的“虎狼猛药”，使美国摆脱了20世纪70年代以来经济停滞、通货膨胀的困境。但是美国经济并未走上良性循环的繁荣之路，其中最要命的就是巨额联邦赤字。1992年，年度联邦赤字高达近3000亿美元，累计联邦赤字攀升到4万亿美元。密西西比河以西20多个州年度税收的总和，仅够偿付同年联邦赤字的利息。老布什总统竞选连任失败，就是吃了巨额联邦赤字的大亏。

1987年格林斯潘出任美联储主席，位子还没坐稳，就赶上了华尔街股市大崩盘。道·琼斯工业股票指数一天狂跌22%。从1989年到1992年，美联储先后27次降息，但是经济却好似一摊烂泥，不死不活，复苏乏力。美联储调整利率的作用，一向被美国经济学界吹嘘得神乎其神，此时却黯然失色，完全丧失了经济调控指挥棒的魔力。

观察美国问题时，人们往往注意到联邦和州法院的“司法独立”，却常常忽略美联储的“经济独立”立场。毋庸讳言，无论美国总统还是世界各国总理，其施政纲领和经济决策，很难完全避免那种目光短浅、但求能在自己任期内“速见政绩”的弊端。难能可贵的是，美联储一向超然独立，极力防止总统、国会和党派利益干预或影

---

① ［美］拉尔夫·德·贝茨:《1933—1973美国史》(下卷)，南京大学历史系英美对外关系研究室译，人民出版社1984年版，第414页。

响宏观经济决策。

格林斯潘是共和党人，经里根和老布什提名，出任、连任美联储主席要职。但是他却能够超越党派立场，以经济繁荣远景和国家长治久安为重，拒绝共和党总统插手宏观经济调控。

因政策冲突，格林斯潘与尼克松、福特、里根、老布什四位共和党总统的关系并不融洽，与老布什的关系最为糟糕。1988 年 8 月，共和党全国代表大会推举总统候选人前夜，联储会突然提高利率，把共和党总统候选人老布什气得火冒三丈。他败选后抱怨说：“我让格林斯潘连任，他却不让我连任。”①

克林顿赢得大选后，一反以往历届政府组阁的惯例，首先组成了总统经济班子，设立与国家安全委员会平级的国家经济委员会，延揽学术界和华尔街各路精英入阁参与经济决策。据揭露“水门”事件一举成名的美国著名记者鲍勃·伍德沃德披露，克林顿当选总统、尚未入主白宫时，不耻下问，移樽就教，秘密邀请格林斯潘前来小石城的州长官邸会面。

会晤中，格林斯潘侃侃而谈，克林顿洗耳恭听。格林斯潘解释说，当联邦赤字攀升到某一危险的临界点时，将导致美联储出台的利率政策黯然失效。美联储号称神通广大，但实际上只能调控短期利率，借此影响长期利率的走势，后者与企业投资贷款利率、消费者购屋买车的中长期贷款利率直接相关，对美国经济的繁荣昌盛具有至关重要的影响。

---

① ［美］鲍勃·伍德沃德：《大师：格林斯潘的美联储与美国经济繁荣》，Bob Woodward，*Maestro*：*Greenspan's Fed and the American Boom*，New York：Simon & Schuster，2000，p. 196。

格林斯潘指出，由于联邦赤字居高不下，联邦政府反客为主，成为长期贷款市场上前所未有的大主顾，导致贷款市场资金紧缺，长期利率与短期利率脱钩，使美联储的短期利率调整失效，使企业和消费者深受其害，这才是当前经济不振的主要病灶。

格林斯潘认为，只有痛下决心，大幅度削减联邦赤字，长期利率才有可能随同短期利率调整应声下滑，企业投资和房地产业才能重拾欢颜，民间资金才可能由联邦债券转投华尔街股市，刺激投资和消费，造成良性循环，经济振兴才能指日可待。①

依照罗斯福"新政"以来风行一时的凯恩斯经济理论，当经济不景气时，政府财政赤字有助于刺激经济增长。可是，按照格林斯潘的高论，必须大幅度削减联邦赤字，才能刺激经济复苏。

在"冷战"结束、信息革命方兴未艾、美国经济走向全球化、联邦赤字触目惊心的转折关头，克林顿审时度势，随机应变，平衡调和，勇于变革，在民主党"大政府、高税收、高福利"和共和党"自由放任、市场导向"的传统政策之间玩弄平衡，成效显著，有目共睹。

为了削减联邦赤字，克林顿打大动干戈，冒着可能导致竞选连任失败的巨大风险，砍掉竞选时许诺的中产阶级减税方案，裁减10万联邦政府雇员，降低政府开支；提高针对富有阶层的个人收入税，但是大幅度降低资本所得税；放宽政府在电信和金融领域的管制，促进市场化自由竞争。

与此同时，克林顿不惜牺牲劳工阶层的利益，批准北美自由贸

---

① [美]鲍勃·伍德沃德：《治国议程：克林顿白宫决策内幕》，Bob Woodward, *The Agenda: Inside The Clinton White House*, New York: Simon & Schuster, 1994, pp. 68 –71。

易协定，说服国会同意加入世界贸易组织，使数量惊人的制造业工作流失海外；同时不顾低收入贫困阶层的反对，批准福利改革法案，使自罗斯福总统“社会保障法案”开始、约翰逊总统“伟大社会”立法达到高峰的社会福利保障事业大受挫折。

民主党一向注重政府干预经济和以高税率实行国民收入再分配的功能。克林顿却独树一帜，另辟蹊径，擅长走“中间路线”，强调预算平衡，改革福利制度，放宽政府管制，积极推动美国经济全球化。

克林顿在任期内注重对教育和高科技领域的联邦资助，通过立法促进电信和互联网经济的市场化自由竞争，并且在世界范围内推广知识产权法规，促进美国“知识经济”高速起飞，管理决策信息化，资源配置全球化，产业结构合理化，国民经济转变为以科技与管理、金融与资本、品牌与服务为主体的知识型经济，制造业大部外迁第三世界国家。

但是，克林顿经济政策的副作用也相当明显。美国保守派认为，除了华尔街、好莱坞和硅谷之外，美国是全球化的真正受害者。克林顿自毁长城，拒绝保护美国的基础工业，不顾美国工人阶级的切身利益，强行通过北美自由贸易协定，将美国置于世贸组织之下，致使外国制造的产品毫无限制、超大规模地涌入辽阔富足的美国市场。在美国主导的国际秩序、国际市场和国际资本的良好环境下，中国一跃而成为世界第二大经济体，这是人类有史以来规模最大的一次财富转移和高科技流失。

与 1978 年相比，美国丢失了 40% 左右的制造业岗位，造成蓝领工人大规模失业，城市建设和基础工业衰落，巨额国际贸易逆差，贫富差距扩大以及下层社会的沉沦和犯罪。虽然美国在高技术创新、知识产权、金融投资等高端领域获得巨额利润，华尔街和硅谷空前繁荣，具有强大的竞争力，但是国家整体工业能力下降，同时出现了庞大的蓝领和中下层白领失业人口，严重依赖社保福利，政府财政赤字庞大，全民健保濒临破产。

在全球化时代，“旧世界”并没有“土崩瓦解”，反而是以苏联为核心的社会主义阵营分崩离析。全世界无产者没有联合起来，反而是全世界资本家和权势利益集团通过关税协议、世贸组织以及幕后勾结和权钱交易，史无前例、卓有成效地联合起来，造成全球范围触目惊心的贫富分化。

回到1993年春。为了重振经济，克林顿向国会提交了调高税率、削减赤字、刺激景气“三驾马车”齐头并进的经济复兴法案，预计将在未来5年减少5,000亿美元联邦赤字，希望一举扭转经济萎靡不振的局面。一场惊心动魄、影响深远的投票大战在参众两院打响。

时任白宫行政管理与预算局局长帕内塔(Leon Panetta，后任奥巴马内阁中央情报局局长、国防部长)在回忆录中披露，围绕经济复兴法案，众议院势均力敌，险象环生，赞成票216(民主党)，反对者票217(共和党175，民主党42)。阿肯色州小石城选区的民主党众议员居然也投了反对票，把克林顿总统气得死去活来。

眼看就要功亏一篑。最终“扭转乾坤”的关键人物，是宾夕法尼亚州的民主党众议员玛乔丽·梅兹文斯基(Marjorie Margolies-Mezvinsky)。她毕业于常春藤名校宾州大学，才貌双全，口若悬河，是著名电视新闻记者，曾5次荣获艾美(Emmy Award)电视新闻奖。

玛乔丽于 1993 年首次当选众议员，其选区自 1916 年以来一直是共和党的保守地盘，绝大多数选民反对克林顿的经济政策。如果支持克林顿的振兴经济方案，对她而言相当于政治自杀。紧要关头，克林顿亲自打电话请求玛乔丽支持，众议院议长、多数党领袖、多数党“党鞭”（whip）等民主党大腕议员也恳请她改投支持票。

因美国电视剧《纸牌屋》（House of Cards）在国内热播，涉及美国国会权力结构的政治术语“党鞭”开始进入中国观众的视野。“党鞭”是美国立法机构中负责掌控本党议员的投票走向、确保其所在政党的政策得到贯彻执行的议员领袖。在众议院，该职是位于“议长”和“多数党领袖”之后的党内的第三把交椅。Whip 的用法源于打猎术语 whipping in，意为猎手挥鞭让猎犬们保持队形，防止个别猎犬从整个群体中“溜号”。

玛乔丽考虑再三，最终决定服从大局，改投赞成票。但她提出了一个前提条件，即如果改投支持票，克林顿必须亲自出马，前往她的选区帮助竞选连任。这样一来，众议院终于以 218 票比 216 票惊险地通过了法案。众议院大厅顿时响起了民主党人的欢呼声，而共和党人则发出了“再见啦，玛乔丽”的嘘声。

赞成票之所以从 216 变成 218，除了玛乔丽改换门庭之外，来自佛蒙特州的独立党派联邦众议员伯纳德·桑德斯（Bernard Sanders）也改变立场，转而加入支持克林顿的阵营。此公后来又当选联邦参议员，于 2016 年出马角逐民主党总统候选人，提出民主社会主义的激进口号，对希拉里造成很大威胁。

联邦众议员的任期只有短短两年。克林顿后来履行承诺，亲自出马，前往玛乔丽的选区帮助竞选，竭尽全力拉票，可是仍然于事无补。玛乔丽惨遭败选,此后在美国政坛一蹶不振。

帕内塔评价说:“玛乔丽的投票是我所见到的最有勇气的政治行为之一。”[①]她如果“顺从民意”,肯定可以轻松连任,但却因支持克林顿的经济方案丢失了国会议席。不过,玛乔丽也没有徒劳无功,白白付出。她的儿子、华尔街投资银行家马克·梅兹文斯基(Marc Mezvinsky)后来迎娶了克林顿夫妇的掌上明珠切尔西(Chelsea Clinton)。

参议院的投票同样险象环生,50票反对(共和党44,民主党6),49票支持(民主党49),眼看就要前功尽弃。最终力挽狂澜的人物,是内布拉斯加州民主党联邦参议员、海军独腿战斗英雄鲍勃·凯瑞(Bob Kerrey)。

凯瑞曾任美军精锐王牌“海豹”三栖特战大队(SEAL)指挥官。在越战年代的一次特种作战中,他被一颗手雷炸中,但是重伤不下火线,坚持指挥战斗,胜利完成任务,右腿膝盖以下截肢,荣获特等功(Medal of Honor)勋章。

退役后,凯瑞于1983年当选内布拉斯加州州长,1988年当选联邦参议员,曾与好莱坞影星黛博拉·温格(Debra Winger,曾三次获得奥斯卡最佳女演员奖提名)有过一段风流韵事。凯瑞于1992年出马角逐民主党总统候选人,惨败于“胆小鬼越战逃兵”克林顿,由此两人之间的关系非常冷淡。凯瑞在参议院投票前夕曾声称,他打算投弃权票。

投票之日,在50票反对49票支持的关键时刻,帕内塔找遍参议

---

① [美]帕内塔:《值得奋战:领导战争与和平的回忆》,*Worthy Fights: A Memoir of Leadership in War and Peace*, New York: Penguin Press, 2014, p. 120 (footnote)。

院，凯瑞参议员杳无踪影。一打听，这家伙居然看电影去了，是讲述“摇滚女王”蒂娜·特纳（Tina Turner）生平的传记故事片《与爱何干》（What's Love Got to Do with It）。帕内塔气得差点儿晕了过去，赶紧让下属火速出动，分头找遍了参议院附近的所有电影院，居然幸运地找到了此公。晓以利害之后，凯瑞决定以党国利益为重，投下了赞成票。

50 票对 50 票平局后，副总统兼参议院议长戈尔投下了决定性的一票，终于使经济复兴法案得以通过。美国副总统并非参议员，平时不参加参议院的投票表决。只有当参议院出现平局时，副总统举足轻重的作用才能得到充分体现。

有惊无险之后，克林顿心里七上八下，忐忑不安。提高富人税率，大砍预算，同时大动干戈，削减福利，极有可能伤筋动骨，殃及无辜，造成严重的经济衰退，引起高收入富有阶层不满，影响 1994 年国会中期选举，进而影响 1996 年竞选连任的胜负成败。克林顿在回忆录中坦承：“虽然很多令人信服的理由证明，经济复兴方案将会获得成功，但是这个在我总统任期内最重要的内政决策，仍然是一场大赌博。”①

现实生活中充满风险，决策好似赌博，情场亦为赌场。在游戏人生的风流情场，克林顿“遇人不淑”，碰上了莱温斯基，投怀送抱，温柔陷阱，引发弹劾。在风云诡谲的经济决策领域，克林顿犹如天纵神助，精心决策，押对赌注，一举成功。

经济复兴方案通过后，美国经济平稳发展，联邦赤字逐年减少，

---

① ［美］克林顿：《我的生活：克林顿回忆录》，Bill Clinton，*My Life*，p. 463。

美联储调整短期利率的效果，果然由僵硬无效一变为灵活神奇，长期利率如期下滑，高科技投资、房地产和股票市场开始强势增长。克林顿轻松赢得 1996 年大选，成为“二战”后首位连任的民主党总统。

此后，美国经济仿佛进入开阔水域，高科技产业千帆竞发，乘风破浪，闯过东亚和俄罗斯金融危机的风暴险滩，有惊无险，势不可当。道·琼斯工业股票指数从 1991 年的 3000 点起步，到 2000 年 2 月突破 10000 点大关；纳斯达克综合股票指数从 500 点起涨，到 2000 年已高达 5000 点，空前繁荣，泡沫四起，一时造就无数科技富翁。令人难以置信的是，打了一场“零伤亡”但是耗资巨大的科索沃战争之后，在 1999 年财政年度，联邦政府居然出现了财政盈余，这可是 30 多年以来头一遭。

面临弹劾威胁，克林顿拒不辞职，发出这样的豪言壮语：“美国的领导地位是无与匹敌的，美国的综合国力是空前强盛的。”但实际上，这些辉煌成就未必与克林顿有直接关系。他虽然以“擅长经济”著称，但是在相当程度上是凑巧赶上了“冷战”结束、天下太平的良好国际环境，以及经济周期循环轮回和高科技革命的好年景。

克林顿当选总统尚未执政时，美国经济已经开始强劲复苏。克林顿时代美国经济腾飞、国力大增和年度赤字消失的时代背景，是信息技术革命以及生物科技领域的创新和突破，真正的功臣是个人电脑、互联网、电子商务和生物科技引发的高科技革命，是苹果、微软、亚马逊、谷歌、思科、通用电器、辉瑞等高科技企业的巨大贡献以及水涨船高的美国纳税人。

但是，克林顿能够独树一帜，在宏观经济政策领域走“中间路线”，积极“协助”格林斯潘做好经济工作，大胆调整治国方略，为经济繁荣创造了良好的条件，使他深孚众望，大得民心。可是，若从另一个角度来看，蓝领工人和中低级白领阶层却成为克林顿时代美国经济全球化的失意者和牺牲品，为 2016 年总统大选中“特朗普现象”和“桑德斯现象”的出现埋下了伏笔。

第四章 “蓝颜知己”自杀疑案

克林顿任阿肯色州州长时，薪酬只有 3 万美元，虽然有官邸居住，宴客花费可报销，但经济上相当寒酸。希拉里在回忆录中，把老公描述为一个醉心于博览群书和好莱坞电影，从来不过问家政和金钱的“甩手掌柜”。

据说“大丈夫不可一日无权，小丈夫不可一日无钱”。克林顿大概就是那种重权轻财的“大丈夫”。而希拉里堪称“通才型”的“政坛超女”，权钱两不误，家庭顶梁柱，不仅是著名律师和政治强人，而且还是精明过人的理财高手和投资专家。

俗话说，聪明反被聪明误。就某种意义而言，克林顿身陷“拉链门”丑闻，希拉里恐怕难辞其咎。克林顿任州长期间，希拉里先后参与期货交易和房地产开发，赢利则大发横财，亏损则逃避债务，再加上她的蓝颜知己、白宫副法律顾问兼第一家庭税务律师神秘身亡，案情复杂，疑团莫释，结果招惹来了权倾朝野的独立检察官，差一点儿把克林顿置于死地。

希拉里是耶鲁法学院高材生。“水门”事件期间，为了对尼克松总统进行弹劾调查，国会众议院司法委员会精选法律俊才，组建阵容强大的律师团，希拉里入选其中，而且是40余名精英律师中最年轻的一位。1975年希拉里与克林顿结婚后，在阿肯色州罗斯律师事务所（Rose Law Firm）执业，两年后神速晋升为合伙人，在20世纪80年代成为全美影响力排名前100名的著名律师。

克林顿入主白宫后，希拉里担负医疗保健改革重任，位高权重，海外中文媒体戏称她为“白宫武则天”。罗斯律师事务所的三位合伙人凭借关系，一夜之间，平步青云，飞黄腾达，鸡犬升天，号称官场“夫人帮”三剑客。其中韦伯斯特·哈贝尔（Webster Hubbell）任联邦司法部副部长；文森特·福斯特（Vincent Foster，小名文斯）任白宫副法律顾问兼总统助理，成为“总统府”中仅次于白宫办公厅主任和白宫法律顾问之后的第三号实权人物；威廉·肯尼迪（William H. Kennedy，III）任白宫法律顾问办公室首席律师。他曾任阿肯色州联邦参议员、参议院拨款委员会主席麦克列兰的高级助理。

福斯特高大英俊，仪表堂堂，举止优雅，智识过人。他家与克林顿家曾是街坊邻居，两人4岁时在幼儿园同班。福斯特以第一名成绩毕业于阿肯色大学法学院，以第一名成绩通过州律师资格考试，曾任《阿肯色法律评论》主编、阿肯色州律师协会主席、罗斯律师事务所资深合伙人。

“白宫武则天”希拉里向克林顿总统面授机宜

福斯特对希拉里有提携和知遇之恩。当年他慧眼识珠，力主录用希拉里，并且费尽心机，游说拉票，使她迅速晋升为事务所首位女性合伙人，还赠送一本英国作家狄更斯的名著《艰难时世》作为贺礼。两人共事多年，情投意合，过往甚密，无话不谈。对此，福斯特的妻子有点儿吃醋，但克林顿却满不在乎。

据希拉里的闺中密友、阿肯色州立大学政治学教授戴安·布莱尔（Diane Blair）回忆，希拉里曾对一本婚外情题材的畅销书《廊桥遗梦》（*The Bridges of Madison County*）非常痴迷，并且在各种场合向朋友们强烈推荐。

《廊桥遗梦》精装版在美国售出 700 万册，全球畅销高达 5000 万册，尤其在日本和中国风靡一时。而《廊桥遗梦》中文版的译者，恰巧是原中国社科院美国研究所所长资中筠女士。因系“不务正业”的休闲译笔，资中筠没有署真名（笔名“梅嘉”），而且在履历表中从来不把这本书列入为译作。没想到，“无心插柳”之作却引起了巨大的“轰动效应”。

据华盛顿捕风捉影的“透露社”消息，希拉里之所以对《廊桥遗梦》感兴趣，系因她可能与福斯特有婚外情。在希拉里眼里，福斯特出类拔萃，有才有貌，甚至可以与好莱坞巨星、奥斯卡影帝格利高里·派克（Gregory Peck）相媲美。

希拉里在回忆录中深情地写道：“文斯是我认识的最优秀的律师之一，也是交情最深的好友。如果你还记得电影《杀死一只知更鸟》中格利高里·派克饰演的律师阿提库斯·芬奇，你便可描绘出文斯来。事实上，他的外表有点像派克，而他的翩翩风度则与之类似：性格稳重、彬彬有礼、精明干练却收敛锋芒——那种危难当头你最能依赖的对象。”①

在罗斯事务所时代，下班后，当其他律师都去打高尔夫球或网球时，希拉里和福斯特仍然会待在一起，他们可能一起散步，也可能一边品酒一边畅谈，也会在一起开怀大笑。

一位了解内情的朋友说：“福斯特爱恋希拉里，我倒希望他们之间真的有点儿什么事儿，我认为他们彼此都值得拥有这样一位情人——他们都有复杂的配偶、复杂的婚姻。我想所有的婚姻都会经历夫妻感情不是特别融洽的时期。希拉里和福斯特在彼此身上找到了别处没有的特别安慰。”

---

① ［美］希拉里·克林顿：《亲历历史：希拉里回忆录》，潘勋等译，译林出版社2003年版，第69页。

希拉里与“蓝颜知己”福斯特合影（1989 年）

当官从政后，福斯特与希拉里的“男闺蜜”关系饱受非议。1993 年白宫法律顾问努斯鲍姆（Bernard Nussbaum）曾问福斯特：“你觉得外界关于你最糟糕的流言蜚语是什么？”福斯特郁闷地回答：“有人说我和希拉里有私情。”

哈贝尔回忆说：“女人们被文斯吸引，不仅因为他聪明英俊，而且因为他善于耐心倾听和保守秘密。”哈贝尔认为：“我觉得在过去 20 年的岁月里，没人比福斯特与希拉里之间的关系更为密切。可是我认为他们之间没有性关系，这是两个出类拔萃的人，志同道合，爱好相同，喜欢彼此做伴，相互极度信赖。我的意思是，这是一种比情人之爱更为深刻的友谊。”①

---

① ［美］卡尔·伯恩斯坦：《女人掌权：希拉里传》，Carl Bernstein, *A Woman in Charge: the Life of Hillary Rodham Clinton*, New York: Alfred A. Knopf, 2007, pp. 164, 227。

当年“夫人帮”三剑客来到华盛顿，初出茅庐，缺乏历练，但是目中无人，飞扬跋扈，直接听命于希拉里，视联邦司法部长于无物，引起政界高层和新闻媒体强烈不满。

1993年5月，希拉里与白宫法律顾问办公室联手，以“账目混乱”为由，突然解雇了白宫旅行办公室全体员工，安排阿肯色州小石城“世界旅行社”取而代之。该社老板是克林顿的一位远亲，曾以“优惠价”为克林顿的竞选班子提供航空旅行服务，相当于变相的“政治献金”。威廉·肯尼迪罔顾程序，暗中唆使联邦调查局对遭革职的白宫员工进行犯罪调查，借此掩盖带有裙带关系色彩的解雇事件。

这种“总统府”里的芝麻琐事，却在华盛顿官场引起轩然大波，史称“旅行门”丑闻。批评者认为，克林顿夫妇假公济私，滥用公权，居然把安排白宫航空旅行事务的发财机遇“转赠”，用于酬谢阿肯色州老家的竞选支持者，同时在白宫大搞“白色恐怖”，对前任共和党总统时代的白宫雇员进行“政治迫害”。

在媒体监督和国会威胁要求深入调查的震慑之下，遭解雇的大部分白宫雇员得以复职，小石城“世界旅行社”灰溜溜地打道回府。福斯特和威廉·肯尼迪处置不当，备受指责。

在注重监督和制衡的政治体制中，美国总统及其心腹幕僚外强中干，权力有限，动辄得咎，没有也不敢有那种蛮横霸道、飞扬跋扈、仗势欺人的气魄和胆量，甚至连白宫小职员的人事问题都无法搞定，其窝囊和无能程度，超出了国人最大胆的想象。只有在权力不受监督和限制的情况下，官员的蛮横霸道才会成为常态。法治观念淡薄，私欲放纵膨胀。

《华尔街日报》为了深入报道“旅行门”，撰写编辑部评论文章，指名要求福斯特提供照片和个人简历，还有涉及决策内幕的背景资料。福斯特觉得媒体不怀好意，故没有在法律规定的 10 天期限内及时回复。《华尔街日报》的编辑一点也没客气，当即搬出国会制定的联邦《信息自由法》（Freedom of Information Act of 1967），义正词严，据法力争，威逼“法盲”福斯特低头从命，否则将可能引发诉讼大案。

联邦《信息自由法》规定，美国公民拥有向任何一级政府机构和官员提出查阅和索取解密文件、档案及其相关背景信息的权利；如果提出申请 10 天之内未得回复或者遭到非法拒绝，可以向司法部门提起诉讼，并且应当得到法院优先立案审理。

普通百姓忙于养家糊口，油盐酱醋，哪有时间“狗拿耗子，多管闲事”。真正要求查阅文件资料的主要是记者和学者，借此拥有了更大的采访权和知情权。《信息自由法》赋予美国媒体更大的权利，成为公开透明、新闻监督、出版自由的重要里程碑之一。

1974 年，美国最高法院大法官波特·斯图沃特在耶鲁大学发表了一篇著名演说，明确提出了“第四权理论”（The Fourth Estate Theory）。他认为，与传统的三权分立与制衡相比，作为“第四权”的新闻界是与行政、立法、司法平起平坐的一种政治权力，能够发挥监督政府、防止掌权者滥用权力的制度性功能。

“旅行门”丑闻闹大后，媒体连续追踪报道，极力贬损“夫人帮”，认定这是一帮目无法纪的暴发户、土包子，居然连入门级的联邦法律都不知道，连最起码官场规矩都不懂得。

1993 年 6 月，《华尔街日报》刊登数则编辑部评论员文章，题为“罗斯律师事务所东迁华盛顿”“谁是文森特·福斯特？”“谁是韦伯斯特·哈贝尔？”“谁是威廉·肯尼迪？”，抨击第一夫人权欲膨胀，任人唯亲，培植亲信，挖苦阿肯色州“三剑客”凭借裙带关系高升，小人得志，不知深浅，狐假虎威，法律素养和道德操守皆成问题。

编辑部文章用语尖酸刻薄，极尽讽刺挖苦之能事，其中写道：“难怪福斯特先生把我们看成恶人。”“难道法律对朋友和批评者有双重标准吗？我们难道最终需要提起法律诉讼才能得到白宫的答复吗？或者说我们的法律诉讼会有效果吗？难道只有一天5万美元的罚款才能引起这个家伙的注意吗？”“我们怀疑文斯·福斯特可能与伊朗门案中臭名昭著的奥利弗·诺思中校非常相似。”

据《华盛顿邮报》记者、揭露“水门案”的两大功臣之一卡尔·伯恩斯坦披露，来到华盛顿后，福斯特与希拉里互生嫌隙，以前赤诚相待的知音知己关系，逐渐演变为冷漠的“上下级关系”。希拉里当时缺乏官场经验，操之过急，颐指气使，严厉苛刻。她办事的口头语是“文斯，处理它”，“文斯，搞定它”，根本不顾华盛顿官场的事情是多么困难和复杂。

希拉里风闻白宫特工处一些人心怀叵测，暗中把“第一家庭”的私生活内幕向媒体透露，便要求福斯特快刀斩乱麻，对特工处进行“大换血”。福斯特与阿肯色州老乡、白宫行政主管沃特金斯（David Watkins）商量后，担心闹出意外变故，决定静观其变。圈内朋友皆知克林顿夫妇都有火爆脾气，急风暴雨，电闪雷鸣，两口子吵架干仗的场面颇为壮观，没过两天又和风细雨，和好如初，不是什么了不得的新闻。

没过几天，希拉里与克林顿激烈争吵、向老公怒摔花瓶的新闻出现在各大报刊。文中提及白宫特警被迫出面劝架，声称“有责任保护总统免遭伤害，包括免遭第一夫人的伤害”。希拉里怒不可遏，声色俱厉,训斥福斯特和沃特金斯,指责他们“太天真,当老好人,典型的阿肯色州性格”。沃特金斯没把训斥放在心上,福斯特却感觉万箭穿心,深受伤害和羞辱。

福斯特生命的最后一个月,体重掉了 15 磅,与希拉里交谈的次数最多只有一次。福斯特的一位密友说:“他们彼此都伤心欲碎。自从希拉里成为第一夫人,福斯特的所作所为就再也无法满足她的需求。希拉里不再允许福斯特继续扮演蓝颜知己的角色,因为她身在其位,身不由己。”①

面对媒体攻击,克林顿宽慰好友福斯特说,你的境遇大家都知道,没有必要忧心忡忡;《华尔街日报》是一家很出色的报纸,但是观点和立场比较偏向共和党,批评政府官员更是家常便饭;该报评论版的读者圈甚小,没有必要对编辑的苛责过于在意。

如果官员只接受顶头上司的督察,那么既然总统都开口说话了,福斯特根本不会在意批评。可是,在美国的政治体制中,新闻媒体的地位和政治能量非同小可。福斯特既非脸皮比城墙还厚的政客,亦非长袖善舞的公关人才,以前也没有被媒体骂得狗血喷头的惨痛经历。他对批评非常敏感,感觉蒙受奇耻大辱,忧郁寡欢,难以释怀。

想当年,乾隆皇帝南巡时微服私访,一日来到江南金山寺外。乾隆遥见长江之中,千帆竞渡,百舸争流,一幅忙碌繁华景象,便问陪同的老和尚:“你看这长江之中,一共有多少条船?”老和尚回答:“天下熙熙,皆为名来;天下攘攘 ,皆为利往! 在贫僧眼中,江面上只

---

① [美]卡尔·伯恩斯坦:《女人掌权:希拉里传》, Carl Bernstein, *A Woman in Charge*, pp. 281 ,339。

有两条船,一条为名,另一条为利。”

这番禅机高论洞若观火,精辟深刻,见解高妙,千古流传,但是却有一个明显的疏漏之处。江面上其实还有一条大船,其名为权。古往今来,权力是无数人泯灭人性、费尽心机追逐的毕生目标。当官不但可以发财致富,而且可以光宗耀祖,可以鸡犬升天,可以横行霸道。所谓政治腐败,正是凭借权力掠夺财富,凭借权势追逐名望。

美国《独立宣言》的签署者之一塞缪尔·亚当斯(Samuel Adams)断言:“在大多数人的心中,都有一种追求凌驾于法律之上的权力的欲望,这是我们人类难以避免的缺陷。”美国独立战争年代的著名牧师和政治家托马斯·阿伦(Thomas Allen)认为:“暴君的种子根植于我们每个人的天性之中。”英国历史学家阿克顿勋爵深刻精辟地指出:“权力趋向腐败,绝对权力绝对腐败。伟人们几乎总是坏蛋。”①

美国制宪先贤对权力有高度怀疑,对人性的弱点有深刻洞察。托马斯·杰斐逊指出:“自由政府是建立在警惕而不是建立在信赖上面;是警惕而不是信赖,规定了限制权力的宪法,以制约那些我们不得不托付权力的人。”“所以在权力问题上,不要再信赖人,而是要用宪法的锁链制约他不做坏事。”②

为了杜绝政府官员滥用权力、做官发财、贪赃枉法的弊病,美国社会对权力和官员充满猜疑、戒备和防范,流行“当官挨骂、从政找

① [英]约翰·阿克顿:《论自由和权力》,John Dalberg-Acton, *Essays on Freedom and Power*, Boston, Mass.: The Beacon Press, 1949, p. 364。

② [美]梅利尔·彼得森注释:《杰斐逊集》(上册),刘祚昌等译,三联书店 1993 年版,第 487、488 页。

抽”的政治文化,对待犯罪嫌疑人强调“无罪推定”,对待官员却主张“有罪假设”,认为“当官的没有一个是好东西”!必须予以严格限制和监督制衡,用宪法的锁链制约官员不做坏事。

腐败的实质就是做官发财,以权谋私,根源在于官员权力无边,缺乏监督和限制。治理腐败之道,在于法治而非人治,必须从制度上限制公权力,维护公民个人权利,保障新闻和言论自由,把权力关进制度的笼子里。

在美国社会,政府官员是纳税人的公仆,经常挨骂受气,收入并不丰厚,还要申报和公示个人财产接受全民监督。官员离职后,“总统级”“副国级”“州级”“部级”等公务特权和特殊福利待遇立刻取消。当官从政需要具有高度的政治觉悟和为民奉献的崇高精神,没有也不可能凭借贪腐发财致富,更不可能终生享有住房、出行、度假、医疗等方面的特权和优厚待遇,致使纳税人破费甚巨,不堪重负。

在很多情况下,美国人出任政府公职必须“破财免灾”。根据联邦法律,为了避免造成“利益冲突”,政府官员不得拥有那些可能“妨碍其行使公务”的股票。2001 年,小布什总统提名原通用仪器公司总裁拉姆斯菲尔德(Donold Rumsfield)出任国防部部长。因互联网泡沫破裂,当时股市哀鸿遍野,拉姆斯菲尔德却不得不“忍痛”出售价值数千万美元的个人股票,遭受经济损失估计高达数百万美元。

美国的从政者绝大多数是社会精英,该有的都有了,当官从政的初衷通常是回报社会或者施展个人抱负。克林顿时代总统年薪仅 20 万美元,最高法院大法官 19 万美元,内阁部长 17 万美元,根本谈不上“高薪养廉”。2013 年外逃到中国香港和俄罗斯、揭露美国情报部门电子监控内幕的原国家安全局技术员爱德华 · 斯诺登

（Edward Snowden），是一个连高中文凭都没有的电脑工程师，年薪加奖金却有 20 万美元，更别提那些腰缠万贯的公司大老板。

福斯特 1993 年从政前是律师，专长是公司法，年收入 30 万美元（相当于 2015 年的 45 万美元），在生活费用不高的阿肯色州过得潇洒而体面。他来华盛顿从政当官后，收入骤降一半，工作废寝忘食，尽职尽责，私生活洁身自好，一尘不染，但却遭到媒体猛烈抨击和刻薄挖苦。福斯特觉得自己在总统夫妇面前丢人现眼，在阿肯色州朋友圈颜面扫地，与红颜知己希拉里的亲密关系也变了味道，以致自怨自艾，忧郁痛苦。

不久，媒体顺藤摸瓜，挖出与“夫人帮”有千丝万缕关系的“白水案”丑闻（Whitewater Scandal）。1978 年克林顿任阿肯色州司法部长时，为了投资赢利，克林顿夫妇与麦克道格尔夫妇合作，注册成立一家地产开发公司，在阿肯色风景秀丽的白水河畔一口气购置了 230 公顷土地。

麦克道格尔与克林顿是多年密友。他曾任富布赖特参议员的高级助理，擅长房地产经营和投资，协助以清廉著名的参议员购买多处房地产，大发横财。克林顿当选州长后，无视规矩，投桃报李，竟然任命商业伙伴麦克道格尔出任州商务部高级官员。

在白水地产开发过程中，克林顿夫妇“空手套白狼”，资金皆从银行贷款，具体业务由麦克道格尔夫妇经营和管理。希拉里所在的罗斯律师事务所被聘为白水公司的法律顾问，违反了众所周知的回避规则。希拉里不动声色，老谋深算，实际上是白水地产项目的幕后筹划者之一。这笔神秘诡谲的投资生意，从一开始就带有官商勾结、买空卖空的可疑色彩和违规嫌疑。

《纽约时报》记者从克林顿夫妇的报税记录中发现,希拉里身为州长夫人,曾在1978年神秘地介入风险极大的期货交易。在没有预付交易费的情况下,她投资1000美元资金,轻松获利10万美元,翻了100倍,然后金盆洗手,全身而退,终生与期货一刀两断。

希拉里号称献身公众服务,猛烈抨击里根时代贪婪无度,物欲横流,自己却在华尔街金融交易中"一夜暴富"。一些行家怀疑,当年希拉里似乎有投资界的"内线"暗助。可是,希拉里精明强干,办事谨慎,滴水不漏。事过境迁之后,独立检察官根本查不到任何线索。

再看白水地产案。因经济困窘不振,房地产业陷入持续性萧条。1991年,通过罗斯律师事务所的精明运作,白水房地产公司起初宣告破产,不久关门收摊,合法逃脱了全部债务和法律责任,银行贷款全部打了水漂儿。这家亏尽血本的银行,竟然是联邦储备委员会下属的分行。换句话说,亏损的全是纳税人的银子。由此可见,"白水案"的幕后策划者艺高胆大,精通法律。

克林顿担任阿肯色州司法部长和州长期间,"白水案"的内幕一直没人刨根问底,深入追究。克林顿宣布出马竞选总统之后,《纽约时报》首次披露了"白水案"的疑点。但是,当时关于克林顿婚外恋、逃兵役、吸大麻等丑闻甚嚣尘上,此案并未引起媒体的足够重视。

克林顿入主白宫后,共和党人为了赢得1994年国会中期选举,旧案重提,大张旗鼓,大造舆论,要求调查"白水案"的内幕和隐情,让克林顿交出有关的财务和法律文件。但是,第一夫人希拉里态度强硬,据理力争,拒不合作。由于缺乏过硬的证据,共和党人无计可施,一筹莫展,无法要求国会或联邦司法部对"白水案"展开刑事调查。

1993 年 7 月 20 日，晴天一声霹雳！“夫人帮”大将福斯特因枪击身亡，年仅 48 岁。一位游人在华盛顿特区市郊的国家公园散步时，偶然发现这位白宫新贵的尸骸。如果是谋杀，那将是 1963 年肯尼迪总统被刺以来遭谋杀的最高级别的政府高官。如果是自杀，那将是 1949 年原杜鲁门政府国防部长詹姆斯·福莱斯特（James Forrestal）跳楼身亡以来自杀的职务最高的政府官员。

福斯特年富力强，前程似锦，身强体健，家庭和睦，为何突生自杀之念？这种不明不白的神秘死亡，极易引起外界的猜测和联想。

一般的解释是，福斯特于公是白宫新贵高官，于私是总统夫妇的朋友兼私人税务律师，主管政治敏感度极高的资料案例，蒙受前所未有的精神压力，面对“旅行门”和“白水门”双重危机，饱受攻击和质疑。福斯特终于“扛不住”巨大压力，无力面对即将来临的丑闻风暴，被迫以自杀解脱。

福斯特临死前写道：“我们来到华盛顿从政之前，还以为自己是好人。”“我不适合从政或者华盛顿聚光灯下的公众人物生活，这里毁灭他人被视为一项娱乐运动。”“《华尔街日报》的编辑们撒谎却没有遭到报应。”“公众绝对不会相信克林顿总统夫妇及其忠心耿耿幕僚们的清白无辜。”①

美国国父乔治·华盛顿当年曾饱尝“挨骂”之苦。1797 年，开国总统华盛顿将军品德高尚，自愿放弃唾手可得的终身总统大位，不

---

① ［美］丹·莫尔迪：《华盛顿悲剧：福斯特命案如何引发政治风暴》，Dan Moldea, *A Washington Tragedy: How the Death of Vincent Foster Ignited a Political Firestorm*, Washington, DC: Regnery Pub, 1998, p. 105。

再谋求连任,即将告老还乡,成为古今中外政治家的千古楷模。

没想到,费城《曙光报》居然发文开骂说:“此人是我国一切不幸的源头,今天,他终于可以滚回老家,再不能专断擅权,危害美国了。如果有一个时刻值得举国欢庆,显然就是此刻。政治邪恶与合法腐败,将伴随华盛顿的黯然离去而退出历史舞台。”①政治漫画家对华盛顿也毫不客气,肆意丑化开国总统,甚至把他的头像安在一头大叫驴的身上。

美国政府手中没有舆论工具,就是一个《美国之音》,还只能对境外广播。立宪建国之初,政治对手和媒体攻击开国总统华盛顿时,使用的那些恶毒诽谤和和肮脏词语,“甚至在人们形容像古罗马暴君尼禄那样的人物,恶贯满盈的骗子,乃至于人人喊打的扒手时,都不屑使用的”。

面对恶毒的人身攻击,华盛顿总统私下对朋友说:“他们的诽谤之甚,唯有被他们的无耻超出,而两者都是天下无敌。”有一次,时任国务卿托马斯·杰斐逊亲眼见到,华盛顿总统板着脸看了一眼报纸,然后把它重重地摔在地板上,并狠狠地骂道:“混账。”②可是,由于宪法保障言论自由,新闻媒体可以“公开骂”,华盛顿总统只能“偷着骂”。

福斯特的主要问题,就是没有“做好挨骂的心理准备”,而且还特别“不经骂”,与华盛顿和克林顿总统的良好心理素质无法比拟。

---

① [美]安东尼·刘易斯:《批评官员的尺度》,何帆译,北京大学出版社 2011 年版,第 67 ~ 68 页。

② [美]伯纳德·维斯贝格:《美国燃起火焰》,Bernard A. Weisberger, *America Afire: Jefferson, Adams, and the First Contested Election*, New York: William Morrow, 2000, p. 205。

你看人家克林顿，当年有本事忍受整个世界的羞辱讥讽和嘲笑谩骂，现在却仍然能够得到很多人的尊敬和怀念。“若批评不自由，则赞美无意义。”这是刊登在法国《费加罗报》每日报头的警世“座右铭”。

得知命案后，白宫办公厅主任麦克拉蒂（Mack McLarty）立刻将噩耗通知总统。克林顿大惊失色，满眼含泪问道：“希拉里知道吗？”麦克拉蒂随后迅速打电话通知当时在小石城的第一夫人。希拉里在电话中痛哭失声，彻夜未眠，悲恸欲绝，非常后悔让福斯特来华盛顿当官挨骂，从政遭罪。

在回忆录《亲历历史》中，希拉里描述自己在福斯特去世后半年时间一直恍恍惚惚，感觉内心无比痛苦，只能凭借“纯粹的意志力”设法度日。克林顿曾向一位好友披露：“福斯特之死毁了希拉里。”希拉里的一位朋友说：“我想希拉里内心深处肯定滴泪泣血，她后来从未真正从福斯特死亡事件中康复。”

福斯特的葬礼在小石城的一家教堂举行。参加葬礼的人除了华盛顿的高官显贵之外，还有福斯特在幼儿园和小学时代就认识的朋友。当克林顿致悼词时，希拉里在台下泣不成声。克林顿赞扬了福斯特的荣誉感、友谊以及对国家的无私奉献。他还引用美国歌星莱昂·拉赛尔（Leon Russell）的名曲《送给你一首歌》中的歌词：“我在另一个空间爱着你。我永远爱着你，我的朋友。”

白宫法律顾问努斯鲍姆认为，福斯特之死是克林顿执政时期的划时代事件，若论严重程度和影响之大，可与莱温斯基性丑闻相提并论。调查和惩罚开始降临到克林顿夫妇头上。

琳达·特瑞普（Linda Tripp）是白宫法律顾问办公室的助理。福斯特临终前最后一顿午餐,是特瑞普在白宫餐厅帮助购买的一个汉堡包。福斯特当时看上去平静如故,一边看报一边吃饭,根本不像马上要举枪自杀的样子。福斯特前往公园之前告诉特瑞普,办公桌上有几包巧克力,如果喜欢吃的话可以随便拿。

特瑞普是离异的单身女士,对聪明英俊的顶头上司情谊深厚,崇拜有加,对福斯特因枪击死亡深感震惊,疑惑难解。案发后,白宫没有保护作为"第二现场"的福斯特办公室,希拉里的心腹手持"尚方宝剑",迅速查封、劫掠了福斯特的全部文件,包括白水案的全部文件和税务记录。特瑞普目瞪口呆,万分惊诧,认为其中必有黑幕。她后来暗藏心机,与白宫实习生莫尼卡·莱温斯基(Monica Samille Lewinsky)成为无话不谈的"闺蜜",偷录了两人之间的电话谈话。

福斯特身亡半年之后,流言蜚语仍然在华盛顿高层不胫而走,绘声绘色,越传越神。疯传福斯特死于政治谋杀,凶手把现场布置成自杀假象,其目的是掩盖克林顿夫妇在"白水案"中的罪行。

主要证据是:第一,得知福斯特死讯后,白宫方面立刻宣布,"第一现场"在国家公园,应由公园警察处主持调查,联邦调查局不必介入。可是公园警察处的刑事调查力量极弱,缺乏破获大案要案的经验。第二,当公园警察赶到作为"第二现场"的福斯特办公室之前,希拉里的幕僚"先下手为强",已经将福斯特的文件和档案劫掠一空。第三,警方发现,福斯特在一张撕碎的纸条上写道:"白水案是一个必须掩盖的、充满蠕虫的丑闻罐子。"①

福斯特命案闹得疑神疑鬼,人心惶惶,满城风雨,朝野不安,演

---

① [美]卡尔·伯恩斯坦:《女人掌权:希拉里传》,Carl Bernstein, *A Woman in Charge*, p. 301。

变为共和党与民主党之间的对决，强烈要求总统任命一位公正独立的特别检察官，像当年调查“水门”事件和“伊朗门案”一样，把福斯特命案和“白水案”查个水落石出。在国会压力下，克林顿被迫让步，同意由司法部任命一位独立检察官，深入调查“白水案”。

把“反腐肃贪”的矛头对准现任国家元首兼政府首脑夫妇及其左右的心腹重臣，是美国法治的基本特色之一。

西方民主国家极少掀起“反腐风暴”，而是依靠民主法治遏制贪腐。新闻自由揭露腐败，分权制衡约束政敌，司法独立公正审判，官员公布财产接受监督，定期选举淘汰贪官庸吏，使贪官污吏不能为所欲为、“长治久贪”。

毫无疑问，制度建设并非一日之功，不可能一蹴而就，落实“把权力关进制度的笼子里”的目标绝非易事。在特定的历史时期，面对盘根错节的官场腐败集团，“塌方式”的超大规模贪腐，确有必要以非凡魄力“治标”，壮士断腕，刮骨疗毒，反腐肃贪，逆转政风。当清除垃圾、破除障碍的“清场”工作大见成效之后，才可能谈得上“治本”的制度性建设。

第五章　民女起诉国家元首

1994年1月，联邦司法部宣布，任命罗伯特·费斯克（Robert Fiske，Jr.）出任独立检察官。此公律师出身，温和保守，严谨细密，执法公正，虽系共和党人，但是曾在民主党总统卡特任内出任联邦检察官。

协商任命条件时，费斯克提出，其司法调查不会局限于“白水案”，必须包括所有妨碍司法、同谋犯罪和伪证罪的非法行径。联邦司法部长雷诺（Janet Reno）女士同意了费斯克的请求。这样，“白水案”检察官的权力漫无边际，拥有比以往任何一位独立检察官都要大得多的调查权，使继任者斯塔尔获益匪浅，可以对任何违法乱纪之举穷追不舍、赶尽杀绝。

联邦司法部副部长哈贝尔首当其冲。他曾是阿肯色大学橄榄球明星，克林顿的高尔夫球伴，以前担任过阿肯色州小石城市长、州最高法院首席法官等要职，身材魁梧，容貌憨厚，看上去绝对像是冠冕堂皇、遵纪守法的“好人”。

没想到，独立检察官神通广大，上天入地，深入调查，意外发现哈贝尔原来是个心术不正、卑鄙狡诈的“大坏蛋”。他在罗斯律师事务所执业期间，暗中从事税务骗局、欺诈客户、秘密侵吞合伙人（其中包括好友希拉里和福斯特）利益等罪恶勾当，非法获利 50 万美元。哈贝尔于 1994 年 4 月被迫辞职，主动认罪，争取从宽处罚，于 1995 年被判处 21 个月有期徒刑。他出狱后写了一本回忆录，书名为《高处不胜寒》（*Friends in High Place*）。[①]

在民主法治体制中，当官从政仅两年，“夫人帮”三剑客一死一入狱，沦落为“当官挨骂，从政找抽”的绝妙样板。幸存者威廉·肯尼迪兔死狐悲，心有余悸，心灰意冷，于 1995 年辞官归故里。哈贝尔“从政找抽”的遭遇并非偶然。1973 年 10 月，尼克松政府副总统阿格纽（Spiro Theodore Agnew）被揭出在马里兰州州长任内涉嫌受贿和洗钱，总额约 10 万美元。他在弹劾威胁下被迫辞职，但是后来并没有被定罪。

由于权力制衡和严格监督，出任美国政府官员基本上属于自投罗网、自找倒霉的“高危行业”。这是很多美国人对当官缺乏兴趣、甚至视其为人生畏途的原因之一。早在清朝光绪三十二年（1906 年），晚清重臣、立宪派大将爱新觉罗·载泽在给慈禧太后的奏请君主立宪的密折中，一不留神写下了一句关于宪法和法治的至理名

---

① Webb Hubbell, *Friends in High Places: Our Journey from Little Rock to Washington D. C.*, New York: W. Morrow, 1997.

言:“以为宪法之行,利于国,利于民,而最不利于官。”①

“白水案”的下一个中枪者,是第一家庭的商业伙伴麦克道格尔夫妇。丈夫詹姆斯(James McDougal)被控商业欺诈、伪造文书、偷税漏税,于1997年被陪审团判决有罪,次年因心脏病暴亡。妻子苏珊(Susan McDougal)像榆木疙瘩一样,态度死硬,保持沉默,一声不吱,拒绝回答联邦大陪审团的询问,包括是否曾与克林顿暗通款曲,最后因“藐视法庭罪”被判刑22个月。在美国社会,生意人如果期望凭借攀龙附凤、结识权贵实现发财致富的美梦,其结局很可能是引火烧身,自讨苦吃。

接下来倒霉的是接替克林顿出任阿肯色州长的塔克(Jim Guy Tucker)。他曾在罗斯律师事务所任律师,后任阿肯色州司法部长、副州长等职。独立检察官指控他是麦克道格尔夫妇的同谋共犯。经陪审团裁决定罪,塔克州长被判处4年有期徒刑,狱外监管。

由于希拉里参与白水房产开发的账目和记录全部消失,缺乏足够的证据,独立检察官被迫放弃追究克林顿夫妇的罪责。关于福斯特命案的真相,斯塔尔聘请有“当代福尔摩斯”之称的华裔刑事证据鉴识大师李昌钰亲自出马,最终的调查结论是自杀。②

1994年5月6日,“白水案”刑事调查风生云起之际,原阿肯色州政府雇员波拉·琼斯(Paula Jones)女士趁机发难,控告克林顿曾对她性骚扰,要求赔偿70万美元,并且赔礼道歉。

---

① (清)载沣:《奏请宣布立宪密折》,载中国史学会编:《中国近代史资料丛刊·辛亥革命》(第四册),上海人民出版社1957年版,第27页。

② 福斯特命案调查的详情,参见李昌钰、刘永毅合著:《让证据说话:神探李昌钰破案实录2》(第四章),时报文化出版公司2000年版。

琼斯声称,1991 年 5 月 8 日,时任州长的克林顿在小石城怡东酒店参加一个质量管理会议,她那天坐在前厅的签到桌前招呼来宾,正好被克林顿瞄到。一位州警冷不丁递给琼斯一张纸条,说克林顿州长打算召见她。当她进入州长的房间后,克林顿说,“我爱你身材那完美的曲线”,接下来就拉开裤链,暴露性器官,让琼斯去“吻它”。琼斯大惊失色,又羞又气,连说自己不是“那种女人”,然后逃之夭夭。

在美国社会,性骚扰属于民事诉讼,涉案者绝大多数是位高权重的达官显贵、家财万贯的富豪阔佬,而非囊中羞涩的平头百姓。原因很简单,民事官司以“赢钱”为目标。在司法独立、同情弱势、保护女性、打击权贵的体制中,高官和大款稍有不慎或不轨,立刻官司上头,诉讼缠身。在很多情况下,仅因轻微的性暗示或淫言秽语,都会给当事人带来一场可怕的民事官司,折腾得身败名裂,敲诈得人财两空,更别提“真枪实弹”、赤膊上阵“包二奶”。

现任最高法院大法官中有一位叫托马斯(Clarence Thomas,1991 年起任职)的黑人大法官。他在 1991 年被老布什提名为最高法院大法官时,受到原来的一位女助手性骚扰的指控,一时闹得满城风雨,声名狼藉,差一点没有通过参议院批准的关口。政界人物暂且不提,在硅谷商界大腕中,全球科技巨头惠普公司 CEO 赫德(Mark Hurd)、世界最大的数据库公司甲骨文 CEO 埃里森(Larry Ellison)等超级富豪先后卷入性骚扰官司。

那么,琼斯的指控是否属实呢? 有人发牢骚说:“性骚扰,无人晓,你不骚,谁来扰?”女权人士则认为:“我可以骚,你不能扰!”再说了,克林顿涉嫌性骚扰是前朝旧事,案发之初,当事人一声不吭,一切正常，偏偏等到克林顿入主白宫、距三年过期的民事案起诉时效仅差两天之际，突然发难，旧事重提，其真实性和幕后动机令人生疑。

还有，即使琼斯的指控完全属实，她赢得赔偿的可能性仍然相当渺茫。根据美国法律，并非所有的性骚扰行为，都会造成被告的民事赔偿责任。一般而言，只有以下两种类型的性骚扰，才会构成法律上的民事赔偿。第一种是“交换条件”型，即上司对下属以性关系为筹码，作为职位或报酬的交换条件，通俗而言，就是那种“你不跟老子上床，老子就不给你提职加薪”的行为。第二种是“恶劣环境”型，即由于性骚扰造成了恶劣的工作环境，使受害者蒙受身心伤害、精神折磨和职业损失。

以上述标准衡量，琼斯不但没有揭露出任何“交换条件”，而且未能提供任何因此事造成了身心伤害、精神折磨或职业损失的证明，甚至无法提供性骚扰事件是否确实发生过的真凭实据。她呈庭的主要证据之一，竟然是可以辨认出克林顿“关键部位”的明显特征。

面对指控，克林顿矢口否认，摆出了一副“不知情、不认错、不和解、不妥协”的姿态。他表示，性骚扰纯属子虚乌有，天方夜谭，琼斯的指控显然另有背景，另有所图。

总统律师向联邦地区法院提出以下动议：第一，琼斯的指控是否构成性骚扰官司，尚有诸多疑问和商榷之处，联邦法院应撤销此案。第二，如果不能撤销，那么法院应等到克林顿卸去总统重任后再予考虑立案。这场官司一直打到了联邦最高法院，史称“克林顿诉琼斯案”。

总统律师在诉状中指出:第一,根据宪法条款,美国总统享有行政特权,联邦法院应避免总统因民事诉讼在任期内出庭。第二,作为国家元首、政府首脑兼美军总司令,克林顿位尊权重,公务繁忙,身份特殊,如果出庭应诉,必将影响军机国事,严重损害国家利益,所以总统应当享有民事诉讼豁免权。第三,如果允许琼斯案立案审理,开此司法恶例,今后可能有更多的女人趁火打劫,以陈芝麻烂谷子的风流旧事提起诉讼。总统一旦出庭应诉,媒体势必狂热追踪,指控者一夜之间,暴得大名,钱财滚滚而来。这将导致更多女人接踵而至,以下作手段把国家元首“拖上”法庭,闹得斯文扫地,国无宁日。

可是,多数美国主流媒体众口一词,站在弱女子琼斯一边,遵奉法治的基本原则,强调“法律面前人人平等”,认为总统无权凌驾于法律之上,联邦法院应当一视同仁,给市井民女与国家元首对簿公堂以平等机会。如果克林顿是正人君子,相信法官和陪审团将明察秋毫,公正裁决,还国家元首以清白名节。

对于总统公务缠身、无暇应诉之借口,媒体认为不实。美国人从新闻报道中可以看到,总统们的休闲生活丰富多彩,五花八门。有的热衷于砍柴骑马(里根),有的忙于捉鱼摸虾(卡特),有的喜欢网球棒球(老布什),有的一天到晚泡在高尔夫球场(艾森豪威尔、尼克松、克林顿),似乎有很多闲情逸致,度假时光。

罗伯特·贝内特(Robert Bennett)是哈佛法学院出身的著名律师,当过联邦检察官,后来下海执业,曾帮助里根政府国防部长温伯格(Caspar Weinberger)、参议院军事委员会主席麦凯恩(John McCain)等高官打官司。他于 1972 年在一家游泳和网球俱乐部与大法官伦奎斯特偶然相识。两人志趣相投，相谈甚欢。

贝内特和伦奎斯特都喜欢打网球，而且都是德州扑克爱好者。德州扑克是一项深受高级白领喜爱的智力游戏，在金融交易、风险投资、商业和法律咨询等行业中非常流行，甚至成为某些老板考察部属智商和心理素质的工具。贝内特盛情邀请大法官参加他张罗和组织的德州扑克牌局，每周比赛一次。此后数十年，无论工作再忙，伦奎斯特几乎从未缺席过这些牌局。

斯卡利亚大法官（Antonin Scalia，1986－2016 年任职）也是德州扑克高手，后来成为这个牌局的常客。霍姆斯大法官曾把联邦最高法院 9 位法官之间的关系形容为“一个瓶子里的九只蝎子”（nine scorpions in a bottle）。工作之余，两只“蝎子”居然还能凑在一起打牌，真是挺不容易的。贝内特感觉自己特有面子。

1994 年 5 月琼斯案鸣锣开场后，克林顿聘请贝内特出任辩护律师。由于担心性骚扰官司破坏和损害总统的高大形象，影响克林顿竞选连任，白宫幕僚特意告诉贝内特：“只要想方设法把官司拖延到 1996 年总统大选之后，我们就赢得了胜利。”①

考虑到总统收入不高，贝内特没有漫天要价，每小时仅收费 475 美元。他告诉总统，既不需要道歉，也不需要赔钱，如果这次赔了琼斯，全世界各个角落的女人都会冒出来敲诈占便宜。如果死活非要与这帮女人纠缠打斗一场的话，琼斯案的证据非常薄弱，绝对是最佳选择。贝内特对总统能够在法律和事实上获胜表示乐观。

---

① ［美］罗伯特·贝内特：《拳击台：一个华盛顿律师的著名大案》，Robert Bennett, *In the Ring*: *The Trials of a Washington Lawyer*, New York, Broadway Books, 2007, p. 227。

作为律师，贝内特对克林顿提出了两个要求，一是直言不讳，开诚布公；二是收敛花心，韬光养晦。他对克林顿说：“我对这个案子的处理以及处理结局的好坏，完全取决于我知道的真相有多少。”“如果你还在白宫里四处乱搞女人被捉住的话，那我可就没有帮你的本事了。”

克林顿回答：“白宫？这里简直就像一所暗无天日的监狱。我已经让人把很多窗户上的窗帘都给拿掉了。至于女人，我已经刀枪入库、偃旗息鼓了。”克林顿加重语气，又重复了一遍：“我已经刀枪入库、偃旗息鼓了。”①

贝内特深知这场官司事关重大，非同寻常，关于总统是否可以在任期内豁免民事诉讼的法律问题，很有可能上诉到联邦最高法院。于是，他决定在代理总统打官司期间退出牌局。斯卡利亚大法官曾劝他留下。但是，贝内特觉得“小心驶得万年船”，凡事慎之又慎，绝对有益无害。

1997 年 1 月 13 日，贝内特果然站在 9 位大法官面前，代理总统出席克林顿诉琼斯案的法庭言词辩论。他提出，克林顿肩负总统大任，必须处理各种繁重的军机国务，因此在任期内不应卷入民事诉讼案，包括接受法庭调查和出庭作证。这是总统的行政权力。他强调：“美国总统不应卷入诉讼，无论是审理还是调查。除非有紧迫的必要性，否则不能让总统放弃宪法职责。”

“牌友”伦奎斯特大法官认为，此案涉及的是非职务行为，与总

---

① [美]鲍勃·伍德沃德：《阴影：五位总统与水门事件遗产》，Bob Woodward, *Shadow: Five Presidents and the Legacy of Watergate*, New York, Simon & Schuster, 1999, p. 259。

统的行政权力毫无关系。苏特大法官(David Souter,1990－2009年任职)认为,至少那些不影响克林顿行使总统职责的调查可以进行。

斯蒂文斯大法官(John Paul Stevens,1975－2010年任职)冷不丁问了一句:"你觉得这个案子的审理会持续多长时间?"

贝内特回答:"很难说,我只能告诉你,总统已经耗费了大量时间。性骚扰案具有个人私密事务的性质,可能会牵扯总统太多的精力。"确实,琼斯与克林顿之间究竟是怎么一回事,只有克林顿本人最清楚,律师想帮忙都难。

"牌友"斯卡利亚大法官"一点面子也不讲",说话像"蝎子"般狠毒,把律师往死里逼问。他讥讽说:"如果法院通知总统,要是不想输掉官司,就必须出庭,假如总统有胆量说:'我绝对忙得死去活来',所以在任期内我们再也看不到总统打高尔夫球了,果真如此,我们就能解决这个问题。"①话音刚落,旁听席上看热闹的主儿哄堂大笑。

斯卡利亚号称美国最高法院的"喜剧之王",才华横溢,幽默睿智,言辞犀利,以"语不惊人死不休"著称。作为宪法原旨主义的倡导者,他坚持用宪法起草者的思想解释宪法,认为判决应严格依照宪法制定者的原意,而不应以大法官自身的司法理念为转移。他反对种族平权政策,支持死刑,反对堕胎和同性恋,反对奥巴马医改法案,是旗帜鲜明的保守派人物。

斯卡利亚去世时,除了鲜花和花圈,悼念民众还在最高法院的

---

① [美]杰弗里·图宾:《九人——美国最高法院风云》,Jeffrey Toobin,*The Nine: Inside the Secret World of the Supreme Court*,New York,Doubleday,2009,p.117。

台阶上摆放了苹果酱、花椰菜和幸运饼干[①]等“另类纪念物”。因为他曾在异议中讽刺首席大法官约翰·罗伯茨(John Roberts)就医改法案发表的法院意见是“纯粹的苹果酱”(sheer applesauce),意为“胡说八道”。他在法庭辩论时还质问,如果现在强迫人们去买政府医保,将来“你可以强迫每个人都去买花椰菜”。

2015年6月,在裁决同性婚姻全国合法化的案例中,斯卡利亚在异议中尖锐批评肯尼迪大法官(Anthony Kennedy)执笔的多数派意见,感慨“美利坚合众国的最高法院,已经从以约翰·马歇尔和约瑟夫·斯托里大法官为典范的严谨法律说理,堕落到幸运饼干的神秘格言了”。

贝内特深知,斯卡利亚大法官不是好惹的,所以既没有接茬儿,也没有反驳。法庭辩论限时1个小时(控辩双方各半个小时),他没有时间、没有胆量也没有必要自找没趣,当庭冒犯“牌友”斯卡利亚。

美国最高法院大法官身穿黑色法袍,看上去神秘莫测,尊贵威严,睿智全能,其实只是高高在上、纸上谈兵的空头法学家而已。他们绝大多数都是联邦上诉法院法官出身,缺乏律师实战经验,根本不了解现代民事诉讼案旷日持久,律师唯利是图,卑鄙无耻,诡计多端,损招百出,调查取证和法庭审理极为耗神费力,必然将把总统拖入法律泥潭。

---

① 幸运饼干(fortune cookie)是一种美式亚洲风味空心脆饼,里面通常有类似格言、箴语或者模棱两可、神秘莫测预言的字条,同时印有用于购买彩票的“幸运数字”,通常在中国餐馆就餐后免费发放。

1997 年 5 月 27 日，联邦最高法院以 9 票比 0 票判决克林顿败诉。官司一败涂地，哀鸿遍野，惨不忍睹。贝内特感觉痛苦忧郁，神思恍惚，寝食不安。虽然窗外春光明媚，微风和煦，温暖花开，他却感觉心里“拔凉拔凉的”。

一位律师朋友宽慰贝内特说，这个举世瞩目的官司以悬殊比分惨败，你应当感觉心安理得，心满意足。假如以 4 票比 5 票的微小差距败诉，你可能会感到撕心裂肺的痛苦，刻骨铭心的自责，觉得是自己在关键时刻掉了链子，没能帮上总统。克林顿这回输得如此之惨，说明他根本就没有任何机会，显然与律师是否优秀毫无关系。一席宽心话，说得贝内特心口窝儿里“热热乎乎的”。谁告诉你美国人没有阿 Q 精神？

斯蒂文斯大法官主持撰写了克林顿诉琼斯案的法院意见书。此公是出身豪门的“富二代”，其家族在芝加哥市保险业和房地产业闻名遐迩，富甲一方，如今芝加哥市中心的希尔顿酒店，就是他们家的祖产。20 世纪 30 年代大危机期间，他的父亲蒙冤入狱，造成家道中落。斯蒂文斯大学毕业后，感觉在商界前途渺茫，遂于 1941 年 12 月 6 日加入海军。次日，“珍珠港事件”突然爆发。斯蒂文斯特别喜欢对朋友忽悠说：史实毫无争议，兄弟我投笔从戎，引发了日本海军铤而走险。

“二战”期间，斯蒂文斯凭借出类拔萃的语言和数学天赋，成为海军情报部门的密码专家，精通破译，屡建奇功，是根据破译电报击毙日本海军联合舰队司令官山本五十六大将的幕后功臣之一，荣获军功勋章，官拜海军少校。

酷爱飞行的斯蒂文斯大法官

斯蒂文斯虽然是海军出身，但是酷爱飞行，不仅拥有飞行员执照，而且还花费巨资购买了一架私人飞机。这可是“富二代”的大胆冒险和招摇炫富之举。不过，他的驾驶技术令人不敢恭维。有一次，他驾机起飞时，因初速不够快，也没有足够的迎风可以借助使飞机爬升，结果飞机离开跑道后没能拉起来，紧急迫降到一块刚耕过的农田，惊心动魄，险象环生，把搭乘飞机的同事吓得魂飞魄散。此后，没人再敢搭乘斯蒂文斯的飞机，而且遇到他开的汽车时都敬而远之。

“二战”后，“复转军人”斯蒂文斯凭借不懈努力，以罕见的高分从西北大学法学院毕业。经教授强烈推荐，他出任最高法院大法官拉特里奇(Wiley Rutledge,1943－1949年任职)的法律助理,后来成为反垄断法明星律师、联邦上诉法院法官、最高法院大法官。2010年退休时,他已成为最高法院自由派大法官的领军人物之一,以撰写众多异议闻名,践行了司法独立的伟大理念,被誉为“当代最伟大的异议者”。

不过,克林顿诉琼斯案不存在异议,九位大法官一致判决总统败诉。斯蒂文斯的判决要点为:第一,法律面前人人平等,即使贵为国家元首,也不应凌驾于法律之上,享有司法豁免特权。第二,琼斯案是一起因“非职务行为”引起的民事诉讼,总统不应受到行政特权保护,必须出庭应诉。第三,考虑到总统公务繁忙,联邦地区法院审理此案时,时间应尽量控制在特定期限之内,尽量配合总统的工作日程。第四,针对此案一出,将可能有更多的女人趁火打劫之议,斯蒂文斯认为,如果以后确实出现这种情况,再由国会立法给总统以暂时和适当的法律豁免权也不迟。①

联邦最高法院一言九鼎,铁面裁决,使克林顿无法以行政特权和法律豁免权为借口,在总统任期内逃避性骚扰诉讼。这项历史性裁决横空出世,造成极大的震撼和强烈轰动。它充分体现了“法律面前人人平等”的法治精神,空前强化了三权分立与制衡的原则。对那些倚仗权势或金钱,肆意骚扰和非礼女性,不知羞耻为何物的混账爷们儿而言,最高法院的判决堪称当头棒喝、迎头痛击!

普林斯顿大学教授梅森(Alpheus T. Mason)认为,与英国王权相比,美国联邦最高法院不仅是权威的象征,而且手握实权,“它能

---

① 《美国联邦最高法院判例报告》(第520卷),Clinton v. Jones,520 U.S. 681(1997)。

使国会、总统、州长以及立法者俯首就范”。①

不过，斯蒂文斯的判决有一个明显的硬伤，即错误地预言琼斯案“不大可能占用克林顿太多时间”。当代美国著名法学家、联邦第七巡回上诉法院首席法官波斯纳认为，联邦最高法院的一致裁决明显缺乏政治远见。

美国大法官都是典型的“法律呆子”，身处巍峨高耸的司法殿堂之中，埋首艰深奇奥的法律象牙塔之内，虽然精于钻研法理，但却陋于洞察党派之争的险恶，更失于看透世事人心的阴暗。他们根本没有预见到，琼斯案有可能节外生枝，造成影响极为深远的政治后果。

斯蒂文斯对克林顿诉琼斯案的预见确实不甚高明，但是基本上不会影响联邦最高法院的权威和声望。杰克逊大法官（Robert Jackson，1941－1954 年任职）有句名言：“我们不是因为没有错误而成为终极权威，我们只是因为终极权威而没有错误。”②

联邦最高法院首席大法官沃伦精辟地指出：“因为不是通过选举产生，所以联邦最高法院的职责很难定位。我们不为大多数人服务，我们不为少数人服务，我们只在宪法和良知的指引下，为我们所见到的公共利益服务。”③

波斯纳批评联邦最高法院大法官目光短浅，判断失误，实有求

---

① Henry J. Abraham, *The Judicial Process: An Introductory Analysis of the Courts of the United States, England and France*, New York, Oxford University Press, 1998, p. 177.

② 原文为：“We are not final because we are infallible, but we are infallible only because we are final.”引自《美国联邦最高法院判例报告》第 344 卷，Brown v. Allen, 344 U. S. 443, 540 (1953)。

③ 《首席大法官沃伦传》，Ed. Cray, *Chief Justice: A Biography of Earl Warren*, New York, Simon & Schuster, 1997, p. 513。

全责备之嫌。“拉链门”事发之前，克林顿运气极佳，似有天助，政治生涯，顺畅无比。他 30 岁出任州司法部长，32 岁当上州长，46 岁登上总统宝座。从政 20 多年以来，克林顿面对层出不穷、数不胜数的情色风流指控，每次都是有惊无险，毫发无损，安然过关。

虽然年少轻狂，但是天纵英才。克林顿在政界所向披靡，功成名就，更加坚信自己是“命运眷顾的孩子”，造就了一种“总能得到豁免”“永远不会被摧毁”的自大心态。而琼斯案是一个证据薄弱、毫不起眼的民事官司，不可能造成几乎导致总统下台的宪法危机。独立检察官虽然拥有至高无上的尚方宝剑，但是根本无权任意插手民事案，更别提调查总统的私生活隐私了。

可是，在琼斯案对簿公堂期间，克林顿口是心非，色胆包天，顶风作案，把白宫折腾成了“春宫”。当遭遇联邦大陪审团调查听证时，他矢口抵赖与莱温斯基发生过性关系。结果，克林顿自掘陷阱，自投罗网，被政治对手抓住了致命把柄。琼斯案摇身一变，急剧升格，从民事诉讼变成刑事重罪案，为独立检察官依法介入提供了千载难逢之机。

第六章　宣誓伪证触犯刑律

联邦最高法院一锤定音之后，琼斯诉克林顿案开始进入司法程序。

为了打赢这场举世瞩目的民事官司，琼斯的律师费尽心机，制定了周详完备的诉讼战略。对于涉及克林顿婚外情的各种传闻和指控，他们都做了极为详尽的背景调查，开列了一份多达146个出庭证人的名单。控方试图向陪审团证明：克林顿劣迹昭著，风流成性，寡廉鲜耻，肆无忌惮，一贯骚扰和非礼女性，不知羞耻为何物，琼斯女士的指控绝非天方夜谭，子虚乌有。

在证人名单中，原白宫实习生莫尼卡·莱温斯基名列前茅。1997年12月5日，根据联邦证据法的规定，控方律师把证人名单给白宫电传了一份，通知总统做好出庭应诉准备。

克林顿拿到名单后，惊惶失措，大惊失色。12月17日，他悄悄地给情人莱温斯基打了个电话，心惊胆战地通风报信：“你已经被琼斯的律师列入出庭宣誓作证的名单之中。”后来独立检察官将此举列为克林顿妨碍司法的证据之一。

据白宫军事助理、空军中校帕特森（Robert Patterson）披露，琼斯案把克林顿折腾得晕头转向，神思恍惚，心不在焉，竟然遗失了开启全球核战大门的“核密钥”，几乎使美国和世界安全陷入巨大灾难之中。

细心看电视的人会发现，美国总统无论走到哪里，总有一位少校或中校军衔的军官形影相随，手提一个外表略有些像橄榄球状的黑色皮包。它是开启美国战略核打击力量的“绝密装置”，美国人戏称其为“橄榄球”。假如美国需要发起核攻击或者实施核报复行动，必须由总统通过“橄榄球”来完成。当年帕特森中校就是负责携带“橄榄球”的随从军官。

“橄榄球”由钛合金制成，重约 40 磅，内藏四件绝密的“锦囊妙计”。第一件是核武器手册，内绘图表，其中有多套发射核武器和回击敌方核攻击的战略预案；第二件是一旦核大战爆发，总统应赴何处藏身避难、指挥作战的绝密地图；第三件是通讯手册和紧急广播程序，记载在遭遇核偷袭时，总统与军方之间的通讯渠道以及总统向全国发出紧急广播的程序；第四件是一个封死的授权装置。

如果总统认为需要开启核战大门，他就把 24 小时不离左右的随从军官找来，打开核提箱，由总统输入国家安全局设定的总统“核密钥”（密码卡），确认最高统帅身份，然后美国的战略核打击力量才能正式开始启动。

每位美国总统上台后，白宫军事助理都要向最高统帅详细汇报“橄榄球”内的四条“锦囊妙计”，展示和演习应当如何具体操作。出于安全目的，总统“核密钥”的版本每年更换一次。

1998 年 1 月 17 日，克林顿通过闭路电视宣誓作证，就琼斯案向联邦大陪审团提供了虚假的证词。4 天后，1 月 21 日早晨，帕特森中校来到椭圆形办公室，请求克林顿交回旧版的“核密钥”，以更换版本。克林顿起初说，把“核密钥”放在楼上了。可是，总统军事助理和白宫勤杂员工花费数日时间，把白宫翻了个底朝天，“核密钥”仍然毫无踪影。克林顿最终承认，他忘记把“核密钥”放到哪里了，而且忘记上一次是在哪里见到过。①

帕特森马上向美军参谋长联席会议主席报告了紧急情况。军方高层大惊失色，难以置信，当即下令，无论如何也要尽快找回密码卡。以前卡特总统曾“丢失”过“核密钥”。他把密码卡放入西装的口袋，连同衫衬一起送去了洗衣店。但是他很快就发现了错误，火速派人找回了“核密钥”。像克林顿这样稀里糊涂、玩忽职守的事情，极为罕见。帕特森中校 2003 年在回忆录中追述此事件时，仍然非常避忌，没有透露事件最终如何解决。

克林顿神思恍惚，心不在焉，莱温斯基显然“难辞其咎”。她比克林顿年轻 28 岁，1974 年生于加州，父亲是一位富有的犹太裔医生，家住好莱坞影星和名人大款云集的洛杉矶比佛利山（Beverly Hills），距橄榄球巨星 O. J. 辛普森的豪宅很近。

莱温斯基 13 岁时，由于父母离异，使她深受伤害。不过，她在中学时代是一个循规蹈矩的乖女孩，学习成绩不错，喜欢数学和诗歌，

---

① ［美］帕特森：《玩忽职守：目击克林顿危害美国国家安全》，Robert Patterson，*Dereliction of Duty: the Eyewitness Account of How Bill Clinton Compromised America's National Security*，Washington，DC：Regnery，2003，pp. 55 – 58。

与酗酒、吸毒、逃学、滥交等恶习不沾边，19 岁前一直是处女。中学毕业后，莱温斯基被大名鼎鼎的加州大学伯克利分校录取，但她最终选择就读位于俄勒冈州的私立学院路易丝和克拉克（Lewis & Clark College），主修心理学专业。

莱温斯基的母亲后来再婚，第二任丈夫是原肯尼迪政府助理国务卿彼得·施特劳斯，由此结识了一位纽约州保险业巨头、民主党捐款人、希拉里的多年好友。由于第一夫人的特别关照，莱温斯基虽然并无从政之意，却在大学毕业时"走后门"在白宫谋得一份实习生差事，半年后转为白宫法律顾问办公室正式雇员，住在因丑闻出名的水门大厦公寓楼。

与其他白宫实习生相比，莱温斯基为人热情，缺乏心机，没有政治野心，甚至对政治不感兴趣。她经常主动为上司和同事买咖啡，赠送礼物，丝毫没有注意到别人的嘲讽眼神，人家猜测她大献殷勤是另有所图。莱温斯基哀叹道："我一直不知道，在华盛顿这种地方，善意待人其实是一种犯罪。"①

杜鲁门总统曾大发感慨："如果你打算在华盛顿结交朋友，最好的办法是买一只狗。"只要你对狗好，无论是掌权辉煌还是下野落魄，财大气粗还是贫困潦倒，貌美如花还是年老色衰，狗永远都不会抛弃、出卖和背叛自己的主人和朋友。这是人与狗之间的主要区别！

说起来，莱温斯基后来卷入惊天丑闻，最重要的原因就是交友不慎。"闺蜜"之间的关系，处好了就是电影《小时代》，既有慰藉，也

---

① ［美］安德鲁·莫顿：《莱温斯基口述自传》，Andrew Morton，*Monica's story*，New York：St. Martin's Press，1999，p. 56。

有伤害;处坏了就是电视剧《甄嬛传》,无情攻击,冷酷陷害。

莱温斯基身材较胖,貌不出众,一直没有倾心相爱的男友。她在大学时代非常缺乏自信,曾经破费 40 美元参加过一个“如何寻觅如意郎君”的爱情讲座。莱温斯基进场以后才发现,听众清一色是 40 岁以上的中年大妈。

这个爱情讲座的主题是中年女士应当充满自信,主动出击,凭借内心修养和女性魅力,战胜肤浅的美貌、青春和性感。莱温斯基当时年仅 21 岁,感觉非常尴尬,没听几句就退场了。可是,她并没有白交学费,至少是学到了“充满自信,主动出击”的“秘诀”。

虽然情场失意,但是莱温斯基心比天高。她在白宫当上实习生之后,居然暗恋上了风流总统克林顿。为了深入了解和掌握克林顿泡妞的花招儿,莱温斯基特意订购了一本克林顿前情人珍妮弗·弗劳尔斯撰写的纪实回忆录《激情与背叛》(*Passion and Betrayal*)。她废寝忘食,反复研读,烂熟于心,从中汲取了宝贵的实战经验。

在一次白宫举行的官方仪式上,实习生莱温斯基与克林顿打过一次照面。她从“心理学深度”分析说:“总统用眼神把我全身的衣服剥了个精光。”1995 年 11 月中旬,克林顿与共和党控制的国会因预算问题闹僵,导致联邦政府和驻外使馆关门收摊。多数白宫雇员无工资可拿,回家休息。莱温斯基被临时安排到椭圆形办公室附近工作,得到了千载难逢之机。

11 月 15 日下午,有一个白宫幕僚生日聚会,克林顿前来捧场。莱温斯基有备而来,知己知彼,知行合一,当即放出“主动出击”的手段,凭借“青春和性感”勾引和挑逗总统。当克林顿路过时,她故意背对总统,撩起裙子,露出雪白大腿、半裸臀部和性感蕾丝内裤,把

“如意郎君”折腾得心猿意马，魂不守舍。

克林顿拈花惹草，风流好色，对招蜂引蝶者一向“来者不拒”，岂能放过这种主动投怀送抱、暗通款曲的天赐良机。2004 年 7 月，克林顿接受 CBS 电视主播拉瑟（Dan Rather）采访时，针对为何冒险偷情的问题，他说一句大实话：“因为我可以这么干（I did because I could）。”

美国有句俗语：“别吹牛你是好人，你只是还没碰到机会。”社会学家的调查表明，矮穷丑和无权无势的男人，并不比高富帅和位高权重的男人更靠谱，区别仅在于是否有机会。当一个穷人说腰缠万贯是世界上最乏味的事情，当一介书生说权力美色是人世间最低俗的追求，你可千万别当真。如果没有监督和制约，在“人人皆可为圣贤”的背后，真相是人人皆可成魔鬼。

当晚，莱温斯基途经总统办公室，媚眼含情，招摇引诱，克林顿终于按捺不住，招呼她进入办公室。两人起初言语调逗，接吻爱抚，接下来，莱温斯基对克林顿玩起了口交前戏。但是临近射精时，克林顿突然要求莱温斯基停止。对此怪异之举，莱温斯基回忆说：“因为克林顿还很不了解我，或者是他还不怎么信任我。”

根据《斯塔尔报告》，从 1995 年 11 月到 1997 年 3 月，克林顿与莱温斯基共有 10 次性接触。其中 1995 年 11 月 17 日晚，克林顿一边享受情人的口交，一边在电话中与亚拉巴马州共和党联邦众议员卡拉汉（Sonny Callahan）商讨国家大事。可是，每逢临近射精前，克林顿非常谨慎，总是要求情人中止。

莱温斯基虽然刻意逢迎，曲意承欢，但这种游戏整多了，感觉意犹未尽，兴味索然。在刀已出鞘，弹已上膛，不管天崩地裂，洪水滔天，死活也要逞一时之欢的“紧要关头”，克林顿竟然以对情人不够了解为由，戛然而止，全身而退，堪称“定力深厚”。

如此瞎折腾，这位总统大人到底图了个啥？究竟得到了何种心理或生理满足？谁也搞不清楚。不过，至少表明，即使在风月情场之中，即使在心旌飘摇之时，克林顿仍然头脑清醒，心存顾忌，并非那种恣意妄为、恬不知耻、放荡不羁、不可救药的花花公子。第一夫人希拉里忍辱负重，没有与克林顿分道扬镳，可能也考虑到了这一因素。

克林顿毕竟只是凡夫俗子，远未修炼到“老僧入定”的程度。1997年2月28日，两人第八次幽会，成为“拉链门”事件的致命转折点。

当日，莱温斯基为克林顿口交临近高潮时，时刻保持警惕的克林顿又想“半途而废”。莱温斯基抱怨说：“我非常爱你，我不明白，为什么你不让我使你达到性高潮？这对我来说至关重要。我的意思是，这种总是半途而废的感觉，好像不太对劲儿。”

克林顿听后，犹豫再三，最后勉强回答：“我不想让你失望。”真是小阴沟里翻大船，风流总统克林顿偷情期间唯一一次性高潮射精的后果，是在莱温斯基的盖璞牌（GAP）蓝色连衣裙上留下了难以抵赖的铁证，引发了国会的弹劾大案。有此情人，何需敌人。

在美国当官从政，就是处于聚光灯之下，千百万双眼睛盯着你，限制无处不在，监督插翅难逃。政敌和媒体巴不得抓到你的把柄和丑闻，很少有机会贪赃枉法，更不可能通过非法手段使情人或“二奶”当官发财。女人搞上这样的官僚，根本捞不到政治或金钱方面的好处。最多只能像莱温斯基一样，维持一种“总是半途而废”的性关系，实在令人扫兴。即便如此，私情一旦败露，官员轻则辞职丢官,重则身败名裂。

美国总统号称是世界上最大的官儿,其实并无总而统之、一言九鼎、至高无上的权力。克林顿的白宫生涯并不快乐,充满了尔虞我诈,争权夺势,虚伪谎言,监督限制。更何况,浮生若梦,为欢几何,权势和地位就像短暂偷情的性高潮,来也匆匆,去也匆匆,一场春梦转头空。

克林顿坦白地告诉莱温斯基:"我的一生其实充满了谎言与欺骗";"如果我可以当一个汽车加油站的小工,过一种诚实的生活,每天都可以坦然面对镜子中的自己,那么我或许会更加快乐。"①当权力被关进了监督和限制的笼子里,美国总统并不是那么好当的。

有一次,谈起对女人的诱惑力,莱温斯基恭维克林顿说,无数女人觉得他英俊潇洒,魅力逼人。克林顿不以为然,还讲述了自己减肥的往事。他说:"我小的时候太胖了,跑得比别人慢,每年复活节彩蛋比赛,待自己跑到终点时,早就没有巧克力彩蛋了。体重问题一直延续到整个高中生涯。"克林顿还说:"政治赋予男人超群绝伦的权力,也使他们狂妄自大,学不会呵护和善待女人。我希望自己永远不会堕落成这种人。"②

与克林顿的"谦逊自省"相比,莱温斯基过于虚荣,四处炫耀,吹嘘自己跟一个名副其实的"大家伙"勾搭上了。起初闺蜜们都"想歪了",以为她炫耀的是尺寸,忍不住暗中窃笑。不久,大家终于得知,

---

① [美]安德鲁·莫顿:《莱温斯基口述自传》,Andrew Morton, *Monica's story*, pp. 113 – 114。

② [美]安德鲁·莫顿:《莱温斯基口述自传》,Andrew Morton, *Monica's story*, pp. 82,152。

“大家伙”竟然是堂堂国家元首。众人震惊得张口结舌，目瞪口呆。这桩涉及总统的风流情事不胫而走，流传极广，甚至连以色列驻华盛顿大使馆的情报官员在1997年都闻到风声。

说者无意，听者有心。莱温斯基的“闺蜜”特瑞普对白宫副法律顾问福斯特自杀案一直耿耿于怀，对克林顿夫妇恨之入骨。她在一位保守派出版商的秘密指导下，暗藏心机，偷偷录下了两人之间的电话谈话，详尽记录了莱温斯基与克林顿之间的风流韵事。得知莱温斯基打算把沾染了“证据”的连衣裙送到洗衣店时，特瑞普立刻劝阻说，连衣裙“可能是你将来唯一的自我保护”。

特瑞普得知了克林顿婚外情和连衣裙的“高度机密”之后，为何错失良机，未将这一重要线索及时举报呢？原因很简单，从法律的角度来看，特瑞普举报了也是白搭。当时克林顿与莱温斯基之间只是男贪女爱、一夜风流的关系，成年人之间的两相情愿，虽然有违道德伦理，但是并未触犯任何法律法规。独立检察官即使管天管地，也管不着国家元首的“婚外情”或“婚外性”。

特瑞普耐心等待最佳时机。当琼斯案进展到关键之处，即莱温斯基向法庭呈交书面宣誓证词，声称自己没有与总统发生过性关系后，特瑞普当即与独立检察官办公室取得联系，提供电话录音证据，实名举报莱温斯基和克林顿触犯伪证罪，还有蓝色连衣裙沾染“证据”的高度机密。

这样一来，莱温斯基面临作伪证、妨碍司法调查、欺骗联邦大陪审团、阴谋罪等多项重罪起诉，刑期高达15年。她被迫与独立检察官达成“认罪交易”，坦白交代，立功赎罪，换取刑事豁免权。

普利策新闻奖得主、《华盛顿邮报》记者苏珊·施米特透露，接到特瑞普举报之初，独立检察官办公室有些犹豫和分歧。毫无疑问，克林顿触犯了伪证罪，但是录音中的特瑞普是个疯女人，莱温斯基是个疯女人，整个案情低俗下作，荒诞不经，如果坚持追查下去，全美民众必然会把独立检察官看成偷窥隐私、缺德下流的“性警察”。

斯塔尔检察官秉公执法，循规蹈矩，同时老谋深算，工于心计。他和几位下属协商后决定，向联邦司法部长雷诺汇报案情，将棘手的难题上交，由后者承担责任，决定是否开始正式调查。①

雷诺部长研究后决定，秉承法律面前人人平等的原则，遵循“巴塔利诺医生案”的司法前例，批准斯塔尔检察官扩大“白水案”的范围，正式介入和调查克林顿总统涉嫌“伪证罪”的最新案情。一场惊心动魄、影响深远的司法大战终于鸣锣登场！

美国是三权分立的国家，内阁部长的行政权限和所作所为，同时受到国会的行政督察和监督制衡，接受国会的听证质询。如果雷诺部长偏袒顶头上司克林顿，对斯塔尔甩过来的棘手难题不闻不问，把深入调查的请求扣住不批，或者秘密向总统通风报信，若被参众两院司法委员会得知内情，其后果绝对比得罪了克林顿总统严重百倍以上，极有可能导致雷诺本人身陷囹圄。

在特瑞普居住的马里兰州，未经当事人允许，擅自偷录、偷摄和公开朋友、同事或陌生人的谈话和影像皆属于刑事犯罪。州检察官决定立案起诉特瑞普，让这个卑鄙无耻的“偷录者”、出卖朋友的“告

① [美]苏珊·施米特等：《不惜代价追究真相》，Susan Schmidt and Michael Weisskopf, *Truth at Any Cost: Ken Starr and the Unmaking of Bill Clinton*, New York, Harper, 2000, pp. 25－29。

密者”、设圈套陷害“闺蜜”的恶毒小人得到应有的法律惩罚，否则美国将沦为“警察国家”。普通百姓噤若寒蝉，人人自危；自由生活烟消云散，荡然无存。

没想到，特瑞普虽然不是律师，但毕竟曾在白宫法律顾问办公室当过助理，耳濡目染，知法懂法。她把偷录的电话录音上交时，已经未雨绸缪，与独立检察官办公室达成了豁免刑事罪责的秘密交易。而且，特瑞普“偷录案”的主要证人是莱温斯基。而她是“伪证罪”在身的“污点证人”，其证词不具备足够的法律效力。实在没办法，州检察官只好放弃起诉。

资本主义制度的根基是法治和金融信用，西方法治社会的实质是信用社会，失去了信用寸步难行。无论官员还是普通公民，无论升学还是找工作，无论在法庭上还是日常生活中，都必须注重遵纪守法，忠实诚信，像爱护眼睛一样呵护自己的信用，否则将可能给自己的一生造成难以置信的各种麻烦。

特瑞普密报之初，克林顿仍然蒙在鼓里。他对全国发表电视讲话时，高度自信、斩钉截铁地说：“我从来没有和那个女人(停顿)，莱温斯基小姐，发生过性关系。我从来没有教唆任何人撒谎。”

克林顿后来坦白说，那天讲话时之所以停顿了一下，系因他突然间“短路”，居然想不起“莱温斯基”这个名字了。撒完弥天大谎之后，克林顿气定神闲，轻松从容，漫步返回椭圆形办公室，颇有优雅风度，根本不知道弹劾大祸即将临头。

独立检察官的调查开始后，神探李昌钰博士冷不丁接到联邦司法部长代表国会打来的一个电话，声称国家需要他参与一个重大案件的调查，要求他尽快赶赴华盛顿。李昌钰匆促赶到司法部后，得知国会要求他参与“拉链门”案的调查，主要任务是准确地鉴定那条著名蓝色连衣裙上的 DNA（脱氧核糖核酸）证据，相当于测定人体的遗传特征指纹。

没过多久，报纸上登出了一张著名漫画：一个貌似克林顿的人身居卧室，穿着睡衣坐在椅子上，神情紧张；而李昌钰跪在白宫的地毯上，拿着放大镜正在寻找什么东西。旁白是：李昌钰博士正在白宫地毯上寻找总统的精斑。

据李昌钰博士透露：“鉴定蓝色裙子上是否有克林顿的精斑并不是什么难事儿，而我的鉴定结论也与联邦调查局的 DNA 鉴定结果吻合，证实那条蓝色裙子上有克林顿的 DNA。”[①]当鉴定结果公之于众后，克林顿被迫对全国发表电视讲话，向美国人民道歉，首次承认自己与莱温斯基有不正当交往，但是拒绝承认自己说谎和触犯伪证罪。

调查出现重大进展后，琼斯趁火打劫，提高要价，改口要求 100 万美元的民事赔偿。为了避免两线作战，腹背受敌，克林顿与琼斯达成了庭外和解，同意支付 85 万美元“和解费”，其条件一是琼斯撤销起诉，二是克林顿“不认错、不道歉”。贝内特大律师宣布：“总统不打算再为此事耗费时间了。”早知如此，何必当初。

尽管有“优惠价”，克林顿打风流官司仍然破费了 560 万美元，再加上赔偿琼斯女士的 85 万美元，律师费“高耸入云”。卸任离职后，克林顿撰写了一本极为糟糕、巨烂无比的回忆录。“冤大头”出版商预付版税 1000 万美元，扣除 39% 的个人所得税，克林顿勉强弥

① 李昌钰：《挑战不可能：李昌钰的鉴识人生》，中信出版社 2015 年版，第 130 页。

补了亏空。早知如此，真不如早点掏腰包，与琼斯达成庭外和解，一切法律麻烦都将烟消雾散。

琼斯拿到了“和解费”，不但没有发财致富，反而入不敷出，濒临破产。她要支付65万美元律师费，同时要为85万美元“和解费”交纳累进税率高达39%的个人所得税，最终弄巧成拙，倒欠巨额税款。

官司期间，琼斯与丈夫离婚，成为两个孩子的单亲母亲。为了缴纳欠税、支付育儿费用，“弱女子”琼斯沦落为“那种女人”，为色情杂志《阁楼》(Penthouse)拍摄了露骨的全裸照，狠捞了一笔不义之财。有人批评美国税务局“逼良为娼”，也有人认为这是“周瑜打黄盖——一个愿打，一个愿挨”。

《阁楼》老板鲍勃·古奇奥尼(Bob Guccione)于1998年开价，声称可为莱温斯基的裸照支付200万美元，甚至半裸即可成交，但是遭到“乖女孩”莱温斯基拒绝。由于互联网导致色情影视俯拾皆是，唾手可得，《阁楼》江河日下，颓势难挽，被迫在2013年申请破产并退出股市交易，古奇奥尼在纽约曼哈顿的豪宅也被银行拍卖。

2000年，美国赌博娱乐城拉斯维加斯的色情文化博物馆曾开价25万美元，利诱莱温斯基出售GAP牌蓝色连衣裙，遭到明确拒绝。2015年，该色情文化博物馆开出了100万美元的天价，再次诚恳表示要求“收藏”连衣裙。对此，莱温斯基未予理睬。虽然被贬损为美国头号荡妇和贱货，但是世人可能还是低估了莱温斯基的个人操守。人家至少没有破罐子破摔，见钱眼开。

第七章 严惩伪证是法治基石

在“拉链门”案中,克林顿究竟犯了什么性质的错误?恐怕是这个世纪大案最令人困惑难解之处。长期以来,婚外偷情、党派斗争的层层迷雾,笼罩和遮蔽了“拉链门”的“庐山真面目”,甚至专家学者一不留神都会犯迷糊。

众所周知,“拉链门案”不是权钱、权色交易型的腐败大案。克林顿虽然贵为总统,但是并未凭借手中大权,在官职、房产、金钱、经商等方面对情人予以特别关照。克林顿送给莱温斯基最贵重的礼物,仅是一本19世纪美国“色情诗人”惠特曼的诗集《草叶集》。克林顿的私生活“不只是眼前的苟且,还有诗和远方”。

北京大学法学院教授贺卫方在一次学术演讲中调侃说:“大家知道,克林顿总统做律师的时候,在小石城做律师的时候,有一点点偷税漏税的事件,结果被扭住不放。司法界扭住不放,新闻界扭住不放,那么点儿小事情,跟莱温斯基那种事情,在我们这儿不过体现了革命家浪漫情怀而已(笑声、掌声)。他们独立检察官,好家伙,不惜动用联邦经费 5000 万美元,花费 5000 万美元,来追查这样的在我们这儿是小事儿的事儿。”①

信不信由你,从严格的法律角度来看,贺卫方教授的调侃之说差之毫厘,失之千里。克林顿触犯刑律之处,恰恰不在于男女私情,风流韵事,而在于他在琼斯案以及联邦大陪审团调查案中知法犯法,在法庭宣誓之后,矢口否认风流韵事,构成了“伪证罪”和“妨碍司法”的重大嫌疑。

可能有人会说,你拉倒吧,什么“伪证罪”呀,不就是风流韵事,浪漫情怀,有什么大不了的事儿? 什么是政治家? 政治家就是“职业说谎者”,有本事神态自如,面不改色,把弥天大谎说得像肺腑之言一样,感人至深,令人信服。

若论男女私情,从乔治·华盛顿到托马斯·杰斐逊,从富兰克林·罗斯福到约翰·肯尼迪,美国历史上的风流总统为数甚多,涉及婚外情、重婚、同性恋、私生子等五花八门的丑闻。当时力主弹劾克林顿的众议院议长纽特·金里奇(Newt Gingrich)、众议院司法委员会主席亨利·海德(Henry Hyde)等高官同样曾有婚外情。

当然,这些花心总统和风流议员还是有基本底线的。虽然私生活不检点,但是他们没有用公款养情人、“包二奶”,没有利用公权为情妇谋取官职或金钱利益,更没有因男女私情向联邦大陪审团撒谎。

若论当众撒谎,当年苏联击落美军 U—2 型战略侦察机后,艾森

---

① 贺卫方:《司法与传媒的复杂关系》——2004 年 12 月 15 日晚在华东政法学院交谊楼作的学术报告。

豪威尔总统在电视中向美国人民信誓旦旦，愣说美国空军从未入侵过苏联领空。这个谎言撒得难以收场，艾帅最后不得不以身体欠佳、不知内情为由，向民众道歉了事。

然而，克林顿的致命错误却在于，他在最不该撒谎的地方撒了谎。在美国政治和司法体制中，在庄重的法庭之上，证人手扶《圣经》，郑重宣誓“说真话，全部真话，除了真话别无其他”（tell the truth，the whole truth，and nothing but the truth）之后，实话实说，有问必答，乃是美国司法程序的基本原则之一。

在好莱坞的法律题材电影中，法官和律师总是不厌其烦地提醒证人：“你在法庭宣誓之下！”这句警告之词绝非戏言。无论证人地位多高，权势多大，一旦触犯这一基本法律原则，必遭刑律严惩。根据美国联邦成文法，伪证罪是联邦重罪，最高刑罚为 5 年有期徒刑。

学者们研究美国法治时，大多喜欢宏大叙事，高头讲章，热衷于哈耶克的自生秩序、罗尔斯的《正义论》、美国宪法的高级法原则、法治的基督教背景等宏大主题，高屋建瓴，高深莫测，高不可攀。与此同时，少见法学专家独辟蹊径，既从法治的大处着眼，又从“具体法治”的小处着手，深入研究美国司法程序中类似“撒谎判重罪”（严惩伪证）之类的细节。

其实，有些看上去似乎丝毫不起眼儿的小问题，恰恰是司法的奠基之石，法治的中流砥柱，与司法公正、分权制衡、国会监督、陪审团审判等重大法治问题密切相关。

美国是当代最发达的资本主义国家。资本主义不是蒸汽机和电报电话，不是基因工程和大规模集成电路，不是核电站和航天飞机。以其实质而言，资本主义是一套法律规则和制度架构，是三权分立和权力制衡，是敬畏上帝和新教理论，是产权法规和契约执行，是现代企业制度和金融信用，是言论自由和新闻监督，是限权政府和司法独立。其中公正独立的司法机构和权力的制约与制衡，乃是法治赖以正常运作的核心和灵魂。

从司法独立和公正审判的角度来看，打官司靠什么？一句话，靠证据。法官最恨什么？一句话，最恨证人作伪证。此中道理很简单：一旦证人在法庭上随意撒谎，法官和陪审团真伪莫辨，真假难分，根本谈不上公正裁决。

民主法治的有效运作依赖于证人说实话。人类并不是纯洁美好的天使，撒谎在某种程度可能是人类的“第二天性”。因此，对伪证罪严惩不贷，是确保证人说实话的最重要措施。

正因如此，美国司法制度对严惩伪证极为重视。法院审理案情时，偷鸡摸狗有可能免罪开释，杀人越货有可能重罪轻判，可是，一旦涉及伪证罪或妨碍司法等触犯司法程序的重大问题，法官一向穷追猛打，绝不姑息。

从分权与制衡政治体制的角度来看，美国国会不但拥有立法权，而且拥有对行政部门的监督、调查和弹劾大权。国会进行调查和听证，一般由已有或临时特设的专门委员会主持，在听证会上撒谎的证人，将因伪证罪遭到刑事起诉。政府高官若以不实之词糊弄总统，最多辞职丢官。可是宣誓之后，官员如果胆敢在国会调查听证会上撒一句谎，立马便有遭到刑事起诉或身陷囹圄之灾。

正是在严惩伪证的重刑威慑之下，美国国会在某种程度上兼有类似于“最高特别调查法院”和“最高人民检察院”的制度功能，其强大的权威和威慑力，在很大程度上超过了美国总统，对维护三权分立与制衡体制起到了至关重要、不可或缺的作用。

纵观美国法治史,20 世纪 50 年代的希斯间谍案、70 年代的“水门案”、80 年代的“伊朗门案”,涉案者皆因作伪证被判重刑。90 年代橄榄球明星辛普森涉嫌杀妻案,涉案警官回答辩方律师交叉盘问时,在与案情并无直接关联的“黑鬼”问题上撒了个小谎,结果因“伪证罪”遭到洛杉矶市检察官无情起诉,最后被判处 3 年有期徒刑,狱外监管。

2007 年“特工门案”,美国副总统切尼办公室主任利比(Lewis Libby Jr.)向媒体故意泄露中情局女特工真实身份的罪名并不成立,但是因妨碍司法和作伪证被定罪,判处监禁 30 个月,罚款 25 万美元。

有些专家学者可能提出质疑,你有没有搞错啊?列举的以上案例,皆为轰动全球的刑事大案。而 1995 年琼斯诉克林顿案是民事诉讼。克林顿总统在涉及男女私情的问题上撒了个小谎。这算得上什么刑事重罪?又扯得上什么民主法治的重大基本原则?

然而,在美国的司法体制中,谎言不在大小,案情不分刑民,官职不论高低,任何证人胆敢在法庭宣誓后作伪证,法官“很生气,后果很严重”,即所谓“法庭之上,绝无小事”。以琼斯案为例,此案涉及 85 万美元巨款的民事赔偿,如果听任证人随意撒谎,满嘴胡言,无异于听任歹徒入室抢劫,谋财害命。

因此,即使在民事诉讼案中,即使证人仅因男女私情的“小破事儿”撒了个小谎,如果伪证罪被判成立,触犯刑律者仍然难逃刑事重罪惩罚,并非仅负民事责任。其中案例,以 1991 年“阿瑟诉巴塔利诺医生案”(*Arthur v. Battalino*,1991)最为有名,其案情与“拉链门”案颇有相似之处。

爱德华·阿瑟（Edward Arthur）是一位越战老兵，久经战阵，身负重伤，伤愈多年之后，仍然残留严重的心理疾患，遂于1991年求治于地处爱达荷州的联邦退伍军人医院。他的主治医生芳名芭芭拉·巴塔利诺（Barbara Battalino），是一位徐娘半老、风韵犹存、才华横溢的单身女士，拥有医学和法学双博士学位以及医生和律师执照。

治疗期间，巴塔利诺医生堕入情网，色迷心窍，竟然在医院的诊室为阿瑟口交，此后两人多次发生性关系。私情露出蛛丝马迹后，阿瑟在联邦法院提起民事诉讼，指控巴塔利诺女士医德败坏，对患者进行“性骚扰”，造成严重的心理伤害，要求巨额民事赔偿。

“法律专家”巴塔利诺初审获胜之后，反过来起诉联邦政府，要求补偿因“职务行为”引发的民事诉讼的法律费用。联邦大陪审团调查此案时，法庭宣誓之后，巴塔利诺医生矢口否认曾在医院诊室为阿瑟口交。她做梦都没想到，阿瑟竟然偷录了两人的谈话，长达25小时，其内容足以证明指控属实。巴塔利诺触犯了“伪证罪”。

巴塔利诺医生案惊动了联邦司法部部长雷诺。联邦司法部立刻介入案情调查，大张旗鼓，兴师动众，以刑事重罪立案起诉女医生。巴塔利诺精通法律和刑事程序，自知证据确凿，抵赖无门，便认罪服输，于1995年与联邦检察官做了“认罪交易”，避免了一场让纳税人破费巨大的法院审判，换取从宽处理。最后，女医生被判处6个月有期徒刑，缓期执行，狱外监管，罚款3500美元，医生和律师执照被同时吊销。

《纽约时报》著名记者彼得·贝克在《违犯：弹劾克林顿和审案内幕》一书中透露，1998年12月1日，国会众议院讨论弹劾动议期间,巴塔利诺作为控方证人来到国会山,神情严肃,现身说法,向众议院司法委员会倾诉了自己当年的"不幸遭遇",即在民事案中因男女私情作伪证,同样造成严峻的刑事重罪后果。真不愧是医学和法学双料博士,"倾诉"临近结束时,巴塔利诺反客为主,居然郑重其事地提醒和告诫国会司法委员会:"美国总统不是国王,法律面前应当人人平等。"①

"五四"新文化运动领袖陈独秀精辟地指出:"盖宪法者,全国人民权利之保证书也,决不可杂以优待一族一教一党一派人之作用。""西洋所谓法治国者,其最大精神,乃为法律之前,人人平等,绝无尊卑贵贱之殊。虽君主国亦以此为主宪之正轨,民主共和,益无论矣。"②

在辛普森涉嫌杀妻案中,辛普森被无罪开释,涉案警官却因伪证罪被判处3年有期徒刑。据此,波斯纳法官指出:"美国总统是所有联邦警力的顶头上司,包括联邦调查局、特工警卫处、美国法警局、商务部烟、酒、枪支管理局、联邦税务局刑事调查处、美国海关总署、边境巡逻队、缉毒总署以及各军兵种的宪兵。警察总头目作伪证与街头巡警作伪证是性质同样严重的犯罪。"③

概言之,克林顿因私生活小节不检,导致在民事诉讼中涉嫌触犯伪证罪,最终遭到国会众议院弹劾,其实一点儿也不冤!

---

① Peter Baker, *The Breach: Inside the Impeachment and Trial of William Jefferson Clinton*, New York: Scribner, 2000, p. 184.

② 陈独秀:《独秀文存》(卷一),上海书店1989年影印版,第106、107页。

③ [美]理查德·波斯纳:《国家事务:对克林顿总统的调查、弹劾与起诉》,Richard Posner, *An Affair of State: the Investigation, Impeachment, and Trial of President Clinton*, Cambridge, Mass.: Harvard University Press, 1999, p. 244。

希拉里护夫心切，强词夺理，认为自己老公遭弹劾“比窦娥还冤”，其辩护论点为：“当然比尔的行为和他掩饰实情蒙骗我并误导国人的做法都有违道德，不过他令人失望的作为并未严重到叛国的程度。而根据我对‘水门’事件调查的了解，我相信并无任何证据足以弹劾比尔。”①

希拉里身为耶鲁毕业的大律师，只讲“有违道德”，不提触犯伪证罪；只讲“并未严重到叛国的程度”，不提美国宪法中的“弹劾条款”规定，“叛国、贿赂或其他重罪和轻罪”均有可能导致总统遭到国会弹劾。如此任意删略，希拉里明显是断章取义，歪曲误导。

相比之下，还是克林顿的法律素养出类拔萃，诡辩能力世界超一流。面对“是”与“否”曾与莱温斯基发生过性关系的法律问题，他说了一句垂范久远、已被载入逻辑学权威教范的经典名言：“这取决于‘是’这个词‘是’什么意思”（It depends upon what the meaning of the word“is” is）。

2006 年，当代逻辑学大师、荷兰逻辑学家约翰·范本特姆（Johan van Benthem ）在《模态逻辑手册》（*Handbook of Modal Logic*）一书中，将这种令人晕头转向、腾云驾雾的饶舌诡辩逻辑方法正式命名为“克林顿规则”（Clinton Rule），以表彰他在模态逻辑和语言分析哲学领域做出的历史性巨大贡献，永垂青史，千古流芳。

---

① ［美］希拉里·克林顿：《亲历历史：希拉里回忆录》，潘勋等译，译林出版社 2003 年版，第 417—418 页。

第八章 “一场卑鄙的政变”

《华盛顿邮报》记者约翰·哈里斯在《幸存者:克林顿的白宫岁月》一书中披露,莱温斯基性丑闻曝光后,面临弹劾威胁,克林顿气急败坏,怒火中烧,高声咆哮道:“这是一场卑鄙的政变!”[1]当时戈尔副总统站在一旁,既没帮腔,也没接茬儿。

克林顿骂得酣畅淋漓,荡气回肠,一针见血,入木三分。弹劾美国总统的过程和程序,的确与宫廷政变颇为相似。美国制宪先贤将弹劾条款列入宪法之中,正是要把总统置于“宫廷政变”的制度性笼子之中,使其不能像欧洲的专制帝王那样,一言九鼎,独裁专断,凌驾于法律和民意之上。

所谓弹劾,即依法对总统提起公诉之意。根据宪法,美国总统

---

① John F. Harris, *The Survivor*: *Bill Clinton in the White House*, New York: Random House, 2005, p. 313.

是任期4年的国家元首兼政府首脑,并且兼任美军总司令,实际上相当于经选举产生的国王兼首相,而且还是军队最高统帅。为了避免君主专制、个人独断的弊端和暴政在北美大陆重演,制宪先贤在宪法中特意规定,总统、副总统和所有公职官员,因叛国、贿赂或其他重罪和轻罪而受弹劾并被定罪时,应予免职。

美国宪法规定,提出弹劾决定的机构是国会众议院,其功能大致相当于检察院或大陪审团,经半数众议员投票赞同,弹劾案即算通过。裁定总统是否有罪的机构是国会参议院,其功能大致相当于法院或小陪审团。众议院已通过的弹劾案,需经联邦最高法院首席大法官主持审判,由参议院审理复决,经三分之二多数同意才能通过。整个弹劾程序相当复杂,联邦众议院、参议院和最高法院分享权力,任何一方都无权轻举妄动,独断专行,一锤定音。

什么是提出弹劾和最终定罪的标准呢?美国宪法含糊其词,语焉不详,留有余地。在宪法条款中,制宪者使用了“因叛国、贿赂或其他重罪和轻罪”的提法。其中“叛国、贿赂”的含义相对而言比较清楚,“重罪和轻罪”的定义飘忽不定,笼统含糊,令人费解,歧义百出,使国会很难轻易举起弹劾利斧。

这种错综复杂的宪法设计,体现出制宪者的精明远见和政治智慧。他们在防止出现“帝王式的总统”的同时,又担心立法部门权力过大,出现“帝王式的国会”,居高临下,颐指气使,使总统动辄得咎,权威尽失,位同虚设。

在世人印象之中,尼克松被迫辞职,身败名裂,是美国历史上第一位遭到国会弹劾的总统,这个说法并不准确。“水门”事件后期,众议院司法委员会通过了弹劾总统的动议。但是在弹劾议案提交众议院表决通过之前,尼克松急流勇退,主动辞职。以严格的法律意义而言,尼克松全身而退,身世清白,并未遭到国会弹劾。

在美国法治史上,第一位遭到国会弹劾的"非民选"总统是安德鲁·约翰逊(Andrew Johnson,1865－1869年任职)。这位裁缝出身的总统廉洁奉公,品行端正,与"叛国、贿赂或其他重罪和轻罪"根本不沾边儿。他是来自南方州的参议员,但是却坚决反对奴隶制。林肯总统主要基于"统战"的考虑,力排众议,提名约翰逊出任副总统。

林肯遇刺后,毫无准备的约翰逊继承大位。在战后南方重建的步骤和方式等问题上,约翰逊与控制国会的北方共和党激进派分歧严重,争执不休。北方激进派攻击他"身在北营心在南",同情南方奴隶主,与叛逆分子有千丝万缕的瓜葛。1868年,纯粹出于政治原因,约翰逊遭到国会弹劾。众议院以超过半数票通过了弹劾决议。参议院投票复决时,约翰逊以一票优势"险胜",最终保住了总统宝座。

在美国法治史上,第一位遭到国会弹劾的民选总统是克林顿。1998年12月11至12日,国会众议院司法委员会投票决定,以作伪证和妨碍司法等四项罪名提出弹劾案,但是并没有指控克林顿"与他人通奸"。这种并未触犯刑律的罪名,还是改为权色交易比较妥当。12月19日,众议院全体大会表决,以超过半数票通过了两项弹劾罪名,其中伪证罪以228票对206票通过,妨碍司法罪以221票对212票通过。

根据NBC电视台的民意测验,克林顿遭到众议院弹劾期间,其支持率仍然高达70%左右。一位电视观众说:"就算克林顿玩弄了女人,可是他既然已经如此出色地用谎言遮盖了私情,我们何苦非要揭穿呢?”另一位观众强调:“我选举克林顿当的是总统,不是国家的圣人。”还有一位青年男子甚至表示:“我愿意看到总统勾搭几个情人,我因此增加了对克林顿的尊敬,觉得他是一个身心正常的男人。”

政治家都是“以德服人”,克林顿却有天赋“以缺德服人”。在“拉链门”案中,克林顿违法乱纪,涉嫌伪证,欲盖弥彰。可是,广大民众高抬贵手,宽宏大量;新闻媒体轻描淡写,避实就虚,把刑事重罪轻松地混同于私德不检,热衷于炒作淫秽色情细节。斯塔尔检察官铁面无情,从严执法,却陷入“过街老鼠,人人喊打”的尴尬处境。英国首相丘吉尔有句名言:“对民主的最好反驳,就是和一位普通选民聊上五分钟。”

可能有人会问,为何斯塔尔提交国会的调查报告暴露隐私,渲染色情,充满不堪入目的性行为细节描述呢?按常理,报告只需大而化之,将克林顿与莱温斯基性接触的时间、地点、过程等记录在案,即可证明克林顿的伪证谎言,根本没必要添加私情秘戏的具体细节,活灵活现,绘声绘色。

说起来,这只能怪克林顿自作自受,自取其辱。为了避免“自证其罪”,他不得不咬文嚼字,钻法律牛角尖儿,强词夺理,强调“口交不是性交”,死活就是不承认与莱温斯基发生过“法律意义”上的性关系,否认自己触犯伪证罪。

这样一来,简直就是逼着斯塔尔追查细节,详列证据,笔涉淫秽。《斯塔尔报告》作为起诉证据的法律文件,是事关总统可能遭到弹劾的证据,必须做到调查翔实,证词可靠,事实确凿。

揭露“水门案”内幕的功臣鲍勃·伍德沃德认为:“反抗最为强

烈，对自己造成伤害最为惨重的是克林顿本人。”“作为总统，克林顿才智超群，出类拔萃，拥有非凡的沟通能力和政治技巧。但是他没有利用自己的天赋才智为大多数美国人规划和谋取进一步的利益和发展，而是以经历耸人听闻的庸俗肥皂剧告终。这虽然不是他的本意，但完全是他自找的。”①

斯塔尔做梦都没想到，1998 年 9 月 11 日，国会众议院以 363:63 的投票结果，决定通过互联网将仅供“领导圈阅”“内部参考”的《斯塔尔报告》全文向全世界公布，使克林顿的“床帷性事”成为全球爆炸性话题，使斯塔尔一不留神沦落为“贩黄集团”首犯，斯文扫地，臭名远扬。

从“白水案”开始，希拉里就刻意把斯塔尔的调查定性为“右翼大阴谋”（vast right-wing conspiracy）。她义正词严地批驳说：“弹劾案推动者旨在阻挠总统推行其各项政策，这包括民主党人关于教育、经济、社会保障、医疗保健、环境保护以及全球和平等一切主张，我们不能令他们得逞。而不论众议院表决结果如何，克林顿都不会辞职。”②

斯塔尔 1946 年生于南部得克萨斯州，与克林顿同龄。他本科毕业于乔治·华盛顿大学，后来以第一名成绩拿到杜克大学法学院法律博士学位，曾任联邦最高法院首席大法官伯格的法律助理，在里根总统任内出任哥伦比亚特区联邦巡回上诉法院法官，年仅 37 岁。

---

① [美]鲍勃·伍德沃德：《阴影：五位总统与水门事件遗产》，Bob Woodward, *Shadow*, pp. 515, 516。

② [美]希拉里·克林顿：《亲历历史：希拉里回忆录》，潘勋等译，译林出版社 2003 年版，第 434 页。

美国共有 13 个联邦上诉法院，其中以哥伦比亚特区上诉法院的地位最为显赫，素有“第二联邦最高法院”之称。1989 年，斯塔尔突然辞去终身制的联邦法官要职，改任老布什政府司法部副部长兼联邦首席检察官（Solicitor General）。这个职务相当于联邦司法部第三号人物，主要职责是代表联邦政府在最高法院出庭应诉。斯塔尔“降格”出任此职，目的是增加行政和诉讼经验，为自己今后出任最高法院大法官铺平道路。

波斯纳法官客观地指出，斯塔尔在美国法律界名声甚佳，多年来一直享有温和保守和公正办案的声誉，并非共和党右翼极端分子。1991 年老布什总统一度考虑提名斯塔尔出任最高法院大法官，因其司法理念“不够保守”，遭到党内右翼反对，最终名落孙山。

作为前任联邦法官，斯塔尔深知“伪证罪”对司法制度危害之烈，岂能因民众不支持，就视法律为儿戏，轻易地放过克林顿。孟子曰：“虽千万人，吾往矣。”即纵然面对千百万人阻止，我照样一意孤行，勇往直前。1998 年 12 月，《时代》周刊杂志将斯塔尔和克林顿并列为年度“全球风云人物”。

美国媒体把斯塔尔比喻为法国文学巨匠雨果《悲惨世界》中的沙威警长，铭记警察天职，冷酷无情，敬业守则，计谋百出，持久追踪，死活非要把嫌疑犯缉拿归案，根本不问其是否罪有应得。

斯塔尔在北卡州律师协会演讲时，自比美国著名女作家哈波·李（Harper Lee）经典名作《杀死一只知更鸟》中的南方白人律师阿提库斯·芬奇。他不顾世俗偏见，冒天下之大不韪，挺身而出，匡扶正义，为被控强奸的黑人打抱不平，展示出道德勇气和英雄气概。

希拉里曾把“蓝颜知己”福斯特比喻为阿提库斯·芬奇，现在斯塔尔又自封为阿提库斯·芬奇,令人啼笑皆非。克林顿的律师戴维·肯戴尔在《纽约时报》发表一文,赞颂阿提库斯·芬奇为无依无靠的黑人出庭辩护,对抗无法无天的州检察官;抨击斯塔尔自吹自擂,张冠李戴,不伦不类。在戴维·肯戴尔心目中,他本人才是阿提库斯·芬奇的化身。当年从耶鲁法学院毕业后,他曾挺身而出,匡扶正义,奔赴南方帮助黑人选民注册投票,多次遭到警察拘捕。

回首往事,很多人批评"拉链门"毁灭了三权分立与制衡,独立检察官干扰了国家最高权力机构的正常运作,亵渎了美国人民对公职的信任,降低了对总统职位的尊敬,使"美式民主"沦为世人笑柄。但事实上,"拉链门案"历时13月之久,美国并未出现社会动荡和经济衰退,内政外交运作正常,经济甚至高速腾飞。国会参议院启动弹劾程序之日,1999年1月7日,华尔街股票指数攀升到当时的历史最高点。

波斯纳法官指出:

美国人的政治成熟程度已经达到了相当高的水准,即毫不奇怪地认为,国家的政治和智识领袖不是什么杰出典范,而是与凡夫俗子无异的普通人,这个国家不需要依赖于一个超群绝伦的伟大领袖。

从克林顿可以看到,那些出类拔萃的政治或智识领导人,尽管大权在握,学识广博,口若悬河,受过良好教育并且富有成就,但是在多数时间里,他们与其他凡夫俗子一样,愚蠢不堪,低级下流,胆怯懦弱,办事草率。他们其实是普通人,具有普通人的各种缺陷,只是由于幸运或者具有某种专业知识,才被推上大权在握或者拥有影响力的公职。他们粉墨登场,趾高气扬，直到某一天，不可预期的事件剥掉了笼罩在他们身上的炫目光环和荣耀，粉碎了他们精心构筑、处变不惊的公众形象，展现在人们面前的这些领导人，乃是彻头彻尾的庸碌平凡和缺陷百出。①

① ［美］理查德·波斯纳：《国家事务：对克林顿总统的调查、弹劾与起诉》，Richard Posner, *An Affair of State*, p. 266。

第九章 “水门”拯救“拉链门”

面临重罪起诉，克林顿夫妇诡辩抵赖，避实就虚，避重就轻，故意往婚外偷情、私德不捡、党派斗争等问题上瞎扯，以求赢得民众同情。新闻媒体混淆视听，恣意炒作，渲染色情，歪谈法律，误导民意，大失专业水准。

当代美国最负盛名、最具影响力的学者诺姆·乔姆斯基（Noam Chomsky）、小阿瑟·施莱辛格（Arthur Schlesinger, Jr.）等“公共知识分子”出头露面，炮轰独立检察官，坚决反对调查克林顿的“私生活”，胡言乱语，离题万里，大放厥词，让稍有法律常识的人差点儿笑掉大牙。

克林顿与莱温斯基两人之间究竟是个什么关系？路人皆知。可是，总统律师咬文嚼字，死抠法律，辩才无碍，巧舌如簧，愣说克林顿没有与莱温斯基发生过“性关系”。律师的诡辩如下：第一，口交并非严格法律意义上的性交；第二，即使口交是性交的话，那么也是莱温斯基对克林顿口交，是莱温斯基与克林顿发生了“性关系”，克林顿并没有与莱温斯基发生“性关系”。由此，独立检察官关于克林顿涉嫌伪证罪的全部指控，根本就不成立。

在美国妇女解放运动如火如荼、女权主义思潮如日方中的一片大好形势下，辩护律师关于莱温斯基投怀送抱、自荐枕席、“单方面”与克林顿发生了“性关系”的诡辩，使人耳目一新，眼界大开，堪称令人叫绝，拍案惊奇。依此逻辑，如果琼斯同意为克林顿口交，那么琼斯通奸淫乱，道德败坏；克林顿守身如玉，纯洁无瑕，应当改由克林顿愤然起诉琼斯“性骚扰”。

希拉里更是强词夺理、振振有词：“不论事实如何，根据绝大多数宪法学者与历史学家的见解，公职人员于民事诉讼案中提供宣誓证词时未说实话，并不构成应受弹劾的必要条件。”①

希拉里护夫心切，胡言乱语，情有可原。且不提在民事诉讼案中作伪证是联邦重罪，事实上，任何一位公职人员或私企雇员，如果在办公室干出一边口交射精、一边公事照办的勾当，结局肯定是被弹劾（如果拒不辞职）或者立刻遭到解雇。然而，克林顿的情况比较特殊，法律面前未必人人平等。

如果美国的政体是议会制或者内阁制，而非总统制，克林顿肯定早就被迫下台了。在英、法、意、日等国的议会制政体中，议会动辄以投不信任票的形式更换总理或内阁首相，司空见惯，家常便饭，不会闹得天下大乱，举国不安。总理或首相只是内阁的领导和管理者，并非国家最高元首，更不是国家象征、政体化身和道德楷模。欧

---

① [美]希拉里·克林顿：《亲历历史：希拉里回忆录》，潘勋等译，译林出版社 2003 年版，第 420 页。

洲等国政界高层性丑闻时有发生。法国总统密特朗的风流韵事，令观念开放的法国人津津乐道，甚至引为自豪。只要不涉嫌伪证或妨碍司法，一般无人深究。但是，如果涉嫌触犯刑律，无论最终是否定罪，当事人通常只有辞职下台一途。

可是，在美国的总统制政体中，总统位高权重，集国家元首、政府首脑、执政党领袖、军队总司令、立法主导者、最高执法官、西方盟邦领导人等重要角色于一体，被视为国家的象征、政体的化身，系政局安稳、国运盛衰、天下安危等于一身。美国总统讲话时言必称上帝，具有“美国宗教文明高级牧师”的特殊身份，通常被视为国民的道德楷模，其身份、地位和作用远远高于议会制政体中的总理或首相。

在此特殊背景下，如果美国总统涉嫌犯罪，但是自恃罪行较轻，情节荒唐，同时有民意撑腰，拒绝引咎辞职，那么只有启动弹劾程序，经众议院提起公诉，经参议院审判定罪，才能迫使总统去职。如果弹劾过程旷日持久，久拖不决，很可能出现中枢无主、政局瘫痪的混乱局面。

在克林顿弹劾案中，控辩双方舌剑唇枪，针锋相对，棋逢对手，相持不下。克林顿之所以化险为夷，逃过此劫，一是由于宪法条款中涉及弹劾总统的规定语焉不详，含义模糊；二是由于控方指控克林顿涉嫌伪证罪和妨碍司法罪的证据存在很大争议，远未达到罢免总统的“宪法标准”。

什么是罢免美国总统的“宪法标准”呢？从某种意义上说，当年弹劾尼克松总统的“标准”恐怕就已经“过高”了。波斯纳法官认为：“我并不想替尼克松辩护，只想指出，就像克林顿的律师在弹劾案采用的策略那样，当尼克松确实有错时，考虑到当时的具体情况，它并不是一个那么严重的错误，以致非要采用弹劾这样一种极端的制裁方式惩罚他。”

波斯纳强调：“如同克林顿一样，尼克松可以指出那些虽有争议，但却可以用于立功赎罪的政治成就：在其总统任期内，东西方关系缓和，对中国实行开放政策，巩固和扩展了约翰逊总统提出的伟大社会纲领。如果当年尼克松拥有与克林顿相提并论的个人魅力以及空前繁荣的经济形势，他或许能够安然度过弹劾风暴，可能不会因违宪轻罪而辞职下台。”①

波斯纳法官满腹经纶，学富五车，见解非凡，独树一帜。但是在比较“水门案”和“拉链门案”截然不同的结局时，法官大人忽视了另外三个重要背景：

第一，在“水门案”中，由于有白宫录音带为“确凿证据”，尼克松妨碍司法的罪行无法抵赖，难以狡辩，总统律师无法钻法律空子，回旋余地极小。可是，在“拉链门案”中，控辩双方在克林顿涉嫌伪证的具体事实和细节上存在重大歧义，远未达到“水门案”那种“确凿无疑”的程度。

第二，在“水门案”中，尼克松本人的罪行较轻，只是包庇了“过度卖力”的部下，对司法调查进行了程度较轻、毫无成效的妨碍。但是，“水门案”牵扯出的内幕极为黑暗，诸如白宫秘密警察“管子工”非法调查、秘密窃听、密谋绑架和纵火等，惊心动魄，触目惊心，已达到了令人难以忍受的程度。而“拉链门”的内幕低俗下作，只是男贪女爱、婚外偷情而已。

---

① ［美］理查德·波斯纳：《国家事务：对克林顿总统的调查、弹劾与起诉》，Richard Posner, *An Affair of State*, p. 102。

第三，在“水门案”中，尼克松刚愎自用，蛮横霸道，走出了保留白宫录音带、“星期六之夜大屠杀”等大昏招，举措失当，自证其罪，四面楚歌，人人喊打。在“拉链门案”中，克林顿圆滑机警，能屈能伸，一见大事不妙，难以赖账，立刻就瘪茄子，一把鼻涕一把眼泪，刻意争取民众同情理解，同时避重就轻，花言巧语，掩人耳目，误导民意，千方百计把“伪证罪”的错误往个人私德和党派斗争上瞎扯。

1999 年 1 月 7 日，在最高法院首席大法官伦奎斯特主持下，参议院开始复审克林顿弹劾案。控辩双方律师没有而且伦奎斯特也不会同意传唤莱温斯基前来国会山作证。让莱温斯基出现在庄严而郑重的参议院，简直就是不可思议的丢人现眼。这样一来，控方提交的起诉证据仅限于《斯塔尔报告》。

“开庭”陈述时，控方律师把在场的参议员称为“陪审员们”，引起民主党人不满。他们认为，宪法要求参议员以一种更为开阔、更具政治高度的视野来评估弹劾总统的必要性，而不是像刑事审判中的陪审员那样，简单而严格地判断是非曲直。

爱荷华州联邦参议员汤姆·哈金(Tom Harkin)终于坐不住了。他举手站起来说：“首席大法官先生，我反对律师提到出席弹劾美国总统的审判案的参议员时，使用并且继续使用‘陪审员’这一称谓。”

伦奎斯特大法官虚怀若谷，从谏如流，当场同意哈金参议员提出的异议，要求控辩双方律师停止使用“陪审员”的说法。哈金非常得意，低声对邻座的纽约州参议员莫伊尼汉(Daniel Moynihan)说：“我刚刚打赢了我的第一场联邦最高法院官司。”①

---

① [美]杰弗里·图宾：《九人——美国最高法院风云》，Jeffrey Toobin, *The Nine*, p. 120。

哈金参议员拥有法律博士学位，但是以前没干过出庭律师。他从政前曾在海军航空兵服役27年，是U-2型高空战略侦察机的王牌精英飞行员，驻扎在美国向古巴强行租借的关塔那摩海军基地，后来以海军中校军衔退役。

参议院审理弹劾案有条不紊，按部就班，慢条斯理，听证和辩论持续了大约5个星期。其间，克林顿饱受煎熬，等得快急死了。

在克林顿一生最孤独、最焦虑的时刻，集西部片、悬疑片、政治隐喻片等风格于一身的好莱坞经典影片《正午》(*High Noon*，1952)给了他极大的精神支持和心理慰藉。该片被视为美国电影史上最重要的经典电影之一。在克林顿的8年总统生涯中，这部电影在白宫放映了20次以上。

《正午》讲述的是美国西部一个小镇发生的故事，隐喻和嘲讽了世人面对生死关头和善恶是非时的懦弱与背叛。小镇居民最信赖的优秀警长即将退休，一伙凶悍的匪徒前来报复。全镇居民包括昔日的朋友、搭档、邻居没有一个愿意助警长一臂之力，只有新婚妻子勇敢坚定地陪伴身旁。

在众叛亲离、满目悲怆的情况下，警长没有临阵脱逃，而是如同一位孤独的王者，直面生死未卜的搏杀。正午时分，一场以孤独的正义对抗邪恶的枪战终于爆发。警长赢得了殊死决战以后，把法律的象征警徽弃之如敝屣，一骑绝尘而去。克林顿评论说：“这部影片讲述的是面对危险要有勇气。”

1999年2月12日，参议院终于对弹劾总统案投票表决：伪证罪，55票同意弹劾，45票反对；妨碍司法罪，50票同意弹劾，50票反对。同意的票数没有超过宪法规定的2/3。这样，尼克松在“水门”

旋涡中翻船遇险，克林顿在“拉链门”丑闻中突出重围。

田纳西州联邦参议员、前联邦检察官汤普森(Fred Thompson)指出：“水门案”拯救了克林顿。[1] 他解释说，“水门案”告诉后人，弹劾美国总统难上加难，至少需要具备四个基本条件：第一，民意支持率急剧下跌；第二，国民经济萎靡不振；第三，心怀敌意的新闻媒体；第四，无可辩驳的确凿证据，比如“水门案”中的“白宫录音带”。汤普森认为：以上四个条件在“水门案”中一一具备，在“拉链门”案中一个没有。换句话说，“水门”拯救了“拉链门”。

克林顿面对危机，脸皮死厚，坚韧不拔，终于闯过险恶的弹劾风暴，保住了总统大位。人们不禁感慨万千：“苦不苦，想想人家萨达姆；顺不顺，看看人家克林顿。”

弹劾案结束后，克林顿在白宫玫瑰园发表讲话，总共只有短短四句话：“我想再次告诉美国人民，我对自己以前的言行深表歉疚。因为我的言行惹出了这么多的麻烦。给国会和美国人民造成了巨大的负担。对美国来说，现在是和解与重生的时候了。”[2]

“从内心深处，总统先生，您能否宽恕、能否遗忘?”一位记者大声问道。

“我相信，每一个请求别人宽恕的人，自己首先要有一颗宽恕之心。”克林顿回答。

克林顿的讲话和应答，短小精悍，言简意赅，得体到位，无懈可

---

① [美]鲍勃·伍德沃德：《阴影：五位总统与水门事件遗产》，Bob Woodward，*Shadow*，pp. 508－509。

② [美]萨莉·史密斯：《白宫岁月：克林顿夫妇传》，Sally B. Smith，*For Love of Politics：Bill and Hillary Clinton，the White House Years*，New York，Random House，2007，p. 376。

击，脑袋和口才确实世界一流。相比之下，美国人普遍认为，当表达能力欠佳的小布什总统讲话时，令人感觉英语是他的第二外语；当用词深奥费解的戈尔副总统讲话时，令人感觉英语是全体听众的第二外语。

英国《经济学人》杂志评论说：“多少美好理想被随意抛弃，多少盖世才华被无端浪费，如果多一点内心自律，少一点放纵胡来，比尔·克林顿执政的八年将会是多么灿烂辉煌。”

福特总统认为：“除了对莫妮卡·莱温斯基和珍妮弗·弗劳尔斯外，克林顿一直精于处理此类风流韵事。他最大的敌人是他自己。他太圆滑了，竟然逃脱了。”“很多人犯了一次错误后会吸取教训，并且不再重犯。但他每次都会玩个新花样。”“我简直搞不懂他，不知道他骨子里到底是什么人，不知道对他而言最重要的是什么。但这个人是我见过的最好的政治家。”“他是一个能把化了三天的冰卖掉的人。他就这么有本事。”①

虽然免于弹劾，但是克林顿的法律麻烦并未完结。为了避免卸任后因“伪证罪”遭到刑事起诉，在总统任期的最后一天，克林顿与独立检察官达成“认罪交易”，公开发布一项认罪声明，交纳 9 万美元罚款，吊销阿肯色州律师执照。

精明过人的克林顿选择了一个最佳时机。当时媒体忙于报道 2000 年总统大选争执的余震，还有新任总统小布什组阁的最新进展，没人注意离任总统克林顿承认触犯“伪证罪”的声明。

在认罪声明中，克林顿首次承认：“我试图在遵纪守法和提供虚

---

① ［美］托马斯·德弗兰克：《福特传：等我死后再公开》，王海舟等译，中信出版社 2009 年版，第 119、122、134 页。

假证词之间打复杂微妙的擦边球,我现在认识到,自己并没有完全达到这个目的,而某些关于莱温斯基女士的问题,我对法庭的回答是虚假的。”①

原白宫顾问戴维·葛根认为:“在过去30年中,理查德·尼克松和比尔·克林顿是两位最具天赋的总统,他们都极为聪明睿智,博览群书,颇具政治头脑,又都醉心于权力。尼克松堪称继艾森豪威尔甚至可能是伍德罗·威尔逊之后最优秀的战略家;克林顿则是继林登·约翰逊甚至可能是富兰克林·罗斯福之后最优秀的策略家。然而他们都自己导演了自己的悲剧。尼克松性格中的阴暗面占了上风,克林顿则无法克服他性格中的弱点。他们活生生地说明:领导人在掌控世界之前,必须首先掌控自己。”②

“水门案”留给尼克松的惨痛教训是:三流未遂窃听案事小,掩盖罪行和妨碍司法事大。“拉链门案”留给克林顿的深刻教训是:把雪茄放错了地儿事小,在法庭上撒谎事大。

---

① 《白宫岁月:克林顿夫妇传》,Sally B. Smith, *For Love of Politics*, p. 447。

② [美]戴维·葛根:《见证权力:从尼克松到克林顿》,David Gergen, *Eyewitness to Power: The Essence of Leadership Nixon to Clinton*, New York: Simon & Schuster, 2000, p. 345。

第十章　公众人物隐私难隐

据莱温斯基披露，她曾被关在一间没有窗户的房间里，反复聆听特瑞普的电话录音，回答两位女检察官涉及性隐私的各种细节问题：谁拉开了谁的裤链？总统在你的胸罩上面还是下面抚摸你的乳房？他的嘴唇在你的乳房上亲吻还是在胸罩上？当被问及克林顿把手放到她的内裤里以后，是否对她进行了手淫时，莱温斯基羞辱的泪水如雨点般地流下，不得不跑出房间让自己暂时冷静下来。①

克林顿的支持者无比憎恨莱温斯基，痛斥她是“口交女王”和“自恋的疯女人”。全球媒体任意奚落她，流行艺术随意娱乐她，大约 40 首说唱歌曲公然调戏她。当她的裙子被总统脱下以后，就再也无法用锦绣年华织就个人隐私的“遮羞布”。莱温斯基是大众传媒

① ［美］安德鲁·莫顿：《莱温斯基口述自传》，Andrew Morton，*Monica's Story*，pp. 248，255。

时代被整个世界羞辱和耻笑的女人，是互联网时代名誉扫地的“头号牺牲品”。几乎没人对她流露出哪怕一丝一毫的真实同情。《纽约时报》报道说，莱温斯基今生将在世界上最大的耻辱中活下去。

克林顿的丢人现眼以及个人隐私遭到侵犯的残酷程度，同样前所未有，触目惊心。在特瑞普偷录的电话录音中，有一段她与莱温斯基津津乐道克林顿隐私部位“尺寸”的猥亵谈话。因与伪证罪无关，《斯塔尔报告》恰如其分地将其删掉了。可是，众议院司法委员会批准向互联网上传的弹劾证据中，竟然保留了这段“闺蜜”之间的淫言浪语。令克林顿夫妇情何以堪。

关于个人隐私问题，希拉里认为：“比尔的背叛导致我的私人情感与政治理念激烈交锋。如果仅作为他的妻子，我真恨不得拧断他的脖子，但他不只是我的丈夫，他同时也是美国的总统。无论如何，他领导美国与国际社会的风范依然让我衷心钦佩。我也认为，不管他做了什么，都不应蒙受政敌的百般凌辱。然而，他的隐私、我的隐私、莫尼卡·莱温斯基的隐私和我们这些家庭的隐私，都已无端遭到残酷无情的侵害。”①

所谓个人隐私权，是指公民的私生活不受他人干扰、社会干预和政府侵犯的权利。1965 年，最高法院在格瑞斯沃德诉康涅狄格州案（*Griswold v. Connecticut*，1965）首次裁定，公民的个人隐私权受联邦宪法保护。1974 年，美国国会破天荒通过一项保护公民隐私权的法案（Privacy Act of 1974），使美国成为世界上第一个立法保护公民隐私权的国家。

---

① [美]希拉里·克林顿：《亲历历史：希拉里回忆录》，潘勋等译，译林出版社 2003 年版，第 417 页。

如今隐私权已成为美国公民宪法权利的一个重要组成部分。根据某些州和城镇的法律，甚至未经许可打开邻居家的垃圾袋，都可能惹出一场涉及公民隐私权的诉讼官司。美国人每天早晨扔在家门口的垃圾袋，只能由垃圾处理公司的卡车运走。除此之外，任何人未经许可，擅自搬运或打开垃圾袋，将可能面临侵犯公民隐私权的起诉。垃圾袋中无奇不有，无所不包，通常会有信用卡收据、电话账单、家庭财务报表、药品、避孕用品空盒以及私人信件等大量隐私性信息。

然而，政界公众人物的隐私权问题，一直是现代法律和政治学中争论不休、纠缠不清、众说纷纭的难题之一。政界公众人物官位显赫，权倾一时，代表公众的利益，选民的期望，不仅公开言行牵动朝野上下，而且个人隐私行为也会涉及公众利益。如果法律严格保护政界公众人物的隐私权，允许官员动辄以“侵犯隐私”为由起诉媒体，那就相当于主动放弃了对公众利益的有效保护。

问题的难度在于，贪赃枉法是丑闻隐私，索贿受贿是丑闻隐私，盗用公款“包二奶”是丑闻隐私，但是婚外情、吸大麻等不直接涉及公众事务的隐私问题，就非常值得推敲了。

同情者认为，即使为了防止绝对权力造成绝对腐败，也不应剥夺政界公众人物的个人隐私权。政界公众人物也有七情六欲，只要不触犯法律，他们的个人隐私应当得到尊重和保护。反对者则认为，法律只是一种最低限度的道德，而婚外情或“婚外性”的当事人在触犯法律之前，其道德准则已经扭曲，其心理状态与犯罪相似，即对自己隐私行为可能造成的个人和社会后果缺乏考虑和判断，心存侥幸，为一时之欢铤而走险。

对平民百姓来说，婚外情、吸大麻等皆为生活小节和个人隐私，是缺德而非犯法。但是对于代表国家公信力、操掌社稷大权、经常面临重大危机的政界公众人物来说，这类“生活小节”是领导素质和道德准则的重大缺陷，是对公众和国家利益的潜在威胁，必须予以揭露和抨击。法律如果保护政界公众人物的隐私权，必然妨碍言论自由和新闻媒体对政府官员进行监督和批评的权利。

托克维尔在《论美国的民主》中指出：“值得害怕的倒不是大人物的缺德，而是缺德使人成为大人物。”①为了及时揭露缺德无良之辈，媒体对总统、议员、法官、州长等政界公众人物贪赃枉法、贪腐堕落、婚外偷情等丑闻隐私一向予以毫不留情的揭露、无所顾忌的抨击，致使公众人物没有隐私权已成为一项人所共知的不成文法。

政界公众人物的个人隐私和缺德无良之所以允许被揭露，系因可能涉及违法犯罪或公共利益，故相关的主要信息自动转化为公共信息，不再成为受法律保守的个人隐私。

1988 年总统大选预选期间，民主党最看好的总统候选人、科罗拉多州联邦参议员盖瑞·哈特(Harry Hart)因与 19 岁名模的风流韵事被媒体曝光，被迫退出总统候选人提名竞选。在克林顿弹劾案过程中，新闻媒体和《斯塔尔报告》笔涉淫秽，肆无忌惮，把总统大人糟践得不成样子。可是克林顿及其律师只能干瞪眼、干着急，根本无法运用法律武器保护国家元首的光辉形象。

美国众议院公布“下流不堪”、涉及总统性生活隐私的《斯塔尔报告》，让普通民众拥有广泛的知情权，体现出民主政治的成熟理智和“制度自信”，体现出国会议员作为民意代表对广大普通选民判断

---

① [法]托克维尔：《论美国的民主》(上卷)，董果良译，北京，商务印书馆 1988 年版，第 252 页。

能力、成熟程度、知情权利的高度尊重和充分信任。

知情权是公民的基本政治权利之一，即公民有权知道涉及各级国家机关以及国家领导人等官员日常工作和私人财产等重要信息，其中包括为何对国家领导人提起公诉及其证据。它是公民能够切实行使投票选举、参政议政、监督举报等政治活动和民主权利的前提条件。公民参与政治决策过程，充分享有宪法规定的自由权利，是建设民主法治社会的基础。

其实，官儿越大，权威越高，个人隐私随之越少。古今中外，莫不如此。据“清宫秘史”，皇帝临幸嫔妃时，太监跪在卧室门外伺候。如果缠绵恩爱的时间略长了一点，太监立马高声吆喝：“时辰已到，请皇上保重龙体！”这叫“皇上不急太监急”！克林顿夫妇入主白宫后，偶然发现，每晚都有一名白宫特警在总统卧室门外站岗，据说这是多年以来的老规矩。希拉里又羞又气，喝令立刻取消这类“陋习”。克林顿因偷情撒了一个小谎，举国民众都说：算了吧，只要经济繁荣，国泰民安，总统泡个把小妞不算啥事。可是，独立检察官死抠法律，不依不饶，死活非要让国会启动弹劾程序。这叫“老百姓不急检察官急”。

美国总统号称是世界上权力最大的官儿，却被独立检察官折腾得灰头土脸，狼狈不堪，连一个保护自己隐私权的官司都无处可打，这个官儿当得实在太闹心。这恰恰正是美国保护隐私权法律的特色之一，同时也是很多美国人不热衷于当官从政的一个主要原因。

如果你是个无足轻重的小民百姓，遵纪守法，品行端正，那么你的私生活隐私将受到法律的尊重和保护。如果你当上了总统或政府高官，成了大权在握、万人瞩目的公众人物，那可就对不起了您呐,从当官之日起,一言一行,一举一动,包括私生活隐私,都将处于新闻媒体的特别关照和严格监督之下。政府官员维持良好公众形象的唯一办法,就是奉公守法和维持良好品德。否则,一旦隐私丑闻、缺德过错被新闻媒体曝光,轻则陷入困境,重则身败名裂。

在美国这个三权分立的国家,号称“无冕王”的新闻媒体已成为政治结构中举足轻重的“第四权”(Fourth Estate),再加上几乎权力无限的独立检察官制度,在限制和监督政府权力,约束官员操守方面,起到了至关重要、难以替代的作用。

但是,新闻媒体权力过度膨胀,独立检察官权力无限扩张,以及一味追逐隐私丑闻的新闻报道,同时造成诸多不良影响。电视新闻和报纸杂志热衷追逐名人的隐私丑闻,不厌其详,绘声绘色,不仅使公众人物的隐私权和家庭生活受到粗暴侵犯,而且败坏了社会风气。

世上难有完美无缺之策,只能是两害相权取其轻。对国家利益和新闻自由的法律保护,显然要比保护政界公众人物的个人隐私要重要得多。克林顿总统只能抱怨“法律面前人人不平等”。

第十一章　殃及池鱼和逆境崛起

受“拉链门”伤害最冤枉、最惨痛的人不是克林顿或希拉里，更不是莱温斯基，而是克林顿政府副总统戈尔(Albert Gore)和2004年民主党总统候选人克里(John Kerry)。可谓“城门失火，殃及池鱼”。

“二战”后，从杜鲁门到克林顿，美国共有10位总统和12位副总统，其中5位副总统更上层楼，后来入主白宫，即杜鲁门、约翰逊、尼克松、福特和老布什。

乍眼一看，美国副总统的“成才率”极高，令人刮目相看。但实际上，其中三人是天降宏运的幸运儿。1945年罗斯福病逝，副总统杜鲁门顶职；1963年肯尼迪遇刺，副总统约翰逊接班；1974年尼克松辞职，副总统福特继位。数来数去，凭真本事问鼎白宫者，其实只有尼克松和老布什两位。以副总统身份竞选总统落马者，则有汉福瑞(Hubert Humphrey)和蒙代尔(Walter Mondale)两人。

出现这种“两上两下”的局面，绝非随机偶然。尼克松跟随艾森豪威尔总统跑龙套,老布什是里根总统的接班人。艾森豪威尔和里根都是现代美国民望极高、青史留名的出色总统。相比之下,汉福瑞"遇人不淑",其正职是因越战身败名裂的约翰逊总统;蒙代尔"惨遭株连",其正职是"二战"后最差劲儿的白宫主人卡特总统。看出其中的窍门了吧?强势总统的副职出人头地,弱势总统的副手高升无望。

以治国政绩而言,克林顿显然是个出类拔萃的强势总统。按常理说,副总统戈尔完全可以沾光借力,轻易入主白宫。可是,"拉链门案"把克林顿折腾得灰头土脸,狼狈不堪,严重影响戈尔问鼎白宫。他既要继承克林顿执政期间经济繁荣的宝贵遗产,又要与其荒唐错误划清界限。处境复杂而微妙。

戈尔选择康涅狄格州联邦参议员利伯曼(Joe Lieberman)出任竞选搭档,可谓用心良苦。利伯曼是耶鲁法学院法律博士,"拉链门"丑闻爆发后,他是第一位公开站出来谴责克林顿的国会民主党人,批评总统肆意撒谎和没有勇气担当责任。当戈尔需要与克林顿适度划清界限时,利伯曼参议员堪称最佳人选。

2000年大选,戈尔赢得了全国普选的多数票,领先小布什543,895票。当联邦最高法院裁决佛罗里达州停止手工计票时,戈尔与小布什之间在该州的差距只有537票。差距如此之小,运气如此之差,案情如此之冤,戈尔和民主党要怨谁?戈尔的心腹幕僚认定,头一个该埋怨的就是克林顿!

戈尔的败阵,同样影响到2004年总统大选。纵观美国总统选举史,现任总统在竞选连任时,地位优越,占尽先机。总统作为国家元首兼政府首脑,理所当然是媒体报道的热门,相当于免费广告;白宫幕僚人才济济，出谋划策，鼎力助选，相当于国库付薪的竞选班底；总统可以利用行政特权，在联邦财政补贴、国防工程招标、国际贸易订单、军火出口特许等方面网开一面，大肆收买民心，争取那些动摇不定的选民团体、利益集团以及摇摆州选民的选票。通常而言，在野党的总统候选人很难与现任总统匹敌。如果考虑到民主总统候选人克里仅以微小差距败落，①那么这个推论决非故弄玄虚，耸人听闻。

“拉链门”城门失火，殃及池鱼，导致民主党自毁优势，阵脚大乱。在势均力敌、旗鼓相当、差距微小、至关重要的连续两次总统大选中，民主党总统候选人时乖命蹇，冤输险败。假如当年克林顿自惭形秽，顾全大局，以“党派利益”为重，拱手让出白宫宝座，由副总统戈尔继承大统，今日之美国甚至整个世界，没准儿就是另一番风景了。

相比戈尔和克里，第一夫人希拉里历来被视为“拉链门”中最无辜、遭伤害最惨痛的人物。但是，哈佛法学院博士，因《九人——美国最高法院风云》成名的法律专栏作家杰弗里·图宾在专著《大阴谋：几乎导致总统下台的性丑闻真相》中却认为，此案使希拉里形象大变，浴火重生，逆境崛起。②

克林顿当选之初，希拉里越俎代庖，干预国事，过于强势，被民众批评为有史以来最糟糕、最差劲的第一夫人。“拉链门”案发，她

---

① 在2004年大选中，如果克里能在佛罗里达州或俄亥俄州再下一城，即可成功击败小布什。

② Jeffrey Toobin, *A Vast Conspiracy: the Real Story of the Sex Scandal That Nearly Brought Down a President*, New York: Random House, 1999, p. 399.

面对骇人听闻的隐私丑闻，丈夫遭到弹劾的危难，其中的苦难煎熬、羞辱难堪、背叛伤害，令外人难以想象。希拉里处变不惊，忍辱负重，其表现令人刮目相看，逐渐赢得了广大民众的同情和尊敬。

希拉里决定趁热打铁，改“夫人干政”为“竞选从政”，后来又由“入阁主政”改为梦想“当选执政”，走上了创业维艰、自强自立的独立之路。保守派则攻击她是野心勃勃的机会主义者，为了追求权势而维持婚姻。

在希拉里“从政”“主政”、梦想“执政”的道路上，克林顿出谋献策，任劳任怨，鼎力助选，扮演了“小诸葛”和“贤内助”的角色，在婚外情方面“刀枪入库，偃旗息鼓”。他最为津津乐道的话题，就是希拉里比他更适合出任美国总统。

据约翰·哈里斯披露，有一次讨论希拉里的竞选战略，当着一帮白宫幕僚的面，克林顿对妻子说：“女性选民很想知道，你为什么没有跟我分道扬镳。”一阵尴尬的沉默后，希拉里回答：“对呀，我自己也一直感到奇怪。”克林顿大声说道：“因为你是一个永不言败的人(a sticker)！”①确实如此，希拉里没有在惊世丑闻中哭天喊地，怨天尤人，自我摧毁，反而把自己活成了励志样板、自强楷模。

希拉里坦言：“婚后经历这么多风雨，不断有人问我：为何还和比尔在一起？我不喜欢被问及这个问题，但身为公众人物，我知道这事一定会被一提再提。我们两人相爱了数十年，生下一女，经历父母亡故，都得担起照顾家人的责任，加上信仰相同，一心想为国家尽心尽力——我究竟怎么说才能解释这些？此外没有人比比尔更

---

① [美]约翰·哈里斯：《幸存者：克林顿的白宫岁月》，John F. Harris, *The Survivor*, p. 379。

了解我,也没有人能像比尔那样让我开怀大笑。即使过了这么多年,他仍然是我见过最风趣、最有干劲、最富生气的一个人。"①问世间情为何物,乃是一物降一物。

希拉里出马竞选联邦参议员时,纽约州水牛城电视脱口秀主持人汤姆·鲍尔莱(Tom Baulerle)肆无忌惮地问道:你在婚姻中是否有过"不忠实的行为",尤其是与"蓝颜知己"文斯·福斯特是否有性关系?

希拉里略微犹豫了一下,用平静如水的语气回答:"这类问题荒诞无稽,每一个了解我的人都知道这个问题的答案。"

鲍尔莱不依不饶,继续追问:"到底是有还是没有?"

希拉里没有使用"克林顿规则",直截了当地答复:"当然是没有。"

希拉里宣誓就任纽约州联邦参议员,右一是副总统戈尔(**2000** 年)

① 《亲历历史:希拉里回忆录》,译林出版社 2003 年版,第 64 ~ 65 页。

2000年希拉里在纽约州联邦参议员选举中大获全胜，成为美国历史上第一位拥有公职的第一夫人。2008年她出马竞选总统，在民主党总统候选人初选期间一度遥遥领先，但最终功亏一篑。奥巴马当选总统后，提名希拉里担任内阁首任国务卿，使她成为美国历史上第三位女性国务卿。永不服输的希拉里于2016年再度出马竞选总统，再次一马当先，最终却在熟悉的白宫老家门口马失前蹄，黯然败落。

2016年大选，政坛“黑马”特朗普赢得了魔幻般的胜利，意外当选美国总统。反对者攻击特朗普是“美国版的希特勒”“臭名昭著的种族主义者”“有史以来最疯狂、最不靠谱的总统”。然而，美国毕竟是一个注重三权分立、监督制衡的法治国家，总统只能在制度的笼子里行使权力。白宫舞台下一季的精彩大戏将如何上演，世人将拭目以待。

后记:把权力关进制度的笼子

有句经典名言流传甚广:“人类千万年的历史,最为珍贵的不是令人炫目的科技,不是浩瀚的大师们的经典著作,不是政客们天花乱坠的演讲,而是实现了对统治者的驯服,实现了把他们关在笼子里的梦想。因为只有驯服了他们,把他们关起来,才不会害人。”

所谓把权力关进笼子里,只是一个形象的比喻,其实就是指权力应当在阳光下运行,必须受到制度的约束和民众的监督,以确保公共权力的良性运行。

古今中外统治者的权力,堪称一柄锋利而危险的“双刃剑”,是人类社会中一种“必要的罪恶”。运用得当,权力可以成为促进人民福祉、推动社会进步的强大力量;任意滥用,则会成为侵犯民众利益、阻碍社会发展的恐怖工具。如果缺乏必要的约束和监督,权力势必趋向滥用和腐败。这是由人性和权力的本性所决定的,是适用任何一种政治制度的一条普遍规律。

人类历史上,广大民众曾经把合理运用权力、增进社会福祉的希望寄托于圣主明君、人性善良。可是,无法无天、贪得无厌的独裁专制和贪腐暴政,却反复印证了绝对权力的狂妄和愚蠢、野心和暴虐,以及人性中潜藏的贪婪自私和滥用权力的天性。

英国哲学家霍布斯指出:"全人类共同的爱好,便是对权力永恒的和无止境的追求,这种追求至死方休。"[①]英国历史学家阿克顿勋爵精辟地断言:"权力趋向腐败,绝对权力绝对腐败。伟人们几乎总是坏蛋。"[②]

印度诗人泰戈尔认为:"如果人是野兽,他就比野兽还坏。"英国思想家洛克同样对人性和权力持强烈的不信任态度,进而提出了分权制衡学说和代议制民主。他认为:"在一切情况和条件下,对于滥用职权的强力的真正纠正办法,就是用强力对付强力。"[③]法国启蒙思想家孟德斯鸠指出:"一切有权力的人都容易滥用权力,这是万古不易的一条经验。""从事务的性质来说,要防止滥用权力,就必须以权力约束权力。"[④]

早在1215年,一帮英国贵族为了减轻赋税而起兵闹事,迫使英王约翰签署了宪法性文件《大宪章》,其基本宗旨是对王权施以约束和限制,保障封建贵族的政治独立与经济权益。这张书写在羊皮纸卷上的文件,在西方历史上第一次限制了封建君主的权力,日后成

① [英]霍布斯:《利维坦》,黎思复等译,商务印书馆1986年版,第72页。

② [英]约翰·阿克顿:《论自由和权力》,John Dalberg-Acton, *Essays on Freedom and Power*, The Beacon Press, Boston, Mass., 1949, p. 364。

③ [英]洛克:《政府论》(下篇),叶启芳等译,商务印书馆1986年版,第95页。

④ [法]孟德斯鸠:《论法的精神》(上册),张雁深译,商务印书馆1982年版,第154页。

为英国君主立宪制的法律基石,成为驯服统治者、把权力关进制度笼子里的第一个史诗性里程碑。

英国著名大法官布雷克顿(Henry de Bracton,1210 - 1268)指出:"国王不应该受制于任何人,但却应当受制于上帝和法律,因为法律造就了国王。"他的经典名言"国王在万人之上,但却在上帝和法律之下"更是广为传颂,影响深远。1628 年《权利请愿书》、1640 年《人身保护法》、1701 年《王位继承法》等英国法律,均以保障民权、约束王权为特色。这些法律的制订和实施,成为驯服统治者、把权力关进制度笼子里的第二个史诗性里程碑。

美国打赢独立战争后,于 1787 年制定了人类有史以来第一部成文宪法,首次确立了分权与制衡的共和制政体,成为驯服统治者、把权力关进制度笼子里的第三个史诗性里程碑,[①]正式开辟了人类历史的法治时代。

笔者这本小书讲述的三个惊心动魄、起伏跌宕、震撼全球的弹劾总统大案,就是在美国的民主法治体制中,如何把权力关进笼子里的真实故事。

当今之世,对民主的最大误解,很可能就是"少数服从多数",家喻户晓,妇孺皆知。可是,弹劾美国总统的三个案子与传统意义上的民主不仅没有直接关系,而且好像还有点儿"反民主"的意味。

在"水门"案中,尼克松在 1972 年大选中赢得了 49 个州(96.8%)的选举人票,可是拥有超高民意基础的民选总统却因微不足道的违宪轻罪(妨碍司法未遂)被迫辞职下台。在"伊朗门"案中,

---

① "三个里程碑"之说,参见刘军宁:《如何把权力关进笼子里?》,载《华尔街日报》中文网 2013 年 1 月 24 日。

绝大多数美国人认为里根是重振国威、赢得"冷战"的杰出总统，诺思中校是精忠爱国、勇于担当的英雄好汉，可是独立检察官死活非要追究涉案当事人的罪责，甚至不惜把官司打到联邦最高法院。在"拉链门"案中，多数美国民众反对弹劾克林顿总统，可是参众两院仍然罔顾民意，坚持启动了弹劾程序。以上事实，看上去都是明显的"反民主"。

经常听人谈起，美国是一个民主制国家，美国总统是一人一票、全民直接选举产生的。这一常识性的表述是非常不准确的。

美国虽然一直在世界范围不遗余力地推广民主，但是美国自身的政体却是共和制，美国总统也不是"一人一票"、全民直接选举产生的。[①]在2000年总统大选中，如果计算全国范围的普选票，民主党候选人戈尔领先共和党候选人小布什543,895张选票，可是后者在以州为计算单位的"选举人票"领先，结果赢得了总统宝座。依照人们对民主的传统理解，这显然是赤裸裸的"反民主"。

按照传统的民主理论，只有实行最广泛的直接民主，按照多数人的意志处理国家大事，让广大人民当家作主，一人一票，参与决策，监督政府，充分行使民主权利，才有可能彻底杜绝君主专制的弊病。这似乎是人类社会通往人间天堂的不二法门。

可是，美国制宪先贤却有不同的看法。这帮人或经验丰富如富兰克林，或思想深邃如麦迪逊，或脚踏实地如华盛顿，在不断争吵和辩论中逐渐形成共识，认为这种朴素的直接民主理论暗藏杀机。在任何社会中，人民并非一个抽象的名词，而是存在于不同的社会阶

---

① 参见《总统难产引发的司法大战》，原载任东来、陈伟、白雪峰等：《美国宪法历程：影响美国的25个司法大案》，中国法制出版社2015年版。

层、利益集团或政治派别之中。正直和无私并非人的天性。如果人人都是天使，那么根本就不用建立政府。人民之中的多数派照样有可能野心勃勃，拉帮结派，滥用权力，欺压少数。

在一人一票、直接民主的体制中，某一个利益集团或政治派别有可能轻易地形成占据多数的局面，造成严重危害少数利益的恶果。所以，那种直接而广泛的民主，反而容易导致“多数人的暴政”。

在社会生活中，普通百姓通常并不精通政治，他们很容易被一小撮居心叵测、巧舌如簧的政治野心家所误导。美国宪法之父麦迪逊甚至认为：“即使每一位雅典公民都是苏格拉底，每一次雅典人大会也仍然是一帮群氓。”①

1789 年法国大革命的血腥和惨烈历史已经证明，任何一种不受约束和限制的权力，即使是多数人以人民民主和自由平等的崇高名义，仍然可能导致肆无忌惮的专制和空前残酷的暴政。

激进的法国大革命以雷霆万钧之势，用血腥暴力彻底推翻了旧制度和旧秩序。在民主和民意的旗号下，雅各宾派革命政府掌握了不受约束的巨大权力，以民主之名，行专制之实，不仅王公贵族人头落地，而且众多革命者也先后成为昔日战友的刀下鬼。自由平等的理想国，转眼成为血流成河的杀戮屠场。自由民主的革命烈焰，最终吞噬了自己最忠实、最优秀的子女。吉伦特党领导人罗兰夫人在断头台上感慨：“自由自由，多少罪恶假汝之名以行！”

这场震撼世界的大革命之后，旧制度因专制腐败、民心丧失而坍塌崩溃，新秩序并未因革命理想、民主狂热而预期诞生。无论是

---

① Alexander Hamilton, James Madison, etc. *The Federalist*, New York: Barnes & Noble, 1996, p. 376.

统治者还是革命者，最后都被革命和民主所释放的仇恨怒火所吞噬。腥风血雨，社会动荡，生灵涂炭，民不聊生，最后倒霉的都是普罗大众。

相比之下，保守的美国革命维持现有的社会秩序和法律法规，在民主法治的制度框架中，建立起一个虽然不够高度民主、理想诗意，但是却能制约统治者和多数人的权力、保障有产阶级财产和个人权利的共和制民选政府。

历史经验证明，宪法的重要性在于民众对它的信任，而民众对宪法的信任并非空中楼阁，必须建立在宪法能否制约和监督政府官员、约束代表民意多数的议会、保护言论和新闻自由、维护民众个人权利的坚实基础之上。

学者杨恒均精辟地指出："贪污腐败不是市场经济与思想解放的结果，而是官员们剥夺民众自由，不受群众监督所致；贫富差距与社会不公不是因为资本家太贪婪，而是利益集团依仗公权力肆无忌惮造成的；社会不稳不是民众不遵纪守法，而是一些党员与领导干部把自己置于法律之上，拥有了不受限制的权力……""不解决不受限制的权力这个根本性的问题，任何改革，无论多么好听，最终都无一例外地会制造出更大、更多的问题。"①

谈到宪法的重要性时，法国启蒙思想家卢梭认为："一切法律之中最重要的法律，既不是铭刻在大理石上，也不是铭刻在铜表上，而是铭刻在公民们的内心里，它形成了国家的真正的宪法。"②

---

① 杨恒均：《能限制权力保护权利的法治才是真法治》，原载 2016 年 3 月 22 日"经济学家告诉你"微信公众号。

② ［法］卢梭：《社会契约论》，何兆武译，商务印书馆 1980 年版，第 73 页。

宪法的生命和权威在于具体实施。宪法和法律意识固然是公民政治素质的基本内涵。可是,如果要让宪法铭刻在公民的内心里,成为一种牢固坚实的宪法信仰,首先应当是法律面前人人平等,约束和监督官员的权力,让公民体验到宪法和法治给社会带来的公平和正义,给自己日常生活带来的利益和实惠,包括那些看得见、摸得着的具体好处。

南京大学教授任东来坦率直言:“不要再问为什么人民缺乏宪法信仰这样幼稚的问题了。应该扪心自问的是:公民凭什么要把宪法铭刻在内心里?宪法的实施究竟给平头百姓带来了什么具体实惠?”

美国宪法的基本理念既不伟大,也谈不上崇高,涉及的都是政府权限和公民权利的现实问题。它不可能像某些先贤大师的伟大著述那样,引导芸芸众生从事前所未有、闻所未闻的壮丽事业,指引人类社会最终走上通往人间天堂的康庄大道。

美国制宪先贤虽然博古通今,学富五车,但是没有一个人是那种好高骛远、书斋空谈、脱离现实的知识分子。他们是一帮有权有势、有钱有闲的凡夫俗子,也是一帮没有宏伟壮丽理想、缺乏远大抱负和信念的庸碌之辈。

造反革命、打碎旧世界、扫除一切害人虫,是全球穷人、小资愤青的盛大节日和宏伟理想;渐进改良、立宪约法、保护财产和人权,是制宪先贤、英美富人的保守理念和天赋本能。

人性是有缺陷的,社会是不完美的,权力是腐败的。在制宪先贤心目中,政治设计的出发点,首先是基于对人性缺陷、社会现实和权力本性的深刻洞察,而不是基于宏伟理想和对社会不公的无比痛恨。正是人性之恶使法治成为必要,而人性之善则使法治成为可能。

制宪先贤当年面临的主要问题,是世俗现实而非宏伟理想,是制定宪法而非探索哲学,是协商妥协而非神圣原则,是冷静秩序而非狂热激情,是持久努力而非一劳永逸,是渐进改良而非彻底革命,是走向共和而非绝对民主,是保护私有财产而非空谈经济平等,是确立民主法治而非构建人间天堂。

以此为共识,制宪先贤既高瞻远瞩、深谋远虑,又脚踏实地、精明务实,把洛克、孟德斯鸠等欧洲思想家的法治理论、英国普通法的法治传统与北美殖民地自治与立宪的具体实践有机结合。他们提出的"把权力关进笼子里"的高招儿,并不是用民主对抗野心,而是"野心必须用野心来对抗",①权力必须用权力来制约。

美国宪法精心设计的政治制度,并非民意至上的直接民主制,而是一种以民主和民意为基础,以限权政府、监督制衡、保障人权和兼顾多元利益为特色的代议制、共和制政体。

美国独立战争时代的著名政论家托马斯·潘恩在名著《常识》中指出:"政府即使在最好的情况下也只是一种必要的恶;而在最坏的情况下就是一种不可容忍的邪恶。"②他对宪法有一个经典性定义:"宪法不是政府的行为,而是人民构建政府的行为;没有宪法的政府是未经授权的权力。"③宪法并非政府确立各项基本原则限制和

---

① 《联邦党人文集》,程逢如等译,商务印书馆 1980 年版,第 264 页。

② [美]托马斯·潘恩:《常识》,Thomas Paine, *Common Sense: Addressed to the Inhabitants of America*, Boston: J. P. Mendum, 1856, p. 19。

③ [美]托马斯·潘恩:《人权论》,Thomas Paine, *Rights of Man*, Harmondsworth: Penguin, 1969, p. 207。

规范人民思想和行为的法律,而是人民依据法治的基本原则构建政府、规范和限制政府职责和权力的根本大法。

美国宪法之父、第四任总统麦迪逊精辟地指出:“如果人都是天使,就不需要任何政府了。如果天使统治人,就不需要对政府有任何外来的或内在的控制了。在组织一个人统治人的政府时,最大困难在于首先使政府能管理被统治者,然后再使政府管理自身。毫无疑问,依靠人民是对政府的主要控制;但经验教导人们,必须有辅助性预防措施。”

什么是“辅助性预防措施”呢?麦迪逊进一步指出:“在美国的复合共和国里,人民交出的权力首先分给不同的政府,然后把政府分得的那部分权力再分给几个分立的部门。因此,人民的权利就有了双重保障,而两种政府将互相控制,同时各政府又自己控制自己。”①

麦迪逊提到的“两种政府将互相控制”,是指联邦与州两级政府之间的纵向分权;他提到的“几个分立的部门”,是指联邦和州政府中执法、立法和司法三个部门之间的横向制衡。这样一来,在民选代议制政府的基础上,依靠分权与制衡,监督与防范,使任何一个利益集团和政治派别都无法占据至高无上的地位,从而达到利益相对平衡和杜绝专制暴政的目的。

在这种以民选为基础的共和制政体中,美国总统、联邦参议员和联邦最高法院大法官的产生方式和选举程序,都违反了“一人一票”的民主原则,其目的正是分权与制衡。共和制不允许任何官员、

---

① 《联邦党人文集》,商务印书馆 1980 年版,第 265 ~ 266 页。

党派或社会阶层唯我独尊,独霸天下,哪怕这些人是在民主选举中产生的多数派代表。

值得注意的是,在英美两国,倡导法治而非人治、力主把权力关进笼子制度里的领军人物,并非社会底层、无权无势、造反闹事的草民百姓和知识分子,而是高瞻远瞩的掌权者和富甲一方的贵族乡绅。

很少有人对林肯总统提出的"民有、民治、民享"的民主理念表示怀疑。但是,后人在美国宪法的条款之中,死活都找不到"民主"这个神话般的高尚字眼儿,只有三权分立制度及其制约与制衡,还有对言论和新闻自由以及公民个人权利的宪法保护。

1787 年费城制宪会议期间,在一些代表看来,"民主"这个词语简直就是危险至极的洪水猛兽。马萨诸塞州制宪代表艾伯里奇·格里(Elbridge Gerry,1813 – 1814 年任美国副总统)认为:"过分的民主是一切政治罪恶中的最大罪恶。"宪法起草人之一亚历山大·汉密尔顿承认:"人民是骚乱成性又变化无常的,他们很少做出正确的判断和决定。"

制宪会议结束后,当开国元勋本杰明·富兰克林步出会场时,费城市长的夫人伊丽莎白·鲍威尔(Elizabeth Powell)迎上前去,迫不及待地问道:"博士,我们得到了什么结果,一个共和国,还是君主国?"富兰克林回答:"一个共和国,如果你能够维护它的话。"

为了维护共和制政体,仅有三权分立与制衡是远远不够的。想当年,为了从制度上解决问题,1789 年生效的美国宪法规定了很多约束政府的基本原则,诸如天赋人权、限权政府、主权在民、三权分立与制衡、法治而非人治、文官控制军队等。但是,从可操作性的角度来看,这些原则很多都是玩虚的。

如果没有言论、出版自由和新闻监督,三权分立与制衡实际上仍然很难防止官官相护、以权谋私的专制和腐败现象;貌似多党竞争、三权分立的政治体制,仍然有可能蜕变为多党勾结、三权合谋的贪腐和黑暗王朝。很多国家并不缺乏冠冕堂皇的宪法和制度,而是缺乏制度保障下的民权。

天赋人权、限权政府等立宪原则,固然可以在小资沙龙里吹得天花乱坠,唾沫星子乱溅,可是,如果执政党中的贪官污吏与警察、检察官和法官大权独揽,暗中勾结,大搞司法腐败,任意编造罪名,把在野党的头头脑脑、控告官府的小民百姓、揭露贪腐的新闻记者、打抱不平的辩护律师"关进权力的笼子里",巧立罪名,刑讯逼供,秘密审判,任意迫害,你是一点儿辙也没有。

美国制宪先贤对 1789 年宪法中缺乏保护言论和新闻自由以及公民个人权利条款的致命缺陷心如明镜。1791 年,制宪先贤一口气给美国宪法增加了 10 条修正案,保障公民的言论、出版、集会、请愿和宗教自由;允许小民百姓拥有武器;规定不得强迫任何人自证其罪;不得因同一犯罪两次受审;不依正当法律程序,不得剥夺任何人的生命、自由或财产;被告人享有迅速、公开、公正审判和得到律师为其辩护的权利;刑事案件和价值超过一定限额的民事诉讼应由陪审团审理;不得对公民进行无理搜查和扣留;不得对犯人施加残酷的惩罚,等等。美国宪法的头 10 条修正案,统称为《权利法案》。

《权利法案》的核心,是以公民个人权利限制政府权力,用保障言论、出版自由以及保障小民百姓免遭司法腐败之害的方法,逐渐确立新闻监督权和公民权,制衡和约束政府的官权,形成立法、执法、司法、新闻监督、公民权利的“五权分立与制衡”。其特点是用权力制衡权力，借舆论监督权力，以权利限制权力。这种精心设计的制衡、监督和限制权力的机制，比较有效地抑制了统治者滥用权力的弊病，逐步实现了“把权力关进笼子里”的梦想。

美国最高法院大法官约翰·哈伦二世（John Marshall Harlan II，1955－1971年任职）指出：“宪法保护的表达自由权利，在这个人口众多、日趋多元的社会里，无疑是一剂良药。创设这一权利，就是为了解除政府对公共讨论施加的种种限制，将讨论何种议题的决定权，最大限度交到我们每个人手中。……允许这一自由的存在，或许会导致尘世喧嚣，杂音纷扰，各类不和谐之声不绝于耳，有时甚至会有一些冒犯性言论。但是，在既定规范之下，这些仅是扩大公共讨论范围导致的一点点副作用罢了。容许空气中充满不和谐的声音，不是软弱的表现，而是力量的象征。”①

毫无疑问，在相当长的一段时间内，美国宪法只注重保护了白人和有钱人的言论自由和基本人权。但是，这毕竟是“让一部分人先民主和自由起来”，使美国社会逐渐走上了现代民主的道路。

什么是现代民主？现代民主就是限制政府权力、保障新闻自由和公民的个人权利。如果没有限权政府和保障人权，民主选举不过是徒有虚名。纳粹德国是经全民投票、民主选举成立的政权，但是它的政府是专制独裁、权力无限、垄断真理、以强凌弱和任意践踏公民人权的法西斯政府。这种民主是选票箱掩盖下的虚假民主，或者说是一种“有选举的暴政”。

---

① 《美国联邦最高法院判例报告》（第403卷），Cohen v. California，403 U.S. 15，23－25（1971）。

正因为存在这种“有选举的暴政”的可能性,深信洛克限权政府理论的美国制宪先贤对可能出现的政府“恶政”非常敏感。在制宪者的影响下,美国人深信,只有严格约束统治者和执法者所代表的国家权力,严格限制司法部门肆无忌惮地大搞司法腐败,轻而易举地侵犯小民百姓生命、自由和财产的特权,充分保障新闻自由和普通公民的基本宪法权利,国家才有可能走上长治久安、繁荣富强之路。

实际上,真正的自由应当是做法律所允许的一切事情的自由,真正的民主应当是受到限制与制衡的法治民主。政府的观点并非总是真理的化身,多数人的意见并非总是正义的象征。捷克实现民主化之后,一个小镇居民庄严投票通过的第一项“民主法案”,竟然是对少数族裔吉普赛人实行种族隔离。

针对“多数人暴政”的潜在威胁,美国最高法院大法官杰克逊强调:“《权利法案》的根本目的,是使一些基本权利远离政治纷争所引起的难以预料的变化,把它们置于多数人和政府官员无法触及的地方,并把它们确立为由法院来处理的法律原则。个人对生命、自由、财产的权利,言论自由、信仰自由和结社自由的权利以及其他基本权利,是不可以诉诸于投票的,它们不取决于任何选举的结果。”

杰克逊以充满诗意的语言宣称:“如果在美国宪法的星空上有一颗永恒不变的星辰,那就是,无论是在政治、民族主义、宗教,还是其他舆论的问题上,没有任何官员,不管其职位高低,都无权决定什么是正确的,也无权用言语或行动来强迫公民表达他们的信念。如果有什么情形允许这一例外,那么,我们现在绝不允许它们发生!”①

---

① 《美国联邦最高法院判例报告》(第 319 卷), West Virginia State Broad of Education v. Barnette, 319 U. S. 624, 642(1943)。

在美国联邦制、共和制的选举政治中,所谓“多数人”其实只有相对的意义,民主选举的主要目的之一仅是赋予当权者执政的合法性。1992 年美国总统大选,选民的投票率约为 55% 。如果仅计算普选票,克林顿得票率为 43% ,老布什得票率为 38% ,得州富豪佩罗得票率 19% 。换句话说,克林顿其实仅凭少于 1/4 选民的“少数票”入主白宫。在 1997 年克林顿诉琼斯案中,非民选的联邦最高法院严格限制总统的行政特权,判决克林顿在总统任期内无权豁免性骚扰民事诉讼。这个判决恐怕很难被解释为“反民主”。

美国西部怀俄明州人口最少,该州两个联邦参议员代表 58 万人口;加利福尼亚州人口最多,两个联邦参议员代表 3,800 万人口,两州之间的比例大约是 66:1。换句话说,以参议员选举的民主性和代表性而言,66 个加州人才抵得上一个怀俄明州人。美国所有的立法都需要参众两院通过,人口小州的参议员联合起来,既可以阻挠代表“多数人”利益的立法通过,也可以促成代表“少数人”利益的立法通过。假如最高法院判决人口小州联邦参议员联合起来通过的一项联邦法律违宪,这个判决同样很难被解释为“反民主”。

注重对权力的监督与制衡,而不是狂热而执着地追求权力来源的绝对民主,正是美国政治体制的基本特色之一。

所谓民主法治,既是对国家权力的限制,同时也是对人民民主的限制。法治之所“限”,不仅是官府权力的专横,同时还有民主狂热的暴虐。美国制宪先贤创立的共和制民主政体,在某种程度上使两者达到了趋于合理的动态平衡。这是美国之所以强盛的重要制度原因之一。

美国著名学者弗朗西斯·福山(Francis Fukuyama)认为,缺乏法治框架的民主是灾难。民主制度面临的凶恶敌人之一,经常恰恰是那种毫无限制的所谓高度民主。现代民主不但限制个人独裁专断的权力,同时限制人民民主的权力,在具体的政治运作中,既尊重多数人的意见,又注重对多数人的权力予以严格限制,防止出现"广场大民主"或"多数人暴政"。

人类历史已经证明,对权力的制约和制衡,远比追求权力来源的绝对民主更为重要!当年希特勒凭借民主选举执掌大权后甩出的"三斧板",正是国会纵火、终止魏玛共和国宪法、废除魏玛共和国法院,再加上建立党卫军、盖世太保(秘密警察)和严密控制、肆意操纵新闻媒体,从而获得了不受任何制约和制衡的独裁大权,最终把国家推向了灾难的深渊。

林肯总统说过:"你可能在某个时刻欺骗所有的人,你也可能在所有的时刻欺骗某些人,但是你不可能在所有的时刻欺骗所有的人。"①

对于那些具有超凡个人魅力、擅长蛊惑人心、满嘴花言巧语或胡言乱语、鼓动歌舞升平的明星政治人物来说,忽悠亿万百姓易,玩弄参众两院难,操纵自由独立的新闻媒体更难,欺骗最高法院大法官难上加难!

2016 年美国大选共和党预选期间,纽约房地产大亨唐纳德·特朗普口无遮拦,大放厥词,连战连捷。世人对他的异军突起和意外成功深感惊讶,同时也引发了很多担忧和争论,有些人甚至认为特朗普是"美国版的希特勒"。

---

① 原文为:"You can fool all the people some of the time and some of the people all the time, but you cannot fool all the people all the time."

对此现象，福山于2016年3月19日接受《美国之音》记者采访时表示："美国政治中确实存在一些问题，比如精英把持政治、金钱政治以及政府运作中的一些问题，但是特朗普现象本身并不表明美国的政治体制出现了问题或者危机。

"我们有权力制衡的宪政体系。你当选了总统并不意味着你想干什么就能干什么。总统必须和国会合作，他们必须在宪法的框架内行事。美国总统实际拥有的权力是非常有限的，因此总统的效率实际上取决于他或她与政府其他部门，尤其是司法部门，建立共识的能力。

"非常重要的一点是，美国人不是选举独裁者，我们选出的总统必须在法治体系下行事，必须遵从法律。事实上，当特朗普说要杀掉恐怖主义的家人，或是做一些实际上是违法的事情的时候，包括美国军方的许多人都表示，他们不会服从这样的总统命令，因为那是违法的。他们首先是对法律忠诚，而不是选出的任何一位总统。我认为这是美国民主最重要的基础。"

实现民主政治并非仅是一人一票、全民普选、得票多者得天下，然后少数服从多数那么简单。真正的民主政治，必须建立在依宪治国、民主法治、分权制衡、司法独立、保障人权、新闻和言论自由、军队国家化的坚实基础之上。

经历了20世纪"极右""极左"两种专制暴政造成的空前浩劫之后，人们最终认识到，权力不可私有，财产不可公有。无论旗号如何冠冕堂皇，无论目标如何崇高神圣，无论领袖如何英明伟大，政府官员和多数人的权力必须受到约束，宪法和法律必须得到遵循，言论和出版自由必须受到保障，私有财产权和公民的个人权利必须受到保护。

现代民主的核心是限制政府权力,保障个人权利。但是,限制政府权力应当以不削弱政府的治理能力为限度,保障公民个人权利应当以不危害社会的安全和稳定为准则。

美国政治体制存在很多缺陷。比如,“府会相争”造成总统与国会严重对立,分权制衡导致决策混乱,效率低下;党派争执经常闹得举国不宁,造成政府治理能力衰败,甚至使联邦政府被迫关门。分权制衡既能防止政府做坏事,同时也制约了政府做好事的能力。如果没有一个与时俱进、治理良好、自我管理的公民社会与之配套,民主法治制度同样可能会出现衰落和诸多流弊。

纵观历史,如何妥善地处理分权制衡、限权政府与行政效率、治理能力之间错综复杂的关系,英美等西方国家数百年的民主法治历程,并没有给世人提供一个放之四海而皆准的完美答案。在多数情况下,人们只是“两害相权取其轻”而已。美国联邦上诉法院法官勒尼德·汉德认为:“尽管清点人头的统治方式不够理想,但是至少胜过打破人头。”①

捷克总统瓦茨拉夫·哈维尔 1990 年 2 月 21 日在美国国会发表演说时强调:“只要人还是人,民主就其最充分的含义而言,将永远只是一个理想。走向民主就像走向地平线,道路有好有坏,但你却永远不能达到那里。在这个意义上,你们美国人也只是走向民主而已。”②

---

① [美]勒尼德·汉德:《自由的精神》, Learned Hand, *The Spirit of Liberty*, New York, Knopf, 1953, p. 92。

② Vaclav Havel's address to the US Congress, February 21, 1990.

哈佛大学博士龚小夏认为:“美国现行的民主政治中充满了各种各样的缺陷,但是这反映的无非是人类社会作为一个群体本身所存在的缺陷。人不是完美的,人创造的制度更不可能完美。历史上,当人们横下一条心、不惜代价地去追求完美的社会政治制度的时候,制造出来的往往是吞噬人类生命的恶魔。”①

在《通往奴役之路》一书中,诺贝尔经济学奖得主哈耶克(Friedrich Hayek)引用德国诗人荷尔德林(Friedrich Hölderlin)的名句说:“恰恰是人们试图把国家变成天堂的努力,总是把国家变成了人间地狱。”②

人类社会永远不可能有完美无缺、尽善尽美的法律和制度。就像市场经济不是药到病除、包治百病而又绝无副作用的灵丹妙药一样,民主法治和保障人权也不是人类社会通向人间天堂的康庄大道,它只是防止人类社会跌入祸国殃民、专制暴政人间地狱的防护大坝而已。民主法治不可能保证事事最佳、效率非凡,它只能有效地防范最差最劣、贪腐暴政。

然而,没有尽善尽美的制度,并不意味着不需要努力实行民主法治和制度改革。一个好的制度,不可能是“大道之行也,天下为公,选贤与能,讲信修睦”的大同盛世或美好乌托邦,而是充满了怀疑和警惕、喧嚣和杂音、监督和制衡的世俗人间,是把权力关进笼子里,使其不能肆虐害人的民主和法治社会。

美国制宪先贤、第三位总统托马斯·杰斐逊指出:“自由政府是

---

① 龚小夏:《亲历民主:我在美国竞选议员》,复旦大学出版社 2011 年版,第 269 页。

② 原文为:“What has always made the state a hell on earth has been precisely that man has tried to make it his heaven.”

建立在警惕而不是建立在信赖上面；是警惕而不是信赖，规定了限制权力的宪法，以制约那些我们不得不托付权力的人。”“所以在权力问题上，不要再信赖人，而是要用宪法的锁链制约他不做坏事。”①

人类社会需要建立一个既能限制政府、约束官员、保障公民的自由和权利，又能管理公众事务的民主和法治政府。把权力关进制度的笼子里，是一个国家通向民主法治、长治久安的必由之路。

本书雏形原系中国法制出版社 2007 年策划、拟于 2008 年出版的“美国经典案例丛书”（六册）之一《美国法治“三座门”》，可惜该丛书半途而废。衷心感谢法律出版社的各位领导和责任编辑高山先生、汤子君女士为本书“起死回生”付出的心血和努力。如果没有他们的魄力胆识、法律智慧和鼎力协助，本书的出版是难以想象的。

由衷感谢北京大学出版社“麦田书坊”主编曾健的帮助。特别致谢上海“读客图书”公司董事长华楠先生和畅销书编辑盛亮先生、王菁菁女士，他们提供的极佳帮助和出色建议使本书大为增色。

陈　伟
2016 年 11 月于美国弗吉尼亚州“不问春夏秋冬楼”

---

① ［美］梅利尔·彼得森注释：《杰斐逊集》（上册），刘祚昌等译，三联书店 1993 年版，第 487、488 页。

图书在版编目(CIP)数据

笼子里的美国总统/陈伟著. --北京:法律出版社,2017.5(2018.1重印)

ISBN 978-7-5197-0284-7

Ⅰ.①笼… Ⅱ.①陈… Ⅲ.①政治制度-研究-美国 Ⅳ.①D771.221

中国版本图书馆CIP数据核字(2017)第032698号

笼子里的美国总统
LONGZILI DE MEIGUO ZONGTONG

陈 伟 著

策划编辑 高 山
责任编辑 汤子君
装帧设计 汪奇峰

出版 法律出版社
总发行 中国法律图书有限公司
经销 新华书店
印刷 永清县金鑫印刷有限公司
责任校对 杜 进
责任印制 陶 松

编辑统筹 学术·对外出版分社
开本 A5
印张 14.375
字数 300千
版本 2017年5月第1版
印次 2018年1月第2次印刷

法律出版社/北京市丰台区莲花池西里7号(100073)
网址/www.lawpress.com.cn
投稿邮箱/info@lawpress.com.cn
举报维权邮箱/jbwq@lawpress.com.cn
销售热线/010-63939792
咨询电话/010-63939796

中国法律图书有限公司/北京市丰台区莲花池西里7号(100073)
全国各地中法图分、子公司销售电话:
统一销售客服/400-660-6393
第一法律书店/010-63939781/9782
西安分公司/029-85330678
重庆分公司/023-67453036
上海分公司/021-62071639/1636
深圳分公司/0755-83072995

书号:ISBN 978-7-5197-0284-7
定价:58.00元